Geistig-moralische Wende

Thomas Biebricher

Geistig-moralische Wende

Die Erschöpfung des deutschen Konservatismus

Matthes & Seitz Berlin

Inhaltsverzeichnis

Einleitung

Hätte es einer letzten Bestätigung bedurft, dass sich der politisch organisierte Konservatismus in Deutschland seit längerer Zeit in schwerem Fahrwasser bewegt, dann wurde diese auf eindrucksvolle Weise Mitte 2018 durch das Gerangel zwischen den Schwesterparteien CDU und CSU um die Schließung der Grenze für bestimmte Asylsuchende geliefert – inklusive angedeuteter Rücktrittsankündigung von Innenminister Horst Seehofer, die dann in einer charakteristischen Wendung umgehend wieder zurückgenommen wurde. Die Gründe des schon länger schwelenden Konflikts gingen über persönliche Animositäten zwischen Minister Seehofer und Kanzlerin Merkel oder rein wahltaktisch geprägte Erwägungen hinaus; sie berühren auch und nicht zuletzt das Schicksal des deutschen Konservatismus. Den deutlichsten Hinweis auf diese Dimension gab Anfang Januar 2018 der Vorsitzende der CSU-Landesgruppe im Bundestag Alexander Dobrindt in einem Gastbeitrag für die *Welt*.

Offensichtlich hatte keiner seiner Referenten Alexander Dobrindt auf die geistesgeschichtliche Vorbelastung und die inneren Paradoxien der ›Konservativen Revolution‹ hingewiesen, und dem Vernehmen nach ging es ihm ohnehin eigentlich um »eine konservativ-bürgerliche Wende«, was die Forderung angesichts seit 12 Jahren fortwährender christdemokratischer Kanzlerschaft nicht weniger seltsam erscheinen ließ. Zudem rief Dobrindt mit diesen Worten unweigerlich Erinnerungen an die »geistig-moralische Wende« hervor, die vor 35 Jahren zumindest in der öffentlichen Wahrnehmung das programmatische Leitbild der ersten Regierung Kohl/Genscher bezeichnet hatte. Mit dieser Anspielung stellte er die

Frage nach der geistigen Situation der Zeit aber – unbewusst – umso prägnanter: Denn was ist in den 35 Jahren, die zwischen den beiden Wende-Forderungen liegen, mit dem Konservatismus in Deutschland geschehen; welche Entwicklungen und Verschiebungen liegen zwischen dem Regierungswechsel 1982/83 und der mutmaßlich letzten Regierung Merkel und wie lassen sich diese Veränderungen einordnen? Wie also kann es kommen, dass trotz eines nur siebenjährigen rot-grünen Regierungsintermezzos zwischen 1998 und 2005 und seitdem nur CDU/CSU-Regierungsführungen eine Wende eingefordert wird, die zwar nicht die radikal-gewaltsamen Assoziationen einer Revolution auslöst, aber doch gemeinhin mit der Vorstellung einer Kursänderung von 180 Grad verknüpft ist? Und wie schließlich ist es zu beurteilen, dass die Kohl'sche Forderung der geistig-moralischen Wende zwar schon damals Anlass zur Belustigung gab, aber dennoch als kraftstrotzender Ausdruck eines geradezu auftrumpfenden konservativen Gestaltungswillens galt, wohingegen die beinahe gleichlautende Forderung Dobrindts nun in der öffentlichen Wahrnehmung vornehmlich als hohl klingende Beschwörung gedeutet wurde? Dies sind die Fragen, zu deren Klärung im Folgenden beigetragen werden soll.

Doch auch wenn es das Privileg von Wissenschaft ist, legitimerweise alles zur Forschungsfrage zu erheben, ließe sich doch in diesem Fall möglicherweise von skeptischer Seite darauf hinweisen, dass es drängendere Themen gebe als den Entwicklungsgang und aktuellen Zustand des deutschen Konservatismus. Hätte man jene Fragen noch Mitte 2017 gestellt, so wäre die Reaktion wohl eher gleichgültig ausgefallen. Schließlich eilte zumindest der politische organisierte Konservatismus in Form seiner Hauptrepräsentanten CDU und CSU seinerzeit noch von Wahlerfolg zu Wahlerfolg – nicht zu Unrecht war die Rede von einer Ära Merkel. Die Union, die sich immer wieder als Volkspartei eines mythisch verklärten Orts namens ›Mitte‹ bezeichnet, hatte zumindest in Sachen Volkspartei keinen ernsthaften Konkurrenten mehr im Parteienspektrum und verpasste 2013 nur um ein Haar die absolute Mehrheit. Auf Bundesebene regieren heißt seit nunmehr über zehn Jahren als Juniorpartner der Union regieren.

Allerdings steht die anhaltende Regierungsvorherrschaft der Union in einem geradezu paradoxen Verhältnis zu ihrer immer weiter schwelenden Identitätskrise: Die Union siegt, doch unter ihren Parteigängern bleibt zunehmend unklar, in wessen Namen dies geschieht und zu welchem Zweck die errungene politische Macht eingesetzt werden soll. Im öffentlichen Diskurs ist von der Sozialdemokratisierung der CDU unter Merkel die Rede, und es ist ein geläufiges Urteil, dass in den diversen großkoalitionären Regierungen vor allem Forderungen der SPD umgesetzt würden – sofern die Union überhaupt welche formuliert hätte. Immer wieder wurden Stimmen laut, die vor einer konservativ entkernten Union warnten; solange die Union siegte, verhallten die Kassandrarufe jedoch weitgehend folgenlos.

Erst seit dem Jahr 2015 stellt sich die Frage nach politischer Verortung, ideeller Prägung, gesellschaftlicher Verankerung und allgemeiner Zukunft der rechten Mitte mit einer Schärfe, die existenzielle Dimensionen annimmt. Denn mit der Alternative für Deutschland ist der Union insbesondere vor dem Hintergrund der Flüchtlingspolitik allem Anschein nach eine ernstzunehmende Konkurrentin am rechten Rande des Parteienspektrums erwachsen, die sich immer wieder auch als Repräsentanz eines heimatlos gewordenen Konservatismus und seiner Anhänger darstellt. Diesbezüglich – wie in vielen anderen Punkten – markiert die Bundestagswahl 2017 einen Kulminationspunkt von Entwicklungen, die sich schon über längere Zeit hinweg anbahnten, aber davor jedoch noch heruntergespielt werden konnten. Schließlich ist es nicht das erste Mal, dass sich eine rechtskonservative Partei anschickt, ein vermeintliches Vakuum rechtsseitig der ›Volkspartei der Mitte‹ auszufüllen. Doch wenn auch die protorechtspopulistische Schill-Partei in Hamburg kurzzeitig und skandalträchtig als Junior-Regierungspartner in die Bürgerschaft einzog und die Republikaner in den 1990er-Jahren beachtliche Erfolge bei süddeutschen Landtagswahlen erzielten, war den rechten ›Protestparteien‹, wie sie damals hießen, auf Bundesebene niemals nennenswerter Erfolg beschieden. Und so hielt sich nicht nur in der Union, sondern auch in anderen Parteien lange Zeit die erfahrungsgesättigte Hoffnung, dass sich das Problem AfD auf die eine oder andere Art und Weise selbst erledigen werde. Ihre neuen Landtagsfraktionen würden sich beizeiten überwerfen und Schritt für Schritt selbst entzaubern, sodass es nur noch der bewährten Taktik aus Totschweigen und Stigmatisieren bedürfe. Diese Taktik ist mit dem donnernden Erfolg der AfD bei der Bundestagswahl 2017 und ihrer seitherigen Erfolgsgeschichte überdeutlich gescheitert. Vor dem Hintergrund dieser Konstellation erlangt die Frage nach Entwicklungsdynamik und Zustand des Konservatismus in Deutschland eine neue, und zwar überaus politische Brisanz, konkurrieren aktuell doch Union und AfD auch zumindest in gewissem Maß um die Rolle als legitime Repräsentanz konservativer Vorstellungen sowie der Menschen, Gruppen und Milieus, die Träger jener Vorstellungen sind. In dieser Auseinandersetzung wird viel davon abhängen, ob es der AfD gelingt, sich das Label des Konservativen dauerhaft anzueignen und/oder es zumindest dem politischen Konkurrenten erfolgreich abzusprechen, der sich nicht länger vom berüchtigten »grün-versifften« Einheitsbrei der Mainstreampolitik abhebe, sondern restlos in ihm aufgegangen sei – oder ob es umgekehrt die Repräsentanten der Christdemokratie fertigbringen, einen respektablen Konservatismus von einem despektierlichen ›Rechtspopulismus‹ der AfD abzugrenzen. Sollten sie daran scheitern, so ist nicht ausgeschlossen, dass Konservatismus über kurz oder lang in Rechtspopulismus kollabiert, die intellektuell-politischen Brandmauern nach rechts abgetragen werden und letztendlich auch einer politischen Kooperation nichts mehr im Wege steht. Dementsprechend erscheint es dringend angebracht, sich ein detailliertes Bild von der jüngeren Geschichte und Gegenwart jener politischen Strömung zu machen, um deren Deutungshoheit hierzulande nun ein wegweisender Kampf entbrannt ist, den deutschen Konservatismus.

Aber auch wenn es im Folgenden fast ausschließlich um den Konservatismus im deutschen Kontext gehen soll, so hat die Fragestellung implizit auch eine internationale Dimension. Denn der Blick auf andere Länder belegt, dass die Aussicht eines implodierenden Konservatismus nicht als alarmistische Spekulation abzutun ist und die entsprechenden Entwicklungsdynamiken weit weniger hypothetisch sind, als dies zunächst den Anschein haben mag. Der Verweis auf die Zustände der drei großen westlichen Demokratien Großbritannien, Frankreich und die USA reicht aus, um sich die prekäre Situation des Konservatismus zu verdeutlichen. Die Marginalisierung der Konservativen gegenüber dem Front National bzw. mittlerweile Rassemblement National in Frankreich, das potenzielle Auseinanderbrechen der Tories über den durch die UKIP gepflanzten Spaltpilz Brexit und die Trumpisierung der Grand Old Party in den USA: In allen drei Fällen droht der Kollaps des politisch organisierten Konservatismus in den autoritären Populismus.

Natürlich muss hier sofort zu Bedenken gegeben werden, dass der parteipolitische Konservatismus in den jeweiligen Kontexten sehr unterschiedlich verfasst und ausgerichtet ist und die Dynamik des konservativen Niedergangs ebenfalls beträchtlich variiert. Dennoch können auch unterschiedliche Entwicklungen ähnliche Resultate zeitigen, und bei allen angebrachten Einschränkungen bleibt festzuhalten, dass die traditionelle Repräsentanz der politisch organisierten rechten Mitte keinesfalls nur hierzulande unter Druck steht. Im Gegenteil, die Entwicklungen in Frankreich, Großbritannien und den USA könnten sich als ein Menetekel für die Bundesrepublik erweisen und das Bild einer internationalen Krise des Konservatismus erkennen lassen.

Dabei muss an die exakte Bedeutung des ursprünglich aus der Medizin stammenden Begriffs der *krisis* erinnert werden, womit schließlich nicht notwendigerweise der unvermeidliche Niedergang bzw. Exitus des von der Krise betroffenen Organismus gemeint ist, sondern der Moment, in dem die Krankheit ihr wahres Gesicht zeigt und der so zum Umschlagpunkt zum Besseren oder

Schlechteren werden kann. Sofern also von einer Krise des Konservatismus die Rede ist, darf dies nicht als ein weiterer vorschneller Nachruf auf eine dem Untergang geweihte traditionsreiche Denkströmung missverstanden werden, denn aus der Krise könnte diese auch in gewandelter Form hervorgehen.

Zudem ist es erforderlich, sich die zeitliche Dimension des Krisenbegriffs in seiner ursprünglichen Bedeutung noch einmal vor Augen zu führen. Wenn Krisen so verstanden immer auf einen Entscheidungspunkt zulaufen, ist die Krise als Dauerzustand, wie sie gerade in unseren Zeiten des Öfteren verkündet wird, eigentlich ein Widerspruch in sich, der letztlich die Spezifik des Begriffs verwischt, denn in einer Welt allgegenwärtiger und nicht enden wollender Dauerkrisen sind diese nicht mehr von der Normalität zu unterscheiden. Die Diagnose der Krise setzt also eigentlich voraus, dass es einen nicht krisenhaften Status quo ante gab, denn nur wenn nachweisbar ist, dass der Konservatismus nicht nur in mythischer Urzeit, sondern zumindest irgendwann in den letzten Dekaden als intakt und nicht von Krisen geschüttelt gelten konnte, ergibt die Rede von einer aktuellen Krise Sinn. Dies bedeutet, dass die mittlerweile gut eingeübten Feuilleton-Niedergangsbefunde, denen zufolge Merkel mit ihrer Räumung konservativer Bastionen von der Atomenergie bis zur Einführung des Mindestlohns die Krise des Konservatismus verursacht hat, womöglich nicht falsch sind, aber doch zu kurz greifen. Denn zu prüfen wäre doch, ob sich der deutsche Konservatismus davor in einer grundsätzlich anderen Art und Weise präsentiert hat. Daher wird hier bewusst ein längerer historischer Rahmen gewählt, in dem sich Momentaufnahmen und auch etwaige ›Krisen‹ innerhalb der umfassenden Einordnung möglicherweise auch relativieren. Und so ist der Ausgangspunkt der Untersuchung mit der geistig-moralischen Wende auch deshalb gewählt, weil mit dem Regierungswechsel 1982/83 doch möglicherweise genau ein solcher Punkt des noch oder wieder vitalen Konservatismus bezeichnet ist, von dem aus sich die nachfolgenden oder aktuellen Entwicklungen tatsächlich als Krise bezeichnen ließen – wenn nicht eine andere charakterisierende Kennzeichnung am Ende doch ein adäquateres Bild ergibt.

Wichtig ist in diesem Zusammenhang aber auch, deutlich zu machen, wovon hier eigentlich die Rede ist, wenn vom politischen Konservatismus und seinem vermeintlichen Niedergang gesprochen wird. Denn der politische Konservatismus in einem umfassenderen Sinn geht keineswegs in Parteipolitik auf, und dies gilt insbesondere, wenn es sich um christdemokratische Parteien handelt. Vielmehr führt der Konservatismus als intellektuelle Tradition und als politischer Diskurs ein Eigenleben in mitunter beträchtlicher Distanz zum politischen Betrieb, ohne dass dies eine indirektere und grundsätzlichere Wirkmächtigkeit ausschlösse. Daher widmen sich die folgenden Betrachtungen nicht nur einer Untersuchung des politisch organisierten Konservatismus, sondern versuchen auch, das breite Panorama konservativer Debatten und Diskurse zumindest in Ansätzen miteinzubeziehen. Es handelt sich also weder um eine reine Parteiengeschichte der politischen Praxis noch um eine ausschließliche Intellectual History des konservativen Denkens, denn beide Perspektiven für sich genommen müssten unweigerlich zu einem verkürzten Verständnis des Konservatismus führen. Vielmehr soll über weite Strecken der folgenden Ausführungen zwischen beiden Ebenen changiert werden, um so die inhaltliche Breite des praktisch-theoretischen Spektrums des Konservatismus im Blick zu behalten, aber auch um die vielfältigen Wechselwirkungen zwischen konservativen Diskursen und (Regierungs-)Politik erfassen zu können. Konservatives Denken, dies wird im folgenden Kapitel genauer zu erläutern sein, zeichnet sich nicht zuletzt durch seine Reaktivität auf konkrete (Fehl-)Entwicklungen aus, und von daher erscheint es wenig sinnvoll, es entkoppelt von konservativer und politischer Praxis insgesamt zu betrachten.

Umgekehrt darf man sich sicherlich nicht zu der Vorstellung versteigen, Politiker würden regelmäßig bewusst an der Umsetzung konservativer Ideen arbeiten. Hierin würde sich eine unter Theoretikern beliebte Überschätzung von Theorien verraten, aber auch eine zu simple Vorstellung hinsichtlich der Wirkweise von diskursiven Phänomenen, die schließlich selten genug in der Form von konkreten Handlungsprogrammen auftreten und, wenn überhaupt, die grundsätzlicheren Haltungen von Akteuren in einer für diese selbst nicht immer durchschauten Art und Weise zu prägen. In diesem Zusammenhang hat nach wie vor das Diktum von John Maynard Keynes Bestand: »Praktiker, die sich ganz frei von intellektuellen Einflüssen glauben, sind gewöhnlich die Sklaven irgendeines verblichenen Ökonomen. Verrückte in hoher Stellung, die Stimmen in der Luft hören, zapfen ihren wilden Irrsinn aus dem, was irgendein akademischer Schreiberling ein paar Jahre vorher verfaßte.«[1] Dies gilt auch für konservative Politik(er), selbst wenn diese typischerweise jedwede Art von ideologischer Prägung von sich weisen.

Diese Erkundung der Geschichte des deutschen Konservatismus in Theorie und Praxis der letzten vierzig Jahre unter Rückgriff auf die Mittel und Erkenntnisse der politischen Theorie und der Parteienforschung füllt gleichzeitig einer Leerstelle in der Debatte über die Gegenwart, die von zwei miteinander verwobenen Narrativen dominiert wird. Das Erste ist der Aufstieg des Rechtspopulismus, der in den letzten Monaten und Jahren unter großem medialen Widerhall kenntnisreich und kritisch dokumentiert sowie analysiert worden ist. Der Rekurs der Neuen Rechten auf eine so nie existiert habende Konservative Revolution, die erst im Nachhinein von Armin Mohler erschaffen wurde, ist wohlbekannt,[2] man weiß, wie man mit Rechten zu reden oder auch nicht zu reden hat,[3] und mancher Soziologe ist sogar im Auftrag der Wissenschaft eine kurzzeitige Brieffreundschaft mit dem rechtsnationalen Vordenker Götz Kubitschek eingegangen.[4] Die interessierte Öffentlichkeit weiß zwischen Identitären, AfD und Pegida zu unterscheiden – oder sie weiß gegebenenfalls, warum zwischen ihnen allen in ihrem neurechten Gedankengut doch letztlich kein Unterschied besteht. Kaum eine Diagnose der Gegenwart kommt aus ohne den Verweis auf den rechtspopulistischen Tritonus aus Trump, Brexit und AfD, der sich gegebenenfalls mit FPÖ und Viktor Orbán zum Vollakkord ausbauen lässt.

Zum Narrativ des Aufstiegs des Rechtspopulismus existiert auf der anderen Seite eine Art Pendant, nämlich die Rede von der Krise der Sozialdemokratie, die bekanntlich nicht nur in Deutschland schwere Zeiten durchlebt. Der Niedergang der linken Mitte ist in den vergangenen Jahren mindestens ebenso ausführlich besprochen worden, und zwar nicht zuletzt deshalb, weil beide Phänomene als miteinander verknüpft erscheinen. Der Zusammenhang wird in der Regel in der Abkehr der sozialdemokratischen Parteien von ihrer einstigen Stammklientel verortet, die einstmals unter dem Begriff der Arbeiterklasse firmierte. Auf dem Weg in die ›Neue Mitte‹, von der etwa die Schröder-SPD schwärmte, verloren die Parteien des »kleinen Mannes« diesen aus den Augen bzw. erklärten ihn für wahlstrategisch irrelevant. Standen die entsprechenden Milieus wirtschaftspolitisch eher links, so zeichnete sie zumindest in Teilen gesellschaftspolitisch eine eher autoritäre Prägung aus. In dem Maß, in dem sich die Sozialdemokratien von der klassischen Umverteilungspolitik lossagten und sich wirtschafts- und sozialpolitisch immer mehr ihren liberalen und konservativen Rivalen annäherten, so das Narrativ, wurden die traditionell sozialdemokratischen Milieus politisch heimatlos, und erst durch dieses Vakuum eröffnete sich dem Rechtspopulismus ein Möglichkeitsfenster, das er konsequent für seinen Aufstieg zu nutzen wusste. Als hätten die Sozialdemokraten nicht schon genug Probleme, wird ihnen hier also angelastet, nicht nur am eigenen Niedergang, sondern darüber hinaus auch noch am Aufstieg des Rechtspopulismus schuld zu sein.

Zu Recht entzünden sich an den Details und auch den grundsätzlichen Annahmen der jeweiligen Narrative Diskussionen über ihre Plausibilität, hinzu tritt allerdings noch ein anderes Problem: Denn diese dominanten Gegenwartsdiagnosen produzieren blinde Flecken in den Fachdiskussionen und der breiteren öffentlichen Debatte und verdecken durch ihre Dominanz möglicherweise andere

Entwicklungen. Sicherlich handelt es sich sowohl beim Aufstieg des Rechtspopulismus als auch der Schwächung der Sozialdemokratie um überaus wichtige und von vielen Seiten mit Besorgnis verfolgte Entwicklungen. Doch möglicherweise bringt der Niedergang des Konservatismus mindestens ebenso bedenkliche Nebenwirkungen mit sich, wenn sich etwa nicht nur das linke Spektrum der Parteienlandschaft kannibalisiert, sondern Ähnliches auch auf der rechten Seite geschieht. So stellt dieses Buch nicht zuletzt den Versuch dar, dem Konservatismus gerade im Moment seiner möglichen Erschöpfung die angemessene analytische Aufmerksamkeit zukommen zu lassen, die selbst Konservative ihm allzu oft versagen. Möglicherweise stehen wir an der Schwelle einer radikalen Neuordnung des politischen Spektrums in Deutschland (und darüber hinaus), dabei die Rolle dieser wichtigen ideenpolitischen Strömung auszusparen, wäre weder ihrer großen Tradition noch den Kritiken, die sich an ihr abgearbeitet haben, angemessen.

1. Anatomie des Konservatismus

Wenn im Titel des Buches und in der Einleitung leichtfertig von dem »Konservatismus« die Rede ist, soll hier zunächst nochmal grundsätzlich gefragt werden: Gibt es überhaupt etwas, das als konservatives Denken, wenn nicht gar Ideologie bezeichnet werden könnte? Schon an diesem eher grundlegenden Punkt gehen die Meinungen auseinander, denn gerade Konservative weisen üblicherweise die Vorstellung eines ideologiegeprägten Denkens und Handelns weit von sich. Der Konservatismus, so die Argumentation, zeichne sich gerade dadurch aus, dass er konsequent antiideologisch und dementsprechend pragmatisch ausgerichtet sei. Und nicht nur Vertreter des Konservatismus, sondern auch Stimmen aus der Forschung schreiben ihm eher eine charakteristische Haltung als eine Ideologie zu.[5] Stellenweise wird die Entideologisierung des Konservatismus – auch von seinen Gegnern – sogar so weit getrieben, ihm die grundsätzliche Theorie- und damit auch intellektuelle Satisfaktionsfähigkeit abzusprechen: Von John Stuart Mill stammt die berühmte Charakterisierung der Tories nicht als »natural party of government«, wie sie sich selbst bis heute verstehen, sondern schlicht als »the stupidest party«. Konservative haben sich nicht immer derart energisch gegen solche Unterstellungen gewehrt, wie man es vermuten könnte. Im Gegenteil, oft genug wird geradezu damit kokettiert, dass der Konservatismus eben kein hochgestochenes Elitenprojekt sei und eher von einem Bauchgefühl als von streng deduktiver Logik getrieben sei. Doch obwohl sich sogleich zeigen wird, dass dieses Selbstverständnis einen wahren Kern hat, darf es nicht unhinterfragt akzeptiert werden. Schließlich trägt der

Anspruch eines ausschließlich dem gesunden Menschenverstand verpflichteten Pragmatismus selbst den Ideologieverdacht in sich, speist sich das Vertrauen in die pragmatische Vernunft doch ebenso wie andere Ideologien auch aus gewissen Grundüberzeugungen. Zudem kann man hinter der vermeintlich bescheidenen Selbstbeschreibung als einfacher Bürger aus dem Volke nicht zuletzt eine Selbstverkleinerungsstrategie vermuten, um in der breiten Bevölkerung um Zustimmung zu werben. Diesen antiideologischen Zuschreibungen widerspricht, dass die konservative Erfahrung, auf die wir im weiteren Verlauf zu sprechen kommen werden, überaus kompliziert ist und sie eigentlich nur unter erheblichem psychologisch-intellektuellen Aufwand sinnhaft und somit auch tragbar erscheint.

Doch wenn Konservatismus mehr ist als gesunder Menschenverstand in der Praxis, wie ließe er sich in seinen Konturen präziser erfassen? Hier soll folgendermaßen vorgegangen werden. In der Literatur zur Interpretation des Konservatismus gibt es eine Reihe sehr hilfreicher Unterscheidungen, die aber zu oft dichotomisch missverstanden werden. Dazu gehört die Differenzierung zwischen einem substanziellen und einem prozeduralen Konservatismus, die sich darin unterscheiden sollen, dass es im ersten Fall um die Verteidigung einer bestimmten Ordnung geht und im zweiten darum, die Modalitäten des Wandels jedweder Ordnung gemäß konservativer Vorstellungen zu gestalten. Doch diese Vorstellungen schließen sich nicht gegenseitig aus, vielmehr handelt es sich um unterschiedliche Aspekte *eines* Konservatismus, mit denen aber natürlich beträchtliche Instabilitäten in dessen Architektonik angelegt sind. Korrespondierend zu dieser Unterscheidung findet sich die zwischen einem rein reaktiven Konservatismus, der geradezu nominalistisch den Status quo *als* Status quo verteidigt und sich ausschließlich über seine Gegnerschaft definiert sowie einem Konservatismus, dem nichts ferner liegt als ein solcher Relativismus und der stattdessen seine *raison d'être* gerade aus der Kontemplation überzeitlicher Wahrheiten und Werte zieht, die es politisch zu bewahren, zu verwirklichen oder wiederherzustellen gilt.[6] Auch in diesem Fall schließen sich die beiden Ausrichtungen nicht gegenseitig aus, ja, in gewisser Weise bedingen sie sich sogar: Schließlich kann man sich kaum vorstellen, dass ein rein reaktiver Konservatismus wirklich jeden Status quo bis hin zum real existierenden Sozialismus verteidigen würde, weshalb er wie auch immer gearteter inhaltlicher Orientierungsmarken hinsichtlich des zu Bewahrenden bedarf. Umgekehrt ist aber auch der wesensschauende Konservatismus der überzeitlichen Einsicht letztlich auf sein reaktives Pendant angewiesen, denn nur in der Herausforderung durch politische Gegner und Entwicklungen enthüllt sich dem Konservativen das zu Verteidigende in seiner Konkretion – wenn auch auf tragische Weise, wie sich zu Ende des Kapitels zeigen wird.

Im Folgenden werde ich also diese zwei Seiten des Konservatismus, die ich vereinfachend als Ideologie und Erfahrung bezeichnen möchte, herausarbeiten, und zwar mit Bezug auf Edmund Burke, der als Stammvater des Konservatismus gilt – nicht um einen Idealtypus des Konservatismus zu entwickeln, den es ohnehin nicht gibt, sondern um uns in heuristischer Absicht mit einigen konservativen Motiven und Elementen vertraut zu machen, die uns im weiteren Verlauf immer wieder als Referenzpunkte dienen können.

Von Michael Freeden stammt der Vorschlag, Ideologien weitgehend werturteilsfrei als mehr oder weniger systematisch verknüpfte Kombination von Konzepten zu begreifen, die sich als mehrdimensionale Struktur beschreiben und analysieren lassen.[7] Freeden glaubt, Ideologien in konzentrischen Kreisen kartieren zu können, in deren Mittelpunkt sogenannte *Kernkonzepte* liegen, um die herum in einem ersten Gürtel die *anliegenden* Konzepte und in einem zweiten die *peripheren* Konzepte zu finden sind.

Dieser morphologische Ansatz dient mir im Folgenden als Leitfaden bei der Beschreibung des Burke'schen Konservatismus, wobei ich mich hier ausschließlich auf die Kernkonzepte konzentrieren werde, die offensichtlich die wichtigsten und stabilsten einer Ideologie sind.

Wie lässt sich nun also mithilfe von Freedens analytischem Instrumentarium Burkes Denken darstellen, und wie begründet sich überhaupt dessen Ruf als Ahnherr des Konservatismus? Bevor wir uns näher mit den einzelnen Elementen seines Denkens beschäftigen, gilt es also in aller Kürze Burkes Status als konservativer »Archetypus« zu reflektieren, nicht zuletzt, um Missverständnisse zu vermeiden. Edmund Burke wurde 1729 in Dublin geboren, studierte Rechtswissenschaften, war aber vor allem in jungen Jahren eher dem literarisch-philosophischen Genre zugeneigt und machte sich so zunächst einen Namen mit entsprechenden Werken über *The Vindication of Natural Society* und vor allem der *Philosophical Enquiry into the Origin of our Ideas of the Sublime and the Beautiful*, die 1756 bzw. 1757 veröffentlicht wurden. Eine politische Wendung nahm Burkes Karriere in der Folge, als er Sekretär des Whig-Anführers Lord Rockingham wurde. Ebenfalls der Partei beigetreten, wurde er 1774 Mitglied des Unterhauses, wo er sich einen Ruf als brillanter Redner erwarb und kontroverse Positionen zu einer Vielzahl von Themen bezog, die von wirtschaftspolitischen Fragen bis hin zur Kolonialpolitik und der Diskriminierung von Katholiken in seiner Heimat Irland reichten. Wie sich schon aus dieser biografischen Skizze erkennen lässt, gab Burke bis 1789 noch recht wenig Anlass, ihn zum Ahnherren des Konservatismus zu küren: Immerhin war er gerade kein Tory, sondern Mitglied der eher liberalen Whigs, und in den vielfältigen politischen Scharmützeln, in die er verwickelt war, vertrat er mehr als einmal eher regierungskritische Positionen, die oft genug mit entsprechenden Reformvorschlägen einhergingen. Viele seiner Zeitgenossen waren daher von Burkes *Reflections on the Revolution in France*, das 1790 erschien und die Revolution in aller Schärfe verurteilte, durchaus überrascht. Es ist diese Schrift, die sowohl bei Befürwortern als auch Gegnern der Revolution schon bald als definitives antirevolutionäres Statement galt und auf der in erster Linie Burkes Ruf als Begründer des Konservatismus und sein bis heute bestehender Status als Bezugsfigur beruht – wobei festzuhalten ist, dass diese Zuschreibungen erst viel später, gegen Ende des

19. Jahrhunderts einsetzten, wie auch der Begriff des Konservatismus erst zu Beginn jenes Jahrhunderts, etwa zwanzig Jahre nach Burkes Tod im Jahr 1797, als politische Gattungsbezeichnung entstand.[8] Burke war also ein Konservativer *avant la lettre*, dessen Denken in der Folge als Bezugsrahmen dienen soll.

Burkes *Betrachtungen* sind in Form eines Briefes an einen französischen Freund verfasst, der mehrere hundert Seiten lang ist und sich nicht durch übermäßige Stringenz auszeichnet. Daher müssen die zentralen Topoi oder Kernkonzepte im Sinne Freedens aus der epischen Darstellung herausdestilliert werden. Als Ausgangspunkt bietet sich Burkes Bestimmung der *Conditio Humana* an, von der aus sein Politikverständnis erschlossen werden kann. Dieses speist sich aus einer gewissen Vernunftskepsis und gibt einer erfahrungsbasierten Politik den Vorzug, und hält doch gleichermaßen Abstand vom Ideal einer nüchternen Technokratie, insofern Burke die affektive Dimension des Politischen hervorhebt, die eine erfolgreiche Regierungskunst nicht ignorieren könne. Die Skepsis gegenüber den Ansprüchen einer weltgestaltenden Vernunft wirft die Frage auf, woher Politik alternativ ihren Orientierungsrahmen beziehen soll, was auf Burkes emphatisches Verständnis von ›Vorurteil‹ und Tradition, aber auch Religion, einer ständisch-hierarchisch gegliederten Gesellschaftsstruktur und einer auf Privateigentum basierenden Wirtschaftsform als stabilisierende Elemente verweist. Garantiert werden diese Komponenten durch einen Staat, der aber nur als Stellvertreter einer umfassenderen Ordnung agiert, deren transzendente Autorität die Richtigkeit von Burkes Vorstellungen verbürgt.

Burkes Menschenbild ist ein skeptisches, das von einem schwachen und zur Vollkommenheit unfähigen Menschen ausgeht,[9] und nicht zuletzt aus diesem Grund hegt er massive Vorbehalte gegenüber den revolutionären Umtrieben im benachbarten Frankreich. Er warnt vor der »furchtbaren Kraft« (57) des Volkes, das, von seinen »heilsamen Banden« befreit, zum »Rasenden« würde. Zumindest für die große Mehrzahl der Menschen gilt, dass sie domestizierte Tiere sind, deren Leidenschaften mehr oder weniger umhegt, aber keineswegs verschwunden sind. Die Kräfte, die sich aus diesen Leidenschaften speisen, können ganze Gesellschaften aus den Angeln heben, wie die Revolution beweist, daher besteht die Kunst des Regierens in erster Linie in der Kanalisierung und Mäßigung dieser Kräfte, was für Burke eine kaum zu überschätzende Aufgabe der Unterwerfung darstellt: »Wenn die Gesellschaft bestehen soll, ist es nicht hinlänglich, daß die Leidenschaften des einzelnen gehorchen: auch wenn der vereinigte Haufen, auch wenn eine große Masse wirkt, ist es schlechterdings notwendig, daß ihren Neigungen oftmals Widerstand geleistet, ihrem Willen Einhalt getan, ihrer Begierde eine Grenze gesetzt werde.« (135) Nicht nur handelt es sich hier um ein überaus komplexes Unterfangen, auf dessen Einzelaspekte noch einzugehen sein wird, die Folgen eines Scheiterns könnten sich auch als fatal erweisen. Ist der Mensch nur ein notdürftig gezähmtes Tier, so könnte er bei falscher Behandlung in seiner Raserei das Gebäude der Zivilisation bis auf die Grundmauern einreißen, befürchtet Burke.[10] Damit steht viel auf dem Spiel, zu viel, um es dem politischen Verstand Einzelner zu überlassen, über Richtig und Falsch zu entscheiden. Und dies ist einer der schwerwiegendsten Kritikpunkte, die Burke gegen die revolutionäre Politik der Franzosen vorbringt: Die Revolution verlasse sich in größter Fahrlässigkeit auf die Reißbrettentwürfe Einzelner und ihrer Vorstellung einer natürlichen Freiheit, die nun Allgemeingültigkeit erlangen solle, aber genauso gut in die Anarchie führen könne. Es handele sich um »bloße Theoretiker« (103) mit ihren »spekulativen Projekte[n]« (142), die zu sehr der »trüglichen und schwachen Erfindung der Vernunft« (95) vertrauten und so die Stabilisierungsstruktur des Ancien Régime erschütterten – eine Anklage, die eine lange Tradition der konservativen Intellektuellenschelte begründet, die uns auch im deutschen Kontext wiederbegegnen wird. Die Rousseaus und Diderots hätten mit ihrer Rede von Aufklärung und der natürlichen Freiheit aller zwar möglicherweise die deduktive Logik auf ihrer Seite, doch Burke wendet dies gegen sie: »Die eingebildeten Rechte dieser Theoretiker sind lauter Extreme: und je mehr sie im *metaphysischen*

Sinne wahr sind, desto mehr sind sie im *moralischen* und *politischen* falsch« (138), denn Recht und Freiheit etc. könne es nur in konkreten Kontexten geben: Burke meint die Rechte und Freiheiten der Engländer wie die der Franzosen, die sich aber nicht zu jenen allgemeinen Menschenrechten abstrahieren ließen, die schon bald in Paris verkündet werden sollten. Die Abstraktion und der Rationalismus sind Burkes vorzüglichstes Angriffsziel, wenn es um die epistemologische Seite seiner Kritik geht. Die Selbstüberschätzung der menschlichen Vernunft, die ihre eigenen Grenzen missachte, führe letztlich in die kollektive Katastrophe, da sie die Aufgabe des Regierens unterschätze, und dies nicht zuletzt, weil sie die Objekte dieser Regierungsaufgabe in ihrer Eigenheit verkenne: Menschen, die mindestens so sehr durch ihre Gefühle und Leidenschaften wie durch ihre Vernunft geprägt seien; eine feingewobene Welt des Sozialen, die sensibel und unvorhersehbar auf Erschütterungen reagiere, und lang eingeübte Sitten, Gebräuche und kulturelle Praktiken, die die abstrakte Vernunft auf die Gefahr hin ignoriere, mit ihren wohldurchdachten Rezepten die Zustände eher zu verschlimmern als zu verbessern.[11]

Was stellt Burke dem utopischen Politikverständnis der Revolutionäre entgegen? Auf einer ersten Ebene ist es eine geradezu prosaische Vorstellung von Politik: Die Wissenschaft des Staates und der Gesellschaft sei keine apriorische, d. h. die Entwürfe der transformierenden Vernunft müssten unter allen Umständen erfahrungsgesättigt sein, um nicht fehlzugehen; »und die Erfahrung, die uns in dieser bloß praktischen Wissenschaft unterrichten soll, darf keine kurze Erfahrung sein« (136). Hier erscheint nun also das schon oben als typisch konservativ gekennzeichnete Lob des Pragmatismus und der Empirie, die sich zumindest auf den ersten Blick als entscheidende Determinanten konservativer Politik darstellen. Die Komplexität der Gesellschaft erfordert das kleinteilige Agieren, und wenn Politik für Max Weber das Bohren dicker Bretter war, so ist es für Burke das Drehen an kleinsten Schrauben zu Zwecken der Neujustierung oder das, was Karl Popper im 20. Jahrhundert als

›piecemeal engineering‹ bezeichnen sollte. Systemtheoretisch gesprochen, verweist Burke auf die vielfältigen Kontingenzen einer komplexen Gesellschaft, deren Steuerung unweigerlich vielfältige intendierte und nichtintendierte Folgen mit sich bringt, die bei jedem Eingriff mitbedacht werden wollen, denn »die einladendsten Pläne, unter den günstigsten Aussichten eingeführt, nehmen oft ein schmähliches und jammervolles Ende« (ebd.). So wird gerade erfahrungsbasierte Politik oftmals und aus gutem Grunde die Form der kleinen Schritte und des Auf-Sicht-Fahrens annehmen, um die Kollateralschäden des politischen Gestaltungswillens möglichst gering zu halten. In die gleiche Richtung weist Burkes Lob einer unheroischen Politik der nüchternen Aushandlungsprozesse: »Wir gleichen aus, wir vereinigen, wir wägen gegeneinander ab« (305), umschreibt er die geeignete Vorgehensweise in Konfliktsituationen.[12] So reduziert sich gute Politik vermeintlich auf das, was heute mehr oder weniger abschätzig als *muddling through* bezeichnet wird – ein inhaltsarmes Austarieren der Interessen, die auch Burke im Auge zu haben scheint, wenn er von einer »moralischen Rechenkunst« (140) schreibt und die Geduld der Verhandlung der Gewalt der Umstürze gegenüberstellt (305).[13] Mit Blick auf die Debatten über inhaltliche Entkernung des Konservatismus, die uns in den folgenden Kapiteln immer wieder begegnen werden, lässt sich also festhalten, dass es nicht zuletzt die inhaltsfreie Kunst der Moderation widersprüchlicher Positionen ist, die etwa Burke zur konservativen Kernkompetenz erhebt.

Bliebe es bei diesem Miteinander aus einer gewissen Skepsis gegenüber der systematischen Theorie – nicht umsonst wählt Burke für die Betrachtungen die Form eines höchst unsystematischen Briefs, dessen Unübersichtlichkeit bei Lesern wie etwas Thomas Paine für Frustration und Spott sorgte – und der Verteidigung eines nüchtern-pragmatischen Politikverständnisses, das sich mutmaßlich aus einer gewissen Demut gegenüber den gewaltigen Kräften des Sozialen speist, so wäre dieser Verbindung von Konzepten zweifellos Konsistenz zu attestieren. Doch wie schon angedeutet, glaubt

Burke keineswegs, dass die zur klugen Verwaltung geschrumpfte Politik für sich genommen reüssieren kann. Der Grund verweist zurück auf Burkes Beschreibungen der *Conditio Humana*. Menschsein erschöpft sich nicht im kühl kalkulierenden Egoismus der Herrschaftsvertragspartner, aus denen Thomas Hobbes ein Jahrhundert vor Burke seinen *Leviathan* hervorgehen ließ. Es handelt sich vielmehr um »empfindsame Wesen« (304), deren Regierung sich nicht darauf beschränken darf, sie als Maximierer ihres individuellen Nutzens zu adressieren. Burke ist stattdessen überzeugt, dass politische Führung die Herrschaftsunterworfenen auch und insbesondere auf einer affektiven Ebene ansprechen muss, um nicht nur ihre Köpfe, sondern auch ihre Herzen zu erreichen. Es geht also nicht nur darum, die Leidenschaften zu zähmen, sondern auch die »Neigungen« für sich bzw. »für das allgemein Beste zu gewinnen« (163). In diesen Passagen wirkt Burke mitunter wie ein Vertreter der republikanischen Tradition der Bürgertugend, die es in den Dienst des Gemeinwesens zu stellen gilt.[14] Doch damit stellt sich die Frage, wie es gelingen kann, diese Art von affektiver Loyalität bei den Untertanen hervorzurufen, denn allein durch ›Good Governance‹, wie es heute genannt würde, dürfte dies bei jenen empfindsamen Wesen nicht gelingen. Tatsächlich glaubt Burke, dass mehr vonnöten ist als das bloße Vertrauen auf die Output-Legitimation von Wohlstand und Sicherheit. Die Gefolgschaft der Untertanen wird letztlich am ehesten gesichert durch die »wohltätigen Täuschungen« (161), die nicht zuletzt in den Selbstinszenierungen der Herrschenden bestehen. Hier nun greift Burkes genuin politisches Denken auf seine ästhetischen Überlegungen über das Erhabene zurück. Es ist nämlich weder das Gute noch das Schöne, was als Hebel der Affektivität die größte Wirksamkeit entfaltet. Das Erhabene überwältigt und erfasst seine Betrachter, und zwar gerade weil es in seiner Wirkung unverstanden bleibt. Eine transparente Politik des Interessenausgleichs in fairen Verhandlungen ist das genaue Gegenteil einer solchen mysteriös bleibenden Strategie der Vereinnahmung, die auf Mobilisierung von Massenloyalität abzielt. In diesem Sinn ist Burkes Einschätzung zu verstehen, eine klare und transparente Idee sei bloß »another name for a small idea«, die kaum geeignet sei, politische Dynamik zu entfachen: »Great clearness helps but little toward affecting the passions, as it is in some sort an enemy to all enthusisam whatsoever.«[15] Mit dieser Einsicht zeigt sich eine erste Spannung in Burkes Konservatismus, der nämlich zwischen einer buchhaltungsgleichen Pragmatik und deren komplettem Gegenteil oszilliert: einer *Großen Politik*, die vom Geist des Erhabenen umweht sein muss. Noch komplizierter werden die Dinge dadurch, dass es just die Revolution ist, die in einer Art erhabenen Gewalttätigkeit das »züchtige Gewand« (162) der Gesellschaft des Ancien Régime herunterreißt und gerade in ihrer Maßlosigkeit die Franzosen in ihren Bann schlägt. Hierauf wird noch einmal zurückzukommen sein.

Aus der Affektivitätsgebundenheit von Politik in Kombination mit Burkes Vorbehalten gegenüber einer freischwebenden Individualvernunft ergeben sich weitere Schlussfolgerungen, die vermutlich zu seinen bekanntesten und in den Augen der meisten Kommentatoren auch zum Kernbestand konservativer Überzeugungen zählen. Denn die Frage nach den Voraussetzungen einer affektiven Bindung der politischen Tugend an das Gemeinwesen lässt sich nicht nur mit Verweis auf ›Große Politik‹ beantworten. Es geht auch darum, die motivationalen Kräfte in Sitte, Brauch, Tradition und ›Vorurteil‹ entsprechend in den Dienst zu nehmen: »Vorurteil macht, dass die Tugend eines Menschen seine Lebensweise wird« (179). Gesellschaftliche Stabilität wird also nicht nur durch aktive Politik gesichert, sondern insbesondere auch durch die Überantwortung an das, was über Jahrhunderte gewachsen und eingewöhnt ist, seien es Institutionen und Verfassungen oder kulturelle Dispositionen, d. h. ›Vorurteile‹, die in gewisser Weise das Äquivalent dessen darstellen, was später von einem anderen berühmten Konservativen, Michael Oakeshott, als *tacit knowledge* beschrieben werden wird: ein Wissen, das sich nicht unbedingt selbst Aufschluss über die eigene Validität geben kann, aber dennoch höchst effektiv im Sinn erfolgversprechender Handlungsanleitung ist. Die Vernunft an sich, so

Burke, bleibt oft machtlos, verbündet sie sich nicht mit anderen Kräften, wohingegen ein »Vorurteil, das ein Prinzip der Wahrheit enthält, zugleich eine Kraft, um dieses Prinzip zu beleben, und ein Gefühl der Zuneigung, um ihm Dauer zu schaffen, bei sich führt« (179). Vor dem Hintergrund dieser Erwägungen liegt es nahe, dass Burke seiner Leserschaft das Vertrauen auf Altbewährtes anempfiehlt, denn dieses hat nicht nur für sich, dass es als bekannt und eingeübt erhebliche motivationale Kraft entfaltet und angesichts der in längst vergessener Vorzeit liegenden Ursprünge, die unidentifizierbar bleiben, auch von der Strahlkraft des Erhabenen zehrt, sondern auch als Objektivierung kollektiver Vernunft gelten kann. Die gewachsenen Institutionen und kulturellen Praktiken sind Träger und Verkörperungen eines über Jahrhunderte akkumulierten Wissens, und daraus ergibt sich auch ihre vermutete Überlegenheit gegenüber den Entwürfen der intellektuellen Radikalreformer. Die Staatskunst erfordert bekanntlich Erfahrung, und zwar dermaßen viel, »als der schärfste und unermüdlichste Beobachter im Lauf eines ganzen Lebens nicht erwerben kann: so sollte wohl niemand ohne unendliche Behutsamkeit ein Staatsgebäude niederzureißen wagen, das jahrhundertelang den Zwecken der gesellschaftlichen Verbindung auch nur leidlich entsprochen hat, oder es neu zu bauen, ohne Grundrisse und Muster von entschiedener Vollkommenheit vor Augen zu haben« (137). Während Burke den Revolutionären die Zerstörung des Althergebrachten als Selbstzweck unterstellt, da »Dauerhaftigkeit [...] kein Verdienst« (180) für sie darstelle, gebe es doch für nützliche Einrichtungen wie etwa die englische Verfassung nur ein klares Kriterium, nämlich dass sie die »einzig-gültige Probe einer langen Erfahrung bestanden und sich durch zunehmende Staatsmacht und immer steigende Nationalwohlfahrt bewährt hat« (130). Wie sich zeigen wird, ist dieses vermeintlich klare Kriterium allerdings weit weniger eindeutig, als Burke es erscheinen lässt.

Zu den Stabilisatoren, die die Gesellschaft davor bewahren, in Chaos und Anarchie abzugleiten, gehört neben den geschichtlich gewachsenen Traditionen und Institutionen aber auch die Gesellschaftsstruktur mit ihren fest eingezogenen Hierarchiestufen. Wo es gesellschaftliche Klassen gibt, so Burke, »müssen einige Klassen obenauf sein« (115), wobei natürlich von entscheidender Bedeutung ist, dass es die richtigen sind. Adel und Klerus sind diejenigen Gruppen, die zur Herrschaft befähigt und aufgerufen sind, da nur sie die entsprechenden Eigenschaften wie Unabhängigkeit und Parteinahme für das allgemeine Interesse mit sich brächten, wohingegen die werktätigen Klassen dazu nicht in der Lage seien. Gelangen sie in die Position, Macht auszuüben, so geschieht dies letztlich zum Schaden des Gemeinwesens: »Der Staat wird von ihnen unterdrückt« (116). Hier zeigt sich ein wichtiger Charakterzug vieler Varianten des konservativen Denkens. Das Problem der französischen Nationalversammlung besteht daher nicht nur in ihrer schlecht ausbalancierten Machtfülle, sondern auch dem »scheußlichen Gemisch aus allen Ständen, Zungen und Völkern« (149) ihrer politischen Clubs, das jeder Art von Ordnung Hohn spreche. Zwar müsse »jede Stelle im Staat« zugänglich sein, »aber nicht zugänglich ohne allen Unterschied der Person« (117).[16] Für die gesellschaftliche Ordnung müsse mit anderen Worten gelten: »To enable men to act with the weight and the character of a people [...] we must suppose them [...] to be in that state of habitual social discipline in which the wiser, the more expert, and the more opulent conduct, and by conducting enlighten and protect, the weaker, the less knowing, and the less provided with the goods of fortune. If the multitude are not under this discipline, they can scarcely be said to be in civil society«.[17] Wie wir gesehen haben, wird man Burke nicht gerecht, wenn man ihn zum nüchternen Pragmatiker der Macht stilisiert, aber gleichwohl findet sich durchaus die elitäre Vorstellung, dass manche Individuen und Gruppen die Qualifizierung zur Herrschaft aufweisen, andere hingegen nicht und dementsprechend gleich den unteren Ständen in Platons *Politeia* von vornherein ihren angemessenen Platz in der loyalen Unterwerfung unter diejenigen finden, die zur Führung auserkoren sind – gemäß der allgemeinen »Ordnung des großen Ganzen, nach welcher das, was herrscht, immer das Bessere sein soll« (187). Es versteht sich vor diesem Hintergrund von selbst, dass Burke der Vorstellung von Demokratie mit großer Skepsis gegenübersteht und angesichts der organisierten Verantwortungslosigkeit, die er in ihr verkörpert sieht, befindet, »vollkommene Demokratie [sei] das schamloseste aller politischen Ungeheuer [...]. Der Einzelne fürchtet in einer solchen Verfassung nie, daß die Strafe ihn in seiner Person treffen wird« (189). Burke war Kontextualist genug, um die Möglichkeit einer legitimen republikanischen Ordnung im geeigneten Umfeld – wenn auch offensichtlich nicht auf den Britischen Inseln – nicht generell auszuschließen, doch auch eine Republik müsste sich mindestens auf eine konsequente Unterordnung der Volkssouveränität unter substanzielle und unverrückbare politisch-moralische Bewertungsmaßstäbe verpflichten: »Eben deshalb aber ist es von unendlicher Wichtigkeit, daß ein Volk sich ebenso wenig als ein König einbilde, sein Wille sei der Maßstab für Recht und Unrecht« (ebd.). Auf den eigentlichen Maßstab für Recht und Unrecht wird noch detailliert zurückzukommen sein.

Der hierarchisierte Gesellschaftsaufbau Burkes, dem es ein Gräuel ist, wenn »alle Klassen und Stände durcheinandergemengt« sind (124), wird weiter strukturiert durch selbständige Korporationen oder das, was im heutigen Sprachgebrauch als intermediäre Institutionen bezeichnet würde. Sie sollen in ihrer relativen Unabhängigkeit von der zentralisierten Staatsgewalt als Relais der Herrschaftsverhältnisse vor Ort fungieren, aber auch etwa im Fall einer absolutistischen Selbstermächtigung der Krone als Gegenkräfte zum Zweck der Verteidigung des Konstitutionalismus und der Herrschaftsbegrenzung im Allgemeinen. Doch nicht nur diese Doppelrolle als Verlängerung und gegebenenfalls Gegengewicht zur staatlichen Herrschaftsgewalt verleiht den Korporationen, Ständen und Organisationen eine solche Bedeutung für Burke wie auch für viele andere Spielarten des Konservatismus. Ihre Funktion besteht auch in der Einbettung des Individuums in gemeinschaftliche Zusammenhänge, was einer Atomisierung der Gesellschaft vorbeugt und gleichzeitig Sinnressourcen birgt: Das in seiner Geworfenheit vereinsamte Individuum ist das Material, aus dem sich der Mob zusammensetzt und seine Kraft generiert, wohingegen gut integrierte Mitglieder unterschiedlicher Gemeinschaften gegen den nihilistischen Zerstörungsdrang der Revolution immunisiert sind. Individuelles Leben ist im Gegensatz zu den meisten Liberalismen für den Konservativen Burke immer auf unterschiedliche Gemeinschaften – bis hin zur Gemeinschaft der Generationen hin – ausgerichtet und zieht aus dem gemeinschaftlichen Leben antirevolutionären Sinn.

Die ›Korporation‹, der die größte Bedeutung in Burkes Denken zukommt, ist zweifellos die Kirche, und die antireligiöse Ausrichtung der Französischen Revolution, die sich nicht zuletzt in der Enteignung von Kirchenbesitz niederschlägt, wird dementsprechend scharf kritisiert. Die wichtigsten Garanten einer guten Ordnung sind Adel und Klerus oder, wie Burke es ausdrückt, der »Geist des höheren Standes, das andere der Geist der Religion. Wenn jeder auf der Stelle geblieben, die ihm in diesem wohlgeordneten Bündnis zugeordnet war« (164/5), stünde es besser um Frankreich. Doch die Rede vom Geist in diesem Zusammenhang weist schon darauf hin, dass es natürlich nicht nur die Kirche als Körperschaft und Gemeinde ist, die wie auch andere Korporationen die Bevölkerungsmassen gewissermaßen strukturiert, welche als Stabilisator wirkt. Es ist die Religion als Quelle von Sinn im Allgemeinen, aber vor allem auch als Narrativ der Rechtfertigung von Herrschaft, welche die Ordnung sichert: »Wir wissen, und was noch besser ist, wir fühlen, daß Religion die Grundlage der bürgerlichen Gesellschaft und die große Quelle alles Segens und alles Trostes ist«, was sich für Burke letztlich dadurch begründet, »daß der Mensch ein zur Religion geschaffenes Wesen ist« (184/5). Burke selbst war ein gläubiger Mensch, aber nicht nur aus diesem Grund betont er die Bedeutung von Religion. Vielmehr gehört sie natürlich zu jenen politischen Technologien, die auf der affektiven Ebene eine besondere Wirksamkeit entfalten können. Die »wohltätigen Täuschungen« der monarchischen Selbstinszenierung und der Glaube an eine bis in graue Vorzeit zurückreichende Gemeinschaft der Engländer mögen die Loyalität der Untertanen sicherstellen, doch wie viel sicherer wäre sie, wenn auch die existenziellen Kräfte der religiösen Erfahrung in den Dienst der Herrschaftsstabilisierung gestellt würden? Die Religion gilt Burke dementsprechend als spannkräftige »Triebfeder«, die zu nutzen sei, um »das wundervollste aller Kunstwerke – den Menschen aufzubauen« (187), wobei die geradezu ermächtigende Formulierung täuscht: Worum es geht, ist zwar die Formierung von Subjekten, jedoch nicht zum Zweck ihrer Autonomisierung im Sinne einer wie auch immer verstandenen Mündigkeit, sondern der »Unterwerfung des Willens« (282), also einer letztlich repressiven Zurichtung des Subjekts mithilfe einer Doktrin und einer Organisation, die auf die Einübung von Unterwerfung gewissermaßen spezialisiert sind.

Gleichwohl kann Burkes Charakterisierung der Religion als gesellschaftlicher Kitt nur so eindeutig ausfallen, weil er die offenkundigen Ambivalenzen der Herrschaftseffekte von Religion geflissentlich ausblendet. Sicherlich wirken in einem staatskirchlichen Arrangement wie im postelisabethanischen England die religiösen Energien in erster Linie herrschaftsstabilisierend, doch natürlich war sich Burke über die Vielzahl widerstreitender protestantischer Sekten im Klaren, die gerade der britische Kontext hervorgebracht hatte. Und als Katholik war er sich zweifellos selbst des konflikthaften Verhältnisses zwischen Krone, Papst und (staatlich diskriminierten) Religionsgemeinschaften, aus dem sich eruptive Dynamiken ergeben können, die dann das Gegenteil der Stabilisierung von Herrschaft bewirken, bewusst; er musste nur an den englischen Bürgerkrieg denken. Die in Burkes Darstellung suggerierte Vorstellung, je religiöser die Bevölkerung sei, desto gesicherter sei der Status quo der Herrschaft, wirkt so nur begrenzt plausibel – die entsprechenden Ambivalenzen werden uns auch im Zusammenhang mit dem zeitgenössischen deutschen Konservatismus begegnen.

Bleibt noch ein letztes Element im Geflecht der gesellschaftlichen Stabilisatoren, welches aber bei genauerem Hinsehen ebenfalls eine gewisse Ambiguität in sich trägt, die allerdings bei Burke weniger stark als bei anderen konservativen Autoren zutage tritt. Gemeint sind die Eigentumsordnung und das damit natürlich in enger Verbindung stehende Wirtschaftssystem. Im Zusammenhang mit der Konfiskation von Kirchenbesitz durch die Revolutionsregierung kommt Burke auf die allgemeinere Bedeutung von Privateigentum zu sprechen: »Die Hartnäckigkeit, mit welcher jeder das, was er einmal das Seinige genannt und worin er seine Glückseligkeit gefunden hat, zu erhalten sucht und verteidigt, ist eine von den großen Schutzwehren der Ungerechtigkeit und Tyrannei, die die Natur in unsre Brust pflanzte. Sie hat die Wirkungen eines Instinkts, der das Eigentum bewahrt und menschlichen Verbindungen eine dauerhafte Gestalt sichert« (258/9). Vereinfacht gesagt: Wer über Eigentum verfügt, wird es mit aller Macht verteidigen, und wer dementsprechend etwas zu verlieren hat, wird sich allenfalls als Ultima Ratio einer revolutionären Umwälzungsbewegung mit unabsehbaren Folgen anschließen. Doch Eigentum verbindet auch, urteilt Burke, und stärkt so vermeintlich die Stabilität der menschlichen Gemeinschaften, wobei er hier wohl vor allem Familien als (Erb-) Gemeinschaften im Blick gehabt haben dürfte, da ansonsten der verbindende Charakter von Privateigentum ja nicht unbedingt auf der Hand liegt. Vom Privateigentum ist es am Ende des 18. Jahrhunderts ein weitaus größerer Schritt zum Kapitalismus als adäquater Wirtschaftsform, als es heute den Eindruck macht, von daher ist es nicht trivial, auf Burkes grundsätzliche Befürwortung einer im weitesten Sinne marktwirtschaftlichen Ordnung als Pendant zur Eigentumsordnung hinzuweisen. Und schließlich wird uns der Kapitalismus auch noch in den folgenden Kapiteln immer wieder als Gegenstand konservativer Theorie und Praxis begegnen. Daher ist es wichtig, in diesem Zusammenhang die charakteristische Ambivalenz herauszuarbeiten, mit der der Konservatismus in vielen seiner Varianten dem Kapitalismus entgegentritt, wenn diese auch, wie schon angedeutet, bei Burke nur *in nuce* erkennbar ist. Burke hatte sich stellenweise sehr offensiv zugunsten ›freier‹ Märkte ausgesprochen und hegte zweifellos große Sympathien für die wirtschaftstheoretischen und -politischen Überlegungen der schottischen Aufklärung eines Adam Smith oder Adam Ferguson. Dennoch war sein Bekenntnis zum Frühkapitalismus an einige Bedingungen geknüpft, die sich zusammenfassen lassen als eine Einhegung der Märkte, sei es durch staatliche Regulierung oder das individuelle Ethos der Marktteilnehmer. Schließlich muss Burke mit seinem ausgeprägten Sinn für korrosive Kräfte, die das Geflecht des Sozialen aufzulösen drohen, bewusst gewesen sein, dass der Kapitalismus für sich genommen nicht zwingend zur Stabilisierung der Gesellschaft beiträgt. Möglicherweise war Ende des 18. Jahrhunderts noch nicht abzusehen, in welchem atemberaubenden Tempo unter kapitalistischen Bedingungen alles »Ständische und Stehende verdampft«, wie es bei Marx und Engels heißt, doch Burke war sich durchaus darüber im Klaren, dass kapitalistischen Märkten sich selbst überlassen angesichts von Gewinnstreben und Geldgier auch ein zerstörerisches Potenzial zu eigen war. Von daher ist es konsequent, wenn er Smith dahingehend folgt, dass Ökonomie immer in Verschränkung mit der Moralphilosophie gedacht werden muss. Die individuelle Tugendorientierung bzw. das Berufsethos soll so garantieren, dass kapitalistisches Wirtschaften nicht zu Täuschung und Bereicherung ohne Gegenwert verkommt. Charakteristischerweise hegt Burke, wie manche Konservative auch heute noch, besondere Vorbehalte gegen das vor allem auf Finanzmärkten grassierende Spekulationswesen,[18] und die *Betrachtungen* enthalten auffallend lange Abschnitte, in denen Burke sich mit der revolutionären Assignaten-Währung befasst, deren Wirkungsmechanismus er finanztheoretisch als ebenso spekulativ kritisiert, wie die revolutionäre Gesinnung politiktheoretische Spekulation sei. Auch dieses Unbehagen am Finanzwesen wird uns wiederbegegnen, wenn es um die Schockwellen der Finanzkrise geht, die nicht zuletzt auch den deutschen Konservatismus der Gegenwart erschütterten.

Bei aller Sympathie, die man in der Geschichte gerade von

konservativer Seite noch für den Kapitalismus hegen wird, bleibt dennoch eine Restreserviertheit gegenüber seinen Auswirkungen: Nicht nur ist der Kapitalismus eine Modernisierungsmaschinerie, deren Innovationseffekte sich keineswegs nur auf Produkte und Produktionstechniken beschränken, sondern auch vor sozialen Verhältnissen, von Gruppensolidaritäten bis hin zum Gefüge der Kleinfamilie, nicht haltmachen. Noch deutlicher muss Burke im frühkapitalistischen Kontext die moralische Ambivalenz des Kapitalismus vor Augen gestanden haben: Auf der einen Seite wird der Kapitalismus verklärt als Schule der Sekundärtugenden, in der Disziplin, Leistung und Eigenverantwortung belohnt werden. Auf der anderen Seite steht der vermeintlichen Tugendschule doch das korrumpierende Potenzial eines profanen Materialismus gegenüber, der zudem die Habgier als Grundeinstellung kultiviert, die ja immerhin nach christlichem Verständnis eine der sieben Todsünden darstellt. Kurz, die bei Burke schon spürbaren Vorbehalte gegenüber einer Wirtschaftsordnung, deren Vorzug immerhin von einem ihrer Unterstützer als »schöpferische Zerstörung« (Joseph Schumpeter) identifiziert wurde, sind bei aller Affirmation des Kapitalismus gegenüber dem Sozialismus dennoch stilbildend für die konservative Tradition, die insgesamt ein differenzierteres Verhältnis zur ›Marktwirtschaft‹ pflegt als etwa der Durchschnittsliberale. Das teils komplizierte Verhältnis des Konservatismus zum Kapitalismus wird uns auch im deutschen Kontext beschäftigen, denn schon im Zuge der geistig-moralischen Wende verbindet sich der Aufruf zu einer Erneuerung des Kapitalismus mit einem Tugenddiskurs, der weniger die ökonomischen als die moralischen Aspekte der Wirtschaftsordnung betrifft.

Damit sind die wesentlichen Stabilisatoren einer Gesellschaft im konservativen Geiste Burkes benannt. Doch Burke vertraut ebenso wenig wie die konservative Tradition insgesamt allein auf die spontane Ordnung der Gesellschaft, wie sie etwa im Neoliberalismus eines F. A. Hayek zumindest auf den ersten Blick suggeriert wird. Die Skepsis gegenüber einem auch zur Schwäche und Fehlbarkeit geschaffenen Menschengeschlecht überwiegt hier eindeutig, und mit ihr korreliert die beständige Sorge um den Verfall jener elaborierten Ordnungsarchitektonik, ja gar ihre vollständige Auflösung in Bürgerkrieg und nackter Anarchie. Daher bedarf es eines Garanten der Ordnung, der über hinreichende Autorität und Durchsetzungsvermögen zur erfolgreichen Bewältigung dieser Aufgabe verfügt. Es ist der Kernbereich der Staatsgewalt, der hier angesprochen ist; sicherlich hilft eine kluge affektiv aufgeladene Politik beim Ordnungserhalt, doch die öffentliche und private Sicherheit, mithin die Souveränität eines Landes nach innen und außen, wird im Zweifelsfall auch und insbesondere mit Berufung auf das staatliche »Monopol legitimer physischer Gewaltsamkeit« durchgesetzt, wie es in den berühmten Passagen bei Max Weber heißt. Die eiserne Faust des Burke'schen Staates ist immer nur notdürftig be- bzw. verdeckt durch den Samthandschuh der »nützlichen Täuschungen« und den Protorechtsstaat der »alten englischen Rechte«. Nicht von ungefähr erinnert es ein wenig an Hobbes' Charakterisierung seines *Leviathan*-Staates als ›sterblicher Gott‹, wenn Burke schreibt: »Um also den Gefahren der Unbeständigkeit [...] auszuweichen, haben wir den Staat geheiligt« (192). Das Verhältnis zum Staat, die (überzogenen) Erwartungen an seine souveräne Ordnungs- und Schutzaufgabe sowie die Folgen entsprechender Enttäuschungen werden sich im weiteren Verlauf noch als bedeutsamer Stein des Anstoßes für den deutschen Konservatismus der Gegenwart erweisen.

Die Autorität des Staates und seine Souveränität sind aber bei aller Betonung seiner Unterwerfungsmacht doch nur Derivate einer Ordnung und ihres Garanten, die den Raum der Immanenz sprengen, womit wir zum normativen Kern der konservativen Kernkonzepte gelangen. Der konservative Staat ist bei allen repressiven Kompetenzen schließlich nie nur Zwangshebel eines zynischen Autoritarismus blanken Machterhalts. Vielmehr verteidigt der Konservatismus bei Burke und einer Vielzahl seiner Repräsentanten nicht irgendeine Ordnung, sondern die naturgemäße und somit im Zweifelsfall auch gottgegebene, sieht man von der eher seltenen, aber existierenden Paarung von konservativen und atheistischen Überzeugungen einmal ab. Was sich hinter der Rede der Natürlichkeit der zu verteidigenden Ordnung verbirgt, ist die normative Trumpfkarte des Konservatismus, die auch Burke immer wieder zu spielen weiß, wenn er etwa den französischen »Gleichheitsaposteln« vorwirft, sie verkehrten »bloß die natürliche Ordnung der Dinge« (116), wohingegen die Briten sich »lieber unserer Natur als unsern Spekulationen anvertrauen wollen« (95). Denn die Natur transzendiert die Immanenz der menschlichen Ordnungen, deren Fehlbarkeit ja immer wieder von Burke hervorgehoben wird; sie ist damit der normative Ankerpunkt seines konservativen Denkens, und man könnte dementsprechend von einer *normativ aufgeladenen Natürlichkeit* als konservativem Referenzpunkt sprechen. Schließlich ist die natürliche Ordnung der Standpunkt, von dem aus die konservative Kritik am aufklärerischen Reißbrettdenken formuliert wird, das sich in Abstraktionen verbeißt und gezwungen ist, dort Neues zu konstruieren, wo es doch eigentlich nur das immer schon Bestehende anzuerkennen gilt: natürliche Kleinstgemeinschaften, allen voran die Familie, hierarchische Verhältnisse, wie sie schließlich auch die nichtmenschliche Natur kennzeichneten, und Moralvorstellungen, die einer menschlichen Natur entsprechen, die sich wohl eine Zeit lang in die eine oder andere Richtung verbiegen lässt – aber doch letztlich in die Position ihrer ewigen Unveränderbarkeit zurückschwingt: »Wir wissen, daß es im Felde der Moralität keine Entdeckungen zu machen gibt« (177/78), sosehr sich auch eine selbstverliebte Vernunft gegen die fundamentale Festgefügtheit des Seienden sträuben mag.

Diese normative Natürlichkeit als Schluss-, oder genauer gesagt, Grundstein des konservativen Theoriegebäudes ist sowohl seine größte Stärke als auch sein Schwachpunkt. Der Verweis auf das immer schon Bestehende hat stets den strategischen Vorteil des Vertraut-Bekannten gegenüber allen für den Moment zwangsläufig »spekulativ« bleibenden Neuerungen. Zudem fügt der Rekurs auf die transzendente Verankerung des Status quo, an dem menschliche Transformationsanstrengungen letztlich abprallen müssen, dieser Position einen beträchtlichen normativen Mehrwert hinzu: Immerhin spricht der Konservative hier zumindest implizit aus der Perspektive einer universellen Ordnung, die es zu bewahren gelte, und wesentlich höher lässt sich die normative Latte eigentlich kaum legen. So vereint eine solche Argumentation sowohl die Zustimmung der skeptischen Gemüter des »kleineren Übels« wie auch derjenigen, die ein hohes Zutrauen in die grundsätzliche Wohlgeordnetheit des Universums hegen. Und sie kann insbesondere auf die Unterstützung derjenigen bauen, die davon profitieren, dass sie im Rahmen der natürlichen Ordnung nun einmal die hervorgehobenen Positionen einnehmen: Besitzhabende, Herrscher, Männer – wobei damit keineswegs behauptet werden soll, dass sich die soziale Trägerschaft des Konservatismus nur aus diesen Gruppen rekrutiert.

Doch diesen Vorteilen in der intellektuell-politischen Auseinandersetzung der politischen Ideologien stehen auch mindestens ebenso gravierende Nachteile entgegen, was die oben schon erwähnte konservative Erfahrung zutiefst prägt.

Der konservative Standpunkt ist auf den ersten Blick im Vergleich zu den ideellen Alternativen des Liberalismus, Sozialismus oder gar Anarchismus der unkomplizierteste. Was könnte einfacher und eingängiger sein, als den Status quo zu verteidigen? Doch natürlich ist genau genommen *nichts schwieriger*, und damit erweist sich der Konservatismus im Gegenteil als diejenige Ideologie, die wohl mit den meisten inhärenten Paradoxien zu kämpfen hat. Die grundsätzliche kognitive Dissonanz für den Status-quo-orientierten Konservativen besteht schließlich in der unweigerlichen Einsicht, dass die Welt sich wandelt, was einen Konservatismus der Zementierung der Gegenwart zum ewigen Scheitern verurteilt. Doch vor dem Hintergrund des beständigen Wandels erscheint die oben formulierte Vorstellung einer derart fest verankerten natürlichen Ordnung, gegenüber der alle Veränderungsbemühungen fruchtlos bleiben müssen, eher fraglich. Schlimmer noch, aufgrund der stetigen Veränderungen ist ein typischer Aspekt der konservativen Erfahrung, heute das als bewährt verteidigen zu müssen, was noch vorgestern als spekulative Bilderstürmerei galt. Offensichtliche Beispiele gibt es en masse: Blickt man auf die jüngere Geschichte des Konservatismus, so ist es die liberale Demokratie, die als zivilisatorische Gefahr bekämpft wurde, bevor sie zum bewahrenswerten Bestand der guten Ordnung wurde. Es sind mit anderen Worten schon zu viele Status quo verteidigt worden, die sich im Nachhinein selbst für Konservative nicht in jeder Hinsicht als verteidigenswert erwiesen, als dass die Auszeichnung des je aktuellen Zustandes als im Einklang mit einer natürlichen Ordnung stehend noch ohne flankierende Maßnahmen überzeugen könnte. Dies bedeutet, dass die konservative Erfahrung gekennzeichnet ist von regelmäßig wiederkehrenden schmerzhaften Episoden der Anpassung und der damit verbundenen geradezu demütigenden Notwendigkeit, das einstmals Verteufelte plötzlich im Brustton der Überzeugung als eigene Geschäftsgrundlage verteidigen zu müssen. Die Figur einer transzendenten Ordnung als Begründung für die eigene inhaltliche Ausrichtung ist daher zwar einerseits, wie oben erläutert, grundsätzlich extrem potent, doch andererseits wird sie durch den tatsächlichen geschichtlichen Wandel beständig entwertet, sodass eigentlich nur die Option bleibt, die tatsächlich stattfindenden Veränderungen als nicht essenziell zu kennzeichnen, sodass auch der veränderte Status quo noch immer an einer wie auch immer vorgestellten natürlichen Ordnung teilhat. Dies führt schließlich dazu, dass die Gefahr einer relativierenden Verwässerung konservativer Überzeugungen auch mit dem Verweis auf transzendente Ordnungsvorstellungen nicht grundsätzlich gebannt ist und seine Trumpfkarte, die felsenfeste Wertebasis, ins Wanken gerät.

Der naheliegende Ausweg angesichts der Unwägbarkeiten eines substanziellen Konservatismus liegt in seiner konsequenten Prozeduralisierung: Wenn der beständige Wandel ohnehin unabwendbar ist, dann muss sich ein aufgeklärter Konservatismus, der nicht gegen Windmühlen kämpfen will, auf die Modalitäten dieses Wandels konzentrieren, die es gemäß konservativer Vorstellungen zu gestalten gilt. Schon Burke hatte bei aller Wertschätzung des Bestehenden deutlich gemacht: »Ein Staat, dem es an allen Mitteln zu einer Veränderung fehlt, entbehrt die Mittel zu seiner Erhaltung« und sogar von einem »Verbesserungsprinzip« (76) gesprochen. Der in diesem Satz hergestellte Zusammenhang verweist aber auf eine weitere Komplikation der konservativen Erfahrung, deren geradezu dialektische Dimension in Giuseppe Tomasi di Lampedusas *Der Leopard* literarische Unsterblichkeit erlangt hat, wo der adlige Titelheld Burkes Maxime verallgemeinert: »Wenn wir wollen, dass alles so bleibt wie es ist, dann ist es nötig, dass sich alles verändert.« In späteren Kapiteln wird sich zeigen, dass gerade auch im deutschen Kontext diese aktivistische Wendung des Konservatismus auf die Spitze getrieben werden wird.

Damit verschiebt sich das Terrain der Auseinandersetzung zunächst auf die Art der Veränderung, wobei hier – wie als Reaktion auf das zutage getretene Problem der Wertedefinition – nun weniger substanzielle Inhalte als das Vorgehen als solches zum Thema werden. Vor dem Hintergrund dessen, was wir schon über Burkes Vorstellungen wissen, überrascht es nicht, dass er insbesondere »alle Reformen« lobt, die »von dem Grundsatz der Achtung für das Alte ausgegangen« seien (90): »Eine der Hauptursachen unserer Fortschritte aber finden wir darin, daß wir die Kenntnisse nicht verachteten, die uns unsere Voreltern hinterließen« (199). Es erübrigt sich beinahe zu erwähnen, dass dieser vergangenheitsbewusste Reformmodus sich in überschaubaren Anpassungsschritten manifestieren soll.[19] Die genauen Modalitäten werden beispielsweise beim ebenfalls prozedural orientierten Konservativen Oakeshott ausbuchstabiert: Angesichts der unvermeidlichen Verluste, die jeder Wandel mit sich brächte, sei es wünschenswert, dass sich dieser am Modell des organischen Wachstums orientiere. Von daher gelte für den konservativen Gärtner, dessen Aufgabe die entsprechende Hege und Pflege sei: »he prefers small and limited innovations to large and indefinite.«[20] Nicht von ungefähr kommt mit der Vorstellung von organischem Wachstum abermals die Natur als Norminstanz ins Spiel. Auch Burke liest den angemessenen Modus der Veränderung aus der Natur ab, wenn er das englische politische System als eines beschreibt, das »unter den ewig-wechselnden Gestalten von Verfall und Untergang, Erneuerung und Wachstum in einem Zustande unwandelbarer Gleichförmigkeit fortlebt und dahintreibt. Indem wir dieser göttlichen Methodik der Natur nachahmen, sind wir in dem, was wir an unsrer Staatsverfassung bessern, nie gänzlich neu, indem, was wir beibehalten, nie gänzlich veraltet« (94). Das Ideal eines sanften Inkrementalismus ist uns schon aus der Diskussion von Burkes Politikverständnis vertraut, und die in diesem Zusammenhang thematisierten Spannungen machen sich hier abermals bemerkbar.

Denn bei allem Lob der kleinen Reformschritte konnte sich Burke doch letztlich nicht für eine ausschließlich kleinteilige Politik des Problemlösens erwärmen, soll das Handeln der Herrschenden doch auch die Neigungen und Leidenschaften der Untertanen affizieren. Und auf ebenso spannungsreiche Weise verbindet sich etwa bei Oakeshott das Lob der politischen Gartenarbeit mit einer aristokratischen Verachtung von Politik als reiner Technik.[21] Das konservative Denken oszilliert also zwischen pragmatischem Wandel in kleinen Schritten und dem visionär großen Wurf, jenen Polen, die etwa Burke und anderen Konservativen eigentlich als orientierende Antipoden dienen sollten: Reform und Revolution.[22] Das Problem beginnt aber schon auf einer grundsätzlicheren Ebene mit der Frage, ob sich die vermeintlichen Antipoden hinreichend voneinander abgrenzen lassen, und zwar nicht semantisch-definitorisch, sondern realpolitisch: So mögen sich bestimmte Reformen endlos lange hinziehen und so nicht die Assoziationen eines radikalen Bruchs hervorrufen, doch ihre Wirkungen können dennoch weitreichend und radikal sein. So waren etwa die Gesetze, die Demokratien durch die Ausweitung des Wahlrechts in Massendemokratien verwandelten, in einer Reihe von Fällen wie etwa im Vereinigten Königreich das Ergebnis langwieriger und zäher Verhandlungen und so der Form nach eher eine Reform, inhaltlich und von ihren Auswirkungen her betrachtet aber zweifellos doch eine (demokratische) Revolution. Hinzu kommt, dass die wenigsten Revolutionen als solche beginnen, sondern eher als Reformen – man denke etwa an die Französische Revolution selbst oder auch an die Reformation der Kirche. Dann kann aber folgerichtig auch einer bloßen Reform keine Unbedenklichkeit attestiert werden, könnte sie sich doch jederzeit zu einer weitreichenderen Transformation auswachsen. Auch Burke selbst stellt sich diese Frage im Hinblick auf eine explizit begrenzte Reform der Verfassung: »when you open it to enquiry in one part, where the enquiry will stop?«[23] Auf der anderen Seite steht der nüchternen Reformpolitik eine unterschwellige Sehnsucht gerade nach der erhabenen Radikalität der Revolution gegenüber, die sich aber nur über einen Umweg ausleben kann, was uns zu einer weiteren schwierigen Unterscheidung bringt, nämlich der zwischen Konservatismus und Reaktion.

Folgt man dem hier herausgearbeiteten Selbstverständnis des Konservatismus, dem es um die Bewahrung des Bewährten und im Zweifelsfall um einen moderaten nichtrevolutionären Wandel geht, dann müsste sich diese Haltung ohne Weiteres von einer schlicht reaktionären abgrenzen lassen, die sich eben nicht damit bescheidet, den Wandel hinzunehmen oder ihn unter bestimmten Bedingungen sogar als notwendig anzuerkennen, sondern aktiv die Wiederherstellung des Status quo ante betreibt. Doch diese Unterscheidung erweist sich mit Blick auf die allermeisten Autoren, die als konservativ gelten, und auch auf Burke selbst als brüchig. Zur Verdeutlichung reicht ein Blick auf Burkes späte Schriften, insbesondere die *Letters on a Regicide Peace*, die er ursprünglich verfasste, um die britischen Entscheidungsträger – letztendlich erfolglos – zu einer aggressiveren Frankreichpolitik zu bewegen. Die hier formulierten Forderungen laufen auf einen Angriffskrieg mit dem Ziel der Restauration des Ancien Régime hinaus, den er aber als eine Art Nachbarschaftsnothilfe verstanden wissen will.[24] Hier ist keine Rede mehr davon, sich der Natur folgend dem Rhythmus des Werdens und Vergehens zu unterwerfen wie in den oben zitierten Passagen; stattdessen geht es um eine dezidiert konterrevolutionäre Ausrichtung, die nicht das Rad der Zeit blockieren oder bremsen, sondern es tatsächlich zurückdrehen möchte – um sich damit aber nur in noch weitere Aporien zu verwickeln. Hier tauscht der Konservative dann eben doch gegebenenfalls die kontemplativ-kultivierende Einstellung des Gärtners gegen die des mehr oder weniger militanten Aktionisten im Auftrag der Reaktion ein, die so zu einem nicht zu leugnenden Bestandteil der konservativen Erfahrung wird. Die emotionale Orchestrierung ist dementsprechend nicht mehr die sanfte Melancholie, sondern die tiefe Tragik.

Die Erfahrung des Verlustes, die von der melancholischen Erinnerung an das Vergangene umspielt und von der nüchternen Akzeptanz der Unvermeidlichkeit des Wandels austariert wird, ist schließlich zentral für den Konservatismus; in ihr bündeln sich die diversen Aspekte, die bislang angesprochen wurden. Genau genommen ist es nämlich nicht das Bestehende, um dessen Erhalt der Konservatismus kämpft, sondern das Vergehende. Er regt sich typischerweise erst in dem Moment, in dem Traditionsbestände gefährdet und vermeintlich gewachsene Gesellschaftsstrukturen in Auflösung begriffen sind. Karl Mannheim hat in seiner klassischen Studie zum deutschen Altkonservatismus in diesem Sinne davon gesprochen, dass der Konservatismus ein reflexiv gewordener Traditionalismus sei, der erst durch die kognitive Dissonanz von Modernisierungsschüben aktiviert werde: »Dieses originäre konservative Erleben wird da reflexiv, seiner Eigenart bewusst, wo in dem Lebensraume, in welchem es vorhanden ist, bereits andersgeartete Lebenshaltungen und Denkweisen auftreten, von denen es sich in ideologischer Abwehr abheben muss.«[25] Diese Reaktivität ist in mehrfacher Hinsicht das entscheidende Merkmal der konservativen Erfahrung, denn solange der Status quo hinreichend stabil und nicht mit größeren Herausforderungen konfrontiert ist, existiert er zwar, um mit Hegel zu sprechen, »an sich«, doch erst durch die wie auch immer verursachte Verlusterfahrung bzw. -angst wird aus einem diffusen Vorurteil zugunsten des Bestehenden eine Weltanschauung »für sich«. Erst in dem Moment, in dem spezifische Aspekte einer als natürlich und authentisch vorgestellten Ordnung in ihrer Geltung herausgefordert werden, präzisieren sich die Umrisse jener bis dahin eher schemenhaften Ordnungsgestalt für den Konservativen. Erst in der Konfrontation mit den Kritikern der bestehenden Verhältnisse verdichtet sich das konservative Empfinden zu einer systematischen Gegenkritik, und erst durch diese Bewegung wird aus bloßem Empfinden ein reflektiertes Wissen über das, was es konkret zu bewahren gilt. In der jeweiligen historischen Verlusterfahrung aktualisieren und konkretisieren sich also die diversen Elemente einer natürlichen Ordnung je nachdem, von welcher Seite sie in welcher Hinsicht infrage gestellt werden. Daher überrascht es nicht, dass konservative Traditionen trotz beträchtlicher Schnittmengen im synchronen Vergleich etwa zwischen nationalen Kontexten teils bemerkenswerte Unterschiede herausbilden. Und an dieser Stelle wird nun zuletzt deutlich, worin die Tragik der konservativen Erfahrung besteht. Der Schmerz des (drohenden) Verlustes kann, wie erläutert, entweder passivisch-melancholisch verarbeitet oder in einen restaurativen Aktivismus kanalisiert werden, der sich in die Auseinandersetzung mit den Kräften stürzt, die für den Verlust verantwortlich gemacht werden. Doch seiner reaktiven Grundstruktur nach kommt der Versuch der Rettung des Bestehenden immer schon zu spät, denn er setzt erst ein, wenn jenes schon am Vergehen ist. So groß auch die Anstrengungen in Richtung einer Wiederherstellung sein mögen, müssen sie doch unweigerlich scheitern, denn selbst wenn es tatsächlich gelingen sollte, das Rad der Zeit zumindest ein Stück weit zurückzudrehen, so ist es doch unmöglich, die Verhältnisse in ihrer vermeintlichen Authentizität und Natürlichkeit zu restituieren, die aus konservativer Sicht ja gerade deren normative Pointe ausmachten. Ganz wie in ihrer architektonischen Ursprungsdomäne gilt auch für die politische Metaphorik: Restauration ist unvermeidlicherweise immer auch Konstruktion, und so kann der Konservatismus nicht anders, als im verzweifelten Versuch der Rettung des althergebracht Natürlichen auf geradezu tragische Weise immer doch nur artifiziell Neues zu schaffen. Diese Tragik war auch Burke bewusst. In einem Brief, der vermutlich an einen französischen Emigranten adressiert war, stellt er lakonisch fest, dass Frankreich selbst nach einer erfolgreichen Restauration nicht die Reinkarnation des Ancien Régime sein würde: »Whatever shall be settled although in the former persons and upon old forms, will be in some measure a new thing and will labor [...] under something of the weakness of a change.«[26]

Dies beschließt die Vermessung des Konservatismus Edmund Burkes, der selbst offensichtlich von der Französischen Revolution aktiviert und in seiner Ausrichtung spezifiziert wurde. Wenden wir uns nun dem zeitgenössischen deutschen Kontext zu, in dem sich ein analoges Aktivierungsmuster findet: War für Burke die Französische Revolution der Stein des Anstoßes, so ist es für den deutschen (Neo-)Konservatismus die ›Kulturrevolution‹ von 1968, auf die reagiert werden muss, um den Status quo in seinen bewahrenswerten Elementen zu verteidigen. Doch bevor wir uns im übernächsten Kapitel eingehender mit der Analyse von Ursache und Wirkungen von ›1968‹ vonseiten des intellektuellen Konservatismus beschäftigen, steht nun zunächst die geistig-moralische Wende im Fokus, die als der Versuch verstanden werden kann, dem *Geist von 1968* und den Krisen, die dieser heraufbeschwört, den *Geist von 1948* entgegenzustellen.

2. Geistig-moralische Wende

Dafür, dass es »keine der üblichen Regierungserklärungen am Beginn einer vierjährigen Legislaturperiode«[27] sein sollte, geriet Helmut Kohls Ansprache vom 13. Oktober 1982 dennoch nicht zu knapp. In einem politischen Rundumschlag ließ er vom NATO-Doppelbeschluss und der Notwendigkeit neuer Atomkraftwerke bis hin zur Rundfunkordnung und der Solidarität mit den Bürgern Polens kaum ein aktuelles Thema aus. Was er bei all dem allerdings nicht erwähnte, war die geistig-moralische Wende. Und nicht nur in der Regierungserklärung von 1982, auch anderswo sucht man vergeblich nach jener exakten programmatischen Formulierung, die sich im kollektiven Gedächtnis zur Chiffre der konservativ-liberalen 1980er-Jahre verselbständigte. Wenn also im Nachhinein bisweilen behauptet wird, dass die geistig-moralische Wende nie stattgefunden habe, so trifft dies jedenfalls dahingehend zu, dass sie als solche gar nicht erst verkündet worden war.

Doch trotz dieses überraschenden Eingangsbefundes wird die Regierung Kohl/Genscher zumindest auf der rhetorischen Ebene mit einem solchen Projekt assoziiert, und eine tatsächlich geistig-moralische Wende lässt sich auch nicht ohne Weiteres an der Bilanz des Policy-Outputs einer Regierung am Ende der Legislaturperiode ablesen. Eine darauf beschränkte Sicht würde den weitaus komplizierteren Hauptansatzpunkt einer solchen Wende, der bei Tugenden, Werten und Einstellungen liegt, verkennen, und sie würde auch ihr langfristiges Ziel unterschätzen, das nämlich in nicht weniger als der Vertreibung der Geister besteht, die durch 1968 gerufen worden waren. Diese Art von Wende muss letztlich mindestens ebenso sehr auf die Kraft der Rede und Symbolik wie auf materielle Änderungen aufbauen, daher wird im Folgenden auch bewusst immer wieder ausführlich auf die »diskursive« Ebene von Politik eingegangen.

Zu klären ist aber nun zunächst die Entstehung der Figur der geistig-moralischen Wende und was damit eigentlich gemeint sein sollte – auch wenn es so nie gesagt wurde. Fahndet man nach den Ursprüngen der Kombination des Wendebegriffs mit den Attributen »geistig«, »moralisch« oder auch »politisch«, wird man an eher unerwarteter Stelle fündig. Denn die Beschwörung eines wie auch immer spezifizierten Umbruchs stammt nicht aus der CDU-Parteizentrale, um damit ein Aufbruchssignal zugunsten eines etwaigen Kanzlerkandidaten Kohl zu schaffen. Erstmals prominent vertreten wird sie als Forderung im »Mannheimer Manifest der Union für die Wende in Deutschland«, das aber schon vom 3. September 1980 datiert und auf die Wahl von Franz Josef Strauß gemünzt war. Die Wende-Begrifflichkeiten hatte das CSU-Wahlkampfteam nach Konsultation einer Werbeagentur ins Spiel gebracht und damit bei Strauß Gefallen gefunden.[28] In jenem Manifest wurde zwischen einer politischen und geistigen Wende unterschieden, und unter diesen Oberbegriffen finden sich schon hier viele der Themen und Stichworte wieder, mit denen auch Kohl zwei Jahre später seine Programmatik anreichern würde: eine Sicherheitspolitik fest an der Seite der NATO-Partner, Förderung von Kohle und Kernenergie, eine Mischung aus Angebots- und Austeritätspolitik sowie die Aufwertung der Familie auf der politischen Ebene; Tugenden und Werte, auf die noch genauer einzugehen ist, auf der geistigen. Der Informationsdienst der Christlich Demokratischen Union Deutschlands *Union in Deutschland* berichtet von der Mannheimer Delegiertenkonferenz: »Die Union wird mit aller Kraft für die politische und geistige Wende in Deutschland kämpfen«, und auch der 1980 von Strauß als Kandidat ausgestochene Kohl wird mit den Worten zitiert: »Wir kämpfen gemeinsam um jede Stimme«, denn schließlich gehe es »um die Wende der deutschen Politik.«[29] Bekanntlich bewahrte alles Kämpfen die Union 1980 nicht vor einer empfindlichen Niederlage bei der Bundestagswahl mit dem schlechtesten Ergebnis seit 1949, aber die Wende-Begrifflichkeit war nun fest in der christdemokratischen Rhetorik etabliert, und auch der ehemalige (1976) und zukünftige Kanzlerkandidat machte immer wieder von ihr Gebrauch. Kohl beschwor ausgiebig die vorherrschende Krise als eine ›geistig-moralische‹, deren Bewältigung nach der Fähigkeit zur »geistigen Führung«[30] verlange, welche er schon in den 1970er-Jahren immer wieder der sozialliberalen Regierung und Helmut Schmidt im Besonderen abgesprochen hatte. Anstelle einer Wende, die aus der Krise herausführen sollte, sprach Kohl aber zunehmend von der Notwendigkeit einer *Erneuerung*. Es zeigt sich also, dass die radikalen Kanten eines politischen Umschwungs schon 1982 rundgeschliffen worden waren, wohl auch im Wissen, dass sich die zukünftige Politik einer Regierung Kohl ansonsten immer am Maßstab des Wende-Versprechens würde messen lassen müssen – was dann ja auch allen rhetorischen Zurückruderns zum Trotz geschah.

Doch sollte es auch »nur« noch um Erneuerung und geistige Führung gegangen sein, stellt sich gleichwohl die Frage, welche politische Agenda damit impliziert war. In Kohls erster Regierungserklärung und im Mannheimer Manifest finden sich dazu folgende Stichpunkte: In der Sicherheitspolitik gelte es, ein verlässlicher Partner zu sein, inklusive Zustimmung zum NATO-Doppelbeschluss, für den Helmut Schmidt der innerparteiliche Rückhalt gefehlt hatte. Familien gelte es zu unterstützen, den Sozialstaat zu reformieren, doch insbesondere in Wirtschafts- und Sozialpolitik müsse das Ruder – dann doch geradezu wendeartig – herumgerissen werden angesichts der tiefgreifenden ökonomischen Krise, die die Bundesrepublik erfasst habe. Das Bild, das Kohl in düsteren Farben malte, war das eines (finanziell) überforderten Staates (»Diese Krise hat das Vertrauen vieler Menschen, vieler Mitbürger in die Handlungsfähigkeit unseres Staates erschüttert«) und einer durch Steuern und Abgaben überforderten Wirtschaft (»Die Grenzen der Belastbarkeit der deutschen Wirtschaft [...] wurden erst getestet und dann weit überschritten«), was sich hier in wachsenden Staatsschulden, Inflation, Defiziten und Staatsquoten, dort in sinkender Investitionsneigung und nachlassendem Wirtschaftswachstum niederschlage. Die Politik der Erneuerung auf diesem zentralen Politikfeld bestehe daher zum einen in einem Sparkurs zur Sanierung der Staatsfinanzen und zum anderen in einer angebotsorientierten Wirtschaftspolitik, die die Rahmenbedingungen für Unternehmen durch Steuerentlastungen oder Bereitstellung von Investitionskapital verbessern sollte (»frei von unnötigen Belastungen, Verunsicherungen und bürokratischen Auflagen des Staates«), was gemäß neoklassischer Lehre eine effektive Bekämpfung des Hauptproblems der strukturellen Arbeitslosigkeit versprach. Wie schon eingangs erwähnt, ging Kohl auch detailliert auf eine Vielzahl anderer Politikfelder ein und formulierte die Zielsetzungen der neuen Regierung, von denen hier aber nur zwei hervorgehoben werden sollen, da sie die Distanz bzw. Nähe zur heutigen Regierungspolitik illustrieren. Zum einen ist hier das zu nennen, was damals als »Ausländerpolitik« bezeichnet wurde. Kohl bekräftigt den Anwerbestopp von »Gastarbeitern«, fordert die Förderung der Rückkehr in die Herkunftsstaaten und betont vor allem, dass es »eine unbegrenzte und unkontrollierte Einwanderung zu verhindern« gelte. Doch auch wenn Kohl hier noch vor dem Hintergrund des fest im konservativen Spektrum und auch darüber hinaus etablierten Konsenses spricht, dass Deutschland kein Einwanderungsland sei, wird doch auch deutlich, dass dies keineswegs insgesamt auf eine nationale Abschottung hinauslaufen muss. Im Gegenteil, unter Beifall von Union und FDP stellt Kohl klar: »... unser Ziel bleibt die Politische Union Europas«, was bei aller vordergründigen Offenheit für eine weitere Vertiefung der Union natürlich keineswegs der aktuellen Stimmungslage rechts der Mitte – und vielleicht noch nicht einmal links von ihr – entspricht.

Doch Kohl hätte kaum von geistig-moralischen Herausforderungen und den entsprechenden Führungserfordernissen gesprochen, wenn es nur darum gegangen wäre, Cruise Missiles und Pershing-II-Raketen in Deutschland zu stationieren und mehr Atomkraftwerke zu bauen. Mindestens ebenso wichtig wie die materielle Politagenda der schwarz-gelben Regierung, deren vielfältige Interessenbasis von Arbeitgeberverbänden bis zu Rüstungskonzernen hier keineswegs unterschlagen werden soll, ist aber die immaterielle Dimension der Politik der Erneuerung. Schon viele Jahre zuvor hatte Kohl festgestellt, dass »eine Politik ohne Werte [...] wertlos« sei, und so spielen diese auch in der Regierungserklärung eine tragende Rolle. Im Zusammenhang mit den geistigen Herausforderungen spricht Kohl ausdrücklich von den »Tugenden der Klugheit, des Mutes und des Maßes für die Zukunft unseres Landes«, und schon 1981 bestand geistige Führung für ihn unter anderem darin, »sich um neuen Mut und Gemeinsinn zu bemühen, um die Opfer und Anstrengungen der kommenden Jahre tragen zu können«[31], wie es damals in einer Rede heißt. Die geistige Krise ist in erster Linie eine Sinnkrise, die Ängste und mehr oder weniger phantasmatische Ideen zu deren Überwindung produziere: »Es besteht eine tiefe Unsicherheit, gespeist aus Angst und Ratlosigkeit, Angst vor wirtschaftlichem Niedergang, Sorge um den Arbeitsplatz, Angst vor Umweltzerstörung, vor Rüstungswettlauf, Angst vieler junger Menschen vor ihrer Zukunft«; und gerade diese jungen Menschen »fühlen sich ratlos, steigen aus, flüchten in Nostalgie oder Utopien«.

In dieser Fokussierung auf die Jugend deutet sich schon ein wichtiger, wenn nicht gar der entscheidende Beweggrund für eine geistige Erneuerung an, nämlich die von konservativer Seite auch als Jugendrevolte wahrgenommenen Ereignisse rund um das Jahr 1968. Die damals an die Linke verlorene Generation und ihre Nachfolger, die nun zum Klang der aufkommenden Punk-Bewegung die große Verweigerung im Zeichen von »No Future« proben, sollen hier auf den Boden der Bürgerlichkeit zurückgelotst werden, und zwar eben nicht nur mit materiellen Angeboten zur Senkung der Jugendarbeitslosigkeit, sondern auch durch Angebote an Sinngebung. Dies zeugt von einer durchaus differenzierten Problemanalyse, hatte sich doch die 68er-Generation seinerzeit gerade durch die Zurückweisung von derartigen materiellen Werten der Steuerung traditioneller Politik entzogen. »Unser Volk«, so Kohl folgerichtig, »braucht neue Hoffnungen, neue Zuversicht, neues Selbstvertrauen«, um die geistige Herausforderung zu meistern, zu der auch Zutrauen in die Technik und insgesamt ein Vertrauen in die Zukunft des Landes gehörten.[32]

Der Gemeinsinn, den die im selben Zuge zu stärkenden Gemeinschaften von Familie, Nachbarschaft und Gemeinde hervorbrächten, ist letztlich auch eine wichtige Ressource zur Bewältigung der *moralischen* Herausforderungen, die Kohl weniger klar als solche benennt, die sich aber doch im Redemanuskript identifizieren lassen. Es handelt sich letztlich um eine Fehlbalance zwischen Rechten und Pflichten gegenüber Staat und Gemeinschaft. Mit jenen Pflichten ist natürlich ein klassisches Thema des Konservatismus benannt, das auch schon für Burke im Zusammenhang mit bürgerschaftlichen Tugenden eine Rolle gespielt hatte. Schon früher hatte Kohl den entsprechenden Werteverfall beklagt: »bürgerliche Tugenden [...] wurden von einer Mentalität zurückgedrängt, nach der alles als erlaubt gilt, was nicht ausdrücklich verboten ist, und die nur noch solche Pflichten anerkennt, die auch auf dem Weg der Rechtsmittel erzwingbar sind«. »Heute wird es immer häufiger üblich, alle Rechte und Ansprüche an den Staat bis zum äußersten auszunutzen.« Dagegen müssten die »Bereitschaft zur Leistung«, »Eigeninitiative«, »Mut zur Selbstständigkeit« und die »Lebenstüchtigkeit der jungen Generation« wieder in den Vordergrund gerückt werden.[33] In seiner Regierungserklärung im folgenden Jahr schlussfolgert Kohl: »Die Frage der Zukunft lautet nicht, wieviel mehr der Staat für seine Bürger tun kann«, stattdessen »müssen wir unseren Mitbürgern Opfer zumuten«, um Wohlstand und Sozialstaat zu erhalten. Gegen die Anspruchsinflation der Gegenwartsgesellschaft werden Verhaltensorientierungen wie Opfer- und Leistungsbereitschaft als staatsbürgerliche Pflichten eingefordert, die Kohl in einer charakteristischen historischen Wendung an den doppelten Gründungsmythos der Bundesrepublik in Form von Wiederaufbau und Wirtschaftswunder zurückbindet: »Was 1949 gelang, unter schweren seelischen Wunden und materiellen Lasten, das ist auch heute wieder möglich.« Der Geist von 1948 – so ließe sich mit Blick auf die oft als Ursprung der Sozialen Marktwirtschaft gehandelte Preisfreigabe durch Erhard in jenem Jahr formulieren – soll gegen den Geist von 1968 mobilisiert werden, und es ist kaum übertrieben zu behaupten, dass in dieser Formel eigentlich das gesamte Wende-Projekt auf den Punkt gebracht ist.

Weniger mythologisch formuliert, reagiert Kohls Agenda in paralleler Entwicklung zum sich herausbildenden Neokonservatismus jener Zeit auf politökonomische Krisenphänomene, wie sie im Gefolge von Ölkrise, Stagflation und dem Ende des Bretton-Woods-Regimes am Ende der 1970er-Jahre die Mehrzahl der OECD-Länder prägen und die sich beispielsweise auch als Ausdruck der inhärenten Spannung zwischen Demokratie und Kapitalismus interpretieren ließen.[34] Doch in der Deutung Kohls liegt der Grund der Misere ausdrücklich nicht in der »gegenwärtigen Krise der Weltwirtschaft« oder anderen strukturellen Faktoren, sondern vielmehr in dem, was Jürgen Habermas einst in anderem Zusammenhang als ›Motivationskrise‹ bezeichnet hatte, nämlich einer Befindlichkeit, die sich vor dem Hintergrund von ›postmaterialistischen‹ Einstellungen und einer zunehmenden Skepsis gegenüber den kapitalistischen Reproduktionszusammenhängen immer weiter von den Haltungen und Orientierungen entferne, die konstitutiv für kapitalistisches Ökonomien seien und als deren ›Schule‹ der Kapitalismus seinerseits zumindest bei vielen seiner Befürworter traditionell angesehen wurde: Es ist der Katalog von Tugenden, die auch Kohl erwähnt, die aber klassischerweise schon von Max Weber mit Verweis auf ihre protestantischen Ursprünge als ›Geist des Kapitalismus‹ bezeichnet worden waren: Leistungswille, Sparsamkeit (d. h. im übertragenen Sinn Opferbereitschaft), Disziplin und Eigenverantwortung als Bestandteile einer »rationalen Lebensführung«, wie es bei Weber geheißen hatte – ergänzt durch die Liebe zu den für das Individuum konstitutiven Gemeinschaften von der Nation bis zur Familie. Schon knapp einen Monat vor dem Misstrauensvotum hatte Kohl im Bundestag den Zusammenhang explizit hergestellt: »Ich behaupte, dass die Krise, in der wir uns befinden, trotz der beachtlichen und schweren materiellen Probleme auch, ja zum größten Teil eine geistig-moralische Krise ist. Wenn wir diese Herausforderung begreifen, könnten wir auch die materiellen Gegebenheiten wieder in Ordnung bringen.«[35] Entsprechend heißt es einen Monat später: »Der ›Reichtum der Nationen‹ beruht nicht nur auf ökonomischen Zuwachsraten, sondern auf menschlichen Werten, auf Tugenden und Bindungen.« Dies ist eine bedeutsame und – wie sich zeigen wird – folgenschwere Neurahmung der politischen Lage, denn mit ihr gewinnt die geistig-moralische Wende einerseits Anschluss an den Zeitgeist eines noch näher zu betrachtenden kulturkritischen Neokonservatismus, der weit über dieses Spektrum selbst hinauswirkt, andererseits beinhaltet diese moralisch-geistige Überformung des Ökonomischen auch schon die Festlegungen, die einer tatsächlichen Politik der Wende ganz unabhängig von politischen Konstellationen und strategischen Erwägungen auch inhärente Grenzen setzen.

Auf den ersten Blick scheint es gerade im Rückblick so, als ob die Regierungsübernahme 1982 das perfekte Möglichkeitsfenster für eine konsequente Wende-Politik geöffnet hätte, wofür insbesondere vier Faktoren sprechen. Bekanntlich bezeichnet der Übergang von den 1970er- in die 1980er-Jahre zumindest für die OECD-Welt eine der wichtigsten politökonomischen Zäsuren der letzten Dekaden. Wie schon angedeutet, war spätestens die zweite Hälfte der 1970er-Jahre geprägt von mehr oder weniger schwerwiegenden ökonomischen Krisen, die unter dem Begriff der Stagflation, also stagnierendes Wirtschaftswachstum in Kombination mit steigender Inflation, zusammengefasst wurden. Dieses Phänomen provozierte eine Krise des dominanten wirtschaftspolitischen Paradigmas des Keynesianismus, der sich als unfähig erwies, die Entwicklung zu erklären und innerhalb seines Rahmens eine wirksame

Abhilfe bereitzustellen. In dieses wirtschaftspolitische Vakuum, das die Wirtschaftskrise angesichts der Handlungsunfähigkeit der Regierungen zusehends auch in eine politische Krise verwandelte, stieß die Kombination von monetaristischer geld- und angebotsorientierter Wirtschaftspolitik, die gemeinhin als Neoliberalismus bezeichnet wird und deren Vordenker Jahrzehnte auf eine Durchsetzungsmöglichkeit für ihre Ideen gewartet hatten. Es versteht sich von selbst, dass Ronald Reagan und Margaret Thatcher nicht antraten, um die Ideen von Milton Friedman und Friedrich August von Hayek eins zu eins in die Tat umzusetzen – obwohl man von Thatcher weiß, dass sie einst zu Beginn einer Kabinettsitzung Hayeks *Verfassung der Freiheit* mit den Worten auf den Tisch warf: »Das ist es, woran wir glauben« –, doch ihr Politikverständnis war zweifellos durch das Denken des Neoliberalismus in seinen verschiedenen Schattierungen geprägt, und dementsprechend unternahmen sie mehr oder weniger weitreichende Reformanstrengungen, die die USA und Großbritannien nachhaltig verändern sollten. Vor dem Hintergrund dieser massiven neoliberalen Bugwelle, die genau genommen schon in den späten 1970er-Jahren in Chile ihren Ausgang genommen hatte und zu Beginn der 1980er-Jahre auch andere Länder wie Kanada, Neuseeland und Australien umfasste, lag es damals nahe, von einer ähnlich weitreichenden Neuausrichtung der Politik auszugehen, wie es beispielsweise auch der *Spiegel* tat, der unmittelbar nach der Regierungsaufnahme in der anvisierten schwarz-gelben Finanzpolitik eine fatale Verbindung von Reaganomics und einer Austeritätspolitik à la Heinrich Brüning inmitten der Weltwirtschaftskrise sehen wollte.[36]

Grund zu dieser Annahme gab es nicht nur aufgrund der internationalen Vorbilder. Der Anlass für das Auseinanderbrechen der bis 1982 regierenden sozialliberalen Koalition Schmidt/Genscher war schließlich das berüchtigte Lambsdorff-Papier, das der damalige Wirtschaftsminister Otto Graf Lambsdorff im September 1982 verfassen und lancieren ließ. Die Veröffentlichung des Papiers war eine kalkulierte Provokation des Kanzlers bzw. der SPD, die damit die gemeinsame Geschäftsgrundlage der Regierung infrage gestellt sahen, was in die Aufkündigung der Koalition und letztlich das Misstrauensvotum einen Monat später mündete. Das Papier war deshalb so provokativ, weil das »Konzept für eine Politik zur Überwindung der Wachstumsschwäche und zur Bekämpfung der Arbeitslosigkeit« tatsächlich das deutsche Äquivalent zur angloamerikanischen Neoliberalisierung in komprimierter Form darstellte; von rigoroser Antiinflationspolitik bis zu harten Einschnitten ins soziale Netz, etwa bei der Arbeitslosenhilfe. Lambsdorff selbst gab sich zwar in dem Papier durchaus realistisch, was die Realisierungschancen betraf, gingen doch seine Überlegungen »über den konventionellen Rahmen der bisher als durchsetzbar angesehenen Politik hinaus« – allerdings konnte man dies auch als Hinweis auf die Schmerzgrenzen einer sozialdemokratisch geführten Regierung verstehen, die so nicht für eine mögliche schwarz-gelbe Regierungsmehrheit gelten müssten.

Ein dritter Faktor, der zunächst für die Möglichkeit, wenn nicht gar Wahrscheinlichkeit einer tatsächlichen Wende zu sprechen schien, ist die parteiinterne Entwicklung der Union und vor allem der CDU über die 1970er-Jahre hinweg. Unter Parteienhistorikern gilt diese Dekade als die möglicherweise inhaltlich fruchtbarste in der noch jungen Geschichte der parteilich organisierten Christdemokratie. Zumindest gelten die 1970er-Jahre als Höhepunkt der CDU als Programmpartei, die sie weder davor noch danach kaum je wieder war.[37] Sicherlich war dies auch durch die erstmalige Verbannung auf die Oppositionsbank 1972 bedingt, gilt es doch in der Opposition das Profil zu schärfen. Kohl selbst hatte gewichtigen Anteil an der Transformation der Partei, jedoch eher auf der organisatorischen Ebene und der ihrer neuen Ausrichtung als Mitglieder- und nicht mehr als reine Honoratiorenpartei. Der neue programmatische Atem dieser Jahre ging einher mit einer Renaissance des Konservatismus.

Spätestens ab dem Ende der 1970er-Jahre war die Bezeichnung ›konservativ‹ zumindest im deutschen Kontext kaum noch negativ behaftet – was sich als Backlash gegen den Progressismus von 1968, noch plausibler aber als Ergebnis eines Kampfes um die diskursive Vorherrschaft in der deutschen Öffentlichkeit deuten lässt, den die Konservativen für den Moment für sich entschieden hatten.[38] Als rein anekdotischer Beleg lässt sich hier auf eine Umfrage der *Zeit* verweisen, die 1981 von diversen Prominenten der Feuilletonwelt wissen wollte: »Was heißt hier konservativ?« – eine Frage, die bezeichnenderweise im März 2018 beinahe wortgleich abermals das Titelthema der Wochenzeitung war. Zu den Antwortenden gehörten Günther Anders, Heinrich Böll, Erhard Eppler und andere. Was nicht überrascht, sind die Antworten des Philosophen Hermann Lübbe sowie des Historikers Golo Mann, die erwartungsgemäß für den Konservatismus in ihrem jeweiligen Sinn Partei ergreifen. Verblüffend ist aber, wie unvoreingenommen bis positiv sich manche der Befragten äußern, die man eher in anderen Regionen des politischen Spektrums verorten würde. So nimmt etwa Günther Anders den Begriff für sich in Anspruch, da der wahre Konservative »den Bestand der Menschheit und eine menschenwürdige Menschenwelt zu konservieren sucht«; in diesem Sinn »bin ich ein Konservativer«.[39] Für Heinrich Böll heißt konservativ sein »das Grundgesetz von 1949 zu erhalten und zu bewahren«, und auch er bekennt sich zu einem solchen Konservatismus. Erhard Eppler wiederum verlegt sich in seiner Positionierung auf die von ihm schon Mitte der 1970er-Jahre bekannt gemachte, wenn auch bei genauerem Hinsehen nur begrenzt hilfreiche Unterscheidung von Wert- und Strukturkonservatismus.[40]

Der Punkt, den es hier festzuhalten gilt, ist teils systematischer, teils zeitdiagnostischer Natur. Zum einen zeigt sich in den Äußerungen die schon im vorigen Kapitel angesprochene Positionalität bzw. Relativität des Konservatismus, dessen Standpunkt eben auch von der inhaltlichen Beschaffenheit des jeweiligen Status quo abhängt: Diejenigen, die wie Böll den Status quo über das Grundgesetz definieren, können an ihm mit dem Ziel der Bewahrung emanzipatorischer Elemente in der Verfassung festhalten. Für Eppler, der für einen Wertkonservatismus gegen Strukturkonservatismus Partei ergreift, verbindet sich ersterer vor dem Hintergrund des aktuellen Status quo sogar mit revolutionären Transformationen: »Naiver Fortschrittsglaube wird zur strukturkonservativen Waffe, der [wertkonservative] Wille zum Bewahren nimmt revolutionäre Formen an.«[41] Neben diesem systematischen Punkt, der die Streuung konservativer Aneignungen bis tief ins linke Spektrum hinein aus der Positionalität des Konservatismus, d. h. seiner Bezogenheit auf den jeweils gegebenen Zustand, erklärt, ist in unserem Zusammenhang aber vor allem der zeitdiagnostische Aspekt von Interesse: Bezeichnend ist schließlich, dass sich bei allen Unterschieden in den Sinngebungen zwar nicht alle, aber doch überraschend viele der Befragten grundsätzlich auf die konservative Terminologie einlassen und sich wie auch immer qualifiziert zu eigen machen. Günter Verheugen, damals FDP-Generalsekretär und später SPD-Minister, der in seiner Antwort ebenfalls keine Berührungsangst mit dem Konservatismus an den Tag legt, bringt es auf den Punkt: »Der Begriff ›konservativ‹ hat seinen pejorativen Charakter verloren.«[42] Die während des Aufbruchs von 1968 belächelten Spießer galten Anfang der 1980er-Jahre wieder als politisch und intellektuell satisfaktionsfähig und damit auch als politisch ernst zu nehmen. So wurde auch Kohl selbst von der damaligen Publizistik ein dahingehender Gestaltungswille unterstellt. In einem Portrait zum Anlass des Regierungswechsels prophezeite Jürgen Leinemann im *Spiegel*: »Als ›Kanzler der Mitte‹ wird Helmut Kohl [...] nicht lange verharren wollen. [...] Dazu ist sein ›geistigmoralischer Neuanfang‹ zu ernst gemeint.«[43]

Andererseits gab es allerdings gewichtige Faktoren, die der Möglichkeit einer tatsächlichen Wende entgegenstanden und auch die hier aufgeführten Gründe, die dafür zu sprechen schienen, relativierten. Zunächst sind hier natürlich die besonderen Umstände des Regierungswechsels und die heterogene Zusammensetzung der Wende-Koalition zu nennen. Kohls Partner, die FDP, war aus dem gesamten Sprengungsprozess der sozialliberalen Koalition massiv geschwächt hervorgegangen, sprachen doch führende Politiker aus ihren Reihen mit Blick auf den Lagerwechsel sogar von Verrat am Wähler, und nicht wenige, wie etwa der erwähnte Verheugen, zogen aus der FDP-internen Wende die Konsequenz des Parteiaustritts oder gar eines Wechsels zur SPD. Angesichts dieser überaus fragwürdigen Modalitäten des Wechsels bis hin zur Zweckentfremdung der Vertrauensfrage zur Herbeiführung von Neuwahlen war im Übrigen von Beginn an gerade die immer wieder für sich in Anspruch genommene geistig-moralische Führungskompetenz der neuen Regierung erheblich ramponiert.

Doch selbst bei denjenigen, die der Zuwendung zur Union positiv gegenüberstanden, gab es Unstimmigkeiten über die taktische Vorgehensweise: Die FDP hatte bei der hessischen Landtagswahl Ende September 1982 den Einzug in den Landtag verpasst, und Parteichef Genscher machte dafür die eigenmächtige Lancierung des Lambsdorff-Papiers verantwortlich, die zum Bruch der Bundeskoalition geführt hatte. »Lambsdorff habe dem Kanzler mit seinem Papier den Anlass für den Rauswurf geliefert. Genscher vor Vertrauten: ›Der Graf ist schuld.‹«[44] Vor dem Hintergrund des hessischen Desasters musste die FDP auch bei einer Neuwahl des Bundestags befürchten, vom Wähler für den »Verrat« abgestraft zu werden, und dementsprechend wäre ein beherztes Vorpreschen etwa im Sinne des Lambsdorff-Papiers zumindest eine äußerst verwegene Strategie gewesen, da auch das Echo der Medien auf das Deregulierungsprogramm bis hin zur einflussreichen *Bild-Zeitung* überwiegend kritisch ausfiel.[45] Die FDP stand aber auch – schon seit längerer Zeit – vonseiten des dritten und gern vergessenen Koalitionspartners unter Druck, nämlich der CSU. Franz Josef Strauß war immer wieder durch scharfe Attacken gegen die FDP aufgefallen, die ihm zufolge mittlerweile vom Wähler für ihren Opportunismus »gehasst« werde, und konnte nur mit Mühe von Kohl eingebremst werden. Hintergrund der Strauß'schen Strategie war die Hoffnung gewesen, die Union könne die absolute Mehrheit erlangen, ohne auf die wankelmütige FDP angewiesen zu sein, doch die Verschiebungen im Parteiengefüge, die sich 1982 schon deutlich abzeichneten und sich 1983 mit dem Einzug der Grünen in den Bundestag manifestieren sollten, ließen diesen Plan mittelfristig als wenig erfolgversprechend erscheinen.

Hinzu kam aber vor allem auch die damals durchaus ernst zu nehmende interne Heterogenität der CDU, die ja nicht nur den stramm konservativen zukünftigen Fraktionsvorsitzenden Alfred Dregger beheimatete, sondern eben auch den schon damals allenfalls im Eppler'schen Sinn wertkonservativen Heiner Geißler, der zwar als Generalsekretär nicht mit Polemik gegen den politischen Gegner sparte (»Der Pazifismus der Dreißigerjahre hat Auschwitz erst ermöglicht«), aber doch auch die ›neue soziale Frage‹ als Thema für seine Partei erfand und als Familienminister beharrlich an der Attraktivität der CDU für Wähler*innen* arbeiten sollte. Vor allem aber gab es mit der Christlich-Demokratischen Arbeitnehmerschaft (CDA), als deren bekanntes Aushängeschild der Vorsitzende Norbert Blüm fungierte, eine nicht zu unterschätzende Bastion traditionell christdemokratischer Wirtschafts- und Arbeitsmarktpolitik. Angesichts dieser ideologisch-strategischen Gemengelage hatte das Lambsdorff-Papier als Leitlinie einer wirtschaftspolitischen Wende nur begrenzte Erfolgschancen. Schon nach dem Misstrauensvotum hatte Strauß das Papier als »nicht hilfreich« bezeichnet, und nach der Neuwahl 1983 stellte Blüm klar: »Wir müssen uns die Treue der Arbeiter bewahren. Wir dürfen keine Wirtschaftspartei werden.«[46] Die ambivalente Bilanz der angloamerikanischen Reformvorbilder, die bis 1982 mit ihren Reformen eigentlich nur die wirtschaftliche Lage verschärft hatten und noch keineswegs als Erfolgsmodell galten, tat ein Übriges dazu, dass das Lambsdorff-Papier für Dekaden in den Schubladen des Wirtschaftsministeriums verschwand – um erst unter einer rot-grünen Bundesregierung unter dem Namen Agenda 2010 wiederentdeckt und in weiten Teilen umgesetzt zu werden.

Doch das sperrigste Hindernis für eine nicht neoliberale, sondern gerade auch eine genuin konservative geistig-moralische Wende war zweifellos die FDP selbst: Schließlich würde sie der alten wie auch der neuen Regierung angehören, und schon allein deshalb konnte die Rede von der Wende ja keine kategoriale Abkehr vom bisher Dagewesenen implizieren, was auch noch einmal die Divergenz der Konstellationen zwischen den USA, Großbritannien und Deutschland deutlich macht: Thatcher hatte keinen Zweifel daran gelassen, dass eigentlich die gesamte Nachkriegspolitik, der sogenannte post-war consensus, ihrer Auffassung nach fehlgeleitet war. Und auch Reagan brach zumindest rhetorisch mit dem parteiübergreifenden Konsens der vergangenen dreißig Jahre. Im deutschen Kontext waren es gerade einmal zehn Jahre, die die CDU nicht die politischen Geschicke des Landes entscheidend mitgeprägt hatte, und selbst in jenen zehn Jahren saßen Vertreter ihres zukünftigen Koalitionspartners mit am Kabinettstisch. Es konnte also kaum alles schlecht gewesen sein. Und so war schnell klar, dass es bei aller Rhetorik von Wende und Erneuerung unweigerlich auch Kontinuitäten geben musste, wie etwa die auch vom damaligen FDP-Außenminister Walter Scheel mitverantwortete Ostpolitik und die entsprechenden Verträge, deren weitere Geltung Kohl ausdrücklich anerkannte, wenn auch das Bekenntnis zur Offenheit der »Deutschen Frage« zumindest rhetorisch für die christdemokratische Deutschlandpolitik außer Frage stand. Darüber hinaus musste die zerrissene FDP zumindest den Wählern gegenüber glaubhaft machen, dass sie nach wie vor als liberales Element in einer schwarz-gelben Koalition wirken würde, und so hatte sich etwa Genscher schon im Wahlkampf 1983 eindeutig gegen eine »konservative Gegenrevolution« positioniert.[47] In der Terminologie der Politikwissenschaft lässt sich also festhalten, dass es eine Vielzahl parteipolitischer »Vetospieler« gab. Diese wurden ergänzt von einer Vielzahl von institutionell-strukturellen Vetopunkten wie dem Föderalismus und einem starken Bundesverfassungsgericht, die von jeher eine überfallsartige Reformpolitik, wie sie etwa Reagan zu Beginn seiner Amtszeit praktizierte, im deutschen Kontext weitgehend unmöglich machen.

Doch trotz dieser langen Liste von Gründen, die gegen die Möglichkeit eines unmittelbaren politischen Rucks sprachen, trat eine weithin unerwartete Wendung anderer Natur ein, die neue Verhältnisse schuf: Nach der Hängepartie zwischen Oktober 82 und März 83 errang die Union bei der Bundestagsneuwahl 48,8 Prozent der Wählerstimmen und damit ihr bestes Ergebnis seit 1957. Trotz Stimmverlusten stabilisierte sich die FDP zudem weit über dem parteilichen Existenzminimum von 5 Prozent. Mit anderen Worten besaß die neue Regierung ein überwältigend klares politisches Mandat zur Umsetzung ihrer Pläne, die bis zu jenem Zeitpunkt ja zumindest episodisch auch in die Begrifflichkeit von Wende und Erneuerung gefasst worden waren, zu der sie sich bislang scheinbar jedoch selbst nicht so recht vorgewagt hatte. Zugespitzt formuliert: Die Regierung hatte ein Mandat für die geistig-moralische Wende – deren Einzelaspekte sich auch in der Regierungserklärung 1983 in weitgehender Übereinstimmung mit der von 1982 wiederfinden.[48] Was wurde nun aus diesem Mandat gemacht?

Geistig-moralische Wende in der Praxis: Die Regierungspolitik 1982–89

Nachdem Kohl die Rezession, mit der Deutschland vor allem 1980 bis 1982 zu kämpfen hatte, immer wieder als Beleg für die Notwendigkeit einer politischen Neuausrichtung anführte, kam der Konsolidierung der Staatsfinanzen schnell die Rolle eines Indikators für die tatsächliche Fähigkeit eine politischen Wende durch die schwarz-gelbe Koalition zu.

Die Regierung hatte in ihrer Agenda der Bewältigung der wirtschaftlichen Probleme breiten Raum gegeben und setzte hier auch einen Schwerpunkt ihrer Politik. Insbesondere Inflation, Staatsquote und Staatsverschuldung sollten reduziert werden, wobei die erste Größe als Domäne der Bundesbank bekanntlich dem direkten Einfluss der politischen Führung entzogen war. Doch die Sanierung der Staatsfinanzen wurde in notwendigen Zusammenhang mit einem Konjunkturaufschwung gebracht, da ansonsten die Art von deflationärer Spirale drohte, die der schon erwähnte Brüning ja tatsächlich mit seiner Austeritätspolitik der frühen 1930er-Jahre ausgelöst hatte – mit den bekannten katastrophalen Folgen. Ein Konsolidierungskurs in der Finanzpolitik setzte also eine komplementäre Wirtschaftspolitik voraus, die angebotsorientiert konzipiert war, um über unternehmerische Investitionen den Motor der Konjunktur wieder anzuwerfen.

Auf der fiskalpolitischen Seite reduzierte die Regierung dementsprechend die Ausgaben für sozialstaatliche Programme, darunter auch die Mittel für aktive Arbeitsmarktpolitik. Auch in der Rentenpolitik standen die Zeichen auf Konsolidierungskurs, so wurden das Renteneintrittsalter auf 63 Jahre erhöht und die Rentenentwicklung nicht länger an die Brutto-, sondern Nettolohnentwicklung gekoppelt. Hinzu kam die Erhöhung von Beiträgen wie etwa dem zur Krankenversicherung. Die Regierung nahm also durchaus Einschnitte ins soziale Netz vor, dennoch waren dies keine Maßnahmen, die sich fundamental von der Politik der Vorgängerregierungen unterschieden hätten. Entsprechende Vorschläge im Geiste des Lambsdorff-Papiers, wie sie etwa der niedersächsische Ministerpräsident Ernst Albrecht noch zu Beginn der Legislaturperiode präsentierte und die etwa eine beträchtliche Senkung der Lohnersatzzahlungen vorsahen, erwiesen sich nicht als mehrheitsfähig, was insbesondere auf die schon oben erwähnte interne Heterogenität der Union zurückzuführen ist.

Diese zeigt sich auch im Hinblick auf die (angebotsorientierte) Wirtschaftspolitik, zu deren Reform Albrechts Vorschläge einen Beitrag leisten sollten. Konnte man sich auf eine Konsolidierung der Staatsfinanzen als politisches Ziel noch einigen, so blieb die wirtschaftspolitische Akzentsetzung doch eher unklar. In Reaktion auf Albrechts Vorstoß wurde ein Ausschuss eingesetzt, der ein wirtschaftspolitisches Leitbild für die Union entwerfen sollte. Aber schon die Zusammensetzung aus den Ordnungspolitikern Gerhard

Stoltenberg, Kurt Biedenkopf und Albrecht, dem von Technologie und deren staatlicher Förderung begeisterten Lothar Späth und den arbeitnehmernahen Blüm und Geißler ließ vermuten, dass das Resultat vermutlich keine Politagenda aus einem Guss sein würde. Heraus kamen die 1984 verabschiedeten Stuttgarter Leitsätze, die tatsächlich als Ausdruck der wirtschaftspolitischen Unentschlossenheit jener Zeit gelten können. Und so ragt bemerkenswerterweise in der ersten Regierung Kohl neben einigen überschaubaren Steuererleichterungen für Unternehmen eine Maßnahme hervor, für die das Etikett ›konservativ-liberal‹ nur begrenzt angemessen erscheint, nämlich eine auch als solche bezeichnete »Zwangsanleihe für Besserverdienende« mit dem Ziel, Investitionskapital für Unternehmen bereitzustellen und den Wohnungsbau zu fördern.

Erst in der zweiten Hälfte der Dekade finden sich zumindest in Ansätzen jene Reformen, die man im Rahmen einer angebotsorientierten Wirtschaftspolitik erwartet hätte, nämlich Steuersenkungen für Unternehmen und Personen. In der dreistufigen Steuerreform von 1986/88/90 wurden eine Vielzahl von Steuerfreibeträgen für Kinder oder Ausbildungszeiten angehoben, Körperschaftssteuer, Eingangs- und Spitzensteuersätze gesenkt – letzterer von 56 auf 53 Prozent. Zum Vergleich: Der aktuelle Spitzensteuersatz liegt nur noch bei 42 Prozent. Von einem großen wirtschaftspolitischen Wurf wird man in der Gesamtbilanz also kaum sprechen können, ebenso wenig wie von einer klaren oder gar prinzipiengeleiteten Akzentsetzung, die einem bestimmten Leitbild folgt, standen doch den Steuersenkungen die erwähnten Abgabeerhöhungen sowie eine Erhöhung der Mehrwertsteuer zu Beginn der ersten Legislaturperiode gegenüber.

Dennoch konnte die Bilanz nicht im Hinblick auf den *Output*, sondern die *Outcomes* von Wirtschafts- und Finanzpolitik auf gewisse Erfolge verweisen, blickt man auf die Indikatoren, die die Koalition als ihre Hauptziele identifiziert hatte: Die Inflation war schon innerhalb des ersten Regierungsjahres um die Hälfte auf etwa 3 Prozent gefallen und spielte so als Problemfaktor nur noch eine untergeordnete Rolle. Die Staatsquote sank immerhin über die Dekade hinweg um 5 Prozentpunkte auf etwa 45 Prozent, wo sie seitdem mit geringen Abweichungen verharrt. Der Anstieg der Nettoneuverschuldung wurde zumindest gebremst, und die Investitionsquote stabilisierte sich merklich ab Mitte der Dekade. Insbesondere mit Blick auf diese Erfolge ist in der Literatur bisweilen auch von einer »halben Wende« die Rede. Doch die eine Größe, deren politische Bedeutung die anderen hier erwähnten weit in den Schatten stellte – sieht man einmal von der Inflation ab –, blieb weitgehend unverändert: Die Arbeitslosenquote lag 1982 bei 7,5 Prozent, am Vorabend der Wiedervereinigung betrug sie allerdings noch immer nicht weniger als 7,9 Prozent.

Doch wenn auch die Finanz- und Wirtschaftspolitik von herausgehobener Bedeutung für die Regierung war, so gab es doch auch andere Domänen, die in einer Betrachtung des konservativen Profils der Union eine Rolle spielten. Dazu gehörte insbesondere auch die Familienpolitik, die natürlich an ein Kernanliegen konservativer Politik rührt, nämlich den Erhalt und die Pflege vermeintlich natürlicher Kleinstgemeinschaften, wobei der Familie hier als vielbeschworener »Keimzelle des Staates« besondere Bedeutung zukam. Sowohl im Ludwigshafener Grundsatz- als auch im Wahlprogramm 1983 wurde die materielle und moralische Stärkung von Familien betont, und tatsächlich wurden bis 1985 unter Familienminister Geißler diverse Fördermaßnahmen auf den Weg gebracht, wie etwa die Erhöhung des Kinderfreibetrages, das Erziehungsgeld sowie die Anrechnung von Erziehungszeiten auf die Altersrente. Umgekehrt blieb die Union aber fest bei ihrer traditionell konservativen Linie, indem sie zwar ausdrücklich die Wahlfreiheit von Frauen betonte, die sich nicht nur in Familie, sondern auch im Beruf verwirklichen können sollten, jedoch handelte es sich eben ausdrücklich um eine Freiheit der *Wahl*, nämlich der zwischen Beruf *oder* Familie zu einem bestimmten lebensbiografischen Zeitpunkt. Die *Vereinbarkeit* beider durch die vermehrte Bereitstellung von Betreuungsangeboten war schlicht kein Thema, und als Geißlers Nachfolgerin Ursula Lehr sie mit der Forderung nach Kindergartenangeboten für Zweijährige doch zum Thema machte, entfachte sie damit einen solchen Furor in der konservativen Publizistik, dass Helmut Kohl an sie einen besorgten Brief adressierte, in dem er angesichts hörbarer Verstimmung an der Basis dringend größere Zurückhaltung und einige Klarstellungen empfahl.[49] Die Förderung von Familien wurde komplementiert durch eine verschärfte Ablehnungshaltung gegenüber Schwangerschaftsabbrüchen, wobei die Union sich vor allem auf die sogenannte soziale Indikation und die als »Abtreibung auf Krankenschein« diffamierte Kostenübernahme von Eingriffen durch die Krankenkasse einschoss. Doch trotz massiven Einsatzes des rhetorischen Holzhammers, gerade auch vonseiten der Kirchen, die auch nicht vor Nazi-Vergleichen zurückschreckten, war den Konservativen in dieser Frage kein Erfolg beschieden: Bei einer entscheidenden Bundestagsabstimmung über eine Verschärfung 1985 enthielten sich die Unionsfrauen.

Waren die konservativen Akzente in der Familienpolitik also auch an der materiellen Politik festzumachen, so gilt für die verbleibenden Politikbereiche, die in unserem Zusammenhang von Belang sind, dass in ihnen die konservative Signatur nicht unbedingt am handfesten Output abgelesen werden kann, sondern eher auf der symbolischen Ebene angesiedelt ist. Zu diesen Politikbereichen gehört zunächst die Innenpolitik, die für ein konservatives Regierungsprofil angesichts der zentralen Aufgabe des Staates zur Garantie der gesellschaftlichen Statik, die schon Burke hervorgehoben hatte, auf der Hand liegt. Auf den Posten des zuständigen Ministers entsandte die CSU den als Law-and-Order-Mann bekannten Friedrich Zimmermann, der die Tradition der ›schwarzen Sheriffs‹ begründete. Zimmermann war sich offenbar der Bedeutung seines Politikbereichs für das Erscheinungsbild der Regierung bewusst, und so hieß es aus seinem Haus schon bald: »Alle reden von der Wende, wir praktizieren sie.«[50] Tatsächlich brachte Zimmermann beträchtliche Einschränkungen beim Demonstrationsrecht in Spiel, was offensichtlich auch eine Reaktion auf die Verlagerung der Politik auf die Straße war, die die Republik in den Jahren seit 1968 erlebt hatte. Doch letztlich wurde von diesen Vorschlägen nur das bis heute geltende Vermummungs- und Waffenverbot umgesetzt, und falls das Kalkül gewesen war, ein Zeichen gegen (militante) Massendemonstrationen zu setzen, so ließ sich zumindest in Sachen Masse kaum ein Rückgang verzeichnen, denkt man etwa an die Anti-Atomkraft- und Friedensdemonstrationen, die das Bild der 1980er-Jahre gerade in Deutschland prägten. Zumindest wäre es Joschka Fischer aber nicht mehr erlaubt gewesen, zu seinen früheren Frankfurter ›Putzgruppen‹-Einsätzen mit Motorradhelm zu erscheinen.

Der Kompromiss beim Demonstrationsrecht blieb das kontroverseste Thema der Innenpolitik in der bis 1989 währenden Ära Zimmermann, wobei dieser auch anderweitig versuchte, das konservative Profil der Union zu schärfen, nämlich in der Kulturpolitik. Anlass war der Film *Das Gespenst* von Herbert Achternbusch, der mit seinen drastischen religiös aufgeladenen Bildern gerade unter gläubigen Menschen für Unmut sorgte. Zimmermann beschloss, die letzte Tranche der von seinem Vorgänger genehmigten Filmförderung zu streichen, was ihm den Vorwurf der Zensur einbrachte. Stattdessen sollten mehr Produktionen zu historischen Themen gefördert werden, womit bereits ein Baustein für die konservative Kulturpolitik der 1980er-Jahre umrissen ist. Letztlich verabschiedete das Kabinett zum 1. Januar 1987 tatsächlich eine Änderung der Förderleitlinien, sodass von nun an in größerem Maße die Wirtschaftlichkeit der zu fördernden Filme als Kriterium für eine Bewilligung von Geldern gelten sollte, die nun weniger experimentellen als »publikumswirksamen Filmen« zugutezukommen hatten. Wenn es sich bei der konservativen Akzentverschiebung auch in erster Linie um Symbolpolitik handelte, ist doch auch die materielle Dimension mit zu bedenken; schließlich war in der unterentwickelten Filmindustrie des Deutschlands der 1980er- und 1990er-Jahre eine Vielzahl von Produktionen auf Förderung aus öffentlichen Geldern angewiesen. Die neuen Förderleitlinien wurden übrigens auch einem Filmprojekt über Rudolf Schindler zum Verhängnis, das sogar zweimal (1985 und 1992) mit der Begründung abgelehnt wurde, es mangele ihm an Qualität und voraussichtlichem Publikumszuspruch. Ein Jahr nach der abermaligen Ablehnung kam Steven Spielbergs *Schindlers Liste* in die Kinos und spielte das Rekordergebnis von 321 Millionen US-Dollar ein.[51]

Wirtschaftliche und ordnungspolitische Kalkulationen – aber nicht nur diese – spielten auch bei der wohl weitreichendsten medienpolitischen Entscheidung der Wende-Regierung eine Rolle, bei der 1984 vollzogenen Einführung des dualen Rundfunksystems, womit der Startschuss für das Privatfernsehen in Deutschland gegeben wurde. Zum einen war der Entschluss getragen von der Annahme, dass vermehrte Konkurrenz im Mediensektor gemäß der ordoliberalen Lehre auch das Geschäft beleben werde und die Medienindustrie so womöglich auch in Deutschland zu einem Wachstumssektor werden könnte. Nicht unterschätzt werden darf aber ein weniger liberales als konservatives Motiv, das Monopol der öffentlich-rechtlichen Sendeanstalten durch das Privatfernsehen zu brechen. Gerade unter konservativen Politikern galten ARD und auch das ZDF als zu kritisch – obwohl ja Letzteres ohnehin als affirmatives Gegengewicht zur ARD gegründet worden war –, was den Status quo insgesamt und die Regierungsarbeit im Besonderen anging. Diese Einschätzung traf nicht zuletzt das Personal der Sendeanstalten, das vermeintlich überproportional stark durch den Geist von 1968 geprägt sei, und zwar nicht nur beim als »Rotfunk« verschrienen Westdeutschen Rundfunk. Dementsprechend ist die Einführung von RTL, Sat. 1 und Pro Sieben auch als Teil des Kampfs gegen die angebliche kulturelle Hegemonie jenes Geistes zu verstehen.

In der Außenpolitik wurde zu Beginn der Amtszeit Kohls trotz dessen Bekenntnis zu den Ostverträgen befürchtet, dass die geistig-moralische Erneuerung auch eine neue Eiszeit im Verhältnis zum sogenannten Ostblock einläuten würde. Doch die Deutschlandpolitik war geprägt von einer Kombination von »normativer Distanz und praktischer Kooperation«.[52] Auch wenn es Teil gerade des konservativen Profils der Union war, demonstrativ auf der Offenheit der deutschen Frage zu bestehen und am langfristigen Ziel der Wiedervereinigung zumindest rhetorisch festzuhalten, hinderte dies die Regierung nicht daran, das *Do ut des* von wirtschaftlicher Unterstützung im Gegenzug etwa für Reiseerleichterungen für DDR-Bürger fortzuführen, das auch schon die Vorgängerregierung praktiziert hatte. Nach demselben Muster verschaffte ausgerechnet Franz Josef Strauß dem SED-Regime Mitte der 1980er-Jahre einen Milliardenkredit. Und trotz der Unkenrufe aus dem konservativen Lager um den Fraktionsvorsitzenden Dregger lud die Regierung Kohl den Staatsratsvorsitzenden Honecker 1987 zum offiziellen Besuch in die Bundesrepublik ein, wobei auch ein Empfang mit höchsten Ehren beim Ministerpräsidenten Bayerns Teil des Programms war.

Insgesamt war die Außenpolitik natürlich geprägt vom Kalten Krieg, und Kohl hatte betont, dass geistige Führung den Erhalt des Friedens zum Ziel haben müsse, was aber eben nur als verlässlicher NATO-Partner möglich sei. Dementsprechend positionierte er sich in aller Eindeutigkeit an der Seite der europäischen Bündnispartner und den USA und pochte auf die Umsetzung des NATO-Doppelbeschlusses, der noch Schmidt und seine Partei entzweit hatte. Kohl hielt Wort und paukte den Beschluss trotz massiven öffentlichen Gegenwinds durch Parteigremien und Bundestag – was gerade seinen konservativen Kritikern als seltener Ausweis politischer Führungsstärke galt. Gegenüber der Sowjetunion kam es zu keinen Neuakzentuierungen bis zum Amtsantritt Gorbatschows, dem Kohl zunächst mit überraschender Distanz und einem deplatzierten Goebbels-Vergleich begegnete, bevor sich das Verhältnis bekanntlich im Zuge der deutschen Wiedervereinigung nachhaltig verbesserte. Kann man also von einem konservativen Profil in der deutschen Außenpolitik der 1980er-Jahre sprechen? Was die großen politischen Linien angeht, wird man kaum große Divergenzen zwischen den Regierungen Schmidt und Kohl ausmachen können, wobei die bundesrepublikanische Außenpolitik abgesehen von wenigen Ausnahmen zumeist geprägt war vom Konsens der großen

Parteien. Doch unterhalb dieser Ebene lassen sich punktuelle symbolpolitische Signale in Richtung des bürgerlich-konservativen Milieus nicht übersehen: Bei aller Normalisierung der deutsch-deutschen Verhältnisse blieb der Lackmustest der Union das Bekenntnis zur letztendlichen Unteilbarkeit »dieses unseres Vaterlandes«, wie Kohl sich zu Beginn seiner Kanzlerschaft gern ausdrückte. Welche Vorstellung sich genau dahinter verbarg, blieb nebulös; denn wenn auch, von wenigen Ausnahmen wie etwa Zimmermann abgesehen, niemand aus der ersten Reihe sich offen grenzrevisionistisch bzw. revanchistisch äußerte und sich die im rechtsextremen Spektrum verbreitete Forderung nach einer Wiederherstellung Deutschlands in den »Grenzen von 1937« zu eigen machte, hinderte dies Unionspolitiker nicht daran, regemäßig Treffen der Vertriebenenverbände zu besuchen und deren Mitglieder mit vagen Aussichten auf Restitutionen etc. zu umwerben.

Damit sind wir bei einem Schlüsselbereich konservativer Politik angelangt: das Verhältnis zur Nation und ihrer Geschichte. In vielen anderen Kontexten wie Großbritannien, Frankreich oder den USA ist die patriotische Geschichtsdeutung die Domäne der Konservativen und eine bevorzugte Methode der affektpolitischen Energiegewinnung – und zwar nicht erst seitdem Donald Trump »America First« zu seinem Motto erkoren hat. Offensichtlich lagen und liegen die Dinge im Falle Deutschlands um einiges komplizierter, von daher überrascht es nicht, dass sich die Geschichtspolitik zu einem der wichtigsten Schauplätze der geistig-moralischen Erneuerung und Auseinandersetzung herauskristallisierte. Schon unmittelbar nach seinem Amtsantritt hatte Kohl sich für eine Sammlung bundesdeutscher Geschichte ausgesprochen, aus der letztlich das Haus der Geschichte in Bonn hervorgehen sollte, das dann 1994 – ebenfalls von Kohl – offiziell eröffnet wurde. Das Haus der Geschichte ist in zweierlei Hinsicht symptomatisch: Zum einen passt sich das Projekt eines Museums, in dem deutsche Geschichte ausgestellt wird, ein in einen Trend zur Retrospektive, den die Zeithistorie für die 1980er-Jahre ausfindig gemacht haben will und an einer allgemeinen Konjunktur von publikumswirksamen historischen Ausstellungen festmacht – wie beispielsweise die »Preußen-Ausstellung« in West-Berlin anlässlich des »Preußenjahres« 1981. Zum anderen war es die geradezu ostentative Fokussierung der Dauerausstellung in Bonn auf die Geschichte Deutschlands *nach* 1945, in der sich ein von konservativer Seite immer wieder geäußertes Bedürfnis zu dokumentieren schien, ein positiveres oder doch wenigstens normales Verhältnis zur deutschen Geschichte zu entwickeln, was offensichtlich leichter fallen würde, wenn die Jahre vor 1945 ausgespart blieben – und die jüngere deutsche Geschichte stattdessen gewissermaßen mit dem Geist von 1948 begann.

Neben dem Museumsprojekt war es vor allem ein vordergründig als Geste der Aussöhnung dargestelltes Stück Symbolpolitik, an dem sich eine Kontroverse über einen vermeintlichen Versuch des Geschichtsrevisionismus entzündete, nämlich Kohls Besuch eines Soldatenfriedhofs in Bitburg in Begleitung von Ronald Reagan Anfang Mai 1985. Ähnliche Zeichen der Versöhnung hatte es schon früher zwischen Kohl und François Mitterand an den Gräbern von Verdun gegeben, woraus in diesem Fall eine belastbare Partnerschaft zwischen dem Sozialisten und dem Christdemokraten erwuchs. Doch Bitburg war nicht Verdun; denn hier lagen nicht nur Soldaten aus den Reihen des deutschen und amerikanischen Militärs, sondern auch Mitglieder der Waffen-SS, was bei der amerikanischen Delegation schon im Vorfeld für Irritationen gesorgt hatte. Symbolträchtig und kontrovers wurde der Besuch aber vor allem durch seine breitere Rahmung: Unmittelbar davor hatten die Staatsmänner das Konzentrationslager Bergen-Belsen besucht und der dort Ermordeten gedacht – ein Besuch, der erst in Reaktion auf die amerikanischen Irritationen ins Programm aufgenommen wurde. Doch auf diese Weise suggerierte das Gedenken der Soldaten im direkten Anschluss eine Äquivalenz zwischen den Opfern, ganz so als ob die Moral aus Krieg und Shoah in erster Linie darin bestehe, dass auf allen Seiten furchtbares Leid verursacht worden sei. In der Öffentlichkeit erntete Kohl massive Kritik für dieses geschichtspolitische Manöver, das natürlich als solches bestritten wurde, schließlich habe niemand außer den kritischen Beobachtern den Zusammenhang zwischen den beiden Besuchsstationen hergestellt.

Dieser Besuch am 5. Mai war der Auftakt eines Monats, der das kollektive Verhältnis zur deutschen Vergangenheit nachhaltig prägen sollte, folgte doch nur drei Tage später die berühmt gewordene Rede des Bundespräsidenten Richard von Weizsäcker zum 50. Jahrestag der deutschen Kapitulation am 8. Mai 1945. Auf die Einzelheiten dieser durchaus nuancenreichen Rede, die immerhin von einem christdemokratischen Politiker gehalten wurde, der selbst in der Wehrmacht gekämpft hatte, kann hier nicht eingegangen werden. Entscheidend war Weizsäckers Charakterisierung des 8. Mai als Tag der Befreiung – wenn auch nicht ausschließlich –, womit er sich recht eindeutig gegen die konservative Rede vom Kriegsende als ›Katastrophe‹, ›Zusammenbruch‹ oder schlicht ›Niederlage‹ beim Versuch die Heimat zu schützen positionierte. Die Rede brachte Weizsäcker im In- und Ausland viel Lob ein, und mit ihrer erinnerungspolitischen Note setzte sie ein Zeichen für die Notwendigkeit einer eingehenden kritischen Auseinandersetzung mit der deutschen Vergangenheit, die eher in Kontinuität zur den Aufarbeitungsbemühungen der 68er-Generation zu stehen schien als zu einem konservativen Programm. So wundert es nicht, dass die Ansprache von dieser Seite bis heute sehr viel nüchterner aufgenommen wird: Weizsäckers Rede vom Gedenken und Erinnern habe etwas Obsessives an sich, und die Forderung, die NS-Verbrechen nicht zu vergessen, kommentiert etwa Peter Hoeres mit den Worten: »Der Präsident erlässt ein *Amnesieverbot*« – wo doch gerade Vergeben und Vergessen anerkannter Teil der jüdisch-christlichen Tradition Europas seien. Ironischerweise ging in der lautstark geführten Debatte damals übrigens gänzlich unter, dass Kohl ebenfalls, und zwar schon an jenem 5. Mai, vom Kriegsende als Befreiung gesprochen hatte, offensichtlich, um den geschichtsrevisionistischen Effekt des Bitburg-Besuchs abzuschwächen.[53]

Insgesamt kann man also von einer Politik der Symbole sprechen, die zumindest den Eindruck nahelegte, mit ihr solle die Bundesrepublik mit ihrer eigenen Vergangenheit versöhnt werden: Schließlich gab es ein Deutschland vor Hitler und auch eines danach, dessen heroische Wiederaufbauleistung sich schon bald im Haus der Geschichte besichtigen lassen würde. Und bei aller Einsicht in den verbrecherischen Charakter des NS-Regimes, der ja auch nicht vom Mainstream der Union in Frage gestellt wurde, dürfe man doch nicht das Land und seine Streitkräfte in Kollektivhaft dafür nehmen, seien doch viele Soldaten im subjektiven Gefühl der ehrbaren Landesverteidigung und viele Zivilisten gar gänzlich unschuldig gestorben. In gewisser Weise ging es also um eine mehr oder weniger subtile Entkriminalisierung insbesondere der Wehrmacht,[54] deren Mythos der Pflichterfüllung erst im folgenden Jahrzehnt zerstört werden sollte, und insgesamt eine Relativierung der Täter- und Opferkategorien: Im »Nebel des Krieges« gab es von beiden auf allen Seiten genug, und mancher war gar Täter und Opfer zugleich. Hier von einem großangelegten Versuch der Geschichtsklitterung zu sprechen, wäre sicherlich übertrieben, doch gleichzeitig darf man nicht die geschichtspolitischen Akzente übersehen, die der promovierte Historiker Kohl und andere Unionspolitiker in schöner Regelmäßigkeit setzten. Und wenn auch die Wirkung auf das Verhältnis zur nationalen Geschichte in der Breite der Gesellschaft schwer einzuschätzen ist, so lässt sich doch mit einiger Sicherheit sagen, dass jene Signale im rechtskonservativen Milieu, an das sie ja auch insbesondere adressiert waren, durchaus wahrgenommen wurden.

Dass diesem Spektrum innerhalb der CDU dezidierte Zuwendung zuteilwerden musste, schien durchaus angebracht, denn schon 1985 vermeldet die *Frankfurter Allgemeine Zeitung*, der konservative Flügel der Partei sei enttäuscht von der Zwischenbilanz der Wende und fühle sich ausgegrenzt. Es ist bemerkenswerterweise der zuletzt vor allem als globaler Friedensbotschafter in eigener Mission in Erscheinung getretene Jürgen Todenhöfer, der Mitte der

1980er-Jahre als informelles Sprachrohr jenes Flügels gilt und schon damals einen gesunden Sinn für Dramatik an den Tag legte, wenn er monierte, ein »Mann wie Konrad Adenauer wäre in der CDU von heute [...] eine einsame Gestalt am rechten Rande der Union«.[55]An die Stelle der anfänglichen Euphorie des rechtskonservativen Flügels war zu jenem Zeitpunkt offensichtlich Ernüchterung getreten, wobei manche der Protagonisten, wie etwa CDU-Mitglied und Politik-Professor Klaus Hornung, offensichtlich eine recht umfassende persönliche Wende in dieser Frage hinter sich hatten. Noch 1985 hatte er ein Buch mit dem Titel *Mut zur Wende* ediert, in dem er feststellte: »heute ist deutlich, daß ein beträchtlicher Teil des Erneuerungsprogramms auf den Weg gebracht wurde und Früchte zeitigte«, um dann die Errungenschaften der Koalition aufzuzählen, wenn auch mittlerweile »manches Wasser in den Wein des Aufbruchs vom März 1983 geraten sei«.[56] Doch schon ein Jahr später zitiert ihn die *Frankfurter Allgemeine* mit dem vernichtenden Verdikt: »Die geistig-moralische Wende ist ein Etikett auf einer leeren Flasche.«[57] In der Ostpolitik seien alte Positionen geräumt worden, und auch in den erwähnten Bereichen Demonstrations- und Abtreibungsrecht sei die Union zu schwach aufgetreten: Die CDU präsentiere sich heute nur noch als »sozialliberale Wirtschaftspartei«,[58] resümiert Hornung, der 1980 Mitbegründer der Konservativen Aktion war und ab 1987 Präsidiumsmitglied des Studienzentrums Weikersheim, das sich in jener Zeit zur intellektuellen Schnittstelle zwischen Rechtskonservatismus und Neuer Rechter entwickelte.

Hier zeichnete sich zum ersten Mal seit den frühen Tagen der Bundesrepublik und Adenauers schrittweiser Inkorporierung der deutschnationalen Deutschen Partei in die Union eine Entwicklung ab, die im Gefolge der letzten Bundestagswahl und der Erfolge der AfD von CSU-Chef Seehofer als Öffnung der rechte Flanke der Union beschrieben wurde. Mit der Abspaltung und Neugründung einer Partei rechts der CDU drohte der konservative Flügel 1985 zwar (noch) nicht, aber genau genommen war dies auch nicht nötig, denn Die Republikaner waren schon zwei Jahre zuvor von ehemaligen Unionsmitgliedern gegründet worden und konnten dann 1986 unter ihrem neuen Vorsitzenden Schönhuber mit 3 Prozent einen ersten Achtungserfolg bei den bayerischen Landtagswahlen verbuchen, um in der Folge bei anderen Landtags- und Europawahlen auch über die 5-Prozent-Hürde zu springen. Mit Blick auf den Wahlerfolg der Republikaner räumte Kohl zu Beginn des Bundestagswahljahres 1987 dann auch intern ein: »Da haben wir ein Problem.«[59]

Diese Feststellung fügte sich in eine allgemein als miserabel gewertete Bilanz der Koalition und insbesondere der CDU am Vorabend der Wahl, der von beinahe allen Seiten weitgehende Erfolglosigkeit attestiert wurde: Nicht nur war sie vorläufig am Problem der Arbeitslosigkeit gescheitert, auch ihre eigene geistig-moralische Integrität war mit einer Vielzahl von Fragezeichen versehen:[60] Neben diversen kleineren wie etwa der Wörner-Kießling-Affäre war es vor allem der Flick-Parteispendenskandal, der das bürgerliche Image der Union bis hin zum Kanzler selbst in Mitleidenschaft zog. Den negativen Höhepunkt erreichte der Skandal Anfang 1986, als auf Anzeige Otto Schilys sogar Ermittlungen wegen Falschaussage vor dem Flick-Untersuchungsausschuss gegen Kohl eingeleitet wurden. Vor dem Hintergrund all dessen überrascht es nicht, dass die Kommentatoren am Ende der ersten Legislaturperiode eine nüchterne Bilanz der geistig-moralischen Wende zogen: »Die konservativen Weltenwender haben, entgegen dem eigenen Triumphalismus und den Beklemmungen ihrer Gegner, nicht nur in Deutschland nichts Grundlegendes bewegt.«[61] Tatsächlich schleppte sich die Union mit ihrem abermals schlechtesten Ergebnis seit 1949 als Wahlsieger ins Ziel, und spätestens nach diesem blauen Auge an der Wahlurne war klar, dass Kohl auch innerparteilich angezählt war. Schon im Zuge der Ermittlungen gegen ihn, die im Übrigen aufgrund mangelnden Tatverdachts eingestellt wurden, hatten Biedenkopf und andere für den Fall des Falles seinen Rückzug gefordert, und nur zwei Jahre nach dem dürftigen Abschneiden 1987 kündigte sich ein Coup gegen Kohl an, der von der Riege um Geißler, Späth, Biedenkopf und auch Rita Süssmuth orchestriert wurde. Doch die Unentschlossenheit der Putschisten beim Showdown auf dem Bremer Parteitag 1989 rettete Kohl, der sich daraufhin von seinem Generalsekretär Geißler – und damit auch von einem der letzten kreativen Aktivposten in der Parteiführung – trennte. Es bedarf keiner großen Fantasie, um sich Szenarien auszumalen, wie Kohl trotz der Bremer Gnadenfrist über kurz oder lang dennoch die Macht verloren hätte, wäre ihm nicht die Geschichte in Form der friedlichen Revolution der DDR zur Seite gesprungen. Doch bevor wir uns dem damit einsetzenden zweiten Teil der Ära Kohl zuwenden können, bedarf es einiger abschließender Überlegungen zur Wende der Achtzigerjahre und inwieweit der Einschätzung des *Spiegel*-Essayisten Dieter Wild von 1987 tatsächlich zuzustimmen ist, wenn er schreibt: »Die mit Posaunen verkündete Wende findet dennoch nirgends statt.«[62]

Konservative Politik im Zeichen der Wende: Zwischenbilanz

Es sind insbesondere zwei Punkte, die in dieser abschließenden Betrachtung der sogenannten Wende hervorzuheben sind und die nicht zuletzt die Frage betreffen, wie sich das Wende-Projekt zu den Elementen einer konservativen Politik verhält, wie sie im vorigen Kapitel am Beispiel von Burke herausgearbeitet wurden.

Der erste Punkt betrifft die Frage nach dem Wirkungsgrad des Aufbruchs, seinen Zielen und inhärenten Grenzen sowie die nach der Tragik konservativer Politik, die sich auch in diesem Programm deutlich abzeichnet. Wie oben schon angedeutet, erscheint es unangemessen, den Erfolg einer geistig-moralischen Wende an der Output-Bilanz am Ende von ein oder zwei Legislaturperioden zu messen. Wie könnte ein derartig positivistisches Vorgehen das erfassen, worum es doch den Wende-Architekten – wenn man sie beim Wort nimmt – eigentlich ging, nämlich »den Zeitgeist wirklich zu wenden, und zwar zu wenden in eine Richtung, die nicht nur ein Trommelfeuer der Worte, sondern eine Änderung der Gesinnung mit sich führt«?[63] Doch Gesinnungen ändern sich nicht über Nacht, und ihr Wandel wird auch nicht notwendigerweise durch materielle, sondern vor allem durch symbolische Politik und überzeugende Narrative herbeigeführt. Mit anderen Worten gibt die dürftige Reformbilanz etwa in der Wirtschafts- und Sozialpolitik nur unzureichend Aufschluss darüber, ob hier auf der geistig-moralischen Ebene der Tugenden und Werte eine Erneuerung initiiert wurde, wobei allerdings nicht zu vergessen ist, dass diese Bereiche von großem Belang für die wirtschaftlichen Interessen waren, die die Politik der Union grundsätzlich auch immer im Blick hatte. Nimmt man aber die auch von Kohl vertretene Krisendiagnose des Neokonservatismus ernst – von dem Kohl übrigens glaubhaft versicherte: »Ich weiß nicht mal, was das ist.«[64] –, dem entsprechend die wirtschaftliche Krise nur Symptom einer ›geistig-moralischen‹ Krise sei, dann muss die Wende in erster Linie auf der Ebene der diskursiven Konstruktion von Wirklichkeit bewerkstelligt werden, und für ihren Erfolg wäre es genau genommen sekundär, ob die Staatsquote um 0,5 oder 0,7 Prozent sank: Gelänge eine geistige Neuausrichtung, würde die Staatsquote ohnehin sinken. Der Wende-Konservatismus ist zwar normativ gesehen realistisch und damit in Einklang mit dem skeptischen Weltbild, das schon Burkes Denken auszeichnete, in philosophischer Perspektive tritt er aber zutiefst idealistisch auf, insofern er die materialistische Sichtweise hinsichtlich der Prägekraft der ökonomischen Verhältnisse auf subjektive Einstellungen und Haltungen konsequent umkehrt: Es sind diese subjektiven Tugenden und Werte, die die ökonomischen Verhältnisse prägen, und daher muss auf jener Ebene auch die Reformpolitik ansetzen: »Zu viele haben zu lange auf Kosten anderer gelebt: der Staat auf Kosten der Bürger, Bürger auf Kosten von Mitbürgern und [...] wir alle auf Kosten der nachwachsenden Generation«, so Kohl in seiner ersten Regierungserklärung. An der Oberfläche wurde hier eine Mentalität der Selbstbereicherung und der

Kostenexternalisierung gegeißelt, deren Gegenteil in Gemeinsinn und Solidarität zu bestehen schienen, die Kohl in anderen Passagen beschwor. Doch der solidarische Gemeinsinn, um den es hier eigentlich ging, war der des Einzelnen gegenüber der Gemeinschaft, welcher der Bürger im Namen der vielbeschworenen Eigenverantwortung nicht auf der Tasche zu liegen habe und in diesem Sinn eben auch nicht auf Kosten anderer leben soll. Dieses Narrativ transportiert nun nicht nur diese Umkehrung der Solidarität, die das Individuum nicht in erster Linie von Seiten der Gemeinschaft erfährt, sondern ihr gegenüber zu üben hat, sondern auch die Bedingungen, an die sie geknüpft ist und die auf ein striktes Äquivalenzprinzip hinauslaufen: »Wo es Spielräume gibt, das Prinzip Leistung für Gegenleistung zu stärken, werden wir es nutzen.« Diese Haltung, die sich ja aus dem *Moral Hazard*-Prinzip speist, dem gemäß Solidargemeinschaften keine Fehlanreize in Form von unbedingten Leistungen bieten dürfen, fügt sich bestens ein in die skeptischen Grundannahmen der konservativen Anthropologie, nach denen der Mensch eben ein leicht – auch zum Sozialbetrug – verführbares Wesen bleibt, was bei seiner Regierung immer mitbedacht werden muss. Und diese Verführbarkeit ist es schließlich auch, die den Einzelnen dazu verleitet, immer mehr von Staat und Gemeinschaft zu fordern und so die Balance von Rechten und Pflichten zu gefährden.

Zuletzt ist auf die geistig-moralische Begründung der Sparpolitik hinzuweisen, die in der zitierten längeren Passage ebenfalls geliefert wird: Gespart werden muss demnach nicht so sehr, weil dies (positive) Auswirkungen auf Inflation und Zinsen haben könnte, sondern weil das Schuldenregime der sozial-liberalen Koalition letztlich auf Kosten von Kindern und Kindeskindern geht, die all jene Schulden doch irgendwann würden bezahlen müssen. Wie betreibt man also eine Politik der geistig-moralischen Erneuerung? Die erste Antwort lautet: durch eine konsequente Moralisierung der Finanz-, Wirtschafts- und Sozialpolitik, wie sie die schwarz-gelbe Regierung vom ersten Tag an unternahm. Skeptiker mögen einwenden, dass die Installierung von protestantisch-kapitalistischen Werten auch mit anderen Mitteln bewerkstelligt werden könnte, etwa indem man tatsächlich die Sozialleistungen drastisch kürzt und so den Einzelnen nicht nur zur Eigenverantwortung ermutigt, sondern ihn durch handfeste materielle Not, oder zumindest die Angst davor, dazu nötigt. Ich will dieser Strategie ihre Wirksamkeit keineswegs grundsätzlich absprechen, aber es spricht doch auch einiges gegen sie, wie interessanterweise die Beispiele Thatcher und Reagan belegen: Beide unternahmen bekanntlich einen sehr viel frontaleren, substanziellen Angriff auf die Institutionen des Sozialstaats, doch auf lange Sicht untergrub sich diese Strategie selbst, denn jene sozialstaatlichen Institutionen genossen im Allgemeinen am Ende der jeweiligen Regierungszeiten größere Zustimmung als noch zu Beginn der Legislatur.[65] Auf der kurzfristigen materiellen Ebene hat der angloamerikanische Neoliberalismus ein weitaus größeres disruptives Potenzial entfaltet als sein deutsches Pendant, doch auf der Ebene der Haltungen und Einstellungen fällt der Vergleich sehr viel weniger eindeutig aus. Doch woran ließe sich dann die Effektivität der Moralisierungsstrategie festmachen? Natürlich kann man hier die Ergebnisse der Meinungsforschung heranziehen, doch als Annäherungswert mag folgende Überlegung genügen. Politische Projekte können vor allem dann als nachhaltig erfolgreich gelten, wenn selbst der politische Gegner die entsprechenden Zielsetzungen übernimmt und damit ihre hegemoniale Stellung anerkennt. Üblicherweise wird diese Anerkennung vonseiten der jeweiligen Nachfolgerregierungen unter Tony Blair in Großbritannien und Bill Clinton in den USA als ultimativer Ausweis der Effektivität des Thatcherismus bzw. der Reagan-Revolution betrachtet. Allerdings kommt bei den Debatten über das vermeintliche Ausbleiben einer ähnlich weitreichenden Transformation im deutschen Kontext nie zur Sprache, dass dieser Prozess der Hegemonialisierung auch in Deutschland stattfand: Schließlich wurde das Lambsdorff-Papier ja doch umgesetzt, wenn auch erst ab 2003 unter der rot-grünen Regierung.[66] Natürlich gibt es eine Vielfalt von nicht zuletzt handfesten politökonomischen Faktoren, die zur Erklärung der Agenda-Politik heranzuziehen sind, doch zu den entscheidenden Bedingungen der Möglichkeit der Arbeitsmarktreform gehört eben auch die diskursive Vorarbeit der geistig-moralischen Wende und ihrer Moralisierung des Ökonomischen. Und bedenkt man, dass es doch von Burke bis Oakeshott immer wieder geheißen hatte, Wandel solle sich möglichst langsam und nicht abrupt vollziehen, dann bestünde die abschließende Pointe dieser Lesart darin, dass die langgezogene Wende Kohls im Vergleich zu Thatchers und Reagans Brachialreformen doch das eigentlich konservative Projekt in diesem Sinne darstellt.

Doch wenn auch der Strategie einer Moralisierung durchaus langfristig Erfolg beschieden war, so darf dies nicht darüber hinwegtäuschen, dass hier gewissermaßen aus der Not eine Tugend gemacht wurde, ist doch grundsätzlich festzuhalten, dass eine Politik der Tugendförderung einige Hypotheken mit sich führt. Nicht nur aus einer liberalen Perspektive muss die grundsätzliche Ambition, Haltungen und Einstellungen der Bürger von Staats wegen transformieren zu wollen, tiefes Misstrauen hervorrufen. Doch auch den deutschen Konservatismus der Achtzigerjahre musste eine geistig-moralische Wende in diesem Sinn vor eine gewisse Herausforderung stellen, galt doch die Erschaffung eines ›neuen Menschen‹ gemeinhin als exklusive Domäne des Feindbildes Kommunismus, zu dem auf jeden Fall Distanz zu wahren war. Damit ist aber eine Reduzierung des Wirkungsgrades einer Politik der Tugend unvermeidlich. Tugenden und Werte *dürfen* nicht verordnet werden, da dies gemäß der Schlachtordnung des Kalten Krieges als klarer Beleg für Totalitarismus gilt, doch vor allem *können* sie auch nicht verordnet werden, sollen sie authentisch geglaubt und gelebt werden und so tatsächliche Wirkung entfalten. Mit der Problematik, wie Tugenden und staatspolitische Loyalität bei den Untertanen zu generieren seien, sah sich schon Burke konfrontiert und verwies, wie wir bereits wissen, auf die Notwendigkeit, in die Politik Elemente des Erhabenen einzuweben, durch die sich die Herrschaftsunterworfenen auch auf einer affektiven Ebene angesprochen fühlen könnten. Hierzu gehörten bekanntlich auch Nation und Geschichte, von daher überrascht es nicht, dass diese Themenkomplexe auch von Kohl und der schwarz-gelben Regierung in Reden, Ansprachen und symbolträchtigen Events aufgerufen wurden.

Die Dominanz der Moralisierung und der Symbolpolitik erwächst aus einem tieferen semantischen Dilemma des Konservatismus, nämlich seinem reaktiven Grundmuster, nach dem erst festgestellt werden kann, was es zu verteidigen gilt, wenn sich eine spezifische Infragestellung ereignet. Es bedarf einer Gegnerschaft, um die Wendedynamik auszulösen – in diesem Fall den Geist von 1968, den es in seinen unterschiedlichen Facetten zu bekämpfen gilt. Diese Facetten umfassen auf der materiell-organisatorischen Ebene zum einen die tatsächlichen Reformen, die die sozial-liberale Koalition insbesondere auch im gesellschafts- und rechtspolitischen Bereich über die 1970er-Jahre hinweg vorangetrieben hat, zum anderen ist es natürlich die Partei Die Grünen, die spätestens seit ihrem Einzug in den Bundestag zum bevorzugten Angriffsziel der Unionspolitik wird. Mit dieser neuen Partei bohrt sich zwar einerseits ein Stachel ins Fleisch der Konservativen, die mitansehen müssen, wie der »Geist des Aufruhrs« nun sogar ausdrückliche parlamentarische Repräsentation erhält, andererseits geht von ihr bis zu Beginn der 1990er-Jahre ein Mobilisierungseffekt auf die Unionswählerschaft aus, den man keinesfalls unterschätzen darf. Mit der Lagerbildung seit 1983 ist der Gegensatz zwischen Schwarz und Grün bis auf Weiteres zementiert, und so kann man sich an den devianten Rauschebärten und stillenden Müttern im Bundestag ebenso leidenschaftlich wie wohlfeil abarbeiten, im Wissen, dass der bekämpfte Gegner als Schreckgespenst einer künftigen rot-grünen Regierung gleichzeitig die beste Lebensversicherung der Union darstellt.

Blickt man nun auf die erwähnte Ebene der sozial-liberalen Reformen, so muss man feststellen, dass Ergebnisse des Projektes der Geistaustreibung in dieser Hinsicht abgesehen von den erwähnten Novellen im Demonstrationsrecht kaum nachweisbar waren, wie ein erzürnter Kommentar in der *Frankfurter Allgemeinen* aus dem Jahr 1984 verdeutlicht. Geklagt wird über »bis zur Unkenntlichkeit entschärfte Strafnormen gegen Gewalt bei Demonstrationen, ein bis auf einen fast komisch wirkenden Rest abgebautes Sexualstrafrecht; die weitgehende Gestattung des Verkaufs von Pornographie; die Überantwortung der Wehrpflicht ins Belieben des Einzelnen; eine nicht sachgerechte Ordnung der Entscheidungsprozesse an der Universität; ein ungerechtes Scheidungsfolgenrecht«.[67]

Man kann die relative Untätigkeit der Union in der Rückabwicklung sozial-liberaler Reformen grundsätzlich mit Verweis auf zwei Punkte zu erklären versuchen. Zum einen waren wohl Opportunitätserwägungen und die Frage im Spiel, ob man wirklich politisches Kapital in einen großangelegten legislativen Revisionsprozess investieren sollte, der selbst unter den gegebenen günstigen Mehrheitsverhältnissen langfristig umfangreiche politische Energien gebunden hätte. Stattdessen erkannte man in einer charakteristisch konservativen Neupositionierung den Status quo trotz aller bedenklichen Neuerungen stillschweigend an. Zum anderen kommt hier möglicherweise abermals die philosophisch-idealistische Grundhaltung zum Tragen, der es eben buchstäblich eher um den *Geist* von 1968 geht als um seine legislativen Manifestationen und die in Letzteren nur abgeleitete Symptome sieht. Dementsprechend wäre die konservative Haltung hier letztlich zweigeteilt: Im Hinblick auf die schon verabschiedeten Reformen arrangiert man sich lakonisch-melancholisch mit dem gesellschaftlichen Wandel, doch auf der Ebene der Haltungen und (Des-)Orientierungen, die mit 1968 verbunden sind, entschließt man sich zur aktiven Reaktion im Versuch, bestimmte subjektive Dispositionen wiederherzustellen, im Glauben, damit den eigentlichen Hebel politischer Gestaltbarkeit zu bewegen. Doch selbst bei größtem hermeneutischen Wohlwollen muss man sich doch fragen, ob eine solche strategische Ausrichtung, die Reformen unangetastet zu lassen, die offensichtlich dem Geist der geistig-moralischen Erneuerung widersprechen, nicht letztlich doch darauf schließen lässt, dass der Union hier schlicht auch *Mut* und *Wille* zur Durchsetzung fehlten – als ob sie auch selbst vom Werteverfall im Zeichen der allgemeinen Permissivität der Zeit befallen worden sei.

In jedem Fall entpuppt sich eine geistig-moralische Erneuerung als Aufbegehren gegen den Geist von 1968 zumindest im Hinblick auf die Gesellschaftspolitik als letztlich tragisches Unterfangen, wie es im vorigen Kapitel abstrakt skizziert wurde. 1982/83 noch einmal die Werte von 1948 gegen diejenigen von 1968 in Position zu bringen, klingt nach einem schier hoffnungslosen Unterfangen, war doch der vielzitierte Wertewandel hin zu postmaterialistischen Haltungen, der ab Mitte der 1980er-Jahre zu soziologischen Diagnosen zwischen Erlebnis- und Risikogesellschaft Anlass geben sollte, in vollem Gange. Zwar wird der Gegensatz zwischen der vermeintlichen Gemeinsinnorientierung der geistig-moralischen Erneuerung und einer um sich greifenden Individualisierung in der Literatur etwas überzeichnet, bedenkt man, dass Kohls Tugenden ja keineswegs kollektivistische waren, doch insgesamt gilt, dass sich der Geist von 1968 nur schwer wieder in die Flasche zurücksperren ließ. Im Umkehrschluss bedeutet dies jedoch nicht, dass die Beschwörung von 1948 ein gänzlicher Fehlschlag gewesen wäre. Was sich mittel- und langfristig vollzieht, ist vielmehr die gegenseitige Anreicherung von 1948 und 1968 im Hinblick auf politökonomische Wertvorstellungen, deren Resultat die eigentümliche Verschränkung von (neoliberaler) Apostrophierung von Freiheit und Selbstverwirklichung mit einem rigiden Moralisierungsdiskurs über (Eigen-)Verantwortung, Disziplin und Schulden ist, die ihre offizielle Niederlegung eben in den Agenda-Gesetzen von Rot-Grün findet und bis heute nichts von ihrer gesellschaftlichen Prägekraft eingebüßt hat. Aber so bewahrheitet sich auch hier, was schon Burke im Hinblick auf die Tragik des Konservatismus festgehalten hatte: Noch der entschlossenste Versuch der Restauration des Vergehenden kann dieses nie in seiner vermeintlichen Natürlichkeit wiederherstellen und ist stattdessen dazu verurteilt, Neues zu schaffen.

Im Kampf um eine Wiederherstellung des Status quo ante vor 1968 stand die Union also unweigerlich auf verlorenem Posten, was zumindest garantiert, dass sich aus dieser tragischen Rolle weiterhin politisch-strategisches Kapital schlagen lässt und die Mission der Austreibung des Geistes von 1968 bis heute immer wieder aufs Neue initiiert werden kann – man denke an Alexander Dobrindts eingangs erwähnte konservative Revolution gegen »die linke Revolution der Eliten« von 1968, aber auch den Angriff von AfD-Vorstandsmitglied Jörg Meuthen auf das »links-rot-grün versiffte 68er-Deutschland«.

Das Vorhaben eines retrograden Angriffs auf den Geist von 68 führt schließlich in einem weiter skalierten zeithistorischen Rahmen zu der Frage nach der eigentümlichen temporalen Ausrichtung des Konservatismus der Wendezeit. Temporalität und Geschichtsbewusstsein spielten wie schon weiter oben angedeutet insbesondere in der ersten Hälfte der 1980er-Jahre insofern eine wichtige Rolle, als die Zeithistoriker einen allgemein rückwärtsgewandten Trend oder gar einen »Erinnerungsboom« (Andreas Wirsching) für diese Ära diagnostizieren. Die Ursachen und Einzelaspekte des Phänomens sind vielschichtig, doch von politischer Relevanz sind vor allem die folgenden beiden. Zum einen ist es die ja auch von Kohl und keineswegs nur von ihm thematisierte Zukunftsangst, die vor allem den jüngeren Generationen zu schaffen machte: Deutschland kämpfte mit einer wirtschaftlichen Rezession, die gesellschaftliche Aufbruchsstimmung der 1960er-Jahre war mehr oder weniger konkreten Sorgen um Arbeitsplatz, Umwelt und nicht zuletzt einen drohenden Atomkrieg gewichen, der nach dem Scheitern der Genfer Abrüstungsverhandlungen noch ein Stück wahrscheinlicher geworden war. Angesichts dieser Verunsicherungen kann man die retrospektive Orientierung als »Flucht in die Geschichte« und einen Versuch der historischen Rückversicherung in den goldenen Jahren des Wiederaufbaus deuten, wobei es sich angesichts der Ambivalenzen, die die deutsche Geschichte kennzeichnen, um eine recht eigenwillige Form des Eskapismus handelt. Komplementär zu diesem allgemeinen Phänomen vollzieht sich vor allem im linken Spektrum ein Prozess, den Jürgen Habermas seinerzeit als »Erschöpfung utopischer Energien« auf den Punkt gebracht hat. Die sozialistischen Zukunftsentwürfe waren durch die Existenz eines repressiven real existierenden Sozialismus zusehends desavouiert, und selbst das gemäßigte Programm des wohlfahrtsstaatlich gezähmten Kapitalismus der Sozialdemokratie sah sich infolge der Krise des Keynesianismus mit zunehmenden Zweifeln konfrontiert. Die pessimistisch-apokalyptische Grundhaltung der Zeit, die im ostentativen Nihilismus des Punks ihre höchste Form erreicht und zumindest in Teilen der Bevölkerung den Impuls des Rückzugs in die geschichtliche Kontemplation auslöst, ist also sicherlich kein reines Produkt konservativ-zivilisationskritischer Schwarzmalerei. Vielmehr springt der Wende-Konservatismus auf den Zug des grassierenden »Erinnerungsbooms« auf und bedient ihn in der schon dargestellten Weise mit symbolträchtigen Gesten. Und so korrespondiert das positiv-retrograde Unterfangen einer geschichtlichen Identitätskonstruktion auf der Basis der vermeintlichen bundesrepublikanischen Gründungswerte mit der negativ-retrograden Reaktion der versuchten Neutralisierung des Mentalitätswandels im Zeichen von 1968. So weit, so klassisch konservativ. Seine besondere Note erhält der Konservatismus der Wende aber durch seine temporale Zweigleisigkeit, in der nämlich der skizzierten rückwärtsgewandten Ausrichtung eine robuste und dezidiert optimistische Zukunftsorientierung an die Seite gestellt ist. Schließlich beschwört Kohl immer wieder das »Vertrauen der Bürger in die Zukunft unseres Landes«,[68] und gerade für diese Zukunft werden folgerichtig in der Regierungserklärung 1982 »die Tugenden der Klugheit, des Mutes und des Maßes« angemahnt. Neben den zukunftsträchtigen Tugenden sind es erstaunlicherweise die neuen Technologien, denen es sich ohne irrationale Ängste zuzuwenden gilt, um im selben Atemzug postmaterialistischen Ausstiegsfantasien eine Absage zu erteilen: »Wir müssen weg von der Technikfurcht. Zurück zum einfachen Leben – das ist kein Weg, der für alle offensteht. [...] Anstatt die Technik zu fürchten, sie zu meiden oder madigzumachen, sollten mehr junge Menschen lernen, mit Technik umzugehen, sie zu beherrschen, sie als persönliche Berufschance zu nutzen.«[69] Das Zitat ist höchst repräsentativ für die Geisteshaltung der damaligen Union insgesamt, stammt doch von Franz Josef Strauß die berühmt paradoxe Ortsbestimmung, »konservativ heißt an der Spitze des Fortschritts marschieren«.[70] Und nimmt man diese emphatische Modernisierungsperspektive ernst, dann ließe sich der Erfolg der geistig-moralischen Wende auch insbesondere an einer veränderten Haltung zur Zukunft festmachen. Doch obwohl die CDU-Strategen einen solchen Stimmungswandel schon 1987 verkündeten und davon schwärmten, dass »neue Zuversicht« die »lähmende Zukunftsangst abgelöst« habe, wird man hier in der Beurteilung vorsichtig bleiben müssen. Der *Spiegel* verweist im selben Jahr auf Millionen von Arbeitslosen, Hunderttausende von Antiatomkraft- und Antiatomkriegsdemonstranten sowie die »stillen Ängste jener Millionen, die sich nach Tschernobyl und Sandoz-Basel um die Gesundheit ihrer Kinder sorgten«.[71]

Wenn angesichts dieses Szenarios der Konservatismus der Wende sich nun plötzlich als leidenschaftliche, optimistische Parteinahme für den (technischen) Fortschritt entpuppt, stellt sich selbstredend die Frage, wie die konservative Kraft der Bewahrung so umstandslos zum Anwalt der Modernisierung mutieren kann. Blicken wir zur Klärung noch einmal zurück auf Burke und die Anhaltspunkte, die er uns zum Verständnis konservativer Politik geliefert hat. Die Hauptargumentationslinie seiner prozeduralkonservativen Konzeption verwies auf die Vorzüge langsamen und stetigen Wandels, wenn dieser schon unvermeidlich sei. Doch wie schon vermerkt, geht auch Burke stellenweise so weit, Veränderung und Bewahrung als Bedingungsverhältnis zu verstehen, aus denen sich dann konsequent zu Ende gedacht der Konservatismus des Leoparden ableiten lässt, der alles verändern muss, damit alles bleiben kann, wie es ist. Auch bei Kohl klingt dieses Motiv indirekt an, wenn er 1981 mahnt, »wer den Sozialstaat, so wie er ist [...] behalten will, der wird ihn verlieren«. Doch mit dem Strauß-Diktum radikalisiert sich diese Maxime prophylaktischer Erneuerung zum Zwecke der Bewahrung zu einem Bekenntnis zur Innovation, das gerade im deutschen Kontext überraschen muss, war doch hier die konservative Nähe zur romantischen Naturverherrlichung und das Ausspielen von wahrer Kultur gegen eine nur technisch-oberflächliche Zivilisation besonders stark ausgeprägt. Wie kommt es also, dass gerade aus dem Boden der lange besonders modernitätsresistenten deutschen Tradition des Konservatismus in den 1980er-Jahren eine Politik erwächst, deren naturbewahrender Impetus sich gerade einmal in der Einführung eines Bundesumweltministeriums als Reaktion auf die Reaktorkatastrophe in Tschernobyl erschöpft und die ansonsten nicht müde wird in ungebremster Technophilie immer mehr Atomkraftwerke zu fordern und auch ansonsten den Ausweis ihres Konservatismus neben der Beschwörung der Geschichte gerade im Bekenntnis zur unbedingten Modernität zu sehen? Um dieses Rätsel zu lösen und auch die Gegnerschaft zum Geist von 1968 genauer aufzuschlüsseln, bedarf es eines besseren Verständnisses des (neo-)konservativen Diskurses in den Siebziger- und Achtzigerjahren, dessen Knotenpunkte und Verästelungen Gegenstand des folgenden Kapitels sind.

3. Neokonservatives Denken

Um nachvollziehen zu können, was im Nachhinein als konservativer Alarmismus hinsichtlich der ›Kulturrevolution‹ von 1968 erscheinen mag, muss man sich zumindest kurz in Erinnerung rufen, welch bisweilen geradezu anarchistisch anmutende Entwicklungen und Bestrebungen mit dem Jahr 1968 verbunden waren. Schließlich gab es nicht nur die vielzitierten Sit-ins und Teach-ins, die sich gegen die überkommenen Herrschaftsstrukturen an den Universitäten richteten, auch wenn hier eine der Keimzellen der Revolte lag. Diese griff aber aus auf andere grundlegende Institutionen wie Schulen, an denen plötzlich nicht nur gegen prügelnde Lehrer protestiert wurde, sondern man gar ein demokratisches Mitspracherecht für Schülerinnen und Schüler bei der Lehrplangestaltung forderte. Die Institution der Familie wurde als Agentur bürokratisch-kapitalistischer Herrschaft kritisiert, an ihre Stelle rückte das Experiment mit alternativen Formen des Zusammenlebens, denen im deutschen Kontext nicht zuletzt aufgrund der öffentlichkeitswirksam gegründeten Kommune 1 und ihrer Mitglieder schnell der Ruf der Libertinage anhing. In Städten wie Westberlin und Frankfurt lieferten sich Demonstranten ernsthafte Straßenschlachten mit der Polizei, die nicht wenigen 68ern seinerzeit als Apparat eines autoritären Regimes galt, das als solches – aber eben auch in seinen bürgerlichen Elementen – entschieden zu bekämpfen sei. Angesichts dieser Erschütterungen des gesellschaftlichen Lebens, die zudem ja auch kein isoliertes, sondern ein geradezu globales Phänomen waren, das aufgrund von Rundfunk- und Fernsehberichterstattung auch erstmals als solches wahrgenommen wurde, wird das Unbehagen der konservativen Milieus verständlicher: Was die Demonstranten als Kampf gegen ein repressives oder gar protofaschistisches System ein-, und stellenweise zweifellos auch überschätzten, sahen die tragenden Kräfte der ›nivellierten Mittelstandsgesellschaft‹ (Helmut Schelsky) als einen Versuch, die Institutionen und die politische Kultur der jungen und doch wohlgeordnet-liberalen Demokratie der Bundesrepublik zu zerstören.

Zwar mag es zunächst befremdlich wirken, aber vor dem Hintergrund jener tiefgreifenden Umbrüche, die vor allem die späten 1960er-Jahre kennzeichnen, ist es der italienische Kommunist Antonio Gramsci, der in gewisser Hinsicht zu einer zentralen Figur zum Verständnis des deutschen Neokonservatismus wie auch der geistig-moralischen Wende avanciert. Gramsci war in den 1920er-Jahren kurzzeitig Vorsitzender der neugegründeten Kommunistischen Partei Italiens, bevor die Faschisten ihn ins Gefängnis warfen, wo er Jahre später starb. In den *Gefängnisheften*, die er während seiner Inhaftierung verfasste, entwickelte Gramsci eine Revolutionstheorie, die mit der marxistischen Orthodoxie brach und der leninistischen Strategie einer Inbesitznahme der staatlichen Apparate eine alternative Vorgehensweise entgegenstellte: In den ausdifferenzierten Gesellschaften des Westens sei die gewalttätige Aneignung der staatlichen Herrschaft zum Scheitern verurteilt, da die Verteidigungsstellungen der kapitalistischen Ordnung über die gesamte Zivilgesellschaft und ihre kulturellen Institutionen hinweg verteilt seien und dem Staat als Zwangsapparat daher nicht länger eine herausragende strategische Bedeutung zukomme. Unter diesen Bedingungen müsse vor allem die *kulturelle Hegemonie* und damit die Vorherrschaft über jene zivilgesellschaftlichen Institutionen und Strukturen gewonnen werden, um eine nachhaltig erfolgreiche Revolution durchzuführen; eine langfristig ausgelegte Aufgabe der Herrschaftssicherung, die einem Stellungskrieg gleiche, der Gramsci als zentrale Metapher diente.

Es ist nun ironischerweise diese Revolutionstheorie, die einen wichtigen Schlüssel zur Ergründung der Frage liefert, warum – trotz der im vorigen Kapitel thematisierten Unwägbarkeiten und Misslichkeiten eines solchen Projektes – gerade eine geistig-moralische Wende verkündet werden musste. Der Grund liegt im konservativen Denken jener Zeit, das bei allen Differenzierungen die Vorgänge von ›1968‹ weitgehend einhellig als eine Art gramscianische Kulturrevolution deutet. Im Umkehrschluss muss die konservative Konterrevolution den Kampf um die kulturelle Hegemonie eben auch auf dieser Ebene führen. Deutet man das Projekt der Wende als eine konservative Reaktion auf 1968, dann kann die geistig-moralische Apostrophierung jener Wende vor dem Hintergrund der gramscianischen Lesart vonseiten des Konservatismus nicht überraschen: 1968 muss dort bekämpft werden, wo es die Vorherrschaft schon erlangt hat, nämlich auf der Ebene der Tugenden, Werte und Orientierungen, kurz: der kulturellen Hegemonie.

Wie wir bereits wissen, konkretisiert sich der Konservatismus vornehmlich im Moment, in dem er herausgefordert wird, daher muss der Ausgangspunkt unserer Betrachtungen über das konservative Denken der Bundesrepublik Analyse und Kritik seines politischen Hauptgegners sein. Und wenn auch natürlich der Sowjetkommunismus strategisch-langfristig diese Rolle für sich beanspruchen kann, so gilt doch, dass die kurzfristig-taktische Hauptherausforderung von einem hausgemachten Gegner ausgeht, nämlich von der ›Kulturrevolution‹ von 1968.

Ausgehend von dieser kritischen Reaktivität sollen auf einer grundsätzlicheren Ebene einige Motive des konservativen Denkens in der Bundesrepublik herausgearbeitet werden; zentrale Figuren dabei sind Hermann Lübbe, Helmut Schelsky, Arnold Gehlen, Günter Rohrmoser und Odo Marquard, die wohl wichtigsten Intellektuellen der Ideenströmung. Im Zuge jener Erläuterungen werde ich auf die weiter oben am Beispiel von Burke eingeführten Kategorien und Unterscheidungen des konservativen Denkens Bezug nehmen, aber auch deutlich machen, wo die Diskontinuitäten zwischen dem irischen Ahnherren und den deutschen Epigonen liegen. Zu diesen Diskontinuitäten gehört etwa die Gedankenformation, die als technologischer Konservatismus zum besonderen Kennzeichen des deutschen Diskurses wurde und die eigentümliche Verschränkung von Vergangenheits- und Zukunftsorientierung konservativer Politik, wie sie oben erläutert wurde, erst verständlich macht. Mit diesem technologischen Konservatismus gewinnt der deutsche Diskurs auch letztlich Anschluss an ein Denkgebäude, das in der damaligen Debatte weit über Deutschland hinaus und vor allem in den USA als Neokonservatismus firmiert.

Im abschließenden Abschnitt sollen dann die Diskursverläufe der Achtzigerjahre anhand einiger exemplarischer Debatten zwischen Konservativen und ihren *intellektuellen* Hauptwidersachern, den Vertretern der Kritischen Theorie, rekonstruiert werden: die Frage des Werteverfalls, die (Il-)Legitimität zivilen Ungehorsams und nicht zuletzt der berühmt-berüchtigte Historikerstreit.

1968 und die konservative Kritik

Innerhalb der konservativen Deutung von 1968 lässt sich differenzieren zwischen der Analyse der *Vorgänge*, bei der noch einmal unterschieden werden kann zwischen einer Interpretation der Motive und der Strategie des Gegners, sowie den *Auswirkungen*, die aus konservativer Perspektive nicht weniger als eine systemische Krise bezeichnen, deren Einzelfacetten von einem allgemeinen Sittenverfall über die Erosion staatlicher Autorität und Handlungsfähigkeit bis hin zu Terrorismus und dem Szenario eines heraufdämmernden neuen Totalitarismus reichen, wobei der Schwerpunkt unserer Diskussion auf den ersten beiden Aspekten liegen wird.

Als einer der Ersten liefert der Soziologe Helmut Schelsky eine strategische Analyse der Entwicklungen. In einem Beitrag für die *Frankfurter Allgemeine* vom 10. Dezember 1971 fasst er seine Diagnose pointiert zusammen: »Die Revolution kommt auf leisen Sohlen.«[72]

Die Studenten hätten der Option eines frontalen Angriffs auf den Staat ausdrücklich eine Absage erteilt und sich stattdessen auf eine Strategie der subtilen »Systemüberwindung« verlegt. Die Lesart der Vorgänge vonseiten des Soziologen wirkt stilbildend für das Milieu des intellektuellen Konservatismus; auch die Philosophen Lübbe und Rohrmoser sehen Gramsci als eigentlichen Gewährsmann dessen, was Rohrmoser als »Kulturrevolution in Europa«[73] bezeichnet. Die Studenten redeten zwar viel von der Frankfurter Schule und der Kritischen Theorie, doch deren Protagonisten Horkheimer und Adorno glänzten – tatsächlich – durch beredtes Schweigen zu Fragen revolutionärer Strategie, die man daher aus dem italienischen Kommunismus importiert habe – wobei die Nachfolger der Studentenbewegung Anfang der Siebzigerjahre selbst in Sachen Revolutionstheorie wahrscheinlich eher ihre maoistische Prägung hervorgehoben hätten. Von daher ist Rohrmosers Rede von der Kulturrevolution nicht einmal unangemessen. Das Vorgehen sei ein schrittweises, dem es vornehmlich um die Kontrolle über Institutionen der Sozialisation, Information und, allgemeiner, der Sinnerzeugung und -vermittlung gehe. Die Revolution setzt also nicht auf die ›Expropriation der Expropriateure‹, wie es bei Marx hieß, sondern auf einen Bewusstseinswandel, dessen Voranschreiten letztlich zu einer Verschiebung in der kulturellen Hegemonie noch diesseits des Sozialismus führe und den sanften Übergang in jenen vorbereite. Zu den staatlichen und gesellschaftlichen Sinnvermittlungsagenturen gehören Medien, Schulen, Universitäten, Kirchen etc. Hier würden die Versatzstücke aus Kritischer Theorie, historischem Materialismus und eschatologischem Erlösungsglauben eingespeist, um mithilfe dieser gefährlichen Mischung eine wahre »Bewusstseinsveränderung« bei ihren Adressaten zu bewirken. Dahinter verberge sich »ein psychischer Machtzugriff auf die Sinngebungen des menschlichen Lebens schlechthin«.[74] Angesichts dieser Deutung erscheint die geistig-moralische Wende weniger als politrhetorisches Kuriosum, sondern als konsequent aus dieser Interpretation resultierende Strategie der Konterrevolution.

Gewalt spiele in der »Bewusstseinsrevolution« von 1968 nur noch eine rein taktische Rolle, insofern sie zu provokativen Zwecken eingesetzt werde, um die staatlichen Instanzen mit einem Dilemma zu konfrontieren: Entweder setzt die Staatsgewalt das Recht gegen renitente Demonstranten und Hausbesetzer mit harter Hand durch und riskiert so auch immer wieder Überreaktionen, die eben die Staats*gewalt* hervortreten lassen und zu Propagandazwecken genutzt werden können – und noch der Terror der RAF entspringt ja zumindest in Teilen diesem Kalkül. Oder aber die Ordnungsinstanzen geben sich besonnen, lassen (gewalttägige) Provokationen bewusst ins Leere laufen und gehen mitunter sogar auf protestierende Studenten zu. Doch in dieser vermeintlich deeskalierenden Strategie sieht insbesondere Lübbe die eigentliche Gefahr für den Ordnungsbestand. Denn in einer solchen ›weichen Linie‹ offenbare sich die »moralische Schwäche« einer Ordnung, die nicht mehr die Kraft besitze, sich als »rechtliche und sittliche Substanz« zur Geltung zu bringen. Und in einer für den Konservatismus charakteristischen Wendung geht Lübbe sogar so weit, die Instabilität der Ordnung nicht (nur) ihren Gegnern, sondern ihren verzagten Verteidigern anzulasten: »Die neue Jugendbewegung ist Indikator, auch Verstärker einer faktischen Verbindlichkeitsschwäche unseres politischen Systems oder seiner Teilsysteme. Sie [die Jugendbewegung] hat diese Verbindlichkeitsschwäche nicht verursacht, sondern ist durch sie [die Verbindlichkeitsschwäche] verursacht worden.«[75] Erinnern wir uns, dass schon Burke Marie-Antoinette zwar anmutig und schön, aber nur die Revolution in ihrer Gewaltsamkeit *erhaben* erschien. Und nichts enttäuscht die altkonservative Intuition, der gemäß Hierarchien natürlich sind und daher die herrschenden Klassen auch zu Recht herrschen, mehr, als wenn jene Hüter der Ordnung sich wie das Ancien Régime als unfähig zu deren Erhaltung erweisen. Und so sind auch die ›Systemverächter‹ von 1968 zwar gefährlich, aber Lübbes eigene Verachtung gilt nicht ihnen, sondern den Eliten, die durch ihre verzagte Reaktion jene in ihrer Geringschätzung noch bestärken. Von daher verwundert es letztlich nicht, wenn Lübbe oder auch Gehlen sogar Verständnis für das gewaltsame sowjetische Vorgehen gegen den Prager Frühling äußern – zumindest habe hier eine Ordnungsmacht ihren Selbstbehauptungswillen unzweifelhaft demonstriert.[76]

Hier wird schon deutlich, dass im Zentrum der Sorge die Autorität des Staates steht, die von Burke bis in die Gegenwart zu den konservativen Kernbeständen gezählt werden kann. Und sie ist es, auf die nach konservativer Lesart die 68er-Strategie durch die bewusst exzessive Beanspruchung von Freiheits- und Grundrechten gegen den Staat zielt, die diesen auch durch die »Überbietung der Sozialansprüche« gezielt in die Überforderung treiben soll.[77] Wird hier die Anspruchsüberfrachtung des Staates noch als bewusstes Mittel zu seiner Schwächung gedeutet, so gelten eine verallgemeinerte Anspruchsinflation aufgrund des angesprochenen Bewusstseinswandels in der Bevölkerung und eine mit ihr korrelierende Unregierbarkeit westlicher Demokratien der konservativen Analyse in einem zweiten Schritt als zutiefst bedenklicher *Effekt* von 68, worauf weiter unten zurückzukommen ist.

Bei den Motiven, die in konservativen Diskursen den Protagonisten der Bewegung(en) rund um 1968 zugesprochen werden, lässt sich unterscheiden zwischen dem reinen Machtkalkül einer bestimmten Gruppe und den (auch) sozialpsychologisch dechiffrierbaren Bedürfnissen einer Jugendkohorte nach dem Nationalsozialismus. Es ist Schelsky, der in *Die Arbeit tun die anderen* das Machtstreben der Intellektuellen wie auch der Sinnvermittler im Allgemeinen am prononciertesten kritisiert. Auch bei Lübbe heißt es, die vermeintlichen Antiautoritären »räumen nur die Sockel frei«,[78] auf die dann neue Autoritäten gehievt werden könnten, und für Schelsky besteht kein Zweifel daran, dass es die Intellektuellen selbst sind, die sich auf den freigewordenen Sockeln einrichten wollen. Im Zuge seiner Interpretation des linksaktivistischen Gedankengutes als einer Pseudoreligion ist für ihn dann konsequenterweise die »Priesterherrschaft der Intellektuellen« ihr eigentliches Ziel. War die Ideologiekritik für die Linken einst das Werkzeug der

Wahl, so richtet Schelsky es nun gegen sie: Ihre Utopien verschleierten nur ihren höchstrealen Machtanspruch und den Versuch, sich selbst als herrschende Klasse zu installieren, und zwar nicht zuletzt auf dem Rücken der »wahren« Produzenten. Diesen »neuen« Klassengegensatz will Schelsky in seiner an Max Webers Herrschafts- und Religionssoziologie orientierten Studie bloßlegen, um die werktätige Bevölkerung, die nun nicht mehr dem Klerus, sondern einem Heer eigentlich unproduktiver Sinnvermittler zwischen Universität und Redaktionsstuben dienen soll, dem »psychischen Machtzugriff« der neuen Eliten zu entwinden. In diesem Zusammenhang ist bisweilen sogar von einem »neo-totalitären Element« die Rede, das nicht länger ignoriert werden dürfe, als ob die Studentenbewegung gar das Äquivalent der NSDAP in den Zeiten der Weimarer Republik sei[79] – eine Art von nachholender Wachsamkeit; waren es doch gerade die Konservativen, die sich am Ende der Weimarer Republik kaum gegen Hitler aufgelehnt bzw. diesen sträflich unterschätzt hatten.

Interessanter als Schelskys bisweilen in offene Polemik abgleitende Deutung ist aber die flankierende, eher sozialpsychologische Interpretation, nach der die nachwachsenden Generationen nicht (mehr) über die geeigneten Dispositionen für ein Leben in Staat und Kapitalismus verfügten.

In komprimierter Form finden sich entsprechende Einschätzungen beim Philosophen Odo Marquard, der mit einer Reihe von Überlegungen die sozialpsychologischen Motivationsquellen der Revolte offenzulegen versucht. In Anlehnung an Freuds Rede vom nachholenden Gehorsam der Ur-Horde, die den getöteten Vater im Nachhinein vergottet, spricht Marquard mit Blick auf die 68er-Generation vom »nachholenden Ungehorsam«, der sich in einem »quasimoralischen Revoltierbedarf«[80] äußere: Da die Väter es versäumt hätten, gegen den Nationalsozialismus aufzubegehren, bedürfe es nun einer Revolte der Söhne und Töchter gegen das bestehende System, das aber, damit die kompensatorische Rechnung aufgehen kann, dann ebenfalls als mindestens faschistisch zu gelten habe. Verordnete sich die Ur-Horde im Rahmen des nachträglichen Gehorsams Askese, so sei das ungehorsame Pendant durch Permissivität charakterisiert, und während bei Freud als Gesamtresultat der Ursprung des Totemismus und die Religion entstehen, soll umgekehrt der nachträgliche Ungehorsam allen Göttern den Todesstoß versetzen. Doch wie bereits angedeutet, ließe sich die Logik Marquards gleichermaßen gegen die stellenweise hysterische Kritik der Konservativen an den 68ern kehren, die offensichtlich auch etwas gutzumachen haben.

Marquards Theorem enthält bereits eines der zentralen Motive des deutschen Konservatismus jener Zeit, dem wir noch des Öfteren begegnen werden, nämlich das der *Kompensation*. Marquard selbst hat den Menschen Mitte der 1980er-Jahre gar als *Homo Compensator* definiert und damit Überlegungen auf den Punkt gebracht, die sich bis zu Arnold Gehlen zurückverfolgen lassen. Die 68er-Generation ist in gewisser Weise nur ein besonders ausgeprägter Fall dieser allgemeinen *Conditio Humana*, da sie es sich im Gegensatz zur »skeptischen Generation« (Schelsky) der unmittelbaren Nachkriegszeit nun leisten kann, am schlechten Gewissen über die deutsche Vergangenheit zu leiden, insbesondere wenn sie im Jugendalter noch aller Verantwortung enthoben ist oder in Form des Intellektuellendaseins jene dauerhaft von sich weist. Die von tatsächlicher Arbeit und Leistung materiell entlasteten Milieus suchten umso verzweifelter nach psychischer Entlastung ihres Schuldgefühls und fänden es in Form der »Übertribunalisierung« des Menschen oder, genauer gesagt: der anderen Menschen. Marquard bettet den Gedanken ein in eine allgemeinere Diagnose des Menschseins nach dem Ende des antiken Schicksals und dem Tod Gottes in der Moderne, die dem Menschen die komplette Verantwortung für sich und seine Geschichte aufbürdeten. Diese Bürde überfordert den Menschen, der immer nur in Grenzen Rechenschaft über seine Autorschaft des Lebens ablegen kann. Der vor das Gericht der Geschichte gestellte Mensch, der sich alles Leid und alle Übel selbst ankreiden muss, projiziert diese Schuld nun auf andere, die vermeintlich die Verantwortung für alle Fehlentwicklungen und die uneingelösten Versprechen der Geschichte trügen: »Man entkommt dem Tribunal, indem man es wird«.[81] Die Anklageschrift basiere auf der absoluten Geschichtsphilosophie, die sich über Ziel und Zweck des Weltenlaufs im Klaren ist und mit entsprechender Selbstsicherheit ihre Schuldsprüche proklamieren kann. Lübbe und Schelsky ergänzen diese Diagnose, indem sie das vermeintliche Absolutheitsbedürfnis der 68er-Generation analysieren. Schelsky hatte die unmittelbare Nachkriegsgeneration als politisch skeptisch und im Übrigen protestantisch-berufsethisch charakterisiert: eben die Generation von 48, die den Wiederaufbau zu leisten hatte. Die Folgegeneration der 68er lässt dagegen jegliche virilen Werte und Tugenden vermissen.[82] Aufgewachsen im Wohlstand des Wirtschaftswunders fehlt ihr die Kraft zur materiellen Selbstdisziplin, und auch weltanschaulich ist sie nicht zur philosophischen Askese der Skepsis in der Lage – deren Loblied Marquard singt –, sondern sehnt sich nach den Heilsgewissheiten eines quasireligiösen Marxismus. Lübbe fügt dieser Lesart eine weitere genuin konservative Ingredienz hinzu. Es ist nicht nur das schlechte Gewissen der Spätgeborenen, das nach einem eindeutigen moralischen Kompass verlange, sondern auch der unübersichtliche gesellschaftliche Wandel: »Die belastende Erfahrung einer durch Tempo und Zielungewißheit desorientierenden gesellschaftlichen Entwicklung bedarf der Kompensation durch die geschichtsphilosophisch legitimierende Gewissheit, daß die Richtung des Prozesses auf das Ziel eines gesellschaftlichen Zustands weise, in dem die endgeschichtliche Ruhe der Vollendung herrsche.«[83] Der Vorwurf an die 68er-Generation hinsichtlich ihrer Motive lautet also zu Ende gedacht, dass ihre Revolte Ausdruck einer umfassenden Unreife, wenn nicht gar Lebensunfähigkeit ist. Die jungen Menschen und die Intellektuellenschicht, deren Unproduktivität, Ahnungs- und Verantwortungslosigkeit in bester deutscher Tradition der Intellektuellenschelte geradezu genüsslich apostrophiert wird, sind selbstredend alles andere als zäh wie Leder und hart wie Kruppstahl, aber es fehlt ihnen dazu noch die nüchterne Selbstdisziplin der Nachkriegsjugend mit ihrem Willen zur Selbstaufopferung. Stattdessen verharrten sie in einer auf Dauer gestellten Infantilität der Überforderung durch die Härten des Lebens und einer ständigen Suche nach Wegen, diese zu mildern. Diese Anklage, durchsetzt mit Motiven des Werteverfalls, klingt zwar harsch und ist zweifellos auch so gemeint. Dennoch relativiert sie sich bei genauerem Hinsehen insofern, als die psychosozialen Mechanismen, die hier angeblich am Werk sind, keineswegs nur die 68er-Generation betreffen. Deren Handeln wird immer wieder über Entlastungs- und Kompensationsbedürfnisse erklärt, doch diese Bedürfnisse sind streng genommen nach konservativer Lesart keine ausschließlichen Kennzeichen jugendlicher Unreife, sondern eher anthropologische Konstanten: Wie erwähnt, spricht Marquard vom *Homo Compensator* und greift hier die Überlegungen Gehlens auf, dessen gesamte philosophische Anthropologie um die Notwendigkeit der Entlastung kreist, wie wir im Folgenden noch sehen werden. Und auch für Lübbes Konservatismus gilt, dass er im Kern eine einzige Kompensationsleistung gegenüber den Verlusten des Fortschritts bezeichnet. So stellt sich heraus, dass die an die 68er-Generation gerichteten Vorwürfe insofern ihr Ziel verfehlen, als ihr beanstandetes mentales Defizit doch nur darin besteht, was Lübbe, Marquard und Gehlen immer wieder als Charakteristika der *conditio humana* im Allgemeinen mit konservativer Pointe herausarbeiten.

Trotz dieser Fundamentalsituierung kann die Kritik an der Dekadenz der 68er als drängendster motivationaler Impuls der Konservativen und schließlich auch als wichtigste Verbindungslinie gewertet werden, mittels der die Analyse der Beweggründe mit der Diagnose der *Auswirkungen* von 1968 in Zusammenhang gebracht wird.

Als Kulturrevolution, der Schelsky schon 1971 bescheinigte, sie habe »heute weitgehend gesiegt«,[84] hat die Bewegung von 1968 genau die Einstellungen und Handlungsorientierungen verallgemeinert, die ihr selbst als Motive zugrunde lagen. Dem maskulinischprotestantischen Katalog der Tugenden von Disziplin, Opferbereitschaft, Leistungsorientierung etc. ist scheinbar seine Wirkmächtigkeit entzogen worden, sodass Schelsky – übrigens im Rahmen eines Gastvortrags beim CSU-Parteitag von 1973 – bereits die Frage aufwirft: »Wovon sollen wir morgen leben?« »Immer noch von der über Jahrhunderte erworbenen moralischen Substanz der individuellen Verantwortung, der Selbständigkeit der Person, oder von der entlastenden Anonymität.«[85] Dies ist im Kern die Frage, die nicht nur die deutschen Konservativen jener Zeit, sondern den Neokonservatismus insgesamt umtreibt, der an dieser Stelle nun etwas eingehender zu behandeln ist. In seiner Studie von 1985 bestimmt der spätere Direktor des Frankfurter Instituts für Sozialforschung Helmut Dubiel die in den 1960er-Jahren aufgekommene Strömung des Neokonservatismus folgendermaßen: Gehe es dem (deutschen) Alt-Konservatismus im Geiste Edmund Burkes noch um die Bekämpfung der politischen Demokratie und – im Grenzfall – die Wiederbelebung der feudalen Ständeordnung, stehe der Neokonservatismus nach einer typisch konservativen Anpassungsleistung nun fest auf dem »Legitimitätsboden der bürgerlichen Gesellschaft«[86] – wobei noch zu klären ist, wie genau dem deutschen Konservatismus der Anschluss an diese neue diskursive Formation gelingt. Dadurch verschiebt sich die Stoßrichtung des *neo*konservativen Projekts, dem es nun eben gerade darum geht, jene bürgerliche Welt zu erhalten, die ja nicht nur demokratisch, sondern vor allem auch liberalkapitalistisch verfasst ist und laut Diagnose der Neokonservativen vor allem durch ihre eigenen Erfolge in ihrem Bestand gefährdet ist. Die Grundbausteine des entsprechenden Krisennarrativs finden sich nicht nur im deutschen Kontext, sondern vor allem bei den amerikanischen Neocons von Daniel Bell über David Riesman bis zu Irving Kristol. In seinem vielbeachteten *Die kulturellen Widersprüche des Kapitalismus* schließt Bell an Max Webers Untersuchungen zum Geist des Protestantismus als subjektiver Voraussetzung für die Entstehung des Frühkapitalismus an und gelangt zu der Schlussfolgerung, die schon Weber selbst andeutend prognostiziert hatte, dass nämlich die Wohlstandsproduktion des Kapitalismus zu einer Austrocknung genau jener Motivationsquellen führen würde, die zu seiner Reproduktion vonnöten sind. Gerade der zeitgenössische Konsumentenkapitalismus müsse systematisch hedonistisch-permissive Einstellungen produzieren, um den Massenkonsum abzusichern, was jedoch mittelfristig auf der Produktionsseite zu einer Motivationskrise führe. Diese eher kapitalismustheoretische Argumentation komplementiert Riesman in *Die einsame Masse*, zu dessen deutscher Übersetzung übrigens Schelsky das Vorwort beisteuerte, durch die uns im Prinzip schon vertrauten sozialpsychologischen Einschätzungen über eine ichschwache Generation von außengeleiteten Konformisten, denen der kapitalistische Wohlstand, aber auch das Leben in demokratischen Massengesellschaften es verunmöglicht haben, sich die protestantisch-kapitalistische Maxime der »aufgeschobenen Belohnung« zu eigen zu machen. Die interessanteste Wendung dieser Diskussion, die in ihrer Nuancierung auch am ehesten der Grundambivalenz des Konservatismus gegenüber dem Kapitalismus entspricht, findet sich bei Irving Kristol, der in *Two Cheers for Capitalism* den dritten »Cheer« deshalb ausspart, weil der Kapitalismus eben nicht nur paradoxerweise aufgrund seiner Erfolge mittelfristig in Gefahr sei, sondern auch weil er zusehends nichts mehr mit der ökonomischen Tugendschule gemein habe, als die der (Neo-) Konservatismus den Kapitalismus zumindest in Teilen bis heute ansieht. Bezeichnenderweise zitiert Kristol Hayeks freimütige Feststellung, dass der moderne Kapitalismus keineswegs flächendeckend dem Kernideologem der sich auf kapitalistischen Märkten realisierenden Leistungsgerechtigkeit entspreche. Hayek selbst sinnierte im Zusammenhang mit dieser ernüchternden Feststellung bereits darüber, ob man eine solche Einsicht überhaupt guten Gewissens der Jugend präsentieren könne, und bei allem durch den Kalten Krieg gestählten Glauben an die Überlegenheit des Kapitalismus kommt Kristol tatsächlich ins Grübeln, ob der ›Corporate Capitalism‹ der späten 1970er-Jahre noch sein Versprechen bezüglich des Zusammenhangs einer gutbürgerlichen Lebensführung, Wohlstand und Gerechtigkeit einzulösen in der Lage sei.[87]

Derartige Differenzierungen gibt es auch im deutschen Kontext, zumeist im Verweis auf die Gebote des Ordoliberalismus, die Gefahren des Monopolkapitalismus und im korrespondierenden Bekenntnis zu Leistungs- anstelle von Behinderungswettbewerb. Wichtiger noch aber sind natürlich die Entsprechungen, was die Hauptstoßrichtung der neokonservativen Analyse angeht, die sich um die Erosion kapitalistischer Tugend, wie etwa die »freiwilligen Formen der Selbstdisziplin«, sorgt.[88]

Damit korrespondiert eine allgemeine Anspruchsinflation gegenüber dem Staat. So wird auch gewissermaßen die Demokratie Opfer ihres eigenen Erfolges bzw. ihrer exzessiven Ausdehnung. Stellvertretend für diesen Exzess steht im deutschen Kontext nicht nur 1968, sondern natürlich auch Willy Brandts berühmte Forderung »Mehr Demokratie wagen«, die in den Augen der Konservativen zur Gefahr für ihren Bestand wird. Arnold Gehlen hat in seinen letzten Veröffentlichungen die vermeintlichen Auswüchse der Anspruchsinflation gegeißelt: »Nicht die bloße Abweisung von Not und Leiden, sondern das Erfüllungsglück selbst, das Wohlhaben und Wohlleben werden hier zu Sollforderungen erhoben, und für jede Beeinträchtigung solcher Forderungen finden sich zurechenbare, haftbare Instanzen, die mit Empörung gemißbilligt werden.«[89] Angesichts der »Ethisierung des Massenlebenswertes«, so Gehlen in einer kälteklirrenden Formulierung, »wird der Staat zum Adressaten der Erfüllungswünsche und die Politik der Idee nach zu einer Technik des Glücks«.[90] Die Folge sei die demokratisch herbeigeführte Überforderung des Staates, die im schon mehrmals angeklungenen Schlagwort der Unregierbarkeit ihren Eingang in die Debatten der 1970er- und 1980er-Jahre findet.[91] Von diesem Punkt der Diagnose aus kann offensichtlich eine direkte Verbindungslinie zu den Forderungen der Wende hinsichtlich der Neuaustarierung von Rechten und Pflichten der Bürger gegenüber dem Staat gezogen werden.

Von stabilen Institutionen und den Grenzen des Fortschritts – konservative Positionen in den 1970er- und 1980er-Jahren

Rekonstruiert man die Diskursformationen des konservativen Denkens in der uns beschäftigenden Zeit, dann stößt man einerseits auf die sogenannte Münsteraner Schule um den Philosophen Joachim Ritter, dessen Schüler Lübbe, Marquard und auch Robert Spaemann mehr oder weniger prägend für die politphilosophischen Debatten sind.[92] Für Lübbe und Marquard ist daneben aber auch die durch Arnold Gehlens Denken begründete Traditionslinie einflussreich, deren dezidierteste Aufnahme sich ansonsten im Werk Helmut Schelskys findet. Ausgehend von Gehlens Denken der Institutionen lässt sich dann die genauere Ausbuchstabierung eines positiven Staatsverständnisses bei Schelsky und anderen herleiten. Pointiert formuliert handelt es sich um einen ›technokratischen Staat‹, der seine Autorität unter anderem auch durch einen besonderen (technokratischen) Politikmodus erhält. Die mit dieser Vorstellung verbundene Diskussion um einen ›technokratischen Konservatismus‹ bildet dann den Übergang zur Analyse des spezifischen Erfahrungsraums des deutschen Neokonservatismus, der zwischen der Forderung nach einer Drosselung des gesellschaftlichen Veränderungstempos und dem dialektischen Sprung an die Spitze der Bewegung der Moderne aufgespannt ist.

Gehlens Metier war die philosophische Anthropologie, die er als eine Art empirischer Philosophie betrieben wissen wollte und deren deutschsprachige Tradition er gemeinsam mit Max Scheler und Helmut Plessner nachhaltig prägte. Gehlens noch immer kontrovers diskutierte Kernthese lautet, dass der Mensch biologisch als Mängelwesen zu charakterisieren ist, dessen gesamte Existenz eine – gattungsgeschichtlich gesehen – höchst erfolgreiche Kompensationsleistung darstellt, die die Not der Instinktunsicherheit im Verbund mit fehlender körperlicher Spezialisierung in die Tugend menschlicher Naturbeherrschung verwandelt. Menschen sind

›nicht festgestellte Tiere‹, wie es schon Nietzsche und Herder formulierten, die allenfalls über rudimentär instinktgeleitete und umwelteingepasste Handlungsprogramme verfügen und die entsprechende ›Weltoffenheit‹ (Gehlen) nur auf der Grundlage eines beständigen Antriebsüberschusses und vor allem individueller und kollektiver Entlastungsleistungen erfolgreich bewältigen können. Die energetischen Potenziale des Antriebsüberschusses sind erforderlich für ein Wesen, das, um zu überleben, darauf angewiesen ist, die Welt zu diesem Zweck zu transformieren und entsprechend zukunftsorientiert zu handeln.[93] Doch damit diese instinktungebundenen Handlungspotenziale überhaupt nutzbar gemacht werden können und nicht in der Überforderung andauernder bewusster Entscheidungen aufgezehrt werden, bedarf es der Handlungsentlastung, deren wichtigste Elemente auf der individuellen Ebene Automatismen und Gewohnheiten sind und denen auf der kollektiv-kulturellen Ebene Technik und Institutionen entsprechen. Genau wie der geübte Tennisspieler den automatisierten Bewegungsablauf eines Rückhandschlags reflexionslos durchführt, küsst die Französin kulturell routiniert das Gegenüber einmal links und einmal rechts auf die Wange, ohne darüber nachzudenken. Die Technik wiederum (die sich ja schon im Gerät des Tennisschlägers manifestiert) verallgemeinert und verstärkt die Eingriffsmöglichkeiten in die (natürliche) Umwelt bei gleichzeitiger Reduzierung des Aufwands, und Institutionen stabilisieren schließlich die gegenseitigen Erwartungen im sozialen Umgang miteinander. In all diesen (objektivierten) Operationen wird Energie freigesetzt, die ansonsten für den bewussten oder gar reflektierten Vollzug von Handlungen aufgebracht werden müsste, wenn uns nicht sogar die Fähigkeit zur freien Entscheidung zum Spielball unserer Leidenschaften und Triebe transformierte und wir so womöglich unserem wohlverstandenen Eigeninteresse schadeten. Bevor wir Gehlens Verständnis von Institutionen wie etwa dem Staat genauer ausleuchten, ist an dieser Stelle schon ein wichtiger systematischer Punkt festzuhalten, der nicht zuletzt die philosophisch-konzeptionelle Distanz zwischen dem Konservatismus etwa eines Burke und dem Gehlens verdeutlicht. Der Unterschied, um den es mir geht, liegt offensichtlich nicht so sehr in dem, was in den jeweiligen Theorien gefordert wird. Im Gegenteil, Burkes Verteidigung des Vorurteils findet eine geradezu kongeniale Entsprechung in Gehlens Lob der Gewohnheiten als Entlastungsleistung – der sich übrigens auch Spaemann anschließt: »›Vorurteile‹ sind die Voraussetzung dafür, dass wir überhaupt zu Urteilen kommen.«[94] Es ist vielmehr der grundbegriffliche Rahmen und die damit verbundene normative Begründung, die gewissermaßen einer Verwissenschaftlichung unterzogen wird. Wie erwähnt, operiert Burkes Denken auf der Grundlage einer transzendentalen Ordnung, die in seinem Fall religiös als göttliche Schöpfung interpretiert wird und damit der konservativen Agenda die normative Legitimation liefert. Natürlich geht der religiöse Begründungsmodus den deutschen Neokonservativen nicht gänzlich verloren, wie etwa die Beispiele Rohrmosers und Spaemanns belegen, aber die durch Gehlen geprägte Linie wählt vornehmlich den alternativen Weg der philosophisch-anthropologischen Rahmung. Die normative Schubkraft von Gehlens Verteidigung institutioneller Stabilität leitet sich nicht mehr aus religiösen Überlieferungen ab, sondern auch aus einer zumindest partiell erfahrungswissenschaftlich untermauerten Hypothetik über das Menschsein in seiner gattungstechnischen Spezifik. Wie wir wissen, gehörten Annahmen über das unveränderbare Wesen des Menschen immer schon zum Bestand konservativer Positionen, doch Gehlens Anthropologie unternimmt den Versuch, die entsprechenden Spekulationen in eine seriöse Wissenschaft von der *Conditio Humana* als Mängelwesen zu überführen, welche nun eine Art quasitranszendentales Fundament des konservativen Denkens darstellt: Es sind nun nämlich die unhintergehbaren Bedingungen des Menschseins an sich, aus denen sich die konservativen Schlussfolgerungen Gehlens, aber auch etwa Marquards speisen.

Auf diese Weise erklärt sich so die Notwendigkeit von Institutionen als einem Gefüge sozialer Normen, ohne die der Mensch seine eigene Existenz riskiert, und zwar nicht nur aufgrund des Aufwands, den ein komplett reflektiertes und begründetes Leben erfordern würde (was Marquard zufolge mit Verweis auf die Kürze des menschlichen Lebens ein Ding der Unmöglichkeit darstellte), sondern auch weil gerade durch Entlastungsleistungen zusätzliche Energien freigesetzt werden, die in ihrer Ausrichtung unbestimmt sind und sich nur allzu leicht als Aggressionen gegenüber Artgenossen ausagieren können. Der Mensch ist für Gehlen keine von Erbsünde belastete gefallene Kreatur, aber er enthält gleichwohl aufgrund seiner spezifischen Verfasstheit ein immenses Gefahrenpotenzial für sich selbst und seine Mitmenschen, das – wie schon beim Katholiken Burke – sozusagen in letzter Instanz durch eine robuste Form der Staatlichkeit in Schach gehalten werden muss, als deren Archetyp Hobbes' *Leviathan* anzusehen ist: »Jede Ideologie einer ›heilen Welt‹ [...] ist abwegig«,[95] postuliert Gehlen, den Armin Mohler, Vordenker der Neuen Rechten, der uns noch begegnen wird, doppeldeutig als »harten Zuchtmeister«[96] für sich und das gesamte rechtskonservative Spektrum bezeichnet hat. Aufgenommen ist darin Gehlens definitorische Überlegung über »die Zuchtbedürftigkeit, den Formierungszwang, unter dem ein ›nicht festgestelltes Tier‹ steht, und von dem Erziehung und Selbstzucht, auch die Prägung durch Institutionen, in denen die Aufgaben des Lebens bewältigt werden, nur die auffälligsten Stadien sind«.[97] Auch hier findet sich also bereits anthropologisch begründet der spätere Tugend- und Pflichtkatalog des Neokonservatismus *in nuce*, der über Institutionen vermittelt bzw. auf individueller Ebene installiert werden soll.

Doch die Institutionen, die das menschliche Zusammenleben erträglich und durch ihre Entlastungsleistung Handeln in gewissen Grenzen erst möglich machen, sind laut Gehlen im Zerfall begriffen, und damit deutet sich bereits an, dass seine Zeitdiagnose düster ausfällt, was aber nicht zwangsläufig der Fall sein müsste: Zu einer Verfallsgeschichte wird sie erst dadurch, dass er zwar ein feines Gespür für die Erosion von Institutionen wie Staat, Klasse und Familie aufweist, ihm aber die Vorstellungskraft fehlt, um die Neuformierung von Institutionen zu denken. Mit dieser Leerstelle korrespondiert die Unterbelichtung der Phantasie als schöpferischer Kraft, die dem reinen Beharrungsvermögen der Institutionen gegenübersteht. Obwohl Gehlen sogar konstatiert: »In der Tat wäre der Mensch als Phantasiewesen so richtig bezeichnet wie als Vernunftwesen«,[98] reicht seine eigene Fantasie dennoch nicht aus, um sich die Neubildung von Institutionen auf der Basis dieses kreativen Vermögens vorstellen zu können. Und so bleibt Gehlen zumindest über weite Strecken nur die Klage über Institutionen, die zwischen Superstrukturen (Technik, Naturwissenschaft und Kapitalismus) und Organisationen zerrieben werden, wobei sich Letztere einreihen in die immer wieder beschworenen Partikularkräfte, die sich den Staat als zentrale Institution zur Beute machen. Das Resultat ist bekannt: »Damit weicht die Autorität des Staates auf«, und »so nimmt der Leviathan mehr und mehr die Züge einer Milchkuh an, die Funktionen als Produktionshelfer, Sozialgesetzgeber und Auszahlungskasse treten in den Vordergrund [, sodass] das eigentlich der Institution angemessene Dienst- und Pflichtethos aus der öffentlichen Sprache und aus den Kategorien der Massenmedien vollständig verschwunden ist und dort nur noch Gelächter auslöst.«[99]

Es lohnt sich, die Ursprünge dieses Topos der staatlichen Auflösung unter dem Druck partikularer Kräfte etwas genauer in den Blick zu nehmen, weil sie uns im Umkehrschluss zumindest die Umrisse des positiven Staatsverständnisses im Neokonservatismus liefern. Verfolgt man den entsprechenden Diskussionsstrang im deutschen Kontext zurück, so stößt man unweigerlich auf Carl Schmitt, der noch vor seiner aktiven Parteinahme für den Nationalsozialismus zum Stichwortgeber für die Kritik der pluralistischen Demokratie in der Weimarer Republik avanciert. Schmitts Klage über die postliberale Verstrickung von Staat und Gesellschaft, durch die letztlich Souveränität und Autorität des Staates untergraben werden, findet sich beinahe wortgetreu bei Gehlen oder Schelsky, und sie strahlt sogar aus bis hin zum politischen Denken des frühen Ordoliberalismus, etwa bei Alexander Rüstow oder Walter Eucken. Im Umkehrschluss folgt aus diesem Narrativ der staatlichen Selbstauflösung in allen genannten Fällen die Notwendigkeit einer Wiederherstellung einer Staatlichkeit, die sich gegenüber den gesellschaftlichen Kräften zu behaupten weiß. Wie genau dieser Staat beschaffen sein muss, wie viel Gewaltenteilung er sich erlauben kann, aber auch wie die Restauration staatlicher Autorität und Autonomie gelingen soll, bleibt allerdings zumeist unklar, sieht man einmal von Schmitt selbst und seinem Einschwenken auf die Transformationsstrategie der Nazis ab.

Entscheidend scheinen mir aber zwei Punkte zu sein, die sich durchaus aus den diversen konservativen Diagnosen ableiten lassen: Nicht nur der Kapitalismus, auch der Staat benötigt als sein Komplement gewisse Tugenden vonseiten der Untertanen bzw. Bürger. Diese hegen wiederum eine Erwartungshaltung an den Staat, die idealerweise das Gegenteil einer Anspruchsinflation darstellt: »Das Volk will die Autorität des Staates, dem es vertraut, demonstriert sehen«, etwa indem Recht bzw. der Rechtsstaat unnachgiebig durchgesetzt wird. Zu diesem Ausweis staatlicher Autorität gehört aber gerade auch, bestimmte Tugenden und Pflichten einzufordern, die Schelsky folgendermaßen zusammenfasst: »Mehr Arbeit, mehr Steuern, weniger öffentliche Bürokratie, keine Steigerung der sozialen Sicherung und Wohlfahrt, Sparkommissare statt Reformminister ...« Mit einem solchen »Programm der ›Härte‹«,[100] meint Schelsky, könnte der Staat gewissermaßen den Respekt seiner Bürger wiedergewinnen, indem er sie gerade nicht als hedonistische Egoisten oder manipulierbares Stimmvieh behandelt. Noch deutlicher, was die geforderten Tugenden angeht, wird Gehlen: »Um unter den Risiken der Sicherheit auf Dauer zu bestehen, bedarf die Nation gewisser Tugenden, die alle auf Distanzierung gehen: Der Disziplin und Nüchternheit, der Wachsamkeit und Ausdauer, der Fähigkeit zur Konzentration und des rationalen Gefahrensinns – also, mit einem Wort, der politischen Tugenden.«[101] In Gehlens Vorstellungswelt wäre natürlich gerade der Staats selbst ausdrücklich aufgefordert, diese Tugenden zu »züchten«, was dann nicht zuletzt aufgrund der geforderten Tugenden doch eher an die Wächterausbildung in Platons *Politeia* erinnert. Doch schon sein Schüler Schelsky ist sich darüber im Klaren, dass Tugenden unter halbwegs liberalen gesellschaftlichen Bedingungen nicht autoritär verordnet, sondern allenfalls »sozial gefordert und belohnt« werden können, wie er mit Bezug auf moralische Institutionen schreibt, womit wieder das Grunddilemma der geistig-moralischen Wende aufscheint.

Der zweite Punkt, den es im Zusammenhang der Wiederherstellung staatlicher Autorität herauszuarbeiten gilt, führt uns zur Formation des »technokratischem Konservatismus«. Ein entscheidendes Element im Erosionsprozess staatlicher Autorität ist beispielsweise für Schelsky die zunehmende Politisierung staatlichen Handelns, ein Problem, das naturgemäß insbesondere unter demokratischen Bedingungen auftritt. Vor diesem Hintergrund überrascht es nicht, wenn in vielen konservativen Entwürfen Demokratisierung im Gegensatz zur Wahrung staatlicher Autorität steht und gerade die *Massen*demokratie als potenzierte Gefahr erscheint. Doch wie oben erwähnt, wird man dem Gros der Neokonservativen kaum unterstellen dürfen, dass sie deshalb von einer Rückkehr zu vordemokratischen Bedingungen träumen. Allerdings bedeutet dies im Umkehrschluss auch nicht, dass sie die Demokratisierungsschübe der Sechziger- und Siebzigerjahre nur kontemplativ zur Kenntnis nehmen. Vielmehr regt sich in diesem Zusammenhang durchaus ein aktivistischer Zug, wie er weiter oben als Teil der konservativen DNA herausgearbeitet wurde.

Die daraus geborene Strategie kann als eine der umfassenden Entpolitisierung charakterisiert werden und lässt sich insbesondere am Beispiel von Schelsky erläutern. Auch er ist ausreichend schmittianisch geprägt, um vor allem in der hitzigen Ära der Siebzigerjahre immer wieder auf die Bedeutung des Staates als Garant des gesellschaftlichen Friedens hinzuweisen. Der Staat der Gegenwart scheitere aber zusehends an dieser Aufgabe, die im Vokabular

Schmitts danach verlangt, die gesellschaftlichen Konflikte nicht den Intensitätsgrad eines Freund-Feind-Verhältnisses annehmen zu lassen. Die gesellschaftliche Polarisierung habe zu einem »Dauerzustand politischer Konfliktsteigerung«[102] geführt, deren Fluchtpunkt letztlich Terrorismus und Bürgerkrieg sind. Die Entpolarisierung gesellschaftlicher Konflikte setzt aber nach Schelsky voraus, dass sich vor allem der Staat selbst aus diesen Konflikten herausnehme, um nicht als Partei in ihnen zu erscheinen. In diesem Sinn bedürfe es einer Entpolitisierung des Staates hin zu dem, was Schmitt schon seinerzeit im Rückgriff auf die französische Verfassungstheorie als *pouvoir neutre* bezeichnet hatte: eine neutrale Staatsmacht, die, hegelianisch gesprochen, über der konfliktzerrissenen Gesellschaft schwebt, durch ihren überparteilichen Status an Autorität gewinnt und die widerstreitenden Kräfte des Sozialen umso effizienter in Schach zu halten vermag.

Doch der Staat muss nicht nur sein Gewaltmonopol wahren und dieses wiederum zur gesellschaftlichen Konfliktbefriedung einsetzen, er muss auch noch in einem spezielleren Sinn entpolitisiert werden, fordert Schelsky in einem Beitrag für dic *Frankfurter Allgemeine* von 1973, der in der Folge Zielscheibe heftiger Kritik wird,[103] was auch an der provokanten Zuspitzung des Titels »Mehr Demokratie oder mehr Freiheit?« liegt, der zumindest auf den ersten Blick einen Gegensatz zwischen beiden suggeriert.[104] Hauptangriffsziel Schelskys ist offensichtlich die Brandt'sche Losung »Mehr Demokratie wagen«, die der Soziologe als Form der Politisierung, wenn nicht gar des willentlichen Ausverkaufs des Staates an die Partikularinteressen interpretiert. Dem politisierten Staat stellt Schelsky nun eine Vorstellung gegenüber, die er schon eine Dekade früher in die Diskussion eingeführt hatte, nämlich den ›technischen‹ Staat.[105] Die »Konstruktion der wissenschaftlich-technischen Zivilisation«, so Schelsky damals, transformiere die menschlichen Verhältnisse dahingehend, dass »das Herrschaftsverhältnis seine alte persönliche Beziehung der Macht von Personen über Personen verliert«. An die Stelle jener Herrschaft trete nun eine neue, die streng genommen eigentlich gar keine sei, da es nicht mehr um politische Entscheidungen, sondern »Sachgesetzlichkeiten« gehe.[106] Der These der veränderten Bedingungen einer technisch-wissenschaftlichen Zivilisation gibt Schelsky den Schlüssel zur Zurückdrängung demokratischer Partizipationsforderungen in die Hand: In einer komplexen, technologisch geprägten Welt dominierten mehr denn je rationale, sachgemäße Entscheidungen, wohingegen Demokratie und Politisierung gerade die »antirationale Tendenz« erstarken ließen, wie es dann im Artikel von 1973 heißt: »An die Stelle eines politischen Mehrheitswillens tritt als Verantwortungsrahmen für die institutionellen Entscheidungen der Sachverstand und die Anerkennung der Sachgesetzlichkeiten.« Dies bedeutet aber, dass Schelsky letztlich auch die »Abkapselung autonomer Handlungsbereiche«[107] innerhalb des Staates billigend in Kauf nimmt, die dann von politischen Rechenschaftspflichten weitgehend entbunden werden und in denen Akteure allein auf der Legitimationsgrundlage ihrer Expertise eine wahrhaft technokratische Herrschaft errichten, wenn diese auch eigentlich als Freiheit zu interpretieren sei, verstanden als Einsicht in die Notwendigkeit der technischen Sachzwänge.

In Zeiten der proklamierten Alternativlosigkeit mag diese, vorsichtig ausgedrückt, demokratieskeptische Sicht der Dinge nicht sonderlich bemerkenswert erscheinen, vor dem Hintergrund der spezifisch deutschen Tradition konservativen Denkens ist sie es aber durchaus, hatte sich diese doch wie kaum eine andere Strömung die fatale Unterscheidung von Kultur und Zivilisation zu eigen gemacht, um sich dann eindeutig auf Seiten der Kultur und in polemischer Abgrenzung zur Zivilisation zu positionieren. Die aus der romantischen Tradition übernommene Naturverherrlichung musste den alten deutschen Konservatismus zudem in eine unversöhnliche Frontstellung gegenüber der Technik bringen, die sich noch aus Heideggers »Humanismus-Brief« in den 1940er-Jahren herauslesen lässt. Der sogenannte technokratische Konservatismus bezeichnet daher eine doch überraschende Abkehr von der Tradition. Tatsächlich wird im Rahmen der sogenannten Technokratie-

Debatte der konservative Diskurs in seiner Vielschichtigkeit um die Dimension technophiler Zukunftsorientierung bereichert, und erst so werden das Strauß-Diktum vom Konservatismus an der Spitze der Fortschritts wie auch die entsprechende (Teil-)Ausrichtung der Union in den 1980er-Jahren nachvollziehbar, die schwerwiegende strategische Folgen für die konservative Politik hat. Denn durch die stärkere Akzentuierung der positiven Aspekte von Technik und Technologie bis hin zur euphorischen Beschwörung der Potenziale der Atomkraft gerät zwangsläufig ein buchstäblich natürliches Thema des deutschen Konservatismus ins Abseits: die Natur als gemeinsame Lebensgrundlage, die gerade in der technisch-wissenschaftlichen Zivilisation der konservierenden und hegenden Pflege bedarf. Doch dieses Thema, das sich für die Union womöglich als zukunftsträchtiger als die Kernenergie erwiesen hätte, überlässt der politisch organisierte Konservatismus allen neu geschaffenen Umweltministerien zum Trotz bis tief in die Neunzigerjahre hinein den Grünen, denen die Kernkompetenz für Ökologie und Naturschutz in der Folge nur schwer zu entringen sein wird.

Doch trotz aller politischen Tragweite darf diese Neurorientierung zumindest bei den intellektuellen Protagonisten auch nicht überbewertet werden. Denn beim zweiten Blick auf den klassischen Text Schelskys ist der vermeintlichen Begeisterung für die rationale Effizienz technischer Abläufe als besserer Politik doch noch immer eine beachtliche Dosis an altkonservativer Zivilisationskritik beigemischt: »Der Mensch löst sich vom Naturzwang ab, um sich seinem eigenen Produktionszwang wiederum zu unterwerfen.«[108]

Ähnliches gilt auch für den neben Hans Freyer immer wieder als dritten Gewährsmann des technokratischen Konservatismus herbeizitierten Gehlen. Zwar gilt ihm die Technik als lebensnotwendige Entlastung bzw. Ermächtigung des Menschen, doch wie wir mittlerweile wissen, kann Entlastung ambivalente Folgen haben, worin sich Gehlen ja vor allem auch durch die 68er-Generation bestätigt sah. Darüber hinaus ist es aber natürlich die beinahe unbedingte Affirmation der Institutionen, die Gehlen den Ruf des Technokraten eingebracht haben. In einer viel zitierten Stelle heißt es: »Der Mensch kann zu sich und seinesgleichen ein dauerndes Verhältnis nur indirekt festhalten, er muß sich auf dem Umwege, sich entäußernd, wiederfinden, und da liegen die Institutionen. [...] So werden wenigstens die Menschen von ihren eigenen Schöpfungen verbrannt und konsumiert und nicht von der rohen Natur, wie Tiere. Die Institutionen sind die großen bewahrenden und verzehrenden, uns weit überdauernden Ordnungen und Verhängnisse, in die die Menschen sich sehenden Auges hineinbegeben, mit einer für den, der wagt, vielleicht höheren Art von Freiheit als der, die in Selbstbetätigung bestünde.«[109] Was hier zweifellos zum Ausdruck kommt, ist ein radikalisiertes Opferethos, das als höhere Form der Freiheit innerhalb der Institutionen deklariert wird. Aber selbst wenn man dies als eine Art technokratisches Freiheitsverständnis im Sinne Schelskys deutete, so schwingen doch auch bei Gehlen immer noch eher existenzialistisch-dezisionistische Töne mit, die an die alte konservative Tradition erinnern, deren Hoffnung einst Max Weber dahingehend formulierte, dass sich Einzelne in charismatischem Heroismus an die Spitze der bürokratischen Maschinerien des Staates stellen mögen, deren Ablauf Richtung geben und dadurch auch Sinn verleihen.[110] Allerdings bleibt bei Gehlen auch diese Hoffnung düster umwölkt, ist doch für ihn Politik bloß »ein im tiefsten Sinne konservativer Versuch«, eine »Kontrollchance über einen metahumanen Prozess sich einzureden, der sich eben dieser Kontrolle bereits entzogen hat«.[111] Das blinde Weiterso dieses »metahumanen« Prozesses wird man mit Gehlen nicht ohne Weiteres als Verherrlichung des technischen Fortschritts umdeuten können.

Was bedeuten nun die Akzentverschiebungen des Neokonservatismus für das, was weiter oben als konservative Erfahrung und prozeduraler Konservatismus analysiert wurde? Der schon erwähnte Armin Mohler, der sich in den Siebziger- und Achtzigerjahren nicht zuletzt durch seine Beiträge in der 1970 in Reaktion auf 1968 gegründeten Rechtsintellektuellenzeitschrift *Criticón* einen Namen als Wortführer einer Neuen Rechten macht, hat den technokratischen

Konservatismus in Anlehnung an Jaspers' Begrifflichkeit als eine Art zweite »Achsenzeit« des Konservatismus bezeichnet. Die erste Achsenzeit ist die Konservative Revolution, die Mohler in seiner immens einflussreichen Dissertation schon mit einigen Kunstgriffen von allen Verbindungen zum Nationalsozialismus reingewaschen hatte, um mit ihr die Zeit eines neuen Konservatismus beginnen zu lassen, dessen Repräsentant nicht mehr nach hinten oder auch nur auf die Gegenwart blickt: »andere politische Gruppen [haben] einen Status quo geschaffen [...], der für ihn nicht mehr akzeptabel ist«, und er erkennt, »daß frühere Zustände nicht mehr restaurierbar sind. Von nun an richtet sich sein Blick nach vorne.« Dieser aktivistische Impuls, »Dinge zu schaffen, deren Erhaltung sich lohnt«,[112] versiege zwar im biederen »Gärtner-Konservatismus« der Nachkriegszeit, doch er lebe wieder auf im zukunftszugewandten technokratischen Konservatismus eines Gehlen oder Schelsky. Ist damit also all das verabschiedet, was weiter oben als prozeduraler Konservatismus eines möglichst behutsamen Wandels in Bezug auf die von Burke zu Oakeshott laufende Traditionslinie herausgearbeitet wurde? Davon kann jedenfalls in dieser Absolutheit keine Rede sein, denn wie auch in der Technokratie-Diskussion hieße es, den Nuancenreichtum der konservativen Diskussion (bewusst) auszublenden, d. h., wie es Mohler tut, den Neokonservatismus eindeutig auf die nostalgiefreie und technikgestützte Gestaltung der Zukunft festzulegen. Die Dinge liegen komplizierter. Selbst wenn man Schelsky und Gehlen eher auf der Seite der Technokraten einordnen wollte, so stünde diesem Diskursstrang doch ein zweiter gegenüber, der etwa von Lübbe und Rohrmoser repräsentiert wird. Letzterer spielt behände auf der uns bekannten neokonservativen Klaviatur des Werteverfalls, die die Krise des Fortschritts als paradoxe Konsequenz »seines überwältigenden Erfolges« versteht.[113] Eine radikalisierte Aufklärung bringe zwar technische Verbesserungen bei der »Verfügung und Kontrolle der äußeren Natur« mit sich, jedoch um den Preis der Möglichkeit der Auslöschung der Welt durch Atomkrieg und Umweltzerstörung, geistiger Verelendung sowie der

Auflösung der Familie. Rohrmoser verbindet die Klage über die Kosten des Fortschritts mit der Klarstellung, dass man schlecht gegen jede Art von Entwicklung sein könne, und befindet sich damit fest auf dem Boden des klassisch-prozeduralen Konservatismus, der sich schließlich in erster Linie als pragmatisches Verhandlungsregime der Geschwindigkeitsbegrenzungen versteht. Noch deutlicher als bei Rohrmoser findet sich diese Ausrichtung bei Lübbe. Will Rohrmoser die Religion wieder gegen die Aufklärung ins Recht setzen, so versteht sich Lübbe als Verteidiger der Aufklärung gegen den radikalen Umschlag in ihr Gegenteil, das für ihn die marxistische Geschichtsphilosophie in ihrer deterministischen Lesart darstellt. Doch die Vernunftgeleitetheit der Aufklärung äußert sich für ihn gerade nicht in einer kritischen Verflüssigung des Bestehenden, sondern im Gegenteil in einer vernünftig begründeten Vermutung zugunsten des Status quo. Die Krisen der Gegenwart entstammten nicht einem durch Traditionsbestände verursachten Reformrückstau, vielmehr handele es sich bei den zeitgenössischen Krisenphänomenen in erster Linie um Folgeprobleme einer überhandnehmenden Reformtätigkeit.[114] Mit dieser Kriseninterpretation positioniert sich Lübbe gegen die linke Lesart gesellschaftlicher Krisen als Folge einer Technokratie, deren instrumentelle Vernunft sich nur noch für Mittel interessiere, aber alle Zwecke und Ziele aus dem Blickfeld verloren habe. Es handele sich hier schließlich, systemtheoretisch gesprochen, lediglich um Steuerungsprobleme, und »zur Lösung dieser Probleme werden nicht ideologische Zielfindungsexperten, sondern Sachkenner benötigt«.[115] Dies klingt zunächst so, als füge es sich ein in Schelskys Entpolitisierungsstrategie des technokratischen Staates, doch von einem zukunftsfrohen technokratischen Konservatismus will Lübbe nichts wissen: »Ist Fortschrittsenthusiasmus ein konservativer intellektueller Affekt? Das hört man nun zum ersten Mal. Wir tun demgegenüber gut, am gewohnten Gebrauch des Wortes ›konservativ‹ festzuhalten.«[116] Dessen Bedeutung ergibt sich aus der oben geschilderten Problemkonstellation: Steuerungsprobleme verlangen nach Expertise, doch entgegen der technokratischen Vermutung, dass es für technische Probleme eine einzige richtige Lösung gibt, unterstellt Lübbe, dass es auch Uneinigkeit unter den Experten geben könne, und dann gelte die sogenannte Common-Sense-Regel, nach der von den infrage stehenden Maßnahmen abzusehen ist. Daraus lässt sich eine verallgemeinerte Handlungsmaxime ableiten, die in gewisser Weise die formalisierte Quintessenz eines prozeduralisierten Konservatismus enthält: Die bestehenden Verhältnisse haben *prima facie* die widerlegliche Vermutung ihrer Vernünftigkeit für sich, und die Beweislast liegt dementsprechend bei denjenigen, die Veränderungen einfordern. Für Lübbe leitet sich diese Beweislastumkehr letztlich aus der Komplexität der menschlichen Verhältnisse ab: »Sie ist eine Verfahrenskonsequenz aus der Einsicht, daß die Totalität der Zustände und Normen, unter deren Bedingung wir existieren, viel zu komplex ist, als dass ein ausdrücklicher Nachweis oder eine Widerlegung ihrer Vernünftigkeit auch nur denkbar wäre.«[117] Das Kernproblem der Gegenwart und die damit verbundene Desorientierung sei auf die Missachtung dieser Regel zurückzuführen, die zu einer »Gegenwartsschrumpfung« führe: Das Fortschrittstempo werde stets erhöht, was zum immer rapideren Abschmelzen von Traditionsbeständen führe – eine Einschätzung, die im Übrigen auffallend nahe an zeitgenössischen Beschleunigungsdiagnosen liegt.[118] Konservativ sei also die konsequente Anwendung der Beweislastumkehr-Regel, um die herum drei weitere konservative Kernüberzeugungen gruppiert sind, die wir auch in Teilen aus der Anatomie des Konservatismus und der entsprechenden Erfahrung kennen: Konservativ seien die »Kultur der Trauer über die Verluste an unwiederbringlich Gutem, die der Fortschritt kostet«, aber auch »die Praxis der Bewahrung des Unverzichtbaren« und zuletzt, »der Katastrophenvorbeugung Priorität gegenüber einer Praxis der Verwirklichung von Utopien einzuräumen«.[119] Was als unverzichtbar zu gelten hat und daher zu verteidigen sowie nicht einfach mit Trauerflor umrahmt abzuschreiben ist, enthüllt sich dem Konservativen auch hier zumeist erst in der konkreten Herausforderung durch politisch-intellektuelle Gegner, aber Lübbe weiß zumindest von einem überzeitlich Unverzichtbaren, weil letztlich auch Unverfügbaren zu berichten, nämlich den natürlichen Lebensgrundlagen. Von daher überrascht es nicht, dass er ebenso wie Spaemann die technikbegeistere Ausblendung der ökologischen Problematik, die wir schon als folgenreiche Entwicklung im politischen Konservatismus thematisiert haben, als schweren inhaltlichen, aber auch strategischen Fehler betrachtet, der es nun gerade linken Kräften ermögliche, die Thematik unter dem Stichwort der »Lebensqualität« zu besetzen.

Kommen wir damit zu Odo Marquard, dessen Vorbehalte gegen übermäßigen Veränderungsfuror eine Art Quersumme aus Gehlen und Lübbe darstellen, der aber darüber hinaus in einer überaus wirkmächtigen Weise zukünftige Handlungsfähigkeit mit Vergangenheitsorientierung verknüpft und so gewissermaßen der oben besprochenen Eigentümlichkeit der deutschen Wende-Politik am nächsten kommt.

Marquards Prägung durch Gehlen ist unverkennbar, wenn er über die beständigen Entlastungs- und Kompensationsanforderungen des Menschen philosophiert, die nicht zuletzt durch Institutionen bewältigt werden. Eher nach Lübbe, gepaart mit den Einsichten der Systemtheorie, klingt die Verteidigung des prozeduralen Konservatismus: »Kein Mensch ist der absolute Anfang«, heißt es bei Marquard, und das Leben sei schlicht zu kurz, um sich über all die entsprechenden Bedingtheiten der Herkunft rational Rechenschaft ablegen zu können. Vor dem Hintergrund der menschlichen Sterblichkeit (›vita brevis‹) sei der Mensch zur absoluten Selbstbegründung, die ihm die aufklärerische Apostrophierung menschlicher Autonomie aufgetragen habe, nicht in der Lage, und aus der Endlichkeit des Lebens folge gerade Lübbes Beweislastregel, die sich eine skeptische Philosophie zu eigen machen müsse: »Indem sie diese Regel übernimmt, die aus der menschlichen Sterblichkeit folgt, tendiert die Skepsis zum Konservativen.«[120] Und mit systemtheoretischem Zungenschlag verweist Marquard zudem auf die unabsehbaren Folgen allen verändernden Handelns, das selbst bei explizit problemlösender Intention doch nur immer neue Probleme hervorrufe: »Auch das gegenwärtige Kompensationsgewerbe – das Krisenmanagement der Planer und Macher – muß gegensteuern: es arbeitet an gegen die Folgen, die außer Kontrolle geraten sind; aber [...] es erzeugt dabei selber zugleich wieder Folgen, die außer Kontrolle geraten ...« Nun kann das Argument der Hyperkomplexität durchaus als Trumpfkarte eines zeitgenössischen Konservatismus erscheinen, denn was ließe sich schon gegen den prophylaktischen Imperativ einwenden, der sich aus den fragilen Gefügen einer modernen Welt ergibt, deren Kausalitätsketten buchstäblich globale Dimensionen erreicht haben. Aber auch wenn es trivial erscheint, ist doch darauf hinzuweisen, dass das Gleiche, was Marquard über die »Unverfügbarkeit der Folgen« menschlichen Handelns sagt, eben auch für menschliches Nichthandeln gilt. Tun durch Unterlassen kann ebenso unabsehbare und gar katastrophale Folgen zeitigen wie aktives Transformationshandeln, und von daher bleibt auch Lübbes Regel der Beweislastumkehr bei aller rhetorischen Grandezza mit Zweifeln behaftet, könnte sich doch der unverändert weitergeführte Status quo im Sinn der konservativen Maxime der Katastrophenvermeidung genauso gut als fatal erweisen – und Lübbe, der ja gegenüber ökologischen Problemen durchaus sensibilisiert ist, räumt sogar ein, dass im Falle von Unersetzlichem dessen Bewahrung auch nach einer konservativen Veränderung im Sinn des Leoparden verlangen könne. Damit ist der Konservatismus aber abermals zurückgeworfen auf die Frage nach ebenjenem Unersetzlichen, die er sich eben in den allermeisten Fällen erst von seinen Gegnern beantworten lassen muss.

Doch das obige Zitat von Marquard über die außer Kontrolle geratenen Folgen geht noch weiter, und es lohnt sich, den in typischer Weise verschachtelten Satz zu Ende zu lesen. Die Folgen des Krisenmanagements, heißt es hier, geraten umso mehr außer Kontrolle, »je weniger es – aus Omnipotenzeuphorie – die hypoleptischen Pflichten der Anknüpfung an natürliche und geschichtliche

Vorgaben erfüllt«.[121] Hier wird also die Verbindung zwischen Vergangenheit und Zukunft hergestellt, die auch schon Burke angedeutet hatte, als er die Fortschritte Englands auf das landestypische Bewusstsein für das Altbewährte zurückführte. Marquard verleiht diesem Gedanken im Sinne Gehlens Ausdruck, indem er betont, dass Handeln überhaupt eben nur auf der Grundlage des institutionalisierten Nicht-handeln-Müssens möglich ist: »Fatalismus – und seine Agenten: etwa die Institutionen – reduziert Handlungslasten auf die Größenordnung menschlicher Handlungskapazität.«[122] Erst der Verlass auf Institutionen, Üblichkeiten und »alter Väter Sitte« eröffnet Handlungsräume, die aber dementsprechend eng umrahmt sind. Diese Einsicht gießt Marquard in die nicht nur philosophisch, sondern auch offensichtlich politisch anschlussfähige Formel: »Zukunft braucht Herkunft« – die sich bei Konservativen aller Couleur bis heute großer Popularität erfreut, die darin ihr Credo auf den Punkt gebracht sehen.[123] Die Pointe dieser Formel erschließt sich ein weiteres Mal aus der Logik der Kompensation. Es ist gerade die Innovationsgeschwindigkeit der Moderne, die Traditions- und Herkunftsbewusstsein produziert, das aber nicht nur über eine rein temporale, sondern auch eine räumliche Dimension verfügt: Die Universalisierungstendenzen der Globalisierung produzieren ihre eigene Gegenläufigkeit in den störrischen Partikularismen, die sich nicht zuletzt in Form des wiedererstarkten Nationalismus unserer Tage äußern können. Der oben erwähnte Geschichtsboom der 1980er-Jahre ist in dieser konservativen Lesart also keine zufällige Entwicklung, sondern notwendiges Korrelat einer Geschwindigkeitsverschärfung des gesellschaftlichen Wandels, der das schon oben angedeutete Bedürfnis einer Rückversicherung der eigenen (historisch gewachsenen) Individual- und Kollektividentität mitproduziert.

Jedenfalls, so Marquard, bestehe die Kunst der konservativen Politik letztlich in der Herstellung einer (noch) erträglichen Spannung zwischen »langsamen« Lebensweisen und »schneller« Moderne. Anders formuliert, lassen sich die Herausforderungen der

Zukunft nur auf der Grundlage einer festen Verwurzelung in der eigenen Vergangenheit bewältigen – und dies ist exakt die Quintessenz der Diskursstrategie der Wende, in der doch letztlich die Anknüpfung an und die Besinnung auf den Geist von 1948 als Quelle für den selbstbewussten Blick in die Zukunft dienen soll. Von daher ist es überaus treffend, dass in dem durch Helmut Kohl initiierten und ursprünglich heiß umkämpften Haus der Geschichte in Bonn seit Kurzem Museumsführungen durch die neue, innovative Mitarbeiterin »Eva« übernommen werden – sie ist ein Roboter.

Neokonservatismus gegen Kritische Theorie: Werteverfall, ziviler Ungehorsam und der Historikerstreit

Um die Verschränkung von (kollektiven) Zukunftschancen und historischer Identität drehten sich nicht zuletzt auch die erbittert geführten Kontroversen der 1980er-Jahre, allen voran die Debatte um deutsche »Vergangenheit, die nicht vergehen will«. Angesichts des herausgearbeiteten konservativen Dilemmas bedurfte der Konservatismus auch in diesen Auseinandersetzungen eines politischen und intellektuellen Gegners, um sein eigenes Profil zu schärfen. Daher sollen hier drei exemplarische Debattenschauplätze vorgestellt und erläutert werden, wobei nicht so sehr die konservative Perspektive im Vordergrund stehen soll, sondern die Kritik, die der Neokonservatismus vor allem aus dem Umfeld der Frankfurter Schule auf sich zieht und die ihm dann teilweise wieder Möglichkeiten zur Profilierung bieten sollte – wobei in der Rückschau stellenweise auch gewisse Überschneidungen der Kontrahenten aufscheinen. So soll im Folgenden die Debatte um die Charakterisierung des Neokonservatismus in seiner Spezifik vorgestellt werden, um zur Diskussion um das Konzept des zivilen Ungehorsams überzuleiten und abschließend den berühmt-berüchtigten Historikerstreit hier zumindest in seinen für den Konservatismus und seine Kritik wichtigen Grundzügen zu rekonstruieren. Abschließend soll dann noch einmal in aller Kürze die innerkonservative Debatte über die Bilanz der geistig-moralischen Wende der 1980er-Jahre beleuchtet werden.

Jürgen Habermas hatte sich bereits Anfang der 1980er-Jahre mit der Frage nach dem besonderen Charakter des Neokonservatismus beschäftigt, wobei er spätestens zu jener Zeit zur *bête noire* für ebendiese Strömung avancierte. Tatsächlich ließe sich die Geschichte des deutschen Neokonservatismus auch als eine Geschichte der Auseinandersetzungen mit dem Philosophen und insbesondere dem politischen Intellektuellen Habermas erzählen, wie auch die folgenden Erläuterungen zumindest in Ansätzen zeigen.

Die Stellungnahmen aus den Jahren 1982/83 sind nicht die ersten Auseinandersetzungen Habermas' mit der deutschen Tradition des Konservatismus, aber hier ist es erstmals der *Neo*konservatismus, dem seine kritische Aufmerksamkeit gilt, und zwar nicht zuletzt aufgrund des Kontexts der geistig-moralischen Wende, die er zumindest anfangs als Versuch eines großangelegten konservativen *Rollback* deutet.

Auf der Grundlage des bereits Erläuterten lässt sich Habermas' Argumentation relativ bündig zusammenfassen. Der deutsche Neokonservatismus unterscheidet sich von seinem amerikanischen Pendant durch sein ambivalentes Verhältnis zur liberalen Tradition, so Habermas, was dazu führe, dass die deutsche Linie sich nicht in der gleichen unbefangenen Art und Weise wie die Amerikaner auf das einlassen könnte, was Habermas in der von ihm geprägten Begrifflichkeit als gesellschaftliche Moderne bezeichnet und was sich grob vereinfachend als arbeitsteilig ausdifferenzierte Gesellschaft unter kapitalistischen Vorzeichen zusammenfassen lässt. Die Probleme, die sich aus der spezifisch deutschen Tradition des Konservatismus ergäben, hätten die Kristols und Riesmans nie gehabt. Habermas' hermeneutischer Schlüssel zur Ergründung des Phänomens des Neokonservatismus liegt nun in dessen Interpretation als einer Art halbierter Modernisierungsbewegung. Für die Neokonservativen gelte: »Sie haben sich mit dem zivilisatorischen Fortschritt ausgesöhnt, aber die Kulturkritik beibehalten.« Das Signum dieser »halbherzigen Aussöhnung mit der Moderne«[124] sei ein Kompromiss, bei dem die Akzeptanz der modernen Industriegesellschaft die *Kompensation* ihrer problematischen Aspekte durch die Wiederbelebung konventioneller Traditionen, der Souveränität des Staates und durch die Einsicht in die Sachgesetzlichkeiten voraussetze. Im Lehrer Lübbes und Marquards, Joachim Ritter, personifiziert sich für Habermas die erste Option, in Schmitt und Ernst Forsthoff die zweite und in Arnold Gehlen, den Habermas eindeutig als Theoretiker der Technokratie versteht, die dritte. Das Zugeständnis an die *gesellschaftliche* Moderne vonseiten des Neokonservatismus erweist sich damit aber als erkauft über die Ablehnung der *kulturellen* Moderne, die sich für Habermas in den Werten der Selbstbestimmung und Selbstverwirklichung, mithin in den Sphären der Moral und der Ästhetik niederschlägt. Der Neokonservatismus lasse sich zähneknirschend auf die im weitesten Sinne technisch-naturwissenschaftlichen Rationalisierungsschübe ein, deren Ergebnis die gesellschaftliche Moderne ist, doch die postkonventionellen moralischen Überzeugungen und avanciert-ästhetischen Selbstverhältnisse der kulturellen Moderne müssen in ihren subversiven Potenzialen negiert oder stillgestellt werden. Dieser letzte Punkt macht sich vor allem an Bell und Gehlen fest, die beide auf je unterschiedliche Art und Weise den Nachweis zu erbringen versuchen, dass die disruptiven Potenziale moderner Kunst erschöpft sind und von ihr keine weiteren Entwicklungsschübe mehr zu erwarten sind. Gehlen spricht in diesem Zusammenhang von »kultureller Kristallisation«: Weder in der modernen Kunst noch im politischen Denken sei noch grundlegend Neues zu erwarten; alle Möglichkeiten sind durchgespielt, und vermeintliche Innovationen entpuppten sich bei genauerem Hinsehen als nicht mehr als geschickt neu angeordnete Selbstzitationen. Mit diesem Abgesang auf die normativ-ästhetischen Schrittmacher der Moderne könnten sich die Neokonservativen eigentlich grundsätzlich beruhigt zurücklehnen, doch nicht zuletzt durch die popkulturell unterlegte Jugendrevolte von 1968 erscheint abermals das »Gespenst einer subversiv überbordenden Kultur«, das die Rechtsintellektuellen in einer Umkehrung von Ursache und Wirkung für die Krisendynamik verantwortlich machten, um ihre eigene Lösung des Problems zu verkünden: »Reflexionsstopp und feste Werte«.[125] Die dementsprechende Verabschiedung der Emanzipationsbestrebungen der kulturellen Moderne sei somit auch letztlich der gemeinsame Nenner zwischen Gehlens ›post-histoire‹ und den Vertretern der Postmoderne – das »Projekt der Moderne« mit seinen insgesamt fortschrittlichen Implikationen, von dem bei Habermas immer wieder die Rede ist, wird aus seiner Perspektive sowohl von den Neokonservativen als auch von denjenigen abgelehnt, die nun aus Paris etwa das »Ende der großen Erzählungen« (Lyotard) verkünden.

Dieser Diagnose Habermas' schließen sich in ihrer allgemeinen Stoßrichtung auch andere Vertreter der intellektuellen Linken aus Frankfurt jener Zeit wie der schon erwähnte Dubiel und Iring Fetscher an,[126] wobei Letzterer insbesondere noch einmal die Einseitigkeit der konservativen Krisendiagnose hervorhebt, die sämtliche Gefährdungen von Traditionsbeständen der kulturellen Moderne anlaste und darüber (bewusst) das Erosionspotenzial des Kapitalismus ausblende. Die Konservativen, so seine Schlussfolgerung, seien »außerstande, das Wirtschaftssystem, an dessen Verteidigung sie offenbar affektiv gebunden sind, kritisch in Frage zu stellen« – damit blieben sie aber bis auf Weiteres einer zutiefst inkonsistenten Position verhaftet.[127]

Umgekehrt hatte sich der Neokonservatismus zu jenem Zeitpunkt schon mindestens eine Dekade lang an den Positionen von Adorno, Marcuse und zunehmend auch Habermas abgearbeitet.[128] Auf dessen frontalen Gegenangriff im *Merkur* von 1982[129] reagiert Lübbe im September 1983 in der gleichen Zeitschrift mit einer »Meta-Kritik«, in der er die von Habermas geäußerte Kritik in vier Punkten zurückweist. Mitnichten könne man der konservativen Sichtweise Naivität bezüglich der »Irreversibilitäten in traditionsauflösenden kulturellen Entwicklungen anlasten«, die den Konservativen klar vor Augen ständen. Vielmehr gehe es um den »schonenden Umgang mit Traditionen, die noch lebendig geblieben sind«, zu denen Lübbe auch ausdrücklich die »Herkunftsbestände« der Natur zählt. Den Traditionalismusvorwurf versucht Lübbe sogar gegen den »Progressismus« der Linken umzukehren: »Er entpuppt sich als Stockkonservativismus, sobald er die erhoffte Gesellschaftsformation jenseits des ›Spätkapitalismus‹ erreicht hat.«[130] Auch die vermeintliche »Ermäßigung der Demokratie« vonseiten des Neokonservatismus weist Lübbe als fehlgeleiteten Vorwurf zurück. Weder werde die Gewaltenteilung gegen die Demokratie ausgespielt – als ob Schelskys oben erläuterter Text nicht existierte –, noch wende sich der Neokonservatismus in anderer Weise gegen eine richtig verstandene demokratische Ordnung. Diese dürfe aber eben nicht mit Erwartungen überfrachtet werden, mit denen sie auf die schiefe Ebene in Richtung totalitärer Demokratie platziert würde. Lübbes Position lässt sich auf einige Gegenüberstellungen herunterbrechen, auf die wir weiter unten noch einmal zurückkommen werden: Die liberale Demokratie stelle Verfahren über Substanz, Legalität über Legitimität und Quantität über Qualität/Intensität (bei demokratischen Wählerstimmen). Der Versuch, etwa mit den Mitteln des Habermas'schen Diskursprinzips über diese »dünne« Form demokratischer Willensbildung hinauszugelangen, müsse tatsächlich in letzter Hinsicht als nicht nur demokratie-, sondern auch aufklärungsfeindlich abgelehnt werden. Die Aufklärung, so der dritte Punkt, müsse mithin gegen ihre eigene Radikalisierung zum Tugendterror durch eine dauermobilisierte Bevölkerung verteidigt werden, und Habermas' Beschwerde über die harsche Intellektuellenkritik vonseiten des Neokonservatismus lenkt Lübbe ebenfalls gegen jene Intellektuellen: Warum sollten gerade diejenigen, die beständig das Wort Kritik im Munde führten und derart virtuos die Klaviatur der Öffentlichkeitsbeeinflussung bespielten, ihrerseits von der Kritik ausgenommen sein? »Ihres erheblichen Einflusses wegen sind die kritischen Intellektuellen sogar in ganz besonderer Weise kritikbedürftig.«[131] Die Neokonservativen, so Lübbe zusammenfassend, seien – wie er selbst auch – vor allem Liberale und Sozialdemokraten, die erst durch 1968 zur Verteidigung der liberaldemokratischen Errungenschaften auf den Plan gerufen worden seien und sich im Namen von Bürgertugend, öffentlicher Moral und freien Märkten gegen Totaldemokratisierung, ideologische Schwärmerei und Kommunismus wendeten.

Von den Streitpunkten dieser Auseinandersetzung, die hier nur exemplarisch an einigen prominenten Wortmeldungen vorgestellt wird, soll im Folgenden die Diskussion um zivilen Ungehorsam eingehender diskutiert werden. Zuvor sind jedoch andere Aspekte der Debatte, die sich im Wesentlichen zwischen der Frankfurter und der Münsteraner Schule entspinnt, hervorzuheben. Zunächst ist die aufgeheizte Atmosphäre der Debatte festzuhalten, was aber keineswegs bloß den Neokonservativen anzulasten wäre. Vielmehr ist bemerkenswert, mit welch großer Beunruhigung Habermas, Dubiel und Fetscher die Entwicklung des Neokonservatismus im Kontext der Wende verfolgen. Sicherlich gab es Anlass, einen konservativen Umschwung zu befürchten, doch werden aus Frankfurt und dem linksintellektuellen Spektrum insgesamt teils derart schwere Geschütze aufgefahren, dass man sich seinerseits in einer historischen Echokammer der Spätzeit von Weimar wähnt und nicht in den anbrechenden Achtzigerjahren. Zu den alarmistischeren Einschätzungen gehört sicherlich auch Habermas' schon seinerzeit heftig kritisierte Unterstellung, bei manchen Vertretern des französischen Poststrukturalismus von Jacques Derrida bis Michel Foucault handele es sich eigentlich um Jungkonservative, und so formiere sich eine heimliche Allianz von Neokonservativen und Postmodernisten gegen die normativen Ideale von Aufklärung und Moderne.

Für unseren Zusammenhang von Bedeutung ist aber vor allem der *Effekt* der aufgeheizten Grundstimmung in dieser Debatte, denn dieser besteht zweifellos in der breiten öffentlichen Aufmerksamkeit, die er beiden Lagern verschafft. Die Intensität, mit der die Auseinandersetzung von beiden Seiten geführt wird, vermittelt dem Publikum, dass hier tatsächlich Essenzielles auf dem Spiel steht.

Und vorgreifend auf die Entwicklungen der 1990er-Jahre kann man die schwindende Sichtbarkeit konservativer Positionen partiell auch damit begründen, dass es, abgesehen von einigen wichtigen Ausnahmen, nicht mehr zu derartigen öffentlich ausgetragenen Konfrontationen zwischen Frankfurt, Münster – und Paris – kommt.

Der zweite interessante Punkt betrifft das Verhältnis der jeweiligen Positionen, über dessen Vielschichtigkeit sich auch die handelnden Personen zumindest in Ansätzen klar waren und woraus sich möglicherweise auch die Schärfe des in der Debatte vorherrschenden Tons erklärt. Worum es geht, bringt Dubiel auf den Punkt, wenn er festhält, dass »viele *Fragen* der Konservativen heute auch die Frage der dogmatisch nicht bornierten Linken sind«.[132] Schließlich ginge es beiden Lagern um eine Erklärung der kapitalistischen Krise, und in deren Phänomenologie gebe es durchaus Korrespondenzen, wenn auch die angestrebten Lösungen sich fundamental unterschieden.

Schon in den frühen 1970er-Jahren hatte Habermas auf die Verwandtschaft zwischen den analytischen Befunden der *Dialektik der Aufklärung* und den konservativen Makrodiagnosen von Schelsky und Gehlen verwiesen; zwar »nicht in der Begründung, aber in der Substanz«.[133] Und von Gehlen selbst stammt die im typisch elegischen Stil formulierte Sympathiebekundung für Adorno, sie seien wie »die Verirrten im Walde, [die] sich noch durch Zurufe erreichen, über die Wölfe hinweg«.[134] Die schneidige Kritik und Gegenkritik ist daher womöglich nicht nur der politischen Gesamtkonstellation jener Zeit geschuldet, sondern auch dem Abgrenzungsbedürfnis auf beiden Seiten, im Wissen, dass es bei allen Gegensätzen auch Korrespondenzen und Analogien gibt.

Schon Habermas' Auseinandersetzung mit Marcuse in *Technik und Wissenschaft als ›Ideologie‹* von 1968 verbindet die Absage an ein technokratisches Politikverständnis der Konservativen aller Parteien mit einer Zurückweisung von Marcuses Hoffnung auf ein verändertes Verhältnis zwischen Mensch und Natur auf der Grundlage eines neuen Technikverständnisses. Die Begründung, zum naturbeherrschenden Weltbezug der Gattung Mensch, der sich in der Technik objektiviere, gebe es keine Alternative, übernimmt Habermas von Gehlen. Die Spurensuche der Entsprechungen lässt sich bis in die Achtzigerjahre weiterführen, denn seine Neokonservatismuskritik beschließt Habermas mit einer geradezu Lübbe'schen Formulierung: »Wir müssen mit der Substanz bewährter Lebensformen, soweit sie von der Wachstumsdynamik der gesellschaftlichen Modernisierung noch nicht zerstört sind, schonend umgehen«, um dann aber skeptisch nachzuschieben: »Es fragt sich nur, *wer* diese Bestände im *Ernstfall* schont«,[135] und hier deutet sich an, wo sich die konservativen und die diskurstheoretischen Geister letztlich bei allen vorhandenen Korrespondenzen scheiden. Blickt man auf die Grundanlage der Gesellschaftstheorie Habermas', so zeigt sich zunächst, dass sie von einer Entlastungskonstruktion getragen wird, die Habermas aber nicht mit Bezug auf Gehlen, sondern systemtheoretisch begründet: Es sind die ausdifferenzierten Spezialsysteme von Staat und Ökonomie, die die materielle Reproduktion der Lebenswelt durch ihre Funktionsweise über die Steuerungsmedien Macht und Geld so weit *entlasten*, dass bei der symbolischen Reproduktion auf die aufwendige Koordinationsform von argumentativ begründetem Konsens umgestellt werden kann. Diese zur Reflexivität entlastete Lebenswelt soll nun aber eben nicht gegen die Zumutungen der kulturellen Moderne wie im Falle der Neokonservativen, sondern gegen die systemischen Imperative und ihre Kolonisierungsdynamik verteidigt werden.

Es soll hier nicht indirekt in das Klagelied mancher Erbverwalter der Kritischen Theorie eingestimmt werden, Habermas habe jenes Erbe verraten – möglicherweise sogar zugunsten eines Kryptokonservatismus. Diese Anklage überzeugt schon deshalb nicht, weil der Kryptokonservatismus im Zweifelsfall auch zu diesem Erbe gehört, zumindest wenn man an Horkheimer und Adorno denkt. Vielmehr geht es darum, deutlich zu machen, dass sich Divergenzen in der Debatte zwischen der »nicht bornierten Linken« und den Neokonservativen in vielen Fällen eher auf die Lösungsstrategien und Zielvorstellungen erstrecken und nicht so sehr auf die diagnostischen Grundanlagen – die zumindest in manchen Fällen dementsprechend analoge Probleme oder doch zumindest Ambivalenzen generieren. Fetschers Vorwurf an die Adresse der Neokonservativen lautete bekanntlich, dass sie sich der Widersprüchlichkeit ihrer Ideale nicht bewusst seien und eine Vereinbarkeit von kapitalistischer Moderne und »konservativen« Werten unterstellt würde. Die konservative Erwiderung könnte lauten, dass es eben um eine Ausbalancierung dieser gegenläufigen Kräfte gehe, was wiederum den Einwand nahelegt, eine solche gegenseitige Hemmung wenn nicht gar Aussöhnung müsste theoretisch zumindest als grundsätzlich möglich nachgewiesen werden. Doch die analoge Kritik trifft auch Habermas, der doch ebenfalls die spezialisierten Teilsysteme einerseits wie auch die Kommunikationsstrukturen der Lebenswelt andererseits aufrechterhalten möchte und dementsprechend ebenso den Nachweis erbringen müsste, dass eine friedliche Koexistenz zwischen beiden überhaupt grundsätzlich möglich ist, wenn Fetschers Vorwurf in Richtung Neokonservatismus mutatis mutandis nicht auch ihn treffen soll.

Wenden wir uns nach dieser eher grundbegrifflichen und theoriearchitektonischen Diskussion nun einer konkreteren Thematik zu, die auch von Lübbe in seiner Replik angerissen wird und die auf ein zentrales Desiderat konservativer Politik verweist, nämlich Stabilität und staatlich garantierten Rechtsfrieden. In den Augen der Neokonservativen stehen diese Ziele nämlich unter Beschuss, und zwar nicht nur durch kulturrevolutionäre 68er, sondern in der Theorie durch diejenigen, die wie Habermas Demokratie an normativen Legitimationskriterien messen wollen, und in der Praxis durch diejenigen, die sich nicht den staatlichen Entscheidungen fügen wollen und den Weg des passiven oder gar aktiven terroristischen Widerstands einschlagen. In der Positur gegen diese beiden Herausforderungen konkretisiert sich also der zu verteidigende Status quo als wehrhafte, wenn auch ausgedünnte Demokratie. Doch blicken wir zunächst etwas genauer auf die Logik der Herausforderer.

Über ihre verschiedenen Entwicklungsstadien hinweg liegt die Pointe von Habermas' Demokratietheorie in der Konzentration auf ihre deliberativen Elemente d. h. Argumentationen und Diskurse, die sich in Öffentlichkeit und politischen Institutionen abspielen und – mit einem gehörigen Schuss »kontrafaktischer Idealisierung«, wie es tatsächlich bei Habermas heißt – auf deren Grundlage die Legitimation einer demokratischen Ordnung an die prinzipielle Zustimmungsfähigkeit ihres Handelns durch die Bevölkerung gekoppelt ist. Im Umkehrschluss liefert Habermas' später formalisiertes Diskursprinzip einen Maßstab für die Legitimität staatlichen Handelns, die sich eben nach dessen Begründbarkeit bemisst. Wo jene nicht gegeben ist, weil etwa bestimmte Argumente oder Personen vom demokratischen Diskurs ausgeschlossen waren oder eine politische Maßnahme auf nicht verallgemeinerbaren Argumenten beruht, da steht auch die Legitimation infrage. Aus konservativer Perspektive macht sich Habermas damit aber zumindest indirekt zum theoretischen Stichwortgeber von Demonstranten, die mit Verweis auf ›Legitimationsdefizite‹ der Politik gegen atomare Nachrüstung in Mutlangen oder Wiederaufbereitungsanlagen in Brokdorf demonstrieren – und zwar auch, indem sie passiven Widerstand leisten, sich anketten, Sitzblockaden bilden und sich von der Polizei wegtragen lassen. Und selbst terroristische Gewalt könnte sich der fehlenden Legitimation demokratischer Entscheidungen doch als Hilfsbegründung zur Selbstermächtigung bedienen, um so die eigenen Taten als eine Art von Notwehr oder gar als Ausübung eines Widerstandsrechts zu rechtfertigen.

Der Verweis auf die Sitzblockaden und Demonstrationen macht bereits deutlich, dass es sich hier keineswegs um eine rein theoretische Debatte zwischen Kritischen Theoretikern und Neokonservativen handelt. Nachdem es in den 1970er-Jahren vor allem der Linksterrorismus war, der das Problem der Legitimation gewaltsamen Widerstands aufgeworfen hatte, sind es in den 1980er-Jahren die Neuen Sozialen Bewegungen und ihre Aktionsformen, die die Frage des zivilen Ungehorsams erneut virulent werden lassen. Immerhin geht es nun nicht um eine Handvoll Terroristen, sondern um Tausende bisweilen eher unbescholtene Bürger, die sich auf der Grundlage eines seinerzeit in der ständigen Rechtsprechung vorherrschenden ›vergeistigten‹ Gewaltbegriffs durch passiven Widerstand in Form etwa von Blockaden der Nötigung schuldig machen und die juristischen Konsequenzen zu tragen haben. Dies führt zu einer breiten gesellschaftlichen Diskussion, die aber eben auch als Fachdebatte zwischen Habermas und anderen ausgetragen wird.

Bei diesem Themenkomplex, der sich nicht von ungefähr mit einem Buchtitel Carl Schmitts als die Frage des Verhältnisses von *Legalität und Legitimität* zusammenfassen lässt, handelt es sich fraglos um eine diffizile Materie, und zwar nicht zuletzt deshalb, weil die Diskussion um ›zivilen Ungehorsam‹ unweigerlich auch unter den Vorzeichen der deutschen Vergangenheit geführt werden musste. Das Grundmotiv der konservativen Position liefert Lübbe schon in seiner Verteidigung des Neokonservatismus weiter oben: Demokratische Legalität übertrumpft Legitimität nämlich aus dem einfachen wie existenziellen Grund, dass nur auf diese Weise die Auflösung des Gemeinwesens und seine Polarisierung bis hin zu einem bürgerkriegsähnlichen Ausnahmezustand verhindert werden und dementsprechend der Staat seiner obersten Pflicht gesellschaftlicher Pazifizierung nachkommen kann. In den unruhigen Gewässern der Massendemokratie sind es die kodifizierten Verfahren, die einzig Stabilität verbürgen und an denen nicht im Namen von universeller Zustimmungsfähigkeit gerüttelt werden darf, wenn nicht die Befriedungsfunktion von Demokratien infrage gestellt werden soll, welche sich an zwei Regeln festmacht: Die aus Wahlen hervorgegangene Mehrheit ist erstens zum politischen Handeln legitimiert, dem sich auch die unterlegene Minderheit zu fügen hat, doch zweitens ist diese Legitimation nur auf Zeit gewährt, sodass bei den nächsten Wahlen die aktuelle Minderheit zur Mehrheit werden kann, um dann ihrerseits von der zukünftigen Minderheit Rechtstreue und den Willen zur Regierbarkeit einfordern zu können. »Über diese Bedingungen innerer Friedenssicherung schien

[...] in der Bundesrepublik lange Zeit hindurch Einverständnis zu herrschen«, schreibt Christian Graf Krockow 1983 in der *Zeit*. »Jetzt aber wird die Frage dringend, ob die Friedensfunktion der parlamentarischen Demokratie nicht zunehmend aus dem Blick gerät und womöglich leichthin verspielt werden könnte.«[136] Denn die Minderheiten fügten sich nicht länger dem Willen der Mehrheit, sondern begehrten im Namen ihres Gewissens gegen prozedural einwandfrei zustande gekommene und damit auch legale politische Entscheidungen auf. Es komme so zu einer Reprivatisierung demokratischer Legitimation, die Krockow in fataler Weise an die Religionskriege erinnert, als religiös aufgeladene politische Forderungen nicht länger verhandelbar waren und unweigerlich zu gewaltsamen Auseinandersetzungen führen mussten. Die Entabsolutierung der Politik durch die Privatisierung von Religion und die spätere Säkularisierung des Staates haben der Befriedung der Gesellschaft daher große Dienste geleistet, die aber nun wieder auf dem Spiel ständen, da sich Einzelne das Recht herausnähmen, eine überpositive Legitimität gegenüber der bloßen Legalität politischer Beschlüsse für ihr Handeln in Anspruch zu nehmen. Der Absolutheitsanspruch der Dissentierenden muss das Spiel der Demokratie, das auf Bedingtheit, Reversibilität und Kompromiss beruht, zerstören, und die »ideologische Selbstermächtigung zur Gewalt«[137] ist dann der rote Faden eines theoretisch-praktischen Kontinuums, das von der Demokratiekritik eines Habermas oder Fetschers (den Krockow in seinem Beitrag ins Visier nimmt) über passiv Widerstand leistende Demonstranten bis hin zur politischen Gewalt von Terrororganisationen reicht.[138] Doch ganz so eindeutig liegen die Dinge schon allein deshalb nicht, weil das Verhältnis von Legalität und Legitimität vor dem Hintergrund der deutschen Geschichte besonders ambivalent ist. Die Machtergreifung der Nazis lässt sich einerseits als Manifestation der Inanspruchnahme einer überpositiven Legitimität interpretieren, was nahelegt, dass solche Inanspruchnahmen im rechtstaatlich-demokratischen Kontext zu ächten sind, und die konservativen Kassandrarufe erwecken manchmal den aberwitzigen Eindruck, als ob die Friedensbewegung in dieser Hinsicht in der Tradition der faschistischen Bewegungen stehe. Andererseits wäre doch die Berufung auf überpositive Gründe beim aktiven Widerstand gegen die zumindest legal sich gerierende Naziherrschaft sicherlich gerechtfertigt gewesen, und nicht zuletzt deshalb findet sich ja im Grundgesetz das Kuriosum eines konstitutionellen Widerstandsrechts, auf das man sich paradoxerweise erst berufen könnte, wenn das Grundgesetz de facto außer Kraft gesetzt ist. Von daher trifft es sicherlich zu, wenn Habermas in seinen eigenen Einlassungen zum Thema des zivilen Ungehorsams von einem »deutschen Trauma« bezüglich des Verhältnisses von Recht und Gewalt spricht.[139]

Die Frage, um die es hier im Kern geht, ist politisch höchst mehrdeutig; zur Debatte steht die Reichweite demokratischer Entscheidungskompetenz. Erinnern wir uns: Der Neokonservatismus Lübbes verstand sich insbesondere auch als Bollwerk gegen eine Totaldemokratisierung der Gesellschaft, doch nun sind es wiederum die Linken, die auf die Grenzen der Mehrheitsdemokratie hinweisen und daraus die Schlussfolgerung des passiven Widerstandes ziehen. Zöge man noch das neoliberale Schrifttum hinzu, so zeigte sich, dass auch hier wiederum beträchtliche Vorbehalte gegenüber dem »Mehrheit ist Mehrheit«-Mantra des Neokonservatismus vorhanden sind, aber wiederum Einigkeit in Sachen rechtsstaatlicher Einzäunung demokratischer Entscheidungsfreiräume herrscht. Diese politische Unübersichtlichkeit erklärt sich auch aus dem dilemmatischen Charakter der Thematik. Wie oben erwähnt, setzt die Demokratie im Normalzustand bestimmte Begrenzungen diesseits des Absoluten voraus. Doch während die Konservativen vor allem befürchten, dass diese gemeinsame Geschäftsordnung durch die pseudoreligiösen Gesinnungsethiker im Gefolge von 1968 in mehr oder weniger militanter Absicht aufgekündigt werde, so sind es doch bei genauerem Hinsehen die verhandelten *Themen*, die sich gegen die mehrheitsdemokratische Bearbeitung sträuben. Politische Macht ist auf Zeit verliehen, doch dies bedeutet, dass beispielsweise für Entscheidungen, die über diesen Zeitraum hinweg *de facto* irreversibel sind, wie etwa der Betrieb von Atomkraftwerken, deren Brennstäbe noch Millionen Jahre lang strahlen werden, das Mehrheitsverfahren nicht sonderlich legitimitätsverbürgend wirkt: Selbst eine neue Mehrheit könnte diese Entscheidung nicht ungeschehen machen. Hinzu kommt die eklatante Verletzung des Prinzips, dass alle Betroffenen einer Entscheidung an dieser auch beteiligt sein müssen, auf das auch Habermas insistiert und das hier offensichtlich aufgrund der Abwesenheit zukünftiger Generationen verletzt wird. Andererseits würde aber die Beschränkung auf komplett reversible und strikt nichtexistenzielle Materien faktisch zum Stillstand demokratischen Regierens führen. Wie Krockow unter dem virtuell zustimmenden Nicken von Weber und Schmitt schreibt: »Die Ungewißheit, die schreckliche Möglichkeit des Irrtums gehört zum Wesen geschichtlicher Entscheidungen.«[140] Vor diesem Hintergrund spricht sich Habermas tatsächlich dafür aus, dass Bürger »auch unmittelbar in die Rolle des Souveräns eintreten und den zivilen Gehorsam in der Absicht aufkündigen dürfen, für überfällige Korrekturen oder Neuerungen einen Anstoß zu geben«.[141] Mit anderen Worten soll der zivile Ungehorsam als symbolische Regelverletzung die Mehrheit (bzw. die Regierung) zu einem Überdenken ihrer Position aufrufen, sei diese auch unter reinen Legalitätsgesichtspunkten nicht zu beanstanden. Die Aufkündigung des zivilen Gehorsams klingt zunächst militant, doch Habermas weist das von konservativer Seite suggerierte Kontinuum zwischen zivilem Ungehorsam und Terrorismus zurück. Die Rechtfertigung des einen sei mitnichten ein Freibrief für den anderen und auch keine Aufforderung zum Rechtsbruch. Vielmehr handele es sich um die *ultima ratio* derjenigen, die ihren Einspruch gegen die Mehrheitsentscheidung mit einem glaubhaften Bekenntnis zur Rechtsordnung insgesamt verbinden müssen, indem sie nämlich bereit sind, die strafrechtlichen Konsequenzen zu tragen. So »bleibt der Tatbestand des zivilen Ungehorsams in der Schwebe zwischen Legitimität und Legalität. Gerechtfertigt ist er im Lichte einer Idee vom Rechtsstaat, die auf Verwirklichung angelegt ist, nicht nach Maßgabe des positiven Rechts.«[142] Doch die Rede vom zu verwirklichenden Rechtsstaat ist selbstverständlich kaum dazu geeignet, konservative Skeptiker zu beruhigen, klingt sie doch noch zu utopistisch, und auch aus nichtkonservativer Perspektive wirft die Figur einer Rechtfertigung aus der Perspektive eines zukünftigen Rechtszustandes durchaus einige Fragen auf. Zustimmungsfähiger erscheint der Hinweis, dass es sich bei Praktiken des zivilen Ungehorsams oft um die »letzte Möglichkeit [handelt], Irrtümer im Prozess der Rechtsverwirklichung zu korrigieren und Neuerungen in Gang zu setzen«,[143] wobei hier beispielsweise auf die amerikanische Bürgerrechtsbewegung und ihre passiven Widerstandspraktiken verwiesen werden kann, gegen deren Erfolg selbst die konservativen Bedenkenträger – jedenfalls publik – nichts einzuwenden haben. Und so bleibt letztendlich der zivile Ungehorsam in Form von Protesten und Blockaden, die laut einer Entscheidung des Bundesverfassungsgerichts von 2011 nun auch nicht mehr notwendig mit dem Tatbestand der Nötigung einhergehen müssen, der radikale Stachel der Legitimität im Fleisch des vollständig legalisierten Rechtsstaats, der diesen aber zum Trost des Konservativen möglicherweise vor Verkrustungen bewahrt und so letztendlich zu dessen Bewahrung beiträgt – selbst Lübbe sprach bisweilen von prophylaktischen und letztlich bestanderhaltenden Reformen, die ja ziviler Ungehorsam auch anstoßen kann, als »konservativen Triumphen«.[144] Umgekehrt ist aber auch festzuhalten, dass die konservative Perspektive durchaus luzide einen Radikalitätskern identifiziert, der tief im Innern einer vermeintlich sozialdemokratisch gebändigten Kritischen Theorie von Habermas nach wie vor pulsiert und der darin besteht, dass in Anbetracht der prinzipiellen Legitimationsanforderungen an politisches Handeln dieses grundsätzlich immer als normativ defizitär interpretierbar ist – schließlich ist die Deckungsgleichheit von Betroffenen und Beteiligten nie vollständig gegeben, wie auch die übrigen Normen einer »Diskursiven Demokratie« nie gänzlich erfüllbar sind. Dass sie hinter den Unschärfen Habermas' in dieser Beziehung ein Einfallstor für Erschütterungen von ›Recht und Ordnung‹ vermuten, ist von deren selbsternannten Hütern nicht anders zu erwarten.

Die letzte Debatte, die uns hier beschäftigen soll, ist der Historikerstreit, dessen Brisanz aus der Perspektive der Beteiligten erst dann gänzlich nachvollziehbar wird, wenn man sich die uns bereits bekannte Vorgeschichte unter den Stichworten Geschichtspolitik, Bitburg und Weizsäcker-Rede sowie die damit verbundenen scharfen Auseinandersetzungen über den Umgang mit der deutschen Vergangenheit in Erinnerung ruft.

Im Jahr nach dem umstrittenen Besuch des Soldatenfriedhofs durch Kohl und Reagan kam es zur Konfrontation zwischen den Historikern Ernst Nolte, Andreas Hillgruber und Michael Stürmer, um nur die wichtigsten zu nennen, und – abermals – Jürgen Habermas, der aber im Lauf der Auseinandersetzung Unterstützung von Historikern wie Heinrich August Winkler oder auch *Spiegel*-Chefredakteur Rudolf Augstein erhielt. Je länger sich die Diskussion hinzog, desto polemischer wurde der Ton und desto unübersichtlicher gestaltete sich die Gemengelage der umkämpften Komplexe, denn offensichtlich ging es keineswegs allein um eine strikt historische oder gar um eine rein fachspezifische Frage, wie Geschichtswissenschaft zu betreiben ist, welche Methoden sie beachten soll und worin ihre gesellschaftliche Aufgabe besteht, sondern es ging auch und insbesondere um die politische Kultur der Bundesrepublik der 1980er-Jahre, was in der folgenden Rekonstruktion auch den Fokus bilden soll.

Die eigentliche Auseinandersetzung des Historikerstreits begann mit einem Artikel, der am 6. Juni 1986 in der *Frankfurter Allgemeinen* unter dem Titel »Vergangenheit, die nicht vergehen will« veröffentlicht wurde. Schon 1980 hatte sich Nolte, der sich mit *Der Faschismus in seiner Epoche* aus dem Jahr 1963 einen Namen gemacht hatte, verwundert darüber gezeigt, welche Präsenz das Dritte Reich auch noch 35 Jahre nach seinem Untergang im bundesdeutschen Bewusstsein habe, wobei es sich aber um eine »durch und durch negative Lebendigkeit« handele.[145] In eine ähnliche Richtung zielte auch der Befund des FAZ-Beitrags sechs Jahre später, denn die nationalsozialistische Vergangenheit existiere weiter als »Schreckbild, als eine Vergangenheit, die sich geradezu als Gegenwart etabliert oder die wie ein Richtschwert über der Gegenwart aufgehängt ist«.[146] Doch der kontroverse Kern von Noltes Beitrag ist nicht die Klage über die Zudringlichkeit der NS-Vergangenheit, sondern die in rhetorische Fragen gekleidete Deutung des Holocaust: »Vollbrachten die Nationalsozialisten, vollbrachte Hitler eine ›asiatische‹ Tat vielleicht nur deshalb, weil sie sich und ihresgleichen als potentielle oder wirkliche Opfer einer ›asiatischen‹ Tat betrachteten? War nicht der ›Archipel GULag‹ ursprünglicher als Auschwitz? War nicht der ›Klassenmord‹ der Bolschewiki das logische und faktische Prius des ›Rassenmords‹ der Nationalsozialisten?«[147] Auf diesen Beitrag Noltes reagierte Habermas, indem er ihm, aber auch dessen Kollegen Hillgruber und Hildebrand vorwarf, auf ihre jeweilige Art und Weise »eine Art Schadensabwicklung« – so der Titel des *Zeit*-Artikels – zu betreiben. Zwar war der Ton in diesem Beitrag noch moderat gehalten, doch Habermas' Entgegnung trat eine wahre Lawine von Wortmeldungen vonseiten der Angegriffenen, aber auch anderer los, in deren Verlauf die Schärfe der Rhetorik immer weiter zunahm, bis die Gesprächsatmosphäre, selbst wenn man sie nicht an den hohen Standards der Diskurstheorie misst, nur noch als vergiftet beschrieben werden konnte. Bezeichnend ist Habermas' abschließender Beitrag zum Historikerstreit im engeren Sinne, der eigentlich nur noch aus Eigen- und Fremdzitaten besteht, um Vorwürfe zu entkräften und die eigenen Thesen durch eindeutige Zitate zu unterfüttern, nachdem Hillgruber ihn unter anderem wegen der Falschzitation seiner Texte, die in fehlenden Anführungszeichen bestand, kritisiert hatte.[148] Bezeichnend ist auch die gut verbürgte Anekdote, nach der manche Historiker bei Konferenzen bestimmten Räumen fernblieben, um nicht in die Verlegenheit zu geraten, den dort befindlichen Gegnern im Historikerstreit zur Begrüßung die Hand geben zu müssen.[149]

Worum ging es nun in dieser weitverzweigten Debatte im Wesentlichen? Im Mittelpunkt stehen drei miteinander verknüpfte Fragen: Inwiefern handelt es sich beim Holocaust um ein historisch singuläres Ereignis? Inwiefern ist dem Dritten Reich alleinig die Kriegsschuld anzulasten? Und inwieweit lässt sich dieses Reich nicht nur als genozidales Unrechtsregime beschreiben, sondern auch als Modernisierungsmaschinerie, die Autobahnen baut und den Sozialstaat weiterentwickelt? All drei Fragen finden aber doch einen gemeinsamen Nenner in der potenziellen Relativierung deutscher Schuld, womit der Historikerstreit eben auch überaus relevant für die geschichtspolitischen Strategien der Wende-Regierung wird.

Beginnend mit dem letzten Komplex, lassen sich die drei inhaltlichen Hauptschauplätze der Auseinandersetzung folgendermaßen skizzieren. Anstoßpunkt für die Rede vom NS-Staat als Modernisierungsregime waren unter anderem die Arbeiten des Soziologen Zygmunt Bauman, der den Nationalsozialismus in allgemeinere Tendenzen der Moderne einzuordnen versuchte, aber auch die Studien von Martin Broszat, der sich in missverständlicher Weise für eine ›Historisierung‹ der Analyse der NS-Zeit aussprach und darunter auch die stärkere Fokussierung auf analytische anstelle von moralischen Fragen verstand. Auf diese per se noch keineswegs anstößige Agenda wird noch einmal zurückzukommen sein, doch im Gefolge von Broszat und Bauman machten sich jüngere Historiker wie etwa Rainer Zitelmann die Begriffe der Modernisierung und Historisierung zu eigen, um unter diesen Überschriften die vermeintlichen Errungenschaften des NS-Regimes herauszuarbeiten, die von der immer wieder zu hörenden falschen Mär von den von Hitler gebauten Autobahnen bis zur für die Angehörigen der ›Volksgemeinschaft‹ doch recht generösen Sozialpolitik reichen sollten – kurz, der Nationalsozialismus habe »nicht nur schlechte, sondern auch gute Seiten gehabt«.[150] Die Abscheulichkeit eines systematisch mordenden Regimes, die ja laut Nolte als »Richtschwert« über der Gegenwart hängt, verklärt sich so zu einer allenfalls höchst ambivalenten Modernisierungsgeschichte der deutschen Gesellschaft, deren Nachwirkungen sich vermeintlich ja noch im rasanten Wiederaufbau inklusive Wirtschaftswunder zeigen, und so gibt es selbst noch auf den dunkelsten Seiten der deutschen Geschichte, einige helle Lichtblicke, an die man anschließen kann.

In Sachen Kriegsschuld waren es vor allem zwei Argumentationsstränge, die die Protagonisten des Historikerstreits beschäftigten. Zum einen handelt es sich um die aus dem ebenso altehrwürdigen wie wissenschaftlich halbseidenen Genre der Geopolitik stammende These der deutschen Mittellage, die die eigentlich strukturelle Ursache nicht nur des Ersten, sondern auch des Zweiten Weltkriegs gewesen sei. Ein starkes Deutschland in halbhegemonialer Position – nämlich zu groß, um sich in Europa einzufügen, aber doch zu klein, um es führen, auf allen Seiten umgeben von konkurrierenden Großmächten – konnte letztlich nur zu einer militärischen Konfrontation führen, selbst wenn sie niemand ausdrücklich angestrebt habe. Diese oftmals mit Ressentiments gegen die übrigen Großmächte angereicherte Lesart, die seit dem Dreißigjährigen Krieg dafür gesorgt hätte, dass »Deutschland« zerrissen und kleinstaaterisch geblieben sei, sorgt dann insofern für Entlastung, als die Kriegsschuld von Befehlshabern auf deutscher, aber auch anderer Seiten auf die unpersönlichen tektonischen Kräfte der politischen Geografie verlagert werden, deren Auswirkungen dann eher tragisch als schuldbehaftet wären.[151]

Daneben steht noch die bis in die Nazipropaganda zurückreichende These vom Präventivkrieg, den Deutschland nicht nur aufgrund seiner Mittellage, sondern aufgrund objektiver Bedrohungen vonseiten der Sowjetunion, also aus nachvollziehbaren Gründen, habe führen müssen.[152] Die entsprechenden Belege sind in der Debatte und der Sekundärliteratur zur Genüge entkräftet worden,[153] und selbst andere Protagonisten wie Hillgruber haben keinen Zweifel daran gelassen, dass es sich beim Einmarsch in Polen bzw. später in die Sowjetunion um ›Überfälle‹ handelte. Wäre allerdings die deutsche Kriegsschuld erfolgreich infrage gestellt worden, so liegt der Ertrag auch hier auf der Hand: Anstelle eines willkürlich begonnenen und damit voll zu verantwortenden Angriffskrieges hätte es sich um eine militärische Auseinandersetzung gehandelt, die zwar nicht durch das Recht auf Selbstverteidigung in der Tradition des gerechten Krieges im strengen Sinn gedeckt gewesen wäre, aber immerhin sei sie eine Form der präventiven Selbstverteidigung und damit von außen aufgezwungen gewesen, und auch dies wäre offensichtlich dazu geeignet, die deutsche NS-Geschichte vom Vorwurf der Kriegstreiberei zu entlasten und damit auch Schuld und Verantwortung entsprechend zu ermäßigen.

Schließlich bleibt natürlich die Frage nach der Singularität des Holocaust, die den kontroversen Höhepunkt des Historikerstreits darstellte. Insbesondere zwei miteinander verknüpfte Punkte wurden hier verhandelt: die Frage nach der Besonderheit des Holocaust und ob sich dieser aufgrund dessen im strengen Sinn der komparativen Analyse verschließt sowie das Problem, inwieweit ein Vergleich des Holocaust mit anderen Völkermorden zwingend zur Relativierung führe und es so zumindest implizit immer zu einer Aufrechnung von Leid gegen anderes Leid komme, womit die Unterscheidung von Täter und Opfer letztlich verwischt werde, was ja auch schon anlässlich des Bitburg-Besuchs moniert wurde.

Wäre das Thema nicht so ernst, so ließe sich dieser letzte Diskussionsstrang als eine ausgedehnte Etüde in dem beschreiben, was heute mit dem Anglizismus ›Whataboutism‹ bezeichnet wird und im alteuropäischen Idiom des Bildungsbürgertums unter ›Tu quoque‹ (Auch du!) verhandelt wurde. Immer geht es darum, dass das 20. Jahrhundert voller schuldbeladener Akteure ist. Haben die Türken nicht etwa den ersten Genozid des Jahrhunderts an den Armeniern verübt? Waren es nicht die Briten, die in den afrikanischen Kolonialkriegen die Internierungslager »erfanden«? Und war es eben nicht Stalin, der Hunderttausende von Kulaken ermorden ließ, noch bevor die Nazis die ›Endlösung‹ ins Werk setzten – und handelte es sich hier schließlich nicht um ein Muster von Aktion und Reaktion?

Hier ist natürlich nicht der Platz, um die inhaltliche Debatte noch einmal durchzuarbeiten, und dies scheint auch insofern nicht angebracht, als schon damals von beinahe allen Seiten betont wurde, dass in ihrem Verlauf keine neuen Einsichten oder historischen Quellen präsentiert würden. Wichtiger scheint zunächst gerade aus der Perspektive der Gegenwart, wie sehr die Diskursstrategie der Konservativen und die Reaktion des progressiven Lagers im Historikerstreit gerade in diesem Punkt an die zeitgenössische Konfrontation mit dem Rechtspopulismus erinnern, und zwar nicht unbedingt inhaltlich, sondern was die rhetorische Strategie von Nolte, Hillgruber oder auch Joachim Fest, dem damaligen FAZ-Chef, betrifft. Das Stilmittel der rhetorischen Frage, das Nolte in den brisantesten Passagen seines Textes verwendet, spielt hier eine entscheidende Rolle und nicht von ungefähr habe ich bei meiner Illustration des ›Whataboutism‹ daher auch diese Form gewählt. Der Vorteil dieser Präsentationstaktik liegt zweifellos darin, dass es sich eben nicht um klare Aussagesätze handelt, sondern vielmehr um »bloße« Fragen, die man im Sinn der tabulosen Wahrheitssuche »ja wohl noch stellen dürfen wird«. Diese Fragen sind rhetorische Köder, wie sie heute auch immer wieder gerade von Rechtspopulisten ausgestreut werden, und ob Habermas dies bewusst war oder nicht, er war jedenfalls bereit, diesen Köder zu schlucken. Die rhetorische Frage im Gestus der unbefangenen wissenschaftlichen Neugier suggeriert, es gäbe womöglich Mächte und Kräfte, die verhindern wollen, dass solche Fragen gestellt werden. In gewisser Weise lieferte Habermas seinerzeit den Hillgrubers und Noltes mit seinen »wütenden Rundumschlägen« (Stürmer) exakt die nachträgliche Bestätigung ihrer impliziten Andeutung, und erst auf diese Weise konnte ihre rhetorische Rechnung aufgehen. Habermas wurde zu der Art selbsternanntem Meisterdenker stilisiert, der sich im Besitz der alleinseligmachenden Wahrheit wähnt und gegen den schon Schelsky und Gehlen im Gefolge von 1968 polemisiert hatten. Habermas und die übrigen »Siegelbewahrer der neuen Aufklärung« (Fest) bestätigten den wahrhaft totalitären Anspruch dieser

Aufklärung durch die Denkverbote, die sie gegen alles ihr Missliebige verhängten. Gegen diese Art von Gesinnungsverordnung müsse man sich allerdings im Namen der Wahrheitssuche zur Wehr setzen, denn »für die Forschung gibt es kein Frageverbot«.[154]

Aber damit ist die quasipopulistische Strategie der rhetorischen Frage noch nicht erschöpfend beschrieben, denn zu ihr gehört gleichermaßen die Möglichkeit des Zurückruderns, von der eben auch im Historikerstreit rege Gebrauch gemacht wurde. Habermas hatte in aller Deutlichkeit den Vorwurf erhoben, Nolte ginge es unter anderem um die Infragestellung der Singularität des Holocaust. Doch dies hatte jener – soweit ich die Quellenlage überblicken kann – eben nie ausdrücklich so gesagt oder geschrieben, was seine Verteidiger nicht müde wurden zu betonen: Habermas selbst, nicht Nolte, sei es gewesen, der angefangen habe, über die Singularität des Holocaust zu sprechen, so etwa Joachim Fest. Aber jetzt, wo das Thema im Raum stehe, könne man natürlich auch darüber diskutieren – schließlich duldet die Forschung keine Frageverbote. Und so ist de facto eine Debatte über die Singularität des Holocaust losgetreten worden, in der niemand jemals etwas Anstößiges behauptet haben will und allenfalls Fragen formuliert wurden, die sich allein schon als solche den Charakter des Unverfänglichen bewahren. In gewisser Weise wurde hier ein populistisches Spiel gespielt, indem Unausgesprochenes gemeint, aber abgestritten wird, und jede Kritik als Beleg für insinuierte Denk- und Frageverbote verbucht werden kann, wobei sich Habermas geradezu ideal als Projektionsfläche eines Diskurskontrolleurs anbot, der über diese Tabus im Dienste seiner Vorstellung von Aufklärung wacht. In einem Leserbrief an die *Zeit* vom 1. August 1986 sieht sich Nolte in seiner alten »Vermutung bestärkt, dass derselbe Mann, welcher in der Theorie der Vorkämpfer der ›herrschaftsfreien Diskussion‹ ist, in der Praxis die formellen und informellen Machtpositionen, welche er in Gremien und Verlagen innehat, mit Energie und Geschick zu benutzen weiß, um ein Zensorenamt besonderer Art auszuüben«.[155]

Allerdings ging es Habermas im Gegenteil um eine diskursive

Historisierung im Sinne des erwähnten Broszat: weder als relativierendes Verstehen noch als Abwicklung der Vergangenheit, sondern als Einordnung des Holocaust in die historischen Kontinuitäten, die es gerade ermöglicht, die Faktoren und Traditionen zu benennen, die zu dem vermeintlichen ›Zivilisationsbruch‹ geführt haben, der aber eben doch nicht nur ein Bruch war, und die Kontinuitäten zu untersuchen, die auch nach dem Holocaust weiterwirkten. In diesem Sinn spricht Habermas davon, »dass die Arbeit des distanzierenden Verstehens die Kraft einer reflexiven Erinnerung freisetzt und damit den Spielraum für einen autonomen Umgang mit ambivalenten Überlieferungen erweitert«.[156] Schließlich war es unter anderem zum Zweck der Ermöglichung solch aufwendiger kollektiver Selbstverständigungsdiskurse über die eigene (historische) Identität, dass Habermas an der Entlastung der zivilgesellschaftlichen Lebenswelt durch die Ausdifferenzierung des ökonomischen und politischen Systems festhalten wollte. Beim Schutz dieser Lebenswelt vor systemischen Imperativen ging es keineswegs darum, *safe spaces* des idyllischen Miteinanders zu schaffen, wie in den entsprechenden Diskussionen immer wieder einmal suggeriert wird, sondern zwar konsensorientierte, aber dennoch robust geführte Auseinandersetzungen über Moral, Recht und eben auch kollektive Identitäten zu initiieren, was im deutschen Fall offensichtlich die Auseinandersetzung mit dem Holocaust beinhaltet. Ob sich dieses Ansinnen mit dem deckt, was Stürmer, Nolte und Hillgruber bezweckten, kann durchaus bezweifelt werden. Zwar schießt auch die Polemik Habermas' durchaus bisweilen über das Ziel hinaus, wenn er kurzerhand von »Regierungshistorikern« spricht und damit suggeriert, die Wissenschaftler hätten sich in den Dienst der Regierung gestellt – was am ehesten noch auf den zwischenzeitlichen Kohl-Berater Stürmer zutrifft. Aber auch wenn die konservative Politik im Gegenteil zu Habermas' Andeutung eher Distanz zur Fachdebatte hielt, deckte sich die Gesamtausrichtung der Argumentation jenes Lagers im Historikerstreit aber doch durchaus in vielen Punkten mit der Strategie der Wende-Regierung, wie sie im vorigen Kapitel herausgearbeitet wurde, was auch weiter unten am Beispiel Dreggers noch einmal deutlich wird. Wenn diese tatsächlich darin bestand, den Geist von 1948 gegen den Geist von 1968 zu mobilisieren und das Land darüber hinaus für die Zukunft im Allgemeinen und die Konflikte des Kalten Krieges im Besonderen zu stärken, dann haben die Entschuldungstheoreme der großen Vergangenheitsdebatte diesbezüglich zumindest eine flankierende Wirkung. Hillgrubers Buch *Zweierlei Untergang. Die Zerschlagung des Deutschen Reichs und das Ende des europäischen Judentums*, das auch im Historikerstreit eine prominente Rolle spielte, bietet sich diesbezüglich zur Illustration an.[157] Der Historiker versetzt sich hier in die Soldaten der Ostfront hinein, die die Flucht der Zivilbevölkerung sichern und die vorrückende Rote Armee so lange wie möglich in Schach halten, im unheilvollen Wissen, was bei deren Sieg droht. Zwei Implikationen gehen aus der Darstellung hervor, die natürlich so nicht ausgesprochen werden: Zum einen wird ein Zusammenhang hergestellt zwischen dem Untergang des Judentums, also dem Holocaust, und der deutschen Niederlage in Verbindung mit Flucht und Vertreibung insbesondere aus den deutschen Ostgebieten. Die Deutschen, so diese erste Implikation, waren offensichtlich nicht nur Täter, sondern auch Opfer in einem allgemeinen Syndrom von »Totalitarismus, Völkermord und Massenvertreibung«, die zur »Signatur des 20. Jahrhunderts gehören«.[158] Die zweite Implikation ergibt sich aus dem Fokus auf die Ostfront und den Krieg gegen den Bolschewismus, der sich in der Folge ja nicht nur auch Kriegsverbrechen schuldig gemacht, sondern sich in der Nachkriegszeit als eigentlicher Feind Deutschlands – und der gesamten freien Welt – entpuppt habe. Mit anderen Worten, die so nicht ausgesprochen werden: Der damals geführte Kampf war der richtige, und in gewisser Weise stand man schon damals an der Seite der Westmächte, wäre doch ohne den Widerstand an der Ostfront womöglich ganz Europa in die Hände der Sowjets gefallen.[159] Deutschlands Nazivergangenheit, so suggeriert Hillgrubers Buch, bietet nicht nur Anlass zu Scham, sein partieller Opferstatus und seine schon immer eindeutige Positionierung gegen den Kommunismus sind positive Anknüpfungspunkte, die sich sogar im dunkelsten Kapitel seiner Geschichte finden. Vor diesem Hintergrund kann es nicht überraschen, wenn Habermas und andere hier ganz unabhängig von den tatsächlichen Intentionen der Autoren, »objektiv apologetische« Tendenzen und Beiträge zu einer insgesamt zustimmungsfähigeren Nationalgeschichte ausmachen, die sich von offizieller Seite ja nicht dekretieren, aber doch in Dienst nehmen lässt.[160] Ähnlich zum Ansinnen der Wende hatte Stürmer schon im Vorfeld des Historikerstreits ausdrücklich einen Zusammenhang zur Gegenwart hergestellt, nach dem »im geschichtslosen Land die Zukunft gewinnt, wer die Erinnerung füllt«. Entscheidend seien also die richtigen Erinnerungen, »denn es geht um die innere Kontinuität der deutschen Republik und ihre außenpolitische Berechenbarkeit. In einem Land ohne Erinnerung ist alles möglich.«[161] Hier tritt nicht nur ein ausgeprägt funktionalistisches Geschichtsverständnis zutage, dem es nicht so sehr um historische Wahrheiten als gegenwartspolitische Nützlichkeiten und antikommunistische Sinnvermittlungen zu gehen scheint, sondern auch eine stellenweise geradezu obsessive Beschwörung der vermeintlichen Geschichtslosigkeit Deutschlands, die im Jahr des Historikerstreits der CDU-Fraktionsvorsitzende Alfred Dregger in einer vieldiskutierten Rede vor dem Bundestag zum Ausdruck brachte: »Besorgt machen uns Geschichtslosigkeit und Rücksichtslosigkeit der eigenen Nation gegenüber. [...] Wer die sogenannte ›Vergangenheitsbewältigung‹, die gewiss notwendig war, mißbraucht, um unser Volk zukunftsunfähig zu machen, muß auf unseren Widerstand rechnen.«[162] Der Konservatismus, wir haben es weiter oben vermerkt, ist in gewisser Weise eine zur Ideologie erhobene Verlustangst, wobei sich diese Angst im deutschen Kontext offensichtlich auch und gerade auf die Vergangenheit erstreckt, der man vermeintlich beraubt worden sei. Glaubt man Stürmer, dann kann ein »Gemeinwesen, das sich von seiner Geschichte abspaltet, [...] im Bewusstsein seiner Bürger nicht überdauern«[163] – schließlich gilt nach wie vor das Diktum Marquards:

Zukunft braucht Herkunft. Wenngleich dies in dieser Allgemeinheit sicher nicht zu bestreiten ist, irritiert an der konservativen Ausdeutung der Feststellung dennoch die spezifische Blickfeldverengung, auf die seinerzeit schon Broszat hingewiesen hatte, nämlich die »fundamentale Verkennung, als sei die durch die Not erworbene moralische Sensibilität gegenüber der eigenen Geschichte ein kultureller und politischer Nachteil verglichen mit anderen Nationen, und als gelte es, deren aus historischen Gründen oft robusteres oder naiveres und politisch meist schädliches historisches Selbstbewußtsein zu kopieren«.[164] Warum sollte es nicht auch möglich sein, auf der Grundlage eines reflektierten Verhältnisses zur eigenen Vergangenheit die kollektive Herkunftsbestimmung auszuhandeln, von der die Konservativen – und ja nicht nur sie – glauben, dass sie die Voraussetzung für ein nichtpathologisches Selbstverhältnis in der Gegenwart ist? Man möchte vermuten, dass man aus konservativer Perspektive an derart durchgearbeiteten Identitäten das Naturwüchsige vermisst, aber der Versuch, konventionelle Identitäten in ihrer Natürlichkeit wiederherzustellen, befeuert dann schlussendlich wieder nur die Tragik des Konservatismus, der bei diesem Versuch doch immer lediglich Künstliches produziert.

Und schließlich ist ja keineswegs ausgemacht, dass aus einem historischen Selbstverständigungsdiskurs, wie er Habermas vorschwebt, auch tatsächlich das von ihm präferierte Ergebnis hervorgeht, nämlich ein durch den Filter universalistischer Normen getriebener Verfassungspatriotismus, der, wie wir in den folgenden Kapiteln noch sehen werden, die Tür offen lassen soll für eine Ergänzung nationaler Identitäten durch eine europäische. Das Ergebnis könnte auch schlicht darin bestehen, dass die Herkunftsidentität in Deutschland gerade *auch* auf die schuldhaften Erfahrungen der NS-Zeit gegründet wird, womit dann der von Lübbe geforderte »Mut zur Vergangenheit« gezeigt würde, nämlich »sich selbst in der mehr oder weniger trüben Mischung zu erkennen, die sie in Wahrheit ist«.[165] Das wäre alles andere als die von der konservativen Fraktion des Historikerstreits immer wieder beklagte Geschichtslosigkeit, beinhaltete es doch die Möglichkeit, auf der Grundlage des klaren Blicks auf die trübe Mischung der eigenen Vergangenheit die Herausforderungen der Gegenwart und Zukunft zu bewältigen.

Wer denn nun schlussendlich als Sieger aus dem Historikerstreit hervorgegangen sei, ist offensichtlich die falsche Frage am Ende dieser Erörterung. Wie wir sehen werden, tritt zwar das Feld der Geschichtspolitik im Rahmen der 1990er-Jahre eher in den Hintergrund der konservativen Agenda, aber der Historikerstreit hallt auch noch in der Kontroverse über Daniel Goldhagens *Hitlers willige Vollstrecker* und in der Walser-Bubis-Debatte am Ende der Dekade nach, die allerdings nun unter den alles verändernden Vorzeichen des wiedervereinigten Deutschlands geführt werden.

Zum Abschluss dieses Kapitels bleibt noch der kurze Blick auf den zweiten Schauplatz neokonservativer Auseinandersetzungen. Denn nicht nur die Kritische Theorie und Historiker des linken Spektrums rufen die Neokonservativen auf den Plan, auch die Politik der Wende-Regierung erfährt von ihnen stellenweise eine derart kritische Begleitung, dass man ein weiteres Mal daran erinnert wird, wie sehr die konservative Abneigung nicht nur denjenigen gilt, die Ordnungen umstürzen wollen, sondern auch denjenigen, die sich bei ihrer Verteidigung als inkompetent erweisen.

Dies gilt allerdings nicht für alle der konservativen Denker, mit denen wir uns hier beschäftigen, von denen manche wie Marquard und Lübbe sich kaum in expliziter Weise zur Politik der Union in den 1980er-Jahren äußerten und andere zwar durchblicken ließen, wo die Konfliktlinien zwischen ihrem konservativen Denken und der Regierungspolitik lagen, ohne diese Divergenzen jedoch in einen offenen Angriff umzumünzen. Zur letzteren Gruppe gehört der Philosoph Robert Spaemann, der wie viele der hier ausführlicher besprochenen Autoren aus der Münsteraner Schule Joachim Ritters stammt. Spaemanns Konservatismus kann als Gegenstück zu Gehlens Überführung der Normativität ins Anthropologische gewertet werden, und zwar insofern, als das normative Gerüst seines Denkens ausdrücklich das (katholische) Christentum ist. Zwar spielt auch für ihn die biologische Ebene eine bedeutende Rolle, doch nicht als Objekt einer wissenschaftlich-philosophischen Anthropologie, sondern eher als Argument für die Unverfügbarkeit kreatürlichen, d. h. gottgeschaffenen Lebens, das die absolute Grenze menschlicher Manipulation markieren soll. Daraus ergeben sich starke Positionen hinsichtlich des Schutzes dieses Lebens, und Spaemann und seine Schüler haben diese vor allem in drei Richtungen ausbuchstabiert: Die erste, die Frage der Erziehung, spielte zwar im Kontext von Tendenzwende und geistig-moralischer Wende eine prominente Rolle, sie soll hier aber nicht weiter thematisiert werden. Von Belang sind daneben vor allem die Auseinandersetzung über den Schutz menschlichen Lebens mit Implikationen für Schwangerschaftsabbruch, Sterbehilfe, aber auch genetische Diagnostik- und Therapieformen sowie Praktiken wie die In-vitro-Fertilisation. Gerade seine Position der Ablehnung von Schwangerschaftsabbrüchen, die Spaemann durch ein Recht zur Adoptionsfreigabe für ungewollt Mutter werdende Frauen auszugleichen forderte, musste ihn eigentlich auf Konfrontationskurs mit der Regierungspolitik bringen, die ja an der durch die sozial-liberale Koalition durchgesetzten Möglichkeit des straffreien Schwangerschaftsabbruchs aufgrund von sozialen Gründen letztlich nicht rüttelte, wenn dies auch in Teilen der Partei äußerst kritisch gesehen wurde. Doch Spaemann, der seinerzeit vor allem in der Jungen Union viele Anhänger hatte, vermied es, die Debatte mit der CDU politisch zu eskalieren. Das Gleiche gilt für die Frage des Schutzes der nichtmenschlichen Natur, deren Zerstörung er fast durchgehend einer wild gewordenen Aufklärungsfantasie über die Beherrschbarkeit der Natur mit Mitteln der Technik ankreidete. Claus Leggewie sprach diesbezüglich seinerzeit zu Recht von einer Art »Feigheit vor dem Freund«, denn wie wir wissen hatte sich ja gerade die Union mittlerweile dem Mantra von Modernisierung und technischem Fortschritt verschrieben.[166] Nur stellenweise blitzt die Irritation über diese Naturvergessenheit der Christdemokratie auf, wenn Spaemann im Interview mit Leggewie zunächst erwartungsgemäß die Linke für ihren »emanzipatorisch-utopischen Ballast« geißelt, dann jedoch auch feststellt: »Aber die Ungeniertheit, mit der die Gegenseite heute einfach weiter auf Wachstum und Technologie setzt und alles andere eigentlich eher rhetorische Verzierung ist, muss einen nachdenklich stimmen.«[167] Und so bleiben die schärfsten Ausfälle aus der ersten Reihe des Konservatismus gegenüber der Regierungspolitik Günter Rohrmoser vorbehalten, der nicht zuletzt durch sein Wirken am Studienzentrum Weikersheim, das schon 1980 Veranstaltungen zur geistig-moralischen Wende durchführte, wie auch seine informelle Beratertätigkeit für die CDU und später die CSU in besonderer Weise als geistiger Vater der geistig-moralischen Wende gelten kann. Rohrmoser hatte die Latte für solch eine Wende in seinem Buch *Zäsur* von 1980 selbst hoch gelegt[168] und zeigte sich umso enttäuschter, als die Regierung seinen Erwartungen nicht gerecht zu werden schien, was er fünf Jahre später in einem Buch mit dem wenig subtilen Titel *Das Debakel* zum Ausdruck brachte. Auch Rohrmoser repräsentiert einen christlichen Konservatismus, doch im Gegensatz zu Spaemann nahm er in seinen Einschätzungen der CDU kein Blatt vor den Mund: »Ich finde, die CDU ist der in der Natur dieser Debatte [um Schwangerschaftsabbrüche] liegenden Dimension überhaupt nicht gewachsen.«[169] Grundsätzlich habe die CDU ihr Bekenntnis zum christlichen Menschenbild verraten, und nicht nur, aber auch deshalb, ist sich Rohrmoser sicher: »Der Versuch einer Politik der ›Wende‹ ist schon nach 2 Jahren gescheitert.«[170] Der Katalog der Fehlleistungen reiche von der Familienpolitik über die Entbürokratisierung bzw. Entstaatlichung der Gesellschaft bis hin zur »Reform unseres ganzen sozialen Sicherungssystems« und – unweigerlich – der »Renaissance eines gesunden und entkrampften nationalen Selbstbewußtseins.« In allen Bereichen habe die Regierung versagt, und selbst dort, wo Rohrmoser differenziert, wie etwa in der ›Deutschen Frage‹ und der Haushaltspolitik, fällt die Bilanz letztlich negativ aus: Zwar habe Kohl Erstere demonstrativ offen gehalten, aber bei den Vertriebenenverbänden herrsche trotzdem »tiefe Enttäuschung und Frustration«. Und zwar könne die Regierung in der Haushaltspolitik »beachtliche Erfolge« vorweisen, doch für eine Steuerreform nach dem Vorbild Reagans habe der Regierung jeder Mut gefehlt.[171]

Die konservative Unzufriedenheit mit der Union beschränkt sich also nicht nur auf den entsprechenden Flügel in der Partei, sondern umfasst auch zumindest in Teilen die konservative Intelligenz, die Härte und Führungsstärke vermissen und sich in den Erwartungen, die mit der geistig-moralischen Wende geweckt wurden, zumindest vorerst enttäuscht sehen.[172] Mehr noch, schon Rohrmoser deutet die geistig-moralische Wende so kategorisch zum Fehlschlag um, dass die konservative Erneuerung eine kontinuierliche Herausforderung bleibt, die auch noch im Jahr 2018 proklamiert werden kann: »Aber die geistige Wende, die nicht stattfand, hat Folgen. Die geistige Führung der Republik ist von den grünen und alternativen Bewegungen übernommen worden.«[173]

4. Berliner Republik

Auch wenn in jüngster Zeit wieder die Rede davon ist; die von Rohrmoser 1985 prognostizierte und zweifellos auch perhorreszierte Hegemonie der Grünen ließ noch eine Weile auf sich warten – zumindest in Bezug auf die Institutionen. Denn die (westdeutschen) Grünen scheiterten bei den Bundestagswahlen vom 2. Dezember 1990 knapp an der Fünf-Prozent-Hürde, während es die zukünftige Parteischwester Bündnis 90 nur einer Sonderregelung zu verdanken hatte, dass sie im ersten gesamtdeutschen Bundestag vertreten war.

In vielen Fällen ist die Rede von Jahrzehnten wie *den* Fünfzigern und *den* Sechzigern als homogenen und in sich abgeschlossenen Zeitperioden irreführend, denn die eigentlichen Umbrüche fallen eher selten mit dem Wechsel kalendarischer Dekaden zusammen, wie etwa die Siebzigerjahre, die als das Transformationsjahrzehnt schlechthin gelten können, belegen.[174] Für den Übergang von den Achtziger- in die Neunzigerjahre gilt dies aber offensichtlich nicht, denn die deutsche Wiedervereinigung ist eine Zäsur, die weitreichende politische Auswirkungen auf allen Ebenen zeitigt – bis hin zum zeitweisen Ausscheiden der Grünen aus dem Parlament – und sich dementsprechend auch in der Entwicklungsdynamik des deutschen Konservatismus niederschlägt. Wie sich dieser vor dem Hintergrund der Einheit über die 1990er-Jahre hinweg bis zur Wahlniederlage 1998 entwickelt, welche offensichtlich für die Christdemokratie eine weitere Zäsur darstellt, soll in diesem Kapitel mit Blick auf drei politisch-theoretische Schlüsselschauplätze nachgezeichnet und analysiert werden:

Zunächst gilt unsere Aufmerksamkeit dem politisch organisierten Konservatismus in Form der CDU/CSU, die sich in den Neunzigern zunächst auf Bundesebene noch an immer neuen Siegen erfreut, aber auch mit immer neuen Herausforderungen konfrontiert sieht, bis die schwarz-gelbe Koalition nach 16 Jahren an der Macht schließlich als erste bundesdeutsche Regierung vom Volk abgewählt wird.

Im Folgenden steht dann die Wirtschaftspolitik der 1990er-Jahre im Mittelpunkt, die deutlich durch die (finanziellen) Auswirkungen der Einheit und den Standortwettbewerb im Zeichen einer zunehmenden Globalisierung geprägt ist. Beides führt über die Dekade hinweg zu einer Häutung des Konservatismus, der zusehends neoliberal überformt erscheint, womit auch der ehedem postulierte Zusammenhang zwischen moralischen Tugenden und ökonomischer Leistungsfähigkeit zumindest zeitweise infrage steht.

Der dritte und bei weitem komplexeste Schauplatz der Auseinandersetzung um den Konservatismus ist das wiedervereinigte Deutschland als Nation. Mit der Einheit gewinnt eine Neue Rechte an Boden, die an die Erfolge der Republikaner in der zweiten Hälfte der 1980er-Jahre anschließt und damit insbesondere für die CDU/CSU zur neuen Herausforderung wird. Dies vollzieht sich im Kontext miteinander verzahnter Debatten und Entwicklungen, die von der Zunahme rechtsextremer Straftaten im neuen Osten wie auch im alten Westen Deutschlands über die Diskussion um russische Spätaussiedler und (Bürgerkriegs-)Flüchtlinge aus dem ehemaligen Jugoslawien sowie die Asylrechtsreform 1993 bis hin zu den Reinkarnationen des Historikerstreits in Form der Kontroverse um die Wehrmachtsausstellung und die Veröffentlichung von Daniel Goldhagens *Hitlers willige Vollstrecker* in der zweiten Hälfte des Jahrzehnts reichen. Der breiten Öffentlichkeit präsentiert sich die Neue Rechte erstmals in der unwahrscheinlichen, weil 68-geprägten Person des Dramatikers Botho Strauß, dessen Essay »Anschwellender Bocksgesang« der *Spiegel* am 8. Februar 1993 veröffentlicht und von dem Armin Mohler in der Zeitschrift *Criticón* später schwärmen wird, dass hier endlich ein angesehener deutscher Dichter in der »ihm eigenen Sprache« das »Lebensrecht einer neuen Rechten vertritt«.[175] Strauß' Essay wird zum Gegenstand einer intensiv geführten Debatte und zum Anlass des Buchs *Die selbstbewußte Nation*, das für die Neue Rechte zur im Nachhinein geradezu mythisierten Standortbestimmung im Rahmen eines wieder souveränen Deutschlands avanciert. Doch diese wiedererlangte Souveränität erscheint umgehend wieder zur Disposition gestellt, da das wiedervereinigte Deutschland den Maastricht-Vertrag unterzeichnet, damit seine eigene Währung aufgibt und sich einer Vertiefung der damals noch als Europäische Gemeinschaft bezeichneten EU verschreibt. Der Debatte, die sich zwischen Konservativen wie Lübbe und Rohrmoser auf der einen und – abermals – Habermas auf der anderen Seite um die Zukunft Europas und seines Verhältnisses zum Nationalstaat entzündet, gilt daher im Rahmen dieses Schauplatzes unsere abschließende Aufmerksamkeit; nicht zuletzt deshalb, weil es sich hier um eine Thematik handelt, die gerade für den deutschen Konservatismus bis heute nichts an Bedeutung und Brisanz eingebüßt hat.

Die Wiederentdeckung des Kanzlerwahlvereins: Die CDU in den 1990er-Jahren

Vom damaligen SPD-Generalsekretär Peter Glotz stammt die Formulierung, Kohl habe zwar die Hegemonie der Rechten in Deutschland in den 1980er-Jahren nicht eigenhändig herbeigeführt, er sei aber »ihr Organisator, ihr Sekretär« gewesen.[176] Doch selbst wenn dies zutreffen sollte, so ist doch festzuhalten, dass der Parteivorsitzende zutiefst unentschlossen blieb, was die innerparteiliche Ausrichtung der CDU betraf. Positiv gewendet, ließe sich wohl von einer gelungenen Austarierung der Parteiflügel sprechen, negativ gewendet, blickt man schlicht auf eine widersprüchliche Führungsstrategie, die sich vor allem am Umgang mit den nationalkonservativen und reformerischen Flügeln festmachen lässt. Wie gezeigt, setzte Kohl immer wieder Zeichen, die im nationalkonservativen Spektrum erkannt wurden, wie etwa der symbolträchtige Besuch beim konservativen Revolutionär Ernst Jünger zum Geburtstagskaffeekränzchen im Jahr 1985 oder die lange Leine, die er prominenten Wortführern der sogenannten Stahlhelm-Fraktion in der CDU-Bundestagsfraktion um den Vorsitzenden Alfred Dregger, Heinrich Lummer und Claus Jäger ließ. Andererseits war es ebenfalls Kohl, der die als »Reformer« geltenden Geißler und Biedenkopf, aber auch etwa Rita Süssmuth, zumindest eine Zeit lang selbst gegen innerparteiliche Widerstände gefördert und in Spitzenpositionen gehievt hatte – wobei gerade Letztere als Gesundheitsministerin mit ihrer vergleichsweise progressiven Politik im Umgang mit Aids sowohl bei Kirchen als auch insbesondere bei der bayerischen Schwesterpartei kollektive Wutausbrüche hervorrief. Doch dieses Nebeneinander zwischen altem Rechtskonservatismus und neuem Reformkonservatismus zerbrach spätestens nach dem Bremer Parteitag 1989, als der halbherzige Versuch der Reformer, Ministerpräsident Lothar Späth an die Parteispitze zu putschen, scheiterte. Kohl zog die Konsequenzen aus diesem Versuch eines Coups und stellte die noch verbliebenen Protagonisten kalt: Geißler musste als Generalsekretär gehen, und Rita Süssmuth fand sich im gesamtdeutschen Bundestag als dessen Präsidentin wieder, was viel Renommee, aber nur wenig Macht bedeutete. Späth stolperte über gesponserte Ferienreisen und trat 1991 zurück, während Biedenkopf zwar als sächsischer Ministerpräsident ganze 16 Jahre im Amt überdauerte, jedoch in der Bundespolitik weiterhin von Kohl marginalisiert blieb. Die »zweite Modernisierung«[177] der CDU nach den Aufbruchsjahren der Siebzigerjahre war damit endgültig versandet. Dies bedeutete aber nicht zwangsläufig, dass die nationalkonservativen Wortführer im Gefolge der Einheit nun die innerparteiliche Vorherrschaft an sich gerissen hätten; Dregger verlor nämlich die einflussreiche Position des Fraktionsvorsitzenden und wurde durch Wolfgang Schäuble ersetzt, dessen beeindruckende, aber stellenweise tragische Parteikarriere mit der von ihm im Wesentlichen verhandelten Wiedervereinigung nun an Fahrt gewann. Mit Dregger musste der letzte verbliebene Nationalkonservative aus der ersten Reihe der Union weichen, nachdem Friedrich Zimmermann schon am Vorabend der Einheit als Innenminister seinen Hut nehmen musste. Erst 1993 beerbt der dem traditionell konservativen hessischen Landesverband entstammende Manfred Kanther den über die Bad-Kleinen-Affäre zurückgetretenen Rudolf Seiters als Innenminister und wird als neuer ›schwarzer Sheriff‹ zur eher einsamen Galionsfigur der Konservativen in seiner Partei, ohne jedoch größere Akzente zu setzen.

Die Akzente in der CDU setzt nach den diversen Personalrochaden rund um die Einheit zusehends Helmut Kohl selbst, während die alten Gegenmachtbastionen innerhalb der Partei von der Fraktion bis zu den Landesverbänden über die 1990er-Jahre hinweg immer weitere Machteinbußen gegenüber dem Kanzleramt hinnehmen müssen – was vor allem daran liegt, dass die CDU bei den Landtagswahlen nach 1991 Niederlage um Niederlage einstecken muss und kaum noch über wichtige Ministerpräsidenten als Gegengewicht zu Kohl verfügt – wenn sie nicht ohnehin, wie Biedenkopf, dem Bannfluch des Kanzlers der Einheit verfallen sind. Sarkastisch ließe sich urteilen, dass die CDU sich in jener Zeit wieder auf alte Tugenden besinnt, die da heißen: programmatisches Desinteresse gepaart mit unverbrüchlicher Loyalität gegenüber ihrem Parteivorsitzenden. Kurz, es ist das Wiedererwachen der Christdemokratie als Kanzlerwahlverein, der sie schon früher gewesen war. Doch die saloppe Formulierung darf nicht darüber hinwegtäuschen, dass »Lethargie, Kanzlergläubigkeit und innere Ideenlosigkeit«[178] die Manifestationen eines sowohl inhaltlichen als auch – weitgehend – personellen Stillstandes seit den frühen 1990er-Jahren darstellen, deren Spätfolgen dann in gewisser Weise die turbulenten Transformationen seit den frühen 2000er-Jahren sind, in denen nachgeholt wird, was unter Kohl versäumt wurde, nämlich eine Weiterentwicklung der Partei – in welche Richtung auch immer. Die Programme aus jener Zeit belegen, wie schmalspurig sich die CDU inhaltlich aufstellte. Das Grundsatzprogramm von 1994 wurde unter minimaler Einbeziehung der Partei verabschiedet, damit es noch vor den Bundestagswahlen in jenem Jahr der Öffentlichkeit präsentiert werden konnte. Unter dem Titel »Freiheit in Verantwortung« übernahm das neue Programm dann aber ganze Abschnitte unverändert aus dem Ludwigshafener Programm von 1978, und bei allem, was für das Festhalten am Bewährten spricht, ist es doch bemerkenswert, dass man nach 16 Regierungsjahren und der Wiedervereinigung »dieses unseren Vaterlandes« keine Notwendigkeit für weiterreichende Aktualisierungen der eigenen Agenda sah. Die einzig nennenswerte Neuerung ist allerdings auch tatsächlich erwähnenswert, denn mit der Aufnahme der Formel von der »ökologisch sozialen Marktwirtschaft«, die bis heute Bestand hat, signalisierte die CDU mit großer Verspätung, dass das grundkonservative Thema Umweltschutz tatsächlich von programmatischer Bedeutung für sie sein sollte, was langfristig auch Auswirkungen auf das Verhältnis zu den Grünen haben würde. Durchgesetzt wurde die Formulierung übrigens von einer weitgehend unbekannten Politiknovizin, die gerade die Leitung des Bundesumweltministeriums übernommen hatte, namens Angela Merkel.

Doch trotz der Tendenz zur Alleinherrschaft zu Beginn der Dekade, die den Leiter der CDU-Grundsatzabteilung Wulf Schönbohm damals zur Mahnung bewegte, »wir haben nur noch Helmut Kohl. Die Partei spielt keine Rolle mehr. Das ist gefährlich«,[179] wäre es sicherlich zu kurz gegriffen, lastete man den Stillstand allein dem Kanzler und seiner vermeintlich begrenzten politischen Fantasie an. Vielmehr sind es strukturelle und strategische Gründe, die hier relevant sind, zu denen paradoxerweise auch der Erfolg der CDU und ihres Nimbus gehört. Mit Blick auf die spezifisch deutschen Verhältnisse lässt sich dies an der Wahl 1990 festmachen, die der Union zwar trotz Einheitseuphorie mit 44,1 Prozent zur allgemeinen Überraschung ein noch schlechteres Resultat als 1987 beschert, was jedoch vor allem auf Wählerwanderungen zu den Liberalen mit ihrem insbesondere im Osten prominenten Zugpferd Hans-Dietrich Genscher zurückzuführen ist. Doch trotz der beachtlichen 11 Prozent, die die FDP einstreicht, ist sie fester als je zuvor an die Union gekettet, da ihr die Option für eine sozialliberale Mehrheit fehlt. Die Oppositionsparteien erleben nämlich mit der SPD mit für heutige Verhältnisse respektablen 33,5 Prozent und den westdeutschen Grünen mit 4,8 Prozent ein wahres Debakel, sodass der *Spiegel* treffend zusammenfasst: »Die Linke ist im neuen Deutschland zersplittert wie lange nicht mehr: Die Sozialdemokraten geschwächt, die Grünen-West an die frische Luft gesetzt, Grüne-Ost im Ausgrenzungskampf mit der PDS. Das Parlament wird zwar bunter als zuvor, aber die Regierung ist auch ungefährdeter denn je.«[180] Hier von einem Pyrrhussieg zu sprechen, wäre übertrieben, doch bei aller Genugtuung über die Schwäche der Sozialdemokratie und das vorübergehende Verschwinden der Grünen von der parlamentarischen Bildfläche raubt gerade Letzteres der Christdemokratie auch ein Feindbild, das in seiner Effektivität bei der Wählermobilisierung bis dahin kaum zu überschätzen war.

Doch der Einheitskater der Grünen verblasst in seiner Bedeutung natürlich im Vergleich mit dem welthistorischen Zusammenbruch des Kommunismus 1990. Mit diesem verschwindet auch tendenziell der Gegensatz, auf dem sich die deutsche Christdemokratie und weite Teile des deutschen Nachkriegskonservatismus gegründet hatten, nämlich der zwischen dem guten Kapitalismus einer sozialen Marktwirtschaft und der menschenunwürdigen Planwirtschaft des kommunistischen ›Totalitarismus‹ von der DDR bis zur Sowjetunion. Mit deren Untergang löst sich auch eine der Klammern, die die heterogene Sammlungsbewegung CDU im innersten zusammengehalten und ihr eine elementare Ausrichtung gegeben hatten. Wenn es zutrifft, dass die Reaktivität strukturelles Grundmerkmal des Konservatismus darstellt und er eigentlich nur dann genau weiß, welche Teile des Status quo als Teil einer natürlichen Ordnung verteidigt werden müssen, wenn eine konkrete Herausforderung gegeben ist, dann ist davon auszugehen, dass das mehr oder weniger temporäre Verschwinden solcher Herausforderer auch nicht spurlos am Konservatismus selbst vorübergeht. Die Bedeutung dieses Verlusts zeigt sich – nun wieder im strikt deutschen Kontext – indirekt bei der Wahl 1994. Noch Anfang des Jahres scheint die Regierung Kohl unrettbar verloren, und der *Spiegel* deutet die Zeichen bereits im Sinne eines bevorstehenden Machtwechsels: »Nie stand ein Kanzler so lange Zeit in so geringem Ansehen wie Kohl. Die Regierung besitzt kaum noch Autorität, und selbst im eigenen Lager ist die Zuversicht abhandengekommen. Die Eliten in Wirtschaft und Industrie wenden sich von der Regierung ab, sehen im Sozialdemokraten Rudolf Scharping eine überzeugende Alternative.«[181] Insbesondere der letzte Punkt erscheint im Nachhinein eher gewagt, bedenkt man, welch unglückliche Figur der SPD-Kanzlerkandidat im Wahlkampf und bisweilen auch danach machte. Der entscheidende Punkt besteht aber darin, dass Anfang des Wahljahres alles gegen Kohl sprach, der über ein »Einheitsdesaster« *(Der Spiegel)* aus schwerer Rezession und einem massiven Anstieg der Arbeitslosigkeit präsidierte. Doch trotz abermaliger Verluste der Union ging Kohl auch diesmal als Kanzler an der Spitze einer neuen schwarz-gelben Koalition aus der Wahl hervor. Glaubt man den Demoskopen, so hatte dies auch etwas mit der Schwäche von Scharping und einem letztmaligen Wahleffekt der Adenauer-Kohorten der CDU-Stammwählerschaft zu tun. Vor allem aber war es der Erfolg des mittlerweile verstorbenen damaligen CDU-Generalsekretärs Peter Hintze, der überhaupt nicht daran dachte, mit dem ausgedünnten Grundsatzprogramm in den Wahlkampf zu ziehen, sondern die aus CDU-Perspektive geniale Idee der »Rote-Socken-Kampagne« aus dem Hut zauberte, der trotz einer gewissen Grobschlächtigkeit grandioser Erfolg beschieden war. So konnte die Union also sogar noch nach dem Zusammenbruch des Kommunismus ein letztes Mal veritable Kampagnenkraft aus dem altbewährten Feindbild schöpfen, wenn es auch auf die vage Möglichkeit einer rot-rot-grünen Koalition reduziert war, die bis heute bekanntlich auf Bundesebene nicht über dieses Stadium hinausgelangt ist. Doch abgesehen von diesem letzten antikommunistischen Feuerwerk im Wahlkampf 1994 gingen der Union im Laufe der 1990er-Jahre offensichtlich die radikal-roten Gegenentwürfe aus, gegen die man sich positionieren konnte, und ohne dieses einende Band der geteilten Gegnerschaft zeichneten sich spätestens ab Mitte der Dekade vor allem in der CDU neue Konfliktlinien ab. Nun waren es nicht mehr nur die Nationalkonservativen gegen die Reformer, als vielmehr die Altchristdemokraten gegen ihre neubürgerlichen Nachfolger, deren reziproke Verständnislosigkeit sich unter anderem auf CDU-Parteitagen besichtigen ließ: »Während sich die damals so bezeichneten ›jungen Wilden‹ mit donnernder Rhetorik begeistert über die Globalisierung der Ökonomie, über den Segen der Gentechnologie und den Imperativ allumfassender Flexibilität äußerten, saßen die älteren katholischen Kreisvorsitzenden stumm und verschlossen auf ihren Plätzen, da sie durch die entgrenzte Modernisierung das christliche Menschenbild, die christliche Familie und das ganze christliche Abendland in Gefahr und Auflösung sahen.«[182] Es war offensichtlich mehr als ein Generationenwechsel, der sich hier vollzog; die nachrückenden Parteikohorten waren tendenziell stärker durch wirtschaftliche als durch politische Milieus geprägt, und zunehmend verzeichnete so der christdemokratische Konservatismus der CDU eine wirtschaftsliberale Schlagseite, die sich personell mit den schon erwähnten »jungen Wilden« und den Mitgliedern des »Andenpakts« verband.[183] Mit dieser nachholenden Neoliberalisierung der Christdemokratie, die erst in den Neunzigern ansatzweise eine Entwicklung nachvollzieht, die englische Tories und amerikanische Republikaner fünfzehn Jahre vorher durchlaufen hatten, geht offensichtlich auch eine Verschiebung der innerparteilichen Einflussgewichte einher. Zu den Gewinnern gehören die Andenpaktler Christian Wulff, Roland Koch und vor allem der spätere Fraktionsvorsitzende Friedrich Merz, auf die noch zurückzukommen sein wird, größter Verlierer ist die Christlich-Demokratische Arbeitnehmerschaft (CDA), deren Bedeutung über die 1990er-Jahre hinweg kontinuierlich abnimmt, was sich etwa in innerparteilichen Niederlagen über die Lohnfortzahlung im Krankheitsfall und anderen sozialpolitischen Fragen in der zweiten Hälfte der Dekade dokumentiert. In seinen privaten Aufzeichnungen von 1994 mutmaßte Kurt Biedenkopf zwar: »Dass die Sozialausschüsse in der heutigen CDU kaum noch ein Bedeutung haben [...] hat seinen Grund nicht in einer Geringschätzung der CDA durch die CDU, sondern in der Tatsache, dass die CDU sich die Positionen der Sozialausschüsse weitgehend zu eigen gemacht hat.« Doch dies sagt vermutlich mehr über den Ordnungspolitiker Biedenkopf aus als über die CDA.[184] An gleicher Stelle notierte der damalige sächsische Ministerpräsident damals übrigens auch schon: »Wir haben in Deutschland nur noch sozialdemokratische Parteien«[185] und straft damit all diejenigen Lügen, die die Sozialdemokratisierung der CDU allein Angela Merkel zur Last legen – und er tut dies, ironischerweise, just in dem Moment, in dem die Neoliberalisierung der Christdemokratie einsetzt, die im Leipziger Programm von 2003 unter der Parteivorsitzenden Merkel ihren Höhepunkt erreichen wird.

Die Gründe für diese neoliberale Überformung der CDU liegen nicht nur in parteiinternen Generationswechseln und dem Makrotrend der Globalisierung, sie ist auch mit der Art und Weise verbunden, wie die deutsche Einheit bewerkstelligt wurde, was weiter unten Thema ist. Zuletzt dürfte aber auch eine Rolle gespielt haben, dass der Christdemokratie nicht nur globale und lokale Feindbilder und damit Orientierungshilfen ex negativo abhandengekommen waren, denn umgekehrt fehlten auch die positiven Modelle, existierten doch nach dem Zusammenbruch der Democrazia Christiana in Italien ab Mitte der Neunziger in Europa kaum mehr andere funktionsfähige christdemokratische Parteien, an denen man sich in der spezifisch christdemokratischen Ausformung des wohlfahrtsstaatlichen Kapitalismus hätte orientieren können.

Wie schnell sich der Zusammenbruch der DDR und ihre Eingliederung in die Bundesrepublik vollzogen, bleibt bis heute verblüffend. Wer sich Quellen aus der ersten Hälfte des Jahres 1989 ansieht, stellt fest, dass für die damaligen Protagonisten auf beiden Seiten der Mauer nichts darauf hinzudeuten schien, dass das vorgeblich in Stein gemeißelte DDR-Regime innerhalb von Monaten kollabieren würde. Die Forderung der Wiedervereinigung trug zwar gerade der deutsche Konservatismus nach wie vor als Monstranz vor sich her. Doch als Peter Glotz noch im Jahr des Mauerfalls schrieb, die CDU müsse sich einiger Lebenslügen entledigen, und neben der Weigerung, Deutschland als Einwanderungsland zu verstehen, dabei auch die Hoffnung auf ein wiedervereinigtes Deutschland unter dem Dach der NATO notierte, hätten ihm in diesem zweiten Punkt – wenn auch sicherlich nicht im ersten – viele Unionspolitiker zumindest hinter vorgehaltener Hand zugestimmt.[186]

Als die Mauer fällt und Kohl der berühmte Mantel der Geschichte streift, greift der Kanzler beherzt zu und lässt ihn nicht mehr los, bis nur ein Jahr nach dem 9. November 1989 die Einheit vollzogen ist. Wie Kohl – wohlgemerkt auf der Grundlage der friedlichen Revolution der Bürgerinnen und Bürger der DDR und der Tatsache, dass die Regierung Krenz ohne ausdrückliche Rückendeckung aus Moskau in einer Mischung aus Angst und Besonnenheit vor einer gewaltsamen Niederschlagung zurückschreckt – das nur für kurze Zeit offene Möglichkeitsfenster nutzt, nötigt selbst seinen Kritikern und nicht zuletzt den konservativen darunter Respekt ab. Endlich präsentiert sich der Kanzler als die Führungsperson mit weltpolitischer Gravität, die der konservativen Forderung nach einer Wiederherstellung der Autorität von Eliten und Staat entspricht. Aber der Preis der in wahrhaft atemberaubendem Tempo vollzogenen Einheit ist hoch, sowohl politisch als auch ökonomisch.

Politisch besteht er in den Folgen des Ausschlagens der grundgesetzlich gewährten Möglichkeit der Neuausarbeitung einer gesamtdeutschen Verfassung, was nicht nur einen umfassenden Institutionentransfer von West nach Ost nach sich zieht, sondern langfristig auch eine Entwicklung, die man nicht anders denn als kulturelle Kolonialisierung bezeichnen kann, von deren weitgehender Verdrängung kultureller DDR-Erzeugnisse aus der öffentlichen Wahrnehmung bezeichnenderweise nur Ampel- und Sandmännchen ausgenommen bleiben.

Der wirtschaftliche Preis sind die buchstäblichen Kosten der Einheit, denn die Wiedervereinigung ist nicht nur eine diplomatische, sondern auch eine finanzielle Herausforderung. Bestand zwischen den westdeutschen Parteien jedenfalls diesseits der radikalen Linken – wenn auch keineswegs im linksintellektuellen Diskursspektrum – weitgehende Einigkeit darüber, *dass* die Einheit vollzogen werden sollte, so gab es schon bald entlang der Lagergrenzen Dissens über ihre genauen wirtschaftlichen Modalitäten. In der Debatte über die Einheitskosten lagen aber nicht nur Regierung und Opposition über Kreuz, auch konservative Stimmen drückten ihre Missbilligung aus. Worum ging es im Kern?

Kohl hatte sich schon früh und auf Druck seines liberalen Koalitionspartners festgelegt, die Kosten der Einheit ohne Steuererhöhungen oder gar die Einführung neuer Steuern finanzieren zu wollen; hinzu kam das überraschende Angebot des Kanzlers einer Währungsunion. Kontroverser als dieses Angebot an sich, womit die spätere Wiedervereinigung de facto schon ausgemachte Sache war, waren aber die Umstände, nämlich der abgesehen von einigen Ausnahmen grundsätzlich geltende Umtauschkurs von eins zu eins, was angesichts der offensichtlichen Disparitäten zwischen Wirtschaftskraft und Währungsstärke in Ost und West kaum ökonomisch motiviert gewesen sein konnte. Auch hier gilt die Regel, dass nicht alles, was ökonomisch bedenklich ist, auch politisch falsch sein muss – jedenfalls aus Sicht Kohls wie auch der Union. Der SPD-geführten Opposition fiel es schwer, sich gegen den regelrecht populistischen Zweiklang aus dem Nein zu Steuererhöhungen und dem Eins-zu-eins-Umtauschkurs zu positionieren. Die

Hinweise des Kanzlerkandidaten Oskar Lafontaine, dass die Einheit nur über höhere Steuern finanzierbar und der Umtauschkurs unverantwortlich sei, wurden weithin als sozialdemokratische Schwarzmalerei, wenn nicht gar als verkappte Opposition gegen die Einheit an sich wahrgenommen. Doch so politisch fatal die Kassandrarufe Lafontaines waren – verlor doch die SPD sowohl die Volkskammer- als auch die Bundestagswahlen 1990 –, so zutreffend erwiesen sie sich längerfristig. Und nicht nur Lafontaine erschien das Kohl'sche Wiedervereinigungsszenario zu schön, um wahr zu sein. Auch konservative Stimmen vermissten abermals die Bereitschaft, der Bevölkerung reinen Wein einzuschenken und sie auf die Opfer der Einheit einzuschwören: Die Wiedervereinigung wäre die Chance gewesen, den »Blut, Schweiß und Tränen«-Appell an die Bevölkerung zu richten, den etwa Rohrmoser, aber auch Schelsky ja schon anlässlich der Wende 1982 erwartet und dann schmerzhaft vermisst hatten.[187] Stattdessen präsentierte Kohl im Wahlkampf 1990 die viel zitierte Vision der blühenden Landschaften in Ostdeutschland und geizte auch ansonsten nicht mit Versprechungen: »den Westdeutschen kaum Nach-, dafür umso mehr Vorteile, den Russen und Polen, den Ungarn, den Tschechen und Slowaken wirksame Hilfe mit Milliarden und Abermilliarden D-Mark«, wie der *Spiegel* anlässlich des Union-Wahlsiegs 1990 festhielt.[188] Ein weiteres Mal, so der konservative Eindruck, hatte hier die machtpolitische Opportunität gegenüber einem konservativen Politikverständnis den Vorzug erhalten, das autoritativ von der Bevölkerung Pflichten und Opfer zum Wohle der Nation eingefordert und nicht stattdessen die allseitige Idylle in Aussicht gestellt hätte. Und so behielten Lafontaine und Rohrmoser jedenfalls insofern Recht, als das neue Ostdeutschland zwar Tausende von frischgeteerten Autobahnkilometern erhielt, die die Ostdeutschen aber oft genug vor allem nutzten, um gen Westen zu ziehen, weil um die Autobahnen wie auch die anderen staatlich finanzierten Infrastrukturen herum partout nichts sprießen wollte.

Stattdessen schießt in den neuen Bundesländern nach einem

kurzen Einheitsboom die Arbeitslosigkeit dramatisch in die Höhe, was aus dem dreifachen Nackenschlag einer unter Exportgesichtspunkten viel zu starken Währung, entsprechend gestiegener Lohnkosten und dem Wegfall der osteuropäischen Märkte resultiert. Die ehemalige DDR-Wirtschaft ist der währungspolitischen Rosskur schlicht nicht gewachsen, und innerhalb von wenigen Monaten kommt es zu einem wirtschaftlichen Kahlschlag inklusive Ausverkauf durch die Treuhand, der sich tief in die ostdeutschen Mentalitäten eingraben wird. Es wirkt geradezu prophetisch, wenn ostdeutsche Gewerkschaftler 1992 angesichts dramatischer Arbeitsplatzverluste von bis zu 80 Prozent in einzelnen Branchen bei einem Treffen mit den »Ost-Ministern« Angela Merkel und Günter Krause mit den Worten zitiert werden: »Aus dem Osten wird Euch Politikern eine Kälte entgegenschlagen, die ihr bisher nicht gekannt habt.«[189] Doch die Sozialsysteme werden nicht nur durch die gestiegene Arbeitslosigkeit, die auch vor Westdeutschland nicht haltmacht, belastet. Vielmehr wird über jene systematisch ein erheblicher Teil der Einheitskosten finanziert: Durch die geräuschlose Eingliederung von Millionen von Arbeitnehmern und Rentnern in die Sozialsysteme beim Umtauschkurs von eins zu eins erspart sich der Bund die Finanzierung der entsprechenden Ansprüche über Steuern, stattdessen wurden sie neben massiven staatlichen Zuschüssen durch die Versicherten in Form von höheren Abgaben getragen. Deren Quote stieg von 1989 bis 1998 um drei Prozentpunkte auf 19 Prozent, worauf noch einmal zurückzukommen sein wird.

Die zweite vergleichsweise unsichtbare Finanzierungsquelle der Einheit ist die Staatsverschuldung, die natürlich aus konservativer Sicht ein besonders gravierendes Vergehen darstellt, da sich in der Verschuldung auch ein moralisches Versagen dokumentiert; aber auch weil die Einbremsung der Nettokreditaufnahme sowie die Reduzierung der Staatsquote als einziger kurzfristiger Erfolgsausweis der geistig-moralischen Wende galten. Doch die Staatsquote, die 1984 bei 45 Prozent lag, steigt bis 1993 auf über 50 Prozent und wird erst 1997 wieder unter diese Marke gedrückt werden. Auch die Neuverschuldung verdoppelt sich schon im ersten Jahr der Einheit auf mehr als 45 Milliarden DM und sollte 1996 bis auf rund 78 Milliarden ansteigen.

Bald schon sieht sich die Bundesregierung zum Gegensteuern gezwungen, denn auch die Einheitsfinanzierung über die Sozialkassen hat eine systemische Schattenseite in Form von höheren Lohnnebenkosten, die sich in den Debatten im Gefolge der Einheitskrise immer mehr als Schlüsselfaktor in dem Kampffeld herauskristallisieren, das nun *Standortwettbewerb* unter Bedingungen der *Globalisierung* genannt wird. Und so werden insbesondere ab Mitte der 1990er-Jahre vergleichsweise aggressive Einsparungen im Sozialbereich durchgesetzt, die in jenem Zeitraum umfassender ausfallen als im Ausland,[190] womit ein erster realpolitischer Schritt hin zu dem getan wird, was Neoliberale, aber eben auch Konservative – die sich im Laufe der Neunzigerjahre immer weniger voneinander unterscheiden sollten – schon immer eingefordert hatten. Dass es nur bei Ansätzen blieb, dürfte nicht zuletzt der SPD-Opposition im Bundesrat geschuldet sein, die weitreichendere Reformen auch im fiskalischen Bereich durch eine von Oskar Lafontaine orchestrierte Blockadepolitik verhinderte – um nur einige Jahre später 1999 dann selbst eine mustergültig angebotsorientierte Steuerreform mit umfassenden Entlastungen für Unternehmen und Spitzenverdiener zu verabschieden.

Doch dazwischen liegen die Endausläufer der Ära Kohl, in der politische Beobachter lagerübergreifend den Eindruck gewinnen, über die mehr, aber meistens weniger blühenden Landschaften in Ost und West habe sich ein dicker Mehltau gelegt. Bezeichnenderweise kürt die Gesellschaft für deutsche Sprache den Begriff *Reformstau* zum Wort des Jahres 1997. Diesen Reformstau aufzulösen, wird zur Ambition des liberal bis neoliberal angereicherten Konservatismus jener Zeit. Illustrieren lässt sich dies beispielsweise mit Verweis auf die berühmte »Ruck-Rede« des damaligen Bundespräsidenten Roman Herzog aus dem selben Jahr. Ohne auf alle Details dieser inhaltsreichen Rede einzugehen, können zunächst die frappierenden Kontinuitäten zwischen den rhetorischen Strategieelementen von Herzogs Ansprach und der Wende fünfzehn Jahre zuvor festgehalten werden: »Was ist los in unserem Land? Im Klartext: Der Verlust wirtschaftlicher Dynamik, die Erstarrung der Gesellschaft, eine unglaubliche mentale Depression – das sind die Stichworte der Krise.«[191] Dieser Befund Herzogs hätte ebenso gut von Kohl im Umfeld der Wende stammen können, und auch Herzog betont, dass es ihm vor allem um den zuletzt genannten Punkt der mentalen Verfassung geht und nicht um die Stellen hinter dem Komma bei den Lohnnebenkosten. Die Überwindung des Reformstaus ist in erster Linie Einstellungssache, und der berühmte Ruck, den Herzog durch das Land gehen sehen will, lässt sich offensichtlich nicht unmittelbar politisch herbeiführen, wenn er auch die Eliten in die typisch konservative Pflicht zur Führung nimmt, wie sie uns als Forderung schon vonseiten Rohrmosers und anderer vertraut ist: »Ich vermisse bei unseren Eliten [...] die Fähigkeit und den Willen, das als richtig Erkannte auch durchzustehen. [...] In Zeiten existenzieller Herausforderung wird nur der gewinnen, der wirklich zu führen bereit ist ...« Der Ruck wird sich aber doch nur über Werte, Tugenden und Orientierungen vollziehen, die ein weiteres Mal durch den Geist des Wiederaufbaus nach dem Krieg beseelt sein sollen, als die »Westdeutschen [...] eine Vision [hatten], die sie aus den Trümmern des Zweiten Weltkriegs emporführte: die Vision der sozialen Marktwirtschaft«. Die aktualisierte Version dieser Vision, die Herzog vor allem der Jugend ans Herz legen möchte, speist sich aber nicht mehr in erster Linie aus den »Sekundärtugenden«, die der Neokonservatismus der 1970er- und 1980er-Jahre gepredigt hatte, sondern (auch) aus dem Wertekanon des (Neo-)Liberalismus, in dessen Mittelpunkt Innovationskraft, Flexibilität, Selbständigkeit und Eigenverantwortung stehen: »Wäre es nicht ein Ziel, eine Gesellschaft der Selbständigkeit anzustreben, in der der Einzelne mehr Verantwortung für sich und andere trägt, und der das nicht als Last, sondern als Chance begreift?«[192] Interessant ist an dieser Formulierung abermals die Vermittlung eher liberal-individualistischer Vorstellungen mit konservativen Orientierungen, wie wir sie auch schon in Kohls Regierungserklärungen aus den frühen 1980er-Jahren identifiziert haben. Denn Selbständigkeit und Verantwortung für sich selbst werden gewissermaßen als soziale Tugenden verstanden, die man sich auch aus Pflichtgefühl gegenüber anderen zu eigen macht. Eigenverantwortung ermächtigt demnach nicht nur das Individuum selbst, sondern sie entlastet in einer Solidargemeinschaft auch die anderen Mitglieder dieser Gemeinschaft und wird deshalb nicht von ungefähr zum exemplarischen Imperativ der spezifischen Konfiguration des Neoliberalismus der Neunziger – und auch darüber hinaus bis in die Gegenwart.

Wie lassen sich diese Verschiebungen mit Blick auf den ursprünglichen Zusammenhang zwischen Ökonomie und einer wertegestützten Moral zusammenfassen, den wir am Beispiel des Neokonservatismus der Wende herausgearbeitet hatten? Zunächst findet sich weiterhin eine moralische Überformung des Ökonomischen, gilt doch Letzteres auch bei Herzog als abgeleitete Größe, deren Entwicklung von Tugenden etc. abhängt. Diese Tugenden entspringen nach wie vor dem Katalog des protestantischen Kapitalismus. Doch war in den 1980er-Jahren noch die Erziehung zur selbstdisziplinierenden Härte nicht zuletzt auch als Ertüchtigung im Kalten Krieg gedacht, so vollzieht sich hier eine Verengung hin zum Ökonomischen. Die Überlebensfrage stellt sich nun nicht mehr in der Auseinandersetzung mit dem Ostblock, sondern inmitten eines weltweit entbrannten Standortwettbewerbs. Rohrmoser sieht die Gesellschaft auf »die elementaren Notwendigkeiten zurückgeworfen«, »die wir ohne die Wiederbelebung, ich sage mal, der deutschen Tugenden [...] nicht meistern werden. Ohne die Wiedergewinnung von Pflichtbewußtsein und eine Neubestimmung des Dienstgedankens [...] haben wir keine wirklich günstigen Überlebensbedingungen.« Und dies bezieht sich ausdrücklich auf die »Globalisierung«, in der Deutschland »nur überlebensfähig ist, wenn es diesen Wettbewerb bestehen kann«.[193] Corey Robin schreibt in seiner Anatomie des *Reactionary Mind*, dass der originäre Bewährungsort der Eliten aus Sicht des Konservatismus ehedem der Krieg war, doch die Diskurse der 1990er-Jahre bestätigen seine These, dass die Logik des Krieges als Überlebenskampf, der Führung, Pflicht und Treue erfordert, auch in das Register des Ökonomischen transponiert werden kann, ohne dadurch an rhetorischer Dringlichkeit einbüßen zu müssen:[194] Die Globalisierung wird zum Schlachtfeld der 1990er-Jahre; der Krieg sublimiert sich zum Standortwettbewerb.

Doch neben dieser Verschiebung vollzieht sich eben auch der schon am Beispiel der Herzog-Rede skizzierte Wandel des konservativen Wertekanons bzw. dessen Anreicherung. Denn die neokonservative Bürgerlichkeit präsentiert sich nun zunehmend durchsetzt mit Tugenden, die nicht mehr in den Sekundärtugenden aufgehen, über die Lafontaine einst befunden hatte, auch KZ-Aufseher könnten sie für sich in Anspruch nehmen – was übrigens Spaemann mit dem nicht ganz unzutreffenden Hinweise quittierte: »Um die KZ-Bewacher niederzuzwingen, waren die gleichen Sekundärtugenden erforderlich.« Gefragt sind nun auch die Qualitäten, die zur Ausstattung jenes Subjekts gehören, das der Soziologie Ulrich Bröckling *Das unternehmerische Selbst*[195] genannt hat. Selbst vor dem konservativen Urgestein Rohrmoser macht dieser Wandel bei aller Beschwörung von Pflicht, Opfer und Autorität nicht halt. Denn zu den oben erwähnten ›deutschen Tugenden‹ zählt er nun neben dem »harten Arbeits- und Einsatzwillen« auch »Kreativität« und »Innovationsfähigkeit«, die schließlich auch erforderlich gewesen seien, um sich »nicht nur nach dem 2. Weltkrieg, sondern auch in anderen vergleichbaren Situationen« wieder emporzuarbeiten.[196] Rohrmoser ist es auch, an dessen Beispiel die Widersprüchlichkeit dieses Wandels am offenkundigsten wird. Einerseits schwenkt er Mitte der Neunziger auf die aufkommende neoliberale Rhetorik ein, preist gar Tony Blair als guten Christen und verlangt, »auf die Kreativität, Innovationsfähigkeit und auf die Erfüllung dieses Volkes mit einem neuen Geist der Selbständigkeit und des Unternehmertums zu setzen«. Andererseits bewahrt er sich nach wie vor die konservative

Sensibilität gegen eine »Totalökonomisierung unseres gesamten Lebens«, die aber doch immer schon als Fluchtpunkt in das Projekt des Neoliberalismus – zumindest in seinen radikalen Varianten – angelegt war. Weniger widersprüchlich als vielmehr ironisch ist zuletzt, dass Rohrmoser sich nach wie vor ausdrücklich sträubt, auch nur irgendeine positive Facette an ›1968‹ anzuerkennen, und eine der großen Chancen der Wiedervereinigung darin sieht, »daß die Menschen in den neuen Bundesländern die anarchistische, nihilistische Komponenten in sich bergende Kulturrevolution von 1968 nicht in dieser Form miterlebt haben«.[197] Darüber übersieht er aber, dass es gerade die Forderungen nach flexiblen Lebensentwürfen und Selbstverwirklichung der 68er waren, die der Kapitalismus sich aneignete und ummünzte, um sie als disziplinierende Imperative auf das zu neoliberalisierende Subjekt zurückzuwenden, dessen Tugenden ja auch Rohrmoser nun anpreist.[198] Dass die Kulturrevolution von 1968 auch als Ressource in die Formierung dieses Subjekts einfließt, entzieht sich schlicht seiner Vorstellungskraft.

Nation, Neue Rechte und Europa

Wie wir aus dem Kapitel zur geistig-moralischen Wende wissen, war die Frage einer offenen Flanke nach rechts auch schon in den 1980er-Jahren vor allem innerhalb des konservativen Flügels der Union thematisiert worden, wobei der sorgenvolle Unterton mit dem Aufstieg der Republikaner zunahm. Mit der Wiedervereinigung erlangt diese Frage eine neue Virulenz. Schon ab den 1980er-Jahren war die Zahl der Asylbewerber beständig gestiegen, zu Beginn der 1990er-Jahre sind es dann insbesondere die Bürgerkriegsflüchtlinge aus dem zerfallenden Jugoslawien, aber auch die russischen Spätaussiedler, an denen sich eine Angst vor ›Überfremdung‹ festmacht, die auf der politischen Ebene vor allem von den Republikanern angeheizt und instrumentalisiert wird. Die Partei eilt zu dieser Zeit unter Franz Schönhubers heute wieder seltsam vertraut klingendem Motto »Deutschland zuerst«[199] von Wahlerfolg zu Wahlerfolg, wenn ihr auch der Einzug in den Bundestag verwehrt bleibt. Die Republikaner traten auf der Grundlage eines neuen Programms ab 1990 weniger offen rassistisch auf, nicht zuletzt auch, um sich von der eindeutig rechtsextremen NPD abzugrenzen, was sich auch in Form von Proteststimmen aus dem bürgerlichen Lager bezahlt machte – womöglich auch von denjenigen, die enttäuscht über die aus ihrer Sicht gescheiterte geistig-moralische Wende waren – , sodass die Partei 1992 bei der Landtagswahl in Baden-Württemberg ein Ergebnis von knapp über zehn Prozent erreichte.

Doch dieser politische Rechtsdrall manifestierte sich nicht nur in Form der Republikaner – deren Führungsfiguren im Übrigen auch eher rechts als neu waren. Rechtsextreme Straftaten nahmen zu Beginn der 1990er-Jahre dramatisch zu. Die Angriffe auf Asylbewerberheime in Hoyerswerda und Rostock-Lichtenhagen 1991 bzw. 1992 nährten zunächst die selbstzufriedene Vorstellung der westdeutschen Mehrheitsgesellschaft, dass militante Ausländerfeindlichkeit vor allem ein Problem der womöglich nur unzureichend entnazifizierten Ostdeutschen sei, bevor die tödlichen Anschläge auf türkische Familien in ihren Wohnhäusern in Mölln und Solingen das trübe Bild zurechtrückten. Es sind keineswegs die einzigen An- und Übergriffe jener Zeit, aber sie sind es, die am meisten mediales Echo hervorrufen und wiederum zu einer beträchtlichen Mobilisierung der Zivilgesellschaft führen. In einer Titelgeschichte über die aufgeheizte Stimmung im Land zitiert der *Spiegel* den damaligen Chef des Bundesamts für Verfassungsschutz Ernst Uhrlau mit der düsteren Prophezeiung, »die Themen der neunziger Jahre werden Rechtsextremismus, Ausländerfeindlichkeit, Nationalismus sein,« um dann aber nur wenige Absätze später ebenfalls reichlich tendenziös zu beklagen, der Regierung sei es nicht gelungen, »die Flut der Wirtschaftsflüchtlinge und Aussiedler zu kanalisieren«[200]: Die ›Überfremdungsängste‹ und das Vokabular der Rechten haben ihren Weg in die Mitte der Gesellschaft gefunden, wie weiter unten noch ausführlicher belegt wird.

Der Aufstieg der Rechten manifestiert sich aber nicht nur in fremdenfeindlichen Straftaten einerseits und Wahlerfolgen rechter »Protestparteien« wie den Republikanern andererseits, er vollzieht sich auch als intellektuelles Phänomen und bleibt untrennbar mit dem Namen Botho Strauß verknüpft, dessen schon erwähnter *Spiegel*-Essay »Anschwellender Bocksgesang« für sich genommen eine veritable Kontroverse auslöst und zum Anlass für das umstrittene »Kultbuch« der Neuen Rechten, *Die selbstbewußte Nation*, wird, dem der Essay vorangestellt ist. Das Überraschende am »Bocksgesang« besteht nicht nur darin, dass sein Autor zuvor als neurechter Überlegungen unverdächtig galt und eher dem *juste milieu* der linksliberalen Post-68er zugerechnet wurde, sondern auch darin, dass er tatsächlich zum Fokuspunkt der Ambitionen einer Neuen Rechten werden konnte. Denn vorsichtig ausgedrückt ist der Text über weite Strecken eher spröde und verschließt sich der umstandslosen Aneignung[201] – doch paradoxerweise dürfte gerade diese Widerständigkeit und Unzeitgemäßheit der Sprache die Attraktivität für diejenigen Spielarten des (Rechts-)Konservatismus ausgemacht haben, die es eher mit Heidegger als mit Heuss halten und gegenüber dem zahmen »Gärtner-Konservatismus« (Mohler) der Nachkriegszeit die große Geste der Zivilisationskritik im Namen des ganz Anderen bevorzugen.

Doch trotz der sprachlichen Sperrigkeit tritt die Gesamtausrichtung von Strauß' Text zumindest stellenweise deutlich zutage: Die liberale Gesellschaft ist zum Opfer ihrer Selbstverkleinerung zur Problemlösungsgemeinschaft geworden. Die postheroische Abrüstung des Westens, der von Nietzsches müde in die Sonne blinzelnden »letzten Menschen« bevölkert ist, versteht nicht, dass sich eine Zeitenwende anbahnt, in der er mit neuen, härteren Herausforderungen konfrontiert sein wird – die nur wenig mit Standortwettbewerb im herkömmlichen Sinn zu tun haben: »Es ziehen aber Konflikte herauf, die sich nicht mehr ökonomisch befrieden lassen«, schreibt Strauß, dabei sind es vor allem die Deutschen, deren verkrampftes Verhältnis zur Vergangenheit sie in den neuen Konflikten eine geradezu perverse Position einnehmen lässt, indem sie und vor allem ihre intellektuellen Eliten »die Fremden willkommen heißen [...], nicht um des Fremden willen, sondern weil sie grimmig sind gegen das Unsere und alles begrüßen, was es zerstört ...«[202] Von diesem linkem Mainstream setzt sich Strauß erwartungsgemäß im geistesaristokratischen Gestus des konservativen Glaubens an die wenigen zur Führung Auserwählten ab. Nur noch in »engsten literarökologischen Enklaven, in Denk- und Empfindungsreservaten« sei »ein Überleben möglich«.[203] In diesem Sinne bedeute rechts zu sein »die Übermacht einer Erinnerung zu erleben; die den Menschen ergreift, weniger den Staatsbürger, die ihn vereinsamt und erschüttert inmitten der modernen, aufgeklärten Verhältnisse, in denen er sein gewöhnliches Leben führt. [...] Es handelt sich um einen anderen Akt der Auflehnung: gegen die Totalherrschaft der Gegenwart, die dem Individuum jede Anwesenheit von unaufgeklärter Vergangenheit, von geschichtlichem Gewordensein, von mythischer Zeit rauben und ausmerzen will.«[204]

Angesichts dieser Zeilen wird deutlich, dass Strauß genauso meilenweit vom plumpen Rechtspopulismus wie vom saturierten Bürgerlichkeitskonservatismus eines Marquard entfernt ist. In diesem Stück »politischen Existenzialismus [...] aus dem Frakturzeitalter«[205] raunt es von Tragik und Metaphysik, als ob es die zukunftsfrohe Wende des technokratischen Konservatismus nie gegeben hätte. Doch dieser »Rückfall« in die elegische Zivilisationskritik, die sich nun nicht mehr an moderner Kunst oder Jazz festmacht wie bei Gehlen – bzw. Adorno –, sondern am Fernsehsender RTL (offensichtlich zu einer Zeit, in der es noch kein RTL 2 gab), verweist auch auf die Grenzen der Anschlussfähigkeit von Strauß' Essay. Einerseits greifen die Autoren und Autorinnen von *Die selbstbewußte Nation* zwar Motive des »Bocksgesangs« auf, ihr gemeinsamer Nenner ist die Verkündung oder auch nur Suggestion einer Zeitenwende, die sich mit der Wiedervereinigung vollzogen habe und deren Implikationen in den einzelnen Buchkapiteln in unterschiedlichste Richtungen ausbuchstabiert werden. Doch in dieser Diagnostik erschöpft sich auch die Rolle, die Strauß für die Neue Rechte spielen kann – und zu spielen gewillt ist. Schon anlässlich der zweiten Auflage des Buchs 1994 erklärt er in einem in der *Frankfurter Allgemeinen* veröffentlichten Brief sein Engagement gewissermaßen für beendet. »Wo es um politische Strategien geht, bin ich interessiert, aber persönlich nicht mehr beteiligt«, und insgesamt gelte: »ich habe dem Text [dem »Bocksgesang«] weder etwas hinzuzufügen noch etwas abzustreichen. Nur seinen Impuls empfinde ich als vergangen.«[206] Die Distanzierung beruht so letztlich auf Gegenseitigkeit, denn auch die intellektuelle Rechte, die sich ob der neuen historischen Konstellation in Aufbruchsstimmung präsentiert, wie schon der offensive Titel des Buchs klarmacht, erkennt bald, dass der Diagnostiker Strauß schlecht zum Wortführer taugt. Die Enttäuschung darüber ist noch 25 Jahre später spürbar, wenn Tilman Krause, der auch ein Buchkapitel über Metaphysik und Innerlichkeit zu *Die selbstbewußte Nation* beigesteuert hatte, in seiner Rezension von Strauß' neuestem Buch *Der Fortführer* in der *Welt* schreibt: »Botho Strauß, das ist, auch ausweislich dieses Buchs wieder, der Konservative, der sich nicht traut. Aber wer braucht so jemanden? Am allerwenigsten die Konservativen. Oder die neuen Rechten. [...] Dafür sagen die Neuen [Rechten], was Sache ist. Damit kann man einverstanden sein oder auch nicht. [...] Aber die Rechten von heute zeigen sich endlich. Botho Strauß war einer, der sich verbarg.«[207]

Was aber die Neue Rechte aus Strauß' Essay zieht, ist die Grundstimmung einer veränderten politisch-historischen Großwetterlage, deren günstigen Wind sie in ihrem Sinne zu nutzen gedenkt. Wann, wenn nicht in diesem Moment, wäre die Zeit für eine »Normalisierung der Vergangenheit« angesichts der wiedererlangten Souveränität Deutschlands, des endgültigen Endes der Nachkriegszeit und des Bonner Provisoriums, von dessen ›Sonderweg‹ sich nun ja auch die politische Elite zumindest symbolisch mit dem Umzug in die alte Hauptstadt Berlin abwendet? Neben vielem anderen werden in *Die selbstbewußte Nation* so auch erwartungsgemäß die Debatten des Historikerstreits fortgeführt, gehören doch auch Zitelmann und Nolte zum Kreis der Autoren, von denen ein weiteres Mal der »Selbsthaß der Deutschen« (Klaus Rainer Röhl) gegeißelt wird, um erneut den unsichtbaren Anklägern entgegenzuhalten: »Die Anstifter und Täter von Auschwitz *sind* nicht zu entschulden; aber die Enkel der Täter *müssen* nicht entschuldet werden.«[208] Mit der Einheit haben sich aber nicht nur die sozialpsychologischen Bedingungen für eine ›Normalisierung‹ des deutschen Verhältnisses zur Vergangenheit verändert, sondern auch die Konstellationen bezüglich der Vergleichbarkeit des Holocaust bzw. des NS-Regimes. Mit dem Ende der DDR wird nun auch sie eingereiht in die Gruppe der »totalitären Diktaturen«, deren Aufarbeitung mindestens ebenso dringlich sei wie die des Nationalsozialismus, gebe es doch auffallende Parallelen zwischen Gestapo und Stasi, womöglich gar zwischen Honecker und Hitler. Der Historiker Wolfgang Wippermann verzeichnet daher die akute Gefahr, »dass durch derartige Vergleiche die DDR dämonisiert und das Dritte Reich verharmlost werden«, vor allem aber stellt er zugespitzt fest, wie sehr sich im Lauf der 1990er-Jahre die vermeintlichen Tabus des Historikerstreits insgesamt auflösen: »An die Stelle des Vergleichs-Verbots ist das Vergleichs-Gebot getreten.«[209] Dieses Zitat ist allerdings auch insofern erhellend, als für Wippermann der Vergleich des Holocaust scheinbar tatsächlich mit einem zumindest informellen Verbot belegt war, was ja denjenigen Recht gäbe, die in den 1980er-Jahren Frage- und Denkverbote moniert hatten.

Die Geschichte des Historikerstreits, in deren Mittelpunkt die deutsche Verantwortung für den Holocaust und der Umgang mit diesem Faktum stehen, kommt im Übrigen auch nicht an ihr Ende, sondern schreibt sich über die 1990er-Jahre hinweg fort: Von 1995 bis 1999 sorgt die Wehrmachtausstellung, die die Kriegsverbrechen des deutschen Militärs dokumentiert und so dem wohlgepflegten Mythos der ehrenhaft kämpfenden Wehrmacht den Boden entzieht, für erbitterte Auseinandersetzungen. In der 1996 aufflammenden Debatte um Daniel Goldhagens Buch über *Hitlers willige Vollstrecker* wehren sich Konservative abermals gegen den vermeintlichen Versuch, den Deutschen ihre schuldhafte Verstrickung in den Holocaust vorzuhalten,[210] ein Abwehrreflex, der am Ende der Dekade durch Martin Walser in seinen »Gedanken beim Verfassen einer Sonntagsrede« – so der Titel seiner Rede in der Paulskirche anlässlich der Verleihung des Friedenspreises des deutschen Buchhandelns 1998 – als respektable Position in den Hochfeuilletons diskutiert wird. Ausgangspunkt seiner Rede war im Übrigen die seines Erachtens tendenziöse Beschreibung eines Angriffs auf ein Asylbewerberheim 1992, in der von »Würstchenbuden vor brennenden Asylantenheimen« die Rede war. »Die, die mit solchen Sätzen auftreten, wollen uns weh tun, weil sie finden, wir haben das verdient. Wahrscheinlich wollen sie auch sich selber verletzen. Aber uns auch. Eine Einschränkung: alle Deutschen.« Die Kritik am rechten Mob im Jahr 1992, so glaubt Walser, erneuert ein weiteres Mal die immer gleichen Vorhaltungen an die Adresse aller Deutschen; doch »Auschwitz eignet sich nicht dafür, Drohroutine zu werden, jederzeit einsetzbares Einschüchterungsmittel oder Moralkeule oder auch nur Pflichtübung«. Mit diesen Worten beginnt die sogenannte Walser-Bubis-Debatte, die gewissermaßen den letzten Akt der Weiterführung des Historikerstreits in den 1990er-Jahren bezeichnet. Interessanterweise spielte sich im Laufe der Auseinandersetzung eine Diskursverschiebung ab, die auch einigen Aufschluss auf den Wandel der bundesdeutschen Geschichtspolitik gegen Ende der Neunzigerjahre gibt: Während Walsers Rede im Saal bis auf den geschockten Ignaz Bubis noch einhelligen Applaus der Honoratioren erhielt, wandelt und sensibilisiert sich der allgemeine Blick auf Walsers Rundumschlag im Laufe der Debatte, aus der Walser am Ende sichtlich gezeichnet und moralisch eher diskreditiert hervorgeht.

In den frühen 1990er-Jahren scheint die allgemeine Stimmung jedoch in die entgegengesetzte Richtung zu deuten: Angesichts rechtsradikaler Umtriebe und der Wahlerfolge der Republikaner bis zu auftrumpfender Selbstpräsentation einer sich formierenden Neuen Rechten im Gefolge des »Bocksgesangs« überrascht es nicht, dass der bürgerliche Konservatismus in seiner politisch organisierten Form Handlungsbedarf gegeben sah. In der Union, deren inhaltliches Profil sich zu der Zeit zusehends auf den Ruf als erfolgreiche Einheitsmanagerin reduzierte und entsprechend litt, als sich ihre Geschichte nicht als unmittelbare sozioökonomische Erfolgsgeschichte erwies, zeigte sich insbesondere, aber nicht ausschließlich, der konservative Flügel alarmiert. Schon 1992 schießen im ganzen Bundesgebiet neue »Kreise« und »Foren« aus dem Boden, in denen die spezifisch konservativen Konturen des CDU-Profils geschärft werden sollen. Vom Potsdamer Kreis über das Deutschland-Forum, das von den konservativen Bannerträgern der Bundestagsfraktion Heinrich Lummer, Claus Jäger und Wilfried Böhm gegründet wird, formieren sich Kontexte, in denen über die konservative Erneuerung der CDU, gelegentlich aber auch über die Gründung einer neuen, dezidiert konservativen Partei nachgedacht wird. Der Kanzler lässt wissen, dass er nichts von Zirkeln halte,[211] doch bei aller zur Schau gestellten rheinischen Entspanntheit spüren auch Kohl und die Parteispitze, dass Signale vonnöten sind. Denn die Partei hat bereits ein eher im rechtskonservativen Spektrum verhaftetes Milieu weitgehend preisgegeben, das in der Vergangenheit verlässlich die Union gewählt hatte, nämlich die Vertriebenenverbände, zu denen sich das Verhältnis über die 1990er-Jahre hinweg spürbar abkühlt. Der entscheidende Entfremdungsgrund ist die Oder-Neiße-Grenze, die im Zuge der Verhandlungen um die Einheit von deutscher Seite anerkannt wird, womit tatsächlich eine Art von Schlussstrich unter die Nachkriegszeit gezogen wird, nämlich was grenzrevisionistische Forderungen nach Rückgabe der »Ostgebiete«, das Rückkehrrecht oder zumindest Reparationen anbelangt, die in den Vertriebenenverbänden immer – mehr oder weniger offen – präsent geblieben waren. Wie erwähnt, hatten sich Unionspolitiker bis dahin nie lang bitten lassen, wenn es darum ging, am »Tag der Heimat« beim Schlesiertreffen oder dem Bund der Heimatvertriebenen Reden über Verlust und Vertreibung zu halten. Doch mit dem deutschen Bekenntnis zur Integrität der polnischen Grenzen dämmert den Vertriebenenverbänden, dass von der Union nichts mehr zu erwarten ist, und entsprechend frostig ist nun bisweilen der Empfang für Unionspolitiker. Exemplarisch für das zusehends zerrüttete Verhältnis ist der »Tag der Heimat« 1996, an dem der damalige Bundespräsident Herzog die Festrede hielt und vor dem Hintergrund der Verhandlungen über eine gemeinsame Erklärung mit der tschechischen Regierung über Grenz- und Reparationsfragen klarstellte, Ostpreußen, Sudetenland und Oberschlesien gehörten »zu unserem geschichtlichen und kulturellen Erbe, aber nicht mehr zu unserem Staat«. Als er daraufhin aus dem Publikum als »Vaterlandsverräter« beschimpft wurde, ereiferte er sich seinerseits in einer Art, wie man es bei Bundespräsidenten davor und danach selten gesehen hat: »Das hat mir gerade noch gefehlt. Das muss ich mir von Ihnen nicht sagen lassen. Schämen Sie sich«, schleuderte er dem Saal entgegen, und spätestens zu diesem Zeitpunkt war klar, dass die Vertriebenenverbände nicht länger als sicheres Unionswählerreservoir gelten können.

Die Unruhe in der CDU-Rechten war für die Parteiführung umso unangenehmer, da sich im Anschluss an die vom Ausland kritisch beäugte Wiedervereinigung zu bombastische nationale Symbolakte verboten und das Feld der Geschichtspolitik nicht in gewohnter Weise im Sinne einer konservativen Profilierung bearbeitet werden konnte. So blieb nur noch die oftmals nicht weniger symbolbehaftete Personalpolitik. Neben dem schon erwähnten Manfred Kanther als Innenminister plante Kohl zwecks konservativer Profilierung den Parteikollegen Steffen Heitmann, seinerzeit sächsischer Staatsminister für Justiz, als künftigen Bundespräsidenten zu installieren. Heitmann gilt nicht nur als konservativ, als Ostdeutscher könnte seine Präsidentschaft auch das Zusammenwachsen von Ost- und Westdeutschland personifizieren. Doch die Kandidatur erleidet schnell Schiffbruch. Heitmann gibt der *Süddeutschen Zeitung* im November 1993 ein Interview, in dem er sich unverblümt – Rohrmoser hätte vermutlich gesagt unbeeinflusst von 1968 – zu diversen Themen äußert, unter anderem auch zur deutschen Vergangenheit und zur gesellschaftlichen Rolle der Frau. Beide Bereiche, so Heitmann, würden in der deutschen Debattenkultur auf seltsame Weise beschwiegen, und im Gestus des Tabubrechers gibt Heitmann etwa in Sachen Erinnerungskultur zu Protokoll, dass es möglicherweise tatsächlich Zeit für einen Schlussstrich unter die »Sonderrolle« Deutschlands sei: »Es ist der Zeitpunkt gekommen – die Nachkriegszeit ist mit der deutschen Einheit endgültig zu Ende gegangen – dieses Ereignis [den Holocaust] einzuordnen.«[212] Schon vor diesem kontroversen Interview hatte die FDP Zweifel an der Person Heitmanns bekundet, spätestens danach war an eine Unterstützung der Liberalen in der Bundesversammlung nicht mehr zu denken, und Heitmann zog seine Kandidatur zurück – um bezeichnenderweise umgehend ein Kapitel zur zweiten Auflage von *Die selbstbewußte Nation* beizusteuern. Aus der CDU trat Heitmann dann im Übrigen 2015 mit ausdrücklichem Verweis auf die Flüchtlingspolitik der Regierung aus.

Doch den entscheidenden Akzent zur Konturierung des Profils setzte die CDU dann schließlich nicht mittels Geschichts- und Personalpolitik, sondern in einer sehr viel tiefgreifenderen Reform. Ende 1992 kam es zu einem in der Geschichte der Bundesrepublik überaus seltenen Vorgang: Eines der Grundrechte, deren »Wesensgehalt« gemäß Artikel 19 Absatz 2 des Grundgesetzes nicht verändert werden darf, wurde durch eine verfassungsändernde Mehrheit durch einen neuen Absatz ergänzt. Es handelte sich um den Artikel 16, in dem bis dahin in umfassender Einfachheit festgeschrieben stand, dass politisch Verfolgte in Deutschland Asylrecht genießen – was nicht zuletzt auch eine Lehre aus der deutschen Vergangenheit darstellte. Die Union hatte schon angesichts des oben erwähnte Anstiegs der Asylbewerberzahlen Ende der 1980er-Jahre auf eine Einschränkung des Asylrechts gedrängt, und vor dem Hintergrund der bereits diskutierten politischen Entwicklungen am rechten Rand des politischen Spektrums Anfang der 1990er-Jahre erschien eine entsprechende politische Initiative umso dringlicher. Im Dezember 1992 verständigten sich die Verhandlungsführer von CDU und SPD auf das, was zukünftig je nach politischer Perspektive entweder wertneutral als »Asylkompromiss« oder weniger wertneutral als »Entkernung des Asylrechts« bezeichnet wurde. Zentrales Element der Neuregelung war die Einfügung des Artikels 16a in das Grundgesetz, durch den das Recht auf Asyl nun auf diejenigen begrenzt wurde, die *nicht* über Mitgliedsstaaten der Europäischen Union oder andere »sichere« Drittstaaten nach Deutschland eingereist waren. Selbst die wohlwollendste Interpretation des Asylkompromisses, die zum einen auf der tatsächlichen Sicherheit jener Drittstaaten insistiert und zum anderen gut konsequentialistisch darauf hinweist, dass mit dem Asylkompromiss die Zahl der Bewerberinnen schrumpfte, zumindest die schlimmsten Auswüchse rechtsextremer Straftaten zurückgingen und die Republikaner um ihr stimmenträchtigstes Thema gebracht wurden, muss dennoch zur Kenntnis nehmen, dass die Union, aber auch die SPD in dieser Frage zu Getriebenen der Neuen Rechten auf den Straßen und in den Landesparlamenten wurden. Was Schönhuber seinerzeit bisweilen triumphierend behauptet hatte, erwies sich hier als zutreffend: In gewisser Weise regierten die Republikaner bereits mit. Der Köder, mit dem die Union die SPD in den Verhandlungen letztlich zum Einlenken bewegte, war übrigens das Versprechen, im Gegenzug zur Einschränkung des Asylrechts solle bald ein Einwanderungsgesetz verabschiedet werden, eine Vermengung, die frappierend an den heutigen Debattenstand um Flüchtlinge und Asyl erinnert.

Doch war die Union einerseits bereit, sich zumindest indirekt vor den politischen Wagen der Neuen Rechten spannen zu lassen, um so die besonders emotionalisierbare Thematik der »Ausländerpolitik« abzuräumen und auch andere Signale der Konzilianz – wie etwa durch die Kandidatur Heitmanns – ans rechtskonservative Spektrum zu senden, so formierte sich andererseits komplementär hierzu auch eine Abgrenzungsbewegung, die bis zum heutigen Umgang mit der AfD nichts an Brisanz und Schwierigkeit verloren hat: Schließlich geht es darum, die inhaltliche Trennlinie zwischen einem respektablen Konservatismus der Mitte und einer Neuen Rechten zu identifizieren – sei diese nun ›populistisch‹ oder auch nicht. Nicht erst im aktuellen Kontext ist dies ein diffiziles Unterfangen nicht zuletzt deshalb, weil sich auch schon in der ersten Hälfte der 1990er-Jahre das Koordinatensystem des Politischen und die diskursiven Grenzen verschoben. Dabei handelte es sich nicht um die Verschiebung der Grenzen des schlechthin Sagbaren, was abermals Denk- und Redeverbote suggerieren würde, sondern vielmehr um die Grenzen dessen, was wer wo sagen oder schreiben konnte, kurz: die Grenzen des Salonfähigen. Zwei Beispiele mögen hier als Beleg ausreichen. Der Frankfurter Soziologe Karl-Otto Hondrich gehörte zwar nicht unbedingt zur gleichnamigen Schule, war aber auch keineswegs für Affinitäten zum Rechtsintellektualismus bekannt. Doch im Jahr 1994 macht auch er sich in einem *Zeit*-Artikel nun Gedanken darüber, ob man es in Deutschland nicht zuletzt aufgrund falscher Schlussfolgerungen aus den Hypotheken der Vergangenheit gleichsam kompensatorisch mit der offenen Gesellschaft zu weit getrieben habe. Gerade für hochkulturelle Gesellschaften sei es von entscheidender Wichtigkeit, dass Neuankömmlinge über die objektiven und subjektiven Voraussetzungen verfügten, sich in diese integrieren zu können. Im Umkehrschluss riskiere die uneingeschränkte Öffnung nach außen eine innere Schließung in Form von Parallelgesellschaften und damit einhergehenden Gewaltkonflikten: »Je offener die Gesellschaft, desto mehr Gewalt und Nationalismus. Wer dies nicht wahrhaben will, riskiert letztlich die Selbstzerstörung der offenen Gesellschaft.«[213] Der Staat muss im Namen des gesellschaftlichen Friedens für eine Regulierung von Zu- und Einwanderung sorgen, denn nicht alle, die »zu uns kommen wollen«, erfüllen die Voraussetzungen. Mit dieser Argumentation legt der Soziologe letztlich eine migrationsbedingte Bedrohung nahe, die unterschwellig die Ängste speist, auf denen die politischen Erfolge der Neuen Rechten gebaut sind. Natürlich wurden und werden ähnliche Thesen in sehr viel schärferer Form formuliert, bezeichnend ist aber eben, dass es sich um Hondrich handelt, der diese in der ›liberalen Wochenzeitung‹ *Die Zeit* publiziert.

Der zweite Beleg für die bürgerliche Salonfähigkeit einer wie auch immer begründeten Xenophobie in jener Zeit stammt von einem Humanethologen mit dem klanghaften Namen Irenäus Eibl-Eibesfeldt, der uns auch noch einmal im Zusammenhang mit der aktuellen Flüchtlingsdiskussion kurz wiederbegegnen wird. 1993 veröffentlichte der Experte für den Vergleich tierischen und menschlichen Verhaltens in der *Süddeutschen Zeitung* ein Essay mit dem Titel »Der Brand in unserem Haus«, in dem er ebenjene Komparatistik zur Erläuterung der Einwanderungsthematik heranzieht.[214] Aus dem Tierreich sei zu lernen, dass Gemeinschaften sich auch aus Eigeninteresse gegenüber dem Fremden abgrenzten, und auch für menschliche Gemeinschaften gelte spätestens in dem Moment, in dem von den Zugezogenen eine diffuse Gefahr auszugehen scheine: »In einer solchen Situation neigt die einheimische Bevölkerung dazu, die Immigranten als Eindringlinge wahrzunehmen und mit archaischen Verhaltensmustern der Territorialität und Xenophobie zu reagieren, die in Krisensituationen leicht in Hass umschlagen.« Eibl-Eibesfeldt plädiert dafür, diese evolutionär tiefliegenden Mechanismen bei der Frage des Zuzugs Angehöriger fremder Kulturen in Rechnung zu stellen. Aus ethologischer Perspektive sei nämlich festzuhalten: »Bereits die Lokalgruppen der Naturvölker verteidigen ihr Land gegen Eindringlinge und sichern damit ihre Existenzgrundlage.« Eine Öffnung der Grenzen aus humanitären oder anderweitigen Gründen würde »nur das [humanitäre] Problem in ein ohnehin übervölkertes Europa importieren …« Zwar mag es angebracht sein, Fremden vor Ort zu helfen, aber Eibl-Eibesfeldt legt hier nahe, dass es gute biopolitische Gründe gibt – Gründe, die auf der Ebene des Lebens selbst angesiedelt sind –, von einer Öffnung der Grenzen für einen Massenzuzug abzusehen, der aus humanethologischer Perspektive zumindest fahrlässig, wenn nicht gar ethnokulturell selbstmörderisch wäre. Auch die Motive dieser Argumentation werden an anderer Stelle und von anderen Personen bis heute weitaus undifferenzierter und schärfer vorgetragen. Bemerkenswert ist aber eben, dass es sich bei dem Medium nicht um die *Junge Freiheit*, sondern die *Süddeutsche Zeitung* handelt und der Autor ein angesehener Forscher der Max-Planck-Gesellschaft ist und zwei Jahre später mit dem Großen Verdienstkreuz der Bundesrepublik Deutschland ausgezeichnet wird.

Der Versuch der CDU, ihren christdemokratischen Konservatismus vom rechten Spektrum abzugrenzen, vollzieht sich vor dem Hintergrund der Verschiebungen des politisch-publizistischen Koordinatensystems, die sich in diesen beiden Beispielen dokumentieren und die Herausforderung zumindest für manche in der Union umso dringlicher erscheinen lassen. Zu ihnen gehört Friedbert Pflüger, der seinerzeit CDU-Bundestagsabgeordneter war, nachdem er in der ersten Hälfte der 1980er-Jahre als Referent Richard von Weizsäckers unter anderem die berühmte Rede zum 8. Mai mitverfasst hatte – und im Zuge dessen nach eigener Aussage übrigens Weizsäcker davon abbrachte, in der Rede eine Amnestie für den inhaftierten Rudolf Heß zu fordern, was ja der Ansprache insgesamt eine durchaus andere Prägung gegeben hätte.

1994 veröffentlicht Pflüger sein Buch *Deutschland driftet*, in dem er sich aus der Perspektive der Christdemokratie mit der Neuen Rechten auseinandersetzt. Pflügers Buch schöpft seine suggestive Kraft aus der Parallelisierung von Weimarer und Bonner Republik, wobei der Niedergang der ersteren dem Übergang der letzteren in die Berliner Republik entspricht. Die Neue Rechte, so Pflüger, sei durch andere Traditionen geprägt als der Neokonservatismus eines Lübbe oder Schelsky. Ihre Gewährsleute seien vielmehr die konservativen Revolutionäre der Zwischenkriegszeit von Carl Schmitt über Ernst Jünger bis hin zu Artur Moeller van den Bruck und Oswald Spengler. Sein Buch stellt sich daher die Aufgabe, »die Union gegen die Ideen der *Konservativen Revolution* zu immunisieren«,[215] damit die Berliner Republik nicht das Schicksal der Weimarer ereile, als die Konservative Revolution den Nationalsozialisten den Weg ebnete. Minutiös arbeitet sich Pflüger durch den Themenkatalog der Konservativen Revolutionäre von der Demokratiekritik, dem Hang zur Mystik und der Verherrlichung Preußens über die antiwestliche

Kulturkritik gepaart mit überzogenem Nationalismus bis hin zu völkischem Denken, Rassismus und Antisemitismus. In jedem dieser Themenkomplexe stellt er die Verbindung zwischen den Zwischenkriegsdenkern und ihren aktuellen Wiedergängern her, zu denen er in Sachen Mystik auch den hier besprochenen Strauß zählt und in Sachen quasivölkische Ideologie Eibl-Eibesfeldt subsumiert. Als Vertreter des urban-liberalen Flügels der CDU bewies Pflüger mit seiner Fokussierung auf die Neue Rechte als intellektuellen und politischen Hauptgegner ein feines Gespür für die klimatischen Veränderungen dieser ersten Jahre der Berliner Republik. Nicht von ungefähr wird er in mehreren Kapiteln der zweiten Ausgabe von *Die selbstbewußte Nation* scharf kritisiert. Doch die vielen zutreffenden Analysen und Befunde, die in *Deutschland driftet* enthalten sind, können doch nicht über eine doppelte Schwäche hinwegtäuschen. Zum einen ist Pflügers Vision für die Christdemokratie hoffnungslos defensiv ausgerichtet, denn sie beschränkt sich vor allem auf die Empfehlung, an den Errungenschaften und den politischen Tugenden der Bonner Republik trotz fundamental geänderter Rahmenbedingungen festzuhalten.[216] Doch in gewisser Weise drückt sich darin nur das intellektuell raffiniertere Äquivalent der viel gescholtenen ›Ostalgie‹ der neuen Bundesländer aus. Natürlich geht es Pflüger um die verlässlich liberal-demokratische Grundierung der Bundesrepublik, die eben auch nach der Zeitenwende von 1989 aufrechterhalten bleiben soll, doch man spürt auch einen Anflug von Sehnsucht nach den überschaubareren Verhältnissen, die in Westdeutschland unter den Bedingungen des Kalten Krieges herrschten. Den Neurechten, die den endlichen Ausbruch aus der als Korsett empfundenen Nachkriegszeit dagegen ja gerade zelebrieren, nur den nostalgischen Verweis auf die Wohlgeordnetheit jener Verhältnisse entgegenzuhalten, hat zwar etwas genuin Konservatives, wirkt darüber hinaus im Hinblick auf die politisch-intellektuelle Auseinandersetzung aber nicht besonders erfolgversprechend. Die zweite Schwäche schließt hieran an. Denn zwar nimmt sich Pflüger vor, gegen das Driften Deutschlands insgesamt und der

Union im Besonderen anzuschreiben, doch müsste er dafür eben den Entwurf eines christdemokratischen Konservatismus präsentieren, der sich erkennbar von der Neuen Rechten in allen Parteien abhebt, allerdings bleibt das Buch diesen Entwurf schuldig, bzw. es liefert ihn allenfalls in Form eines Umkehrschlusses: Repräsentiert die Konservative Revolution das Denken, das den Nazis den geistigen Weg bereitete, dann lautet Pflügers Schlussfolgerung, dass die Union sich von allem fernzuhalten habe, was zum Gedankengut der Konservativen Revolutionäre gehöre. Dies ist sicherlich plausibel, reicht aber nicht aus für den positiven Gegenentwurf eines christdemokratischen Konservatismus, der sich so auch für einen der klügsten Köpfe der Union, als der Pflüger galt, nur schwer fassbar erweist.

Doch Pflüger ist nicht der einzige Unionspolitiker, der in den frühen 1990er-Jahren gegen die Konservative Revolution anschreibt, mit der der »deutsche Konservatismus [...] sich von seinen Ursprüngen entfernt und die europäischen Traditionen verraten hatte«. Auch der damalige Leiter der hessischen Staatskanzlei unter Walter Wallmann will »die konservativen Wurzeln der CDU [...] definieren« und den deutschen Konservatismus retten, indem er ihn von seinen revolutionären Auswüchsen der Zwischenkriegszeit separiert und ihm stattdessen eine unzweideutige Orientierung an westlichen Werten empfiehlt. Die Schwermut der Zivilisationskritik soll abgeschüttelt werden, ohne jedoch in die Fortschrittsgläubigkeit des technokratischen Konservatismus umzuschlagen, welcher »die Verluste des Fortschritts ausklammert, die zu thematisieren Aufgabe des Konservatismus ist«. Die Gewährsleute dieses Konservatismus sind im deutschen Kontext daher am ehesten Lübbe, grundsätzlich aber vor allem der uns ebenfalls wohlbekannte Edmund Burke, dessen konservative Vorstellungen in dem kleinen Büchlein von 1991 mit dem Titel *Was ist Konservatismus? Streitschrift gegen die falschen deutschen Traditionen. Westliche Werte aus konservativer Sicht* durchaus plausibel durchdekliniert werden. Am Wesen des Burke'schen Konservatismus soll also die CDU genesen, wobei der Autor Burkes Ansichten über »Evolution und Gradualismus«, die hier ebenfalls behandelt wurden, dann aber auch auf einen Bereich anzuwenden versucht, der im Werk des Iren eine – vorsichtig ausgedrückt – eher untergeordnete Rolle spielt, nämlich die Einwanderungspolitik. Auch hier gelte es nämlich, den Wandel der Dinge, also die Zuwanderung, zu entschleunigen, damit nicht die »Grenzen kultureller Resorptionsfähigkeit« überschritten werden. Die »Veränderungsgeschwindigkeit selbst muß vermindert werden«, um »den Kulturschock abzumildern«, denn »es mag statistisch wahr sein, daß Deutschland Einwanderungsland ist, dem Lebensgefühl der Menschen entspricht es nicht«.[217] Und so landet der Autor beim Versuch, einen CDU-Konservatismus »gegen die falschen deutschen Traditionen« aus dem Geiste Edmund Burkes zu entwickeln, nicht beim Lob der Bonner Republik wie Friedbert Pflüger, sondern unvermittelt bei der konservativ begründeten Begrenzung der Zuwanderung, die zu dieser Zeit zum ultimativen Mobilisierungsthema der Rechten aufsteigt. Dem Glauben an die Notwendigkeit, Einwanderung aus »kulturfremden Kontexten« einzuschränken, ist Alexander Gauland treu geblieben, bekanntlich jedoch nicht der Partei, deren konservative Wurzeln er identifizieren wollte. Stattdessen führte ihn sein Weg zur AfD, deren Haltung zur von Gauland seinerzeit abgelehnten Konservativen Revolution bestenfalls als unklar gilt.

Die Frage der Einwanderung treibt in den 1990er-Jahren selbstredend nicht nur die Hondrichs, Eibl-Eibenfeldts und Gaulands um, auch Günter Rohrmoser meldet sich diesbezüglich zu Wort und warnt davor, dass die »Deutschen« unter den Bedingungen kontinuierlicher Zuwanderung und angesichts der demografischen Entwicklung der Einheimischen bald nur noch »eine Minderheit« innerhalb einer multikulturellen Gesellschaft darstellen würden, um daraus ebenso wie Gauland und andere die Forderung wenn nicht der Begrenzung der »kulturfremden« Einwanderung, so doch zumindest der Pflicht zur »Assimilation« der Neuankömmlinge abzuleiten – eine Debatte, die schon bald und bis in die Gegenwart immer wieder unter den Vorzeichen einer »deutschen Leitkultur« geführt werden wird.[218]

Aber die Fragen von Einwanderung, Asylpolitik und deutscher Identität in einer multikulturellen Gesellschaft, die ja auch schon zumindest streckenweise in den 1980er-Jahren gerade das konservative Spektrum beschäftigten, erhalten im Kontext der 1990er-Jahre eine neue Dimension, und zwar eine europäische. Schon Ende der Achtzigerjahre hatte Peter Glotz auf das Politisierungspotenzial des kommenden europäischen Binnenmarktes hingewiesen,[219] in dem nicht nur Waren, Kapital und Dienstleistungen, sondern eben auch Menschen Freizügigkeit genießen. Für Rohrmoser steht fest, dass dies auch Auswirkungen auf den deutschen Sozialstaat haben wird. Dessen Großzügigkeit lade schließlich geradezu zur ›Armutseinwanderung‹ in die Sozialsysteme ein: »Deutschland wird auf die Menschen eine magnetische Anziehungskraft ausüben«,[220] wodurch sich die Probleme einer multikulturellen Einwanderungsgesellschaft weiter verschärften.

Aber die Vertiefung der Europäischen Union wird nun keineswegs mehr ausschließlich mit Blick auf ihre migrationspolitischen Effekte hin diskutiert, obwohl diese natürlich ein hochvirulentes Thema für politische Kräfte von den Republikanern über die Union bis hin zu Teilen der SPD bleiben. Die Debatten jener Dekade werden hingegen insbesondere vor dem Hintergrund des Maastricht-Vertrages geführt, der einen Quantensprung im Prozess der europäischen Integration darstellt. In gewisser Weise gehört der Vertrag von 1992, mit dem sich die Europäische Gemeinschaft in die Europäische Union verwandelte, zum Gesamtpaket der deutschen Einheit. Denn die europäischen Siegermächte Großbritannien und Frankreich waren nicht von vornherein entschiedene Befürworter der Wiedervereinigung, und die Aufgabe der D-Mark als damaliger kontinentaler Hegemonialwährung zugunsten des Euro und des damit verbundenen Bekenntnisses zu einer weiteren Vertiefung der europäischen Integration ist der Preis, den Deutschland für die Zustimmung der europäischen Partner zur Einheit entrichtet, wobei die Deutschen im Gegenzug die verbriefte Garantie erhalten, dass auch die neue Währung sich an der Stabilitätskultur des deutschen Währungsregimes orientieren würde, und zwar in Form der Maastricht-Kriterien bezüglich Staatsschulden und -defiziten. Mit dem Maastricht-Vertrag war der Grundstein für die Wirtschafts- und Währungsunion gelegt, von der seinerzeit nicht wenige erwarteten, dass sie ihrerseits wiederum die Grundlage für eine spätere politische Union bilden würde. Die damals durchaus als real geltende Aussicht auf eine weitere Vertiefung mit dem Ziel einer politischen Union sorgte nicht nur in Deutschland für erregte öffentliche Debatten, doch im hiesigen Kontext verliefen die Frontlinien der Diskussion anders als in vielen anderen europäischen Ländern, war doch die Union zu jener Zeit vorwiegend proeuropäisch eingestellt, ganz im Gegensatz zu manchen ihrer konservativen Schwesterparteien, die in dieser Frage zumindest gespalten waren und sind. Selbst die CSU als traditionell europaskeptischere der Schwesterparteien bekannte sich damals eindeutig zu Maastricht. Beim Parteitag 1992 stimmten für Peter Gauweilers Antrag, den Vertrag *abzulehnen*, noch nicht einmal ein Prozent der Delegierten – womöglich auch deshalb zog Gauweiler es in der Zukunft vor, eher vor Gericht als in seinen eigenen Parteigremien gegen weitere Integrationsschritte zu streiten – bevor er 2015 aus Protest gegen die Stützung des griechischen Haushaltes von allen Ämtern zurücktat. Doch trotz oder gerade wegen der anhaltenden Europaeuphorie der politisch organisierten Christdemokratie regten sich im Lager des intellektuellen Konservatismus die Stimmen, die das Projekt der ›Vereinigten Staaten von Europa‹ mit großer Skepsis beäugten. Zur Verdeutlichung dessen, was in der Frage Europas aus konservativer Perspektive auf dem Spiel stand – und steht –, empfiehlt sich ein weiteres Mal der Abgleich der konservativen Position eines Lübbe mit den Ambitionen, die Habermas mit der europäischen Integration verband und mit gewissen Einschränkungen bis heute verbindet.

Für Habermas war der europäische Einigungsprozess immer

auch verknüpft mit der Frage des Nationalstaats und nationaler Identität. Deutschland könne hier in gewisser Weise sogar als Zugpferd wirken, habe sich doch aufgrund des gebrochenen bzw. reflektierten Verhältnisses zur deutschen Vergangenheit, die sich beispielsweise auch im Historikerstreit dokumentierte, gerade im hiesigen Kontext zumindest in einem Großteil der Gesellschaft eine posttraditionale Nationalidentität herausgebildet, die in ihren besten Versionen die Form eines »dünnen« Verfassungspatriotismus angenommen habe. So habe sich die nationale Identität von den »vorpolitischen Krücken«[221] der Abstammungs- oder Schicksalsgemeinschaft befreit und beziehe sich primär auf die Gemeinschaft der Staatsbürger. Ebendiese von ihren substanziellen Bestandteilen weitgehend gereinigte Nationalidentität biete die idealen Voraussetzungen für eine Intensivierung des europäischen Projekts. Spätestens mit dem Vertrag von Maastricht und seinen Kompetenzdelegierungen an die supranationale Ebene der zukünftigen EU sei der Punkt erreicht, an dem deren sparsame Legitimation über den Europäischen Rat und ein seinerzeit noch wesentlich schwächeres EU-Parlament für diese weitreichenden Befugnisse nicht mehr ausreiche. Denn auch wenn die Maatricht-Urteile des Bundesverfassungsgerichts an der Souveränität Deutschlands *de jure* festhielten, habe man es in Zukunft *de facto* zumindest in bestimmten Politikbereichen mit einer gemeinschaftlichen europäischen Souveränität zu tun, könne doch etwa von einer unilateral nationalstaatlichen Kontrolle des zukünftigen Euro schlicht keine Rede mehr sein. Dementsprechend machte sich Habermas wie kaum ein anderer öffentlicher Intellektueller in Europa im Laufe der 1990er-Jahre immer wieder für eine europäische Verfassung stark, die als Prisma von europaweiten Deliberationen zu einem Beschleuniger für ein nicht nur institutionelles, sondern auch politkulturelles Zusammenwachsen Europas werden sollte, inklusive europäisierter Öffentlichkeit und einer europäischen Identität.

Es sagt viel über die Statuseinbußen des konservativen Diskurses aus, dass sich die Debatte über die Zukunft der EU nicht zwischen Habermas und etwa Lübbe entfaltet, der 1994 seine eigene Vision in Buchform vorlegte, sondern zwischen Habermas und dem Verfassungsrichter Dieter Grimm, der Habermas' Entwurf die seitdem immer wieder kontrovers diskutierte »No-Demos-These« entgegenhielt: Für eine Konstitutionalisierung und Demokratisierung Europas fehle die entscheidende Voraussetzung eines Souveräns in Form eines europäischen Staatsvolkes, sodass sowohl Verfassung als auch die wie auch immer demokratisierten Institutionen der EU letztlich politisch gesehen in der Luft hingen, wodurch die Legitimationsketten eher noch brüchiger würden als im Status quo. Bevor wir im weiteren Verlauf auf Habermas' Erwiderung auf dieses Argument zurückzukommen, ist zunächst zu klären, welche Einsprüche von konservativer Seite gegen die ›Vereinigten Staaten von Europa‹ erhoben wurden – und bis heute erhoben werden.

Hier findet sich im Post-Maastricht-Kontext zum einen der Vorwurf Rohrmosers, es handele sich bei der zukünftigen Wirtschafts- und Währungsunion um ein reines Elitenprojekt, das »am Volk vorbei« die Leitung Europas einem »apolitischen Expertengremium«, also der EU-Kommission, übertragen wolle. Diese Kritik erinnert zwar an ein populistisches Argumentationsschema, doch das bedeutet nicht per se, dass sie unzutreffend wäre, immerhin wurde der Maastricht-Vertrag genauso wie alle anderen Europa-Verträge anders als in anderen EU-Staaten der deutschen Bevölkerung nie zur Abstimmung vorgelegt. Dass Konservative sich für die direktdemokratische Befassung der Bevölkerung mit politischen Fragen aussprechen, konnte damals noch überraschen, doch in gewisser Weise war der CSU-nahe Rohrmoser seiner Partei einfach nur um Jahrzehnte voraus, die sich ja mittlerweile ebenfalls für Volksreferenden und -initiativen starkmacht, wohl auch im Bewusstsein um die immense Mobilisierungskraft und Instrumentalisierbarkeit dieser Verfahren.

Jedenfalls besteht aber in der Frage der demokratischen Legitimation der EU kein grundlegender Dissens zwischen Rohrmoser und Habermas, zumindest würde Habermas' Projekt einer demokratischen Konstitutionalisierung der EU – die bekanntlich als reales Projekt an der französisch-niederländischen Ablehnung 2004 bis auf Weiteres gescheitert ist – ja gerade der demokratischen Beteiligung Rechnung tragen, die Rohrmoser im Hinblick auf den Maastricht-Vertrag einklagt, und eine konsequente Demokratisierung wäre schließlich auch von der grundlegenden Stoßrichtung her durchaus als Gegenmittel gegen die entpolitisiert-technokratischen Tendenzen der EU geeignet, die Habermas für ebenso bedenklich hält wie Rohrmoser.

Die theoretisch anspruchsvollere Gegenrede zu Habermas' Postulat einer Verfassung Europas liefert aber Lübbe 1994 in einem schon erwähnten kurzen Buch *Abschied vom Superstaat*, das den zunächst etwas seltsam dekretartig anmutenden Untertitel *Vereinigte Staaten von Europa wird es nicht geben* trägt. Das Buch ist aus zweierlei Gründen interessant. Einerseits formuliert es eine Position, die in ihrer *qualifizierten* Europaskepsis durchaus für sich in Anspruch nehmen kann, weite Teile des deutschen konservativen Diskurses diesseits der Neuen Rechten und ihrer Hypostasie der selbstbewussten Nation zu repräsentieren, und zwar bis in die Gegenwart hinein. Andererseits weist Lübbes Schrift bei allen Spitzen gegen diejenigen, die man heute oftmals als Euro-Föderalisten bezeichnet, auch Ansatzpunkte für eine Vermittlung zwischen seiner und Habermas' Position auf.

Auf der Hauptargumentationslinie wird man diese Ansatzpunkte allerdings zunächst vergeblich suchen. Denn Lübbes Trumpf ist – in gut konservativer Manier – die Welt, wie sie eben nun einmal ist, und dies bedeutet: »Am post-national gewordenen Wesen wird die Welt nicht genesen.«[222] Die Stoßrichtung der Argumentation versucht also nicht normative Gründe gegen die USE – The United States of Europe, deren Gründung übrigens der zertifiziert konservative Winston Churchill nach dem Zweiten Weltkrieg vorschlug, ohne jedoch Großbritannien dazuzuzählen – zu mobilisieren, sondern verlässt sich auf die normative Kraft des Faktischen. Man kann davon ausgehen, dass Lübbe durchaus auch ideologische

Vorbehalte gegen Habermas' Verfassungspatriotismus hegt, der ihm allenfalls als »Schwundstufenpatriotismus« erscheint, doch für ihn ist gerade entscheidend, dass ein solch dünner Verfassungspatriotismus schlicht keine tragfähige Grundlage für politische Gemeinwesen ob auf nationaler oder supranationaler Ebene biete. Die Skepsis gegenüber den Realisierungschancen der ›Vereinigten Staaten von Europa‹ speist sich allerdings aus noch grundsätzlicheren Erwägungen. Denn die Supranationalisierungstendenzen in Europa wie auch die Universalisierungs- bzw. Homogenisierungstendenzen, die von der Globalisierung ausgingen, produzieren laut Lübbe ihre eigenen Gegenbewegungen in Form von Nationalismus, Regionalismus und einer allgemeinen Vergangenheitszuwendung. Hier kommt also abermals das oben erläuterte Kompensationstheorem zur Geltung, mit dem sich die Konservativen als wahre Meister der politischen Physik erweisen, in der spätestens seit Newton gilt: *Actio* gleich *Reactio*. Aus diesem Grund kann sich Lübbes Kritik auch sehr viel gelassener präsentieren, als es der weniger kompensationsgläubige Rohrmoser vermag. Schließlich verlässt sich Lübbe darauf, dass jede Forcierung der Integration nur einen intensivierten Gegenschub auslöst. Dementsprechend sind die Regionalisierungs- und Renationalisierungstendenzen, die es ja heute noch viel intensiver zu verzeichnen gilt als noch 1994, obwohl Lübbe schon damals auf den Fall Kataloniens hinweist, integraler, aber gegenläufiger Bestandteil der Europäisierungsbestrebungen von Maastricht über Amsterdam bis Lissabon, und analog zu den Naturgesetzen der Physik ist auch dieser Zusammenhang schlechthin außerhalb des Verfügungsradius möglicher politischer Manipulation. Zu diesen Unverfügbarkeiten zählt zumindest auf den ersten Blick auch die (kollektive) Identität der europäischen Völker, und folgerichtig stimmt auch Lübbe der später von Grimm bekannt gemachten These zu, dass den USE schlicht das Staatsvolk fehle, woraus er zudem schließt, dass die EU auch kein Staat sein könne (schließlich verfügt sie auch nicht über das gerade aus konservativer Perspektive entscheidende Gewaltmonopol), und so bei der oft gehörten Verlegenheitslösung anlangt, die EU als eine politische Gemeinschaft »sui generis« zu betrachten, die weder Bundesstaat noch Staatenbund sei. Diese Frage der politischen Form der EU soll uns hier nicht weiter beschäftigen, vielmehr geht es um die Implikationen von Lübbes Kompensationstheorie mit ihrer eingebauten Skepsis gegenüber einer artifiziellen Europäisierung nicht nur auf der Ebene der Institutionen, sondern vor allem auch auf der Ebene der Identitäten und Mentalitäten.

Lübbes nicht nur rein deskriptiver, sondern auch zumindest unterschwellig wohlwollender Verweis auf die substaatlichen Nationalismen Spaniens, Belgiens oder Italiens verdienen aus zwei Gründen genauere Beachtung. Erstens kommt in diesen Diskussionen genau die kritische Würdigung der Grenzen der Mehrheitsdemokratie im Namen von – in diesem Falle regionalen – Minderheitsrechten zum Zug, die man in der Diskussion um zivilen Ungehorsam bei Lübbe und anderen im konservativen Lager vermisst hatte, wo es stattdessen sinngemäß hieß: Mehrheit ist Mehrheit. Nun will Lübbe im Zuge der partikularen Gegenreaktion auf Vereinheitlichungstendenzen auf der nationalstaatlichen und, a fortiori, der europäischen Ebene die »Selbstkonstitution neuer Subjekte kollektiver Selbstbestimmung« in »rechtlich anerkannten, positivierten, friedenserhaltenden Verfahren« ermöglichen, um so einen Ausweg aus der strukturellen Minorisierung bestimmter Regionen oder Volksgruppen zu schaffen, damit sich diese nicht Terrorgruppen wie der ETA oder der IRA zuwendeten.[223] Am Rande sei hier angemerkt, dass es die vielen Unterstützer der katalanischen Sezessionsbewegung gerade im linken politischen Spektrum unserer Tage zumindest irritieren sollte, dass ihre Bundesgenossen Konservative wie Lübbe – und im Übrigen auch Neoliberale wie Friedrich August von Hayek, James Buchanan und Wilhelm Röpke – wären. Wichtiger jedoch ist die bemerkenswerte Implikation, die sich aus dieser Position Lübbes ergibt, stellt sie doch den konservativen Basiswert der territorialen wie auch juridischen Integrität des Nationalstaats sehr grundsätzlich infrage.

Interessant sind aber daneben vor allem Lübbes Überlegungen zur Frage einer geteilten europäischen Identität. Grundsätzlich galt für Lübbe (und für weite Teile des konservativen Spektrums) auch im Zusammenhang mit der deutschen Geschichte die Regel, dass Identität nicht geschaffen, sondern in erster Linie erfahren wird. Von daher überrascht es nicht, wenn ihm Habermas' Identitätsverständnis suspekt erscheint, der betont: »Aber unsere Identität ist nicht nur etwas Vorgefundenes, sondern eben auch und gleichzeitig unser eigenes Projekt. Wir können uns unsere Traditionen nicht aussuchen, aber wir können wissen, daß es an uns liegt, *wie* wir sie fortsetzen.«[224] Dementsprechend kann Habermas sich eben auch für die europäische Identitätsbildung als bewusst verfolgtes Projekt einsetzen, in dessen Rahmen die Verfassung eine zentrale Rolle spielen würde und als dessen Endprodukt dann tatsächlich ein auch europäisches Staatsvolk stünde – was im Kern die Replik auf die »No-Demos-These« bildet. In seiner Ablehnung besteht Lübbe interessanterweise aber keineswegs auf dem schimärischen Charakter einer europäischen Identität, deren Formierung nicht bewusst gefördert werden könnte. Die Grundlage von geteilten Traditionen könnten nämlich auch auf europäischer Ebene und diesseits pseudostaatlicher Verfasstheit die »pragmatischen Erfolge europäischer Einigungspolitik« sein. Über die »Lebensvorzüge«,[225] die die EU zu bieten habe, bildeten sich Gemeinsamkeiten heraus, und im Umkehrschluss bedeutet dies, dass sich eine europäische Identität dann doch zumindest indirekt stärken ließe. Dies ist eine durchaus überraschende Wendung, die in dieser Weise auch in Lübbes anderweitigen Einlassungen zur EU kaum eine Entsprechung findet. Dennoch gewinnt damit streng genommen die konservative Tradition Anschluss nicht nur an Habermas' Position, sondern vor allem an die politische Soziologe, deren Mainstream spätestens seit den Arbeiten Benedict Andersons zu Nationen als »imaginierten Gemeinschaften« und Pierre Bourdieus Studien zur Staatssoziologie keinen Zweifel daran ließ, dass nationale Identitäten alles andere als naturwüchsig sind, sondern durch staatliche Politik oder nationale Geschichtsschreibung zumindest mitfabriziert wurden. Wenn dies auf nationaler Ebene möglich war, so suggeriert wiederum Habermas, ist zumindest nicht grundsätzlich ausgeschlossen, dass es auch auf europäischer Ebene geschehen kann.

Das Thema Europa bzw. EU wird auch im 21. Jahrhundert wieder eine bedeutende und kontroverse Rolle für den deutschen Konservatismus spielen, doch dazwischen liegt das politische Interregnum des deutschen Konservatismus: der Machtverlust 1998.

5. Interregnum

Als 1998 mit Helmut Kohl zum ersten Mal in der Bundesrepublik ein Kanzler vom Volk abgewählt wird, kann man durchaus von einer demokratiegeschichtlichen Wegmarke sprechen, die Demokratie in Deutschland scheint endgültig normalisiert. Für die Erhabenheit des Augenblicks hat die Union naheliegenderweise wenig Sinn, für sie ist der Gang in die Opposition ein schwerer Schlag, versteht sie sich doch als erste und natürliche Regierungspartei der Republik, die bis auf die zehnjährige Episode sozialliberaler Regierungen beständig an den Hebeln der Macht saß und aus den resultierenden Möglichkeiten der politischen Gestaltung, aber auch der Verteilung von Pfründen ein erhebliches Maß an parteilicher Geschlossenheit schöpfte, die so auch über die eine oder andere inhaltliche Leerstelle hinweghalf. Wie würde sich die Gewohnheitsregierungspartei in ihre neue Oppositionsrolle einfügen, und wie lange würde man sich tatsächlich darin einrichten müssen? Diese Fragen wurden unmittelbar nach der Wahl bei den Strategen von Partei und Adenauer-Stiftung mit einiger Besorgnis gestellt, denn die Prognosen der Sozialwissenschaften stellten der Christdemokratie keineswegs die baldige Rückkehr an die Macht in Aussicht. Im Gegenteil, neben der Neuen Rechten war scheinbar links der CDU nun auch eine ›Neuen Mitte‹ entstanden, die wichtige Wählersegmente vereinte und von der SPD unter Gerhard Schröder besetzt worden war. Die Mitgliederstruktur als auch die Wählerschaft der Union galten als zu ländlich, zu katholisch, zu männlich und zu alt. Die klassisch christdemokratischen Milieus zerstoben unter dem Eindruck der beständig an Fahrt gewinnenden Trends von Urbanisierung, Säkularisierung und Globalisierung, sodass in Anlehnung an Ralf Dahrendorfs berühmtes Diktum vom Ende des sozialdemokratischen Jahrhunderts nun vom »Ende des christdemokratischen Zeitalters« die Rede war.[226] Und selbst diejenigen, die etwas vorsichtiger in ihren Mutmaßungen waren, machten deutlich, dass nach dem Verlust der Macht und den damit verbundenen internen Kohäsionskräften sowohl positiv, aber vor allem auch negativ alles für die Union möglich war: »Die Zukunft der CDU ist so offen wie das Brandenburger Tor.«[227]

Es gibt historische Quellen, deren Faszination weniger in ihrer Hellsichtigkeit liegt, als vielmehr in ihren natürlich erst in der Retrospektive offensichtlichen Fehleinschätzungen. Die Bestandsaufnahmen aus dem Jahr 1998 gehören zu dieser letzten Gruppe, denn auch wenn bei vielen Autoren die mehr oder weniger explizite rot-grüne Affinität eine Rolle gespielt haben mag, so speisen sich doch ihre teils äußerst pessimistischen Diagnosen nicht nur aus (Vor-)Urteilen, sondern auch aus demoskopisch und anderweitig begründeten Argumenten. Umso faszinierender ist es daher, dass die Union in der Folge nicht auf ein Nischendasein reduziert wird, was allein das Abschmelzen ihrer Stammmilieus nahegelegt hätte, sondern schon Mitte der folgenden Dekade an die Macht zurückkehrt und dort nun bereits wieder fast doppelt so lange verbleibt wie Rot-Grün. Daher sollte man die damaligen, gut begründeten Abgesänge auf die Christdemokratie im Hinterkopf behalten, wenn heute vom unmittelbar bevorstehenden Niedergang der CDU die Rede ist: Deren strukturelle Krise wird schon seit spätestens 1998 diagnostiziert und sollte sie eigentlich längst auf parteipolitisches Mittelmaß zurückgestutzt haben, stattdessen erwies sie sich aber zumindest bis in die jüngste Vergangenheit als Erfolgsmodell, und selbst nach den Einbußen des vergangenen Herbstes trifft Mariam Laus Buchtitel von 2009 noch immer zu: Die CDU ist *Die letzte Volkspartei*.[228]

Im Herbst 1998 ist davon allerdings zunächst keine Rede mehr. Die rot-grüne Regierung erscheint als Teil einer im weitesten Sinne sozialdemokratischen Welle, die in den USA, Großbritannien und

Frankreich ebenfalls Parteien der linken Mitte in die Regierungsverantwortung gespült hat, und kurzzeitig erscheint den Christdemokraten nicht ausgeschlossen, dass es sich um ein langfristiges *Realignment* der politischen Lager handelt, welches den Mitte-rechts-Allianzen dauerhaft den Zugang zu den Schaltzentren der Republik verwehren wird.

Der Katzenjammer der Union ist jedoch schon erstaunlich bald vorüber, wofür diverse Faktoren verantwortlich sind. Zum einen wirkt Kohl selbst nach seinem Rückzug vom Parteivorsitz nach wie vor als stabilisierender Faktor in die Partei hinein. Das »System Kohl« hatte für sein Funktionieren nie offizielle Posten und Gremien benötigt, und so greift der Ehrenvorsitzende in spe nach wie vor zum Telefon, um den Zusammenhalt der Partei zu stärken, aber auch persönliche Loyalitäten zu bekräftigen. Zum anderen gelingen der Partei innerhalb kürzester Zeit unerwartete Wahlerfolge auf der Landesebene, wie sie der Union seit den frühen 1990er-Jahren nur noch selten vergönnt gewesen waren. Damit verschieben sich die innerparteilichen Gewichte abermals von der Bundesparteizentrale in die Länder: Während dort der neue Bundesparteichef Wolfgang Schäuble, der zwar Respekt genießt, aber über keine starke Hausmacht verfügt, gemeinsam mit einer überraschend berufenen Generalsekretärin Merkel gewissermaßen die materiellen Auswirkungen des Machtverlustes managen muss, sonnen sich die frischgewählten Ministerpräsidenten Roland Koch (Hessen) und Peter Müller (Saarland) in ihren teils spektakulären Triumphen, die sich in rapide gestiegenen Einfluss auf das Parteipräsidium übersetzen.[229] Es scheint, als ob hier endlich wieder eine Generation von Unionslandesfürsten heranwächst, deren Erfolge in Kombination mit der über den Andenpakt vermittelten gegenseitigen Solidarität sie letztendlich in die Führungspositionen der Bundespartei bringen wird, wie es dem lange Zeit funktionierenden Muster der volksparteilichen Elitenrekrutierung entspricht. Jedenfalls führen beide Faktoren dazu, dass die in Momenten der Wahlniederlage bis heute üblicherweise verkündete (und bisweilen auch durchgeführte) inhaltliche und personelle Erneuerung der Partei erneut hintangestellt wird. Solange Kohl als eine Art Schattenparteichef dafür sorgt, dass die parteilichen Reihen geschlossen bleiben und die Union in den Ländern von Erfolg zu Erfolg eilt, schallt es gerade von dort in Richtung Berlin: Keine Experimente! Das Wahlprogramm 1998, das Schäuble maßgeblich mitgeprägt hatte, gilt auch im Nachhinein als grundsätzlich richtig positioniert, wenn auch schlecht in Richtung Wahlvolk kommuniziert, sodass es eigentlich keinen Anlass zu Revisionen gibt. Vor allem aber stolpert die neue Bundesregierung verlässlich von Fettnäpfchen zu Fettnäpfchen, sodass auf Unionsseite der Eindruck entsteht, die Niederlage sei nicht mehr als ein Betriebsunfall gewesen. Dementsprechend fallen die Selbstbezichtigungen auf dem Erfurter Parteitag 1999 eher sparsam aus. Die neue Generalsekretärin hat die Leitsätze diplomatisch gehalten, nur stellenweise ist davon die Rede, die »Tabuzonen innerparteilicher Diskussion«[230] aufzubrechen, was bei den Delegierten als Signal verstanden wird, die parteiinterne Friedhofsruhe der letzten Kohl-Jahre zugunsten einer neuen Debattenkultur hinter sich zu lassen, ohne dabei in Selbstzerfleischung verfallen zu müssen. Merkel ist sich zudem im Klaren über die demografische Schlagseite der Union und will sie dementsprechend von einer Mitgliederpartei in eine »Bürgerpartei« verwandeln, die offener und durchlässiger werden muss, will sie wieder attraktiv für den demoskopischen Sehnsuchtsort der Stunde werden: die Neue Mitte. Auf sie zielt auch die Gesamtausrichtung der Leitsätze, die offenbar Anschluss an eine Sozialdemokratie suchen, welche sich der Modernität eines ›Dritten Weges‹ verschrieben hat. So heißt es, die CDU wolle nicht nur die »modernste Partei Europas« werden, man wolle auch aus Deutschland die »modernste Gesellschaft Europas« machen – was den Parteikonservativen schon damals als unheilvolles Omen erschienen sein muss, grenzen derart absolut formulierte Modernitätspostulate doch schon an eine Parodie der Art von Fortschrittsgläubigkeit, die einstmals zu ihren bevorzugten Angriffszielen auf der politischen Linken gehörte. Die Ausbuchstabierung des Modernitätsideals hält allerdings gemäß der strategischen Leitlinie, nicht allzu rabiate Kurswechsel zu vollziehen, abgesehen von gewissen Signalen im Bereich der Vereinbarkeit von Beruf und Familie (Stichwort: familiengerechte Jobs), der beständig zunehmenden Akzentuierung neoliberaler Ideale (Stichwort: Flexibilität, Kultur der Selbständigkeit, Eigenverantwortlichkeit) und einer gepflegten Prise Populismus (Stichwort: »Niedrige Steuern für alle«) nicht viel Neues bereit.

Womöglich hätte diese behutsame Neujustierung auch schon ausgereicht, um schon bald wieder reüssieren zu können, wäre nicht noch im selben Jahr die Parteispendenaffäre über die CDU hereingebrochen, die die teils nur knapp unter 50 Prozent liegenden Zustimmungswerte in den Umfragen für die Union in kürzester Zeit um mehr als ein Drittel abstürzen ließ und auch der Siegesserie in den Ländern ein jähes Ende bereitet. Die rot-grüne Regierung mag noch so schwach sein, die Spendenaffäre, deren Einzelaspekte hinreichend bekannt sind und nicht noch einmal vertieft werden müssen, versetzt die Union in einen beispiellosen politischen Sinkflug, der die diversen Akteure veranlasst, die ihnen jeweils zur Verfügung stehenden Reißleinen zu ziehen. Die von Angela Merkel besteht in der öffentlichen Distanzierung und gleichzeitigen Emanzipierung von ihrem einstigen Förderer Kohl, der der »Partei Schaden zugefügt« habe, wie sie in einem Gastbeitrag für die *Frankfurter Allgemeine* zwei Tage vor Weihnachten 1999 schreibt. Der seinerzeit höchst kontroverse Schritt erweist sich als überaus folgenreich, denn er setzt eine Entwicklungen in Gang, an deren Ende Merkel 2005 Bundeskanzlerin werden wird. Und so hat die Spendenaffäre für den christdemokratischen Konservatismus insgesamt durchaus ambivalente Auswirkungen: Einerseits ist der Flurschaden gerade in den gutbürgerlichen Milieus enorm, was einiges sagen will, war doch die CDU-Wählerschaft mindestens seit den Tagen der Flick-Affäre einigermaßen skandalerprobt. Doch Kohls pseudoehrenhaftes Beharren auf der Anonymität der Spender für die im doppelten Sinne schwarze Kriegskasse, von denen heute Schäuble und andere offen vermuten, dass Kohl sie frei erfunden habe, stößt auf Unverständnis gerade bei jenen, denen die Union vor allem als Repräsentanz bürgerlicher Rechtschaffenheit galt, und von den perfiden Verschleierungsmethoden der Hessen-CDU, die tatsächlich behauptet, die nicht gebuchten Spenden stammten aus mysteriösen jüdischen Vermächtnissen, wendet sich jenes Milieu, wenn auch nur vorläufig, ohnehin mit Grausen ab.

Andererseits eröffnet das Debakel der Spendenaffäre der CDU langfristig gesehen eine Chance, das nachzuholen, was sie lange, womöglich zu lange, versäumt hat: eine tatsächliche personelle und inhaltliche Erneuerung. Erst als Kohl in Reaktion auf die als Affront empfundene Distanzierung Merkels seinerseits mit der Partei bricht und den gerade erst übernommenen Ehrenvorsitz abgibt, bricht auch das System Kohl endgültig zusammen. Und da die Vakanz des Parteivorsitzes, den Kohls Nachfolger Schäuble wegen seiner indirekten Verstrickung in der Affäre ebenfalls nach kurzer Zeit räumen muss, einerseits nicht mit den altvorderen Ministerpräsidenten Biedenkopf und Bernhard Vogel gefüllt werden kann, stehen diese doch rein generationell für die CDU der 1980er-Jahre, andererseits aber zur Unzeit für designierte Nachfolger wie die frisch zum Ministerpräsidenten gekürten Andenpaktler Koch oder Müller kommt, ist plötzlich der Weg frei für Angela Merkel, die erste weibliche Parteichefin der Christdemokraten zu werden – auch wenn sie zunächst, wie übrigens Margaret Thatcher seinerzeit ebenfalls, nur als Übergangslösung gilt. Dennoch verkörpert sie für den Moment tatsächlich glaubhaft die Zäsur, die nicht nur die Wählerschaft, sondern auch die Parteibasis für erforderlich hält, die Merkel auf den noch von Schäuble anberaumten Regionalkonferenzen mit teils überraschend enthusiastischen »Angie, Angie«-Sprechchören feiert – manchmal wünschte man SPD-Parteichefs eine CDU-Basis. Auch etwa die Hälfte der Sitze in Parteipräsidium und -vorstand wird neu besetzt, und auch wenn vielen der damals plötzlich in der ersten Reihe Stehenden keine große Parteikarriere beschieden ist, bringen die personellen Umwälzungen eine gewisse Bewegung in eine chronisch verkrustete und vor allem akut schockstarre Partei.

Aber nicht alle sind von der neuen Mannschaftsaufstellung mit Kapitänin überzeugt, wobei zu den Skeptikern nicht nur erwartungsgemäß Stoiber und Glos auf CSU-Seite gehören, sondern auch die starken Männer der CDU von Koch über Wulff bis zu Merz – und Schäuble. Und so bleibt die Unterstützungsbasis für eine Kanzlerkandidatur Merkels so fragil, dass sie selbst die Initiative ergreift und Edmund Stoiber beim berühmten Frühstück von Wolfratshausen Anfang 2002 die Kandidatur für die Union anträgt. Stoiber gilt zwar eher als technokratisch denn charismatisch, und seine Gliedsatzrhetorik ist bei den PR-Experten der Partei gefürchtet, aber er bringt das Macher-Image des erfolgreichen Ministerpräsidenten mit, das als Schlüsselkompetenz gilt, um einen Kanzler Schröder und seine rot-grüne Regierung abzulösen, deren Politik bis dahin nie den Ruf der handwerklichen Unzulänglichkeit abschütteln konnte. Der Wahlkampf 2002 verläuft daher zunächst ereignisarm, ist doch der bayerisch-erfolgsverwöhnte Stoiber nicht der Mann für die Rolle des oppositionellen Zuspitzens und gilt in der Union doch nach wie vor die Diagnose, dass man schon 1998 eigentlich richtiglag. Das Wahlprogramm 2002 liest sich daher weitgehend wie eine Kopie von 1998, wurde doch zumindest unter der Hand seinerzeit die Schuld für die Wahlniederlage vor allem Kohl angelastet, der das Programm vermeintlich nicht glaubhaft gegenüber der Wählerschaft präsentieren konnte. Aber Edmund Stoiber gelingt dies ebenso wenig, und auch wenn gemeinhin die Oder-Flut und das überaus öffentlichkeitswirksame und populäre Nein der Regierung zum Irak-Krieg als wahlentscheidend zugunsten von Rot-Grün gelten, so bleibt gerade in der CDU der Eindruck haften, dass das Problem auch inhaltlicher Natur ist. Der unmittelbare Effekt der verlorenen Wahl ist jedoch vor allem die Stabilisierung der Position Angela Merkels, deren Loyalität gegenüber Stoiber sich nun auszahlt, denn im Gegenzug hatte ihr Stoiber in Wolfratshausen Unterstützung beim Griff nach dem Fraktionsvorsitz zugesichert. Im Wissen darum zwingt Merkel in einem folgenschweren Schritt den in der Fraktion geschätzten und beliebten

Vorsitzenden Friedrich Merz zum Rückzug. Mit Merz muss eine Identifikationsfigur mehrerer Flügel weichen, gilt er doch nicht nur der wirtschaftsliberalen Strömung als entschiedener Verfechter einer unternehmensfreundlichen Steuerreform, sondern auch den Konservativen als verlässlicher Hüter über die Werte der Haushaltsdisziplin – was ihn nach dem angekündigten Rückzug Merkels vom Parteivorsitz sechzehn Jahre später für manchen in der CDU nun wieder zu einem überaus attraktiven Kandidaten auf ihre Nachfolge macht.

Die Neupositionierung, die Merkel nach der Wahlniederlage 2002 anstrebt, ist der Kulminationspunkt einer langen Entwicklung, die spätestens Mitte der 1990er-Jahre einsetzt und in deren Rahmen der Christdemokratie eine immer potentere Frischzellenkur aus dem Geist des Neoliberalismus verschrieben wird. Das Leipziger Programm von 2003 macht nun Ernst mit vielem, was davor, etwa in den Erfurter Leitsätzen, noch eher unkonkrete Rhetorik von »Wettbewerbsfähigkeit« und »Umbau des Sozialstaats« geblieben war: Dieser Umbau gewinnt nun überraschend klare Konturen, indem sich die Parteivorsitzende die Ergebnisse der sogenannten Herzog-Kommission zu eigen macht, deren Vorsitzender so auch einen aktiven Beitrag zu dem Ruck zu leisten versucht, den er sechs Jahre zuvor angemahnt hatte. Ohne zu tief in die Details der Vorschläge der Kommission gehen zu können, lässt sich ohne Weiteres von der umfassendsten sozialpolitischen Kehrtwende der Union seit dem Ahlener Programm von 1947 sprechen, in dem die Unionsagenda noch quasisozialistische Restbestände beinhaltete: Laut Leipziger Programm sollen Pflege- und Rentenversicherung zumindest zum Teil auf ein Kapitaldeckungssystem umgestellt werden, die Lebensarbeitszeit verlängert und Lohnersatzleistungen an bestimmte Voraussetzungen gekoppelt werden. Insbesondere die Reform der gesetzlichen Krankenversicherung entwickelt sich aber in der Folge zum Politikum, soll ihre Finanzierungsgrundlage in der Zukunft doch ein einkommensunabhängiger Beitrag, die sogenannte Kopfpauschale, sein, was offensichtlich gerade besserverdienenden Schichten zugutekäme. Neben diesen sozialpolitischen Paukenschlägen verabschiedet der Parteitag auch den Vorschlag des neuen Fraktionsvize Merz, der die Einführung eines dreigliedrigen Stufensatzes für das Steuersystem vorsieht – und zwar einstimmig. Für dieses Steckenpferd der angebotsorientierten Wirtschaftspolitik hatte sich in der Vergangenheit vor allem der Ökonom Milton Friedman starkgemacht.

Die Parteitagsrede der Vorsitzenden enthält über weite Strecken die Elemente, die man so oder ähnlich auch schon zuvor und nicht zuletzt von Helmut Kohl gehört hatte: Auch Merkel verzichtet nicht auf die historische Referenz auf die Nachkriegszeit, die Pate für die Vision der Gegenwart stehen soll, von der sie als den »zweiten Gründerjahren unserer Republik« spricht. Zwar seien »unsere Gründerjahre nicht mehr vergleichbar mit der Stunde Null. Aber eines, das ist geblieben, das gilt damals wie heute. Das ist der Geist, der Gründerjahre auszeichnet: Mut, Aufbruch, Entschlossenheit.«[231] Nach wie vor geht es also um den Geist, die Werte und die Tugenden, an denen das Gemeinwesen genesen soll. Doch dieser Katalog hat sich seit Kohls Tagen merklich gewandelt, wie schon oben mehrfach angedeutet wurde. Was nun gefordert ist, sind »Beweglichkeit, Neugier, Lernbereitschaft und Verantwortung«, die darüber bestimmten, wie sich Lohnzusatzkosten und Rentenbeiträge entwickeln. Bei derart markigen Ansagen, die die Rede Merkels zuhauf enthält, fühlt man sich unwillkürlich an den Vorwurf der konservativen Denker Rohrmoser oder Schelsky in Richtung Kohl erinnert, der sich immer um die genuin konservative Aufgabe der politischen Führung gedrückt habe. Wären Merkels Ansprache und den Leipziger Beschlüssen in diesem Sinne nicht Respekt für den damit verbundenen Mut zur Unpopularität zu zollen? Zwar gibt es durchaus Beifall – und zwar nicht nur von den 1001 Delegierten, die Merkel, wie von der Parteitagsregie geplant, minutenlang Applaus spenden –, aber auch Leipzig wird den Anforderungen einer geradezu heroischen Politik der sozialen Härte nicht gerecht, was schon allein daran liegt, dass das Programm von einer Partei in der Opposition vorgelegt wird, die damit noch in keiner tatsächlichen Umsetzungspflicht steht. Darüber hinaus ist es der Zeitpunkt, der dem Programm einen etwas wohlfeilen Charakter gibt, folgt es doch auf die von Schröder gerade ein halbes Jahr vorher verkündete Agenda 2010 und stellt so den schon geradezu kuriosen Versuch dar, die Regierung bei ihrer dezidiert neoliberalen Kursumstellung noch einmal zu übertrumpfen. Von einer neu entdeckten Hartleibigkeit der CDU kann aber mit Blick auf das Leipziger Programm auch deshalb nicht gesprochen werden, weil es abermals dem konservativ herbeigesehnten »Blut, Schweiß und Tränen«-Appell in der Begründung der geforderten Maßnahmen ausweicht. Während Schröder genau jene Versatzstücke der Opferbereitschaft und der Härte rhetorisch mobilisierte, blieb Merkel bei der allgemeinen Verantwortung für die Gemeinschaft, und das Programm lieferte im Übrigen eine neue Version der blühenden Landschaften, indem es im Anschluss an den Gang durch die Einzelheiten der sozialpolitischen Rosskur treuherzig versprach: »Am Ende wird es allen besser gehen als heute.« Und so mag die Partei zwar Recht damit haben, wenn sie sich schon auf der ersten Seite des Programms selbst bescheinigt: »Die CDU ist nie den leichtesten Weg gegangen« – aber der wirklich schwere wäre doch ein anderer gewesen.

Doch auch wenn die Leipziger Alternativagenda bald wieder in der Versenkung verschwindet und der CDU in der Folge nur die weit angenehmere Aufgabe bleibt, den Status quo, den die reale Agenda geschaffen hat, zu erhalten, geht die Union doch nicht ganz unbeschadet aus ihrer neoliberalen Sturm-und-Drang-Phase hervor. Das Leipziger Abenteuer sorgt nicht nur bei den traditionell christdemokratisch Gesinnten für Bauchschmerzen, deren Hauptrepräsentant – immer noch – Norbert Blüm darstellt, welcher während der Aussprache in Leipzig kein Blatt vor den Mund nimmt, wie der *Spiegel* berichtet: »Er läuft rot an, er krallt sich am Podium fest. Seine Stimme bricht. Hier redet einer, der wirklich leidet an seiner CDU. ›Das ist plattgewalzte Gerechtigkeit, eine auf den Kopf gestellte Solidarität‹, ruft Blüm. Im Saal wird es immer stiller. Der frühere Bundesarbeitsminister […] kämpft einen erfolglosen Kampf. Blüm weiß das.«[232] Doch auch wenn der Parteitag die Reformvorschläge gegen Blüms Protest mit überwältigender Mehrheit annimmt, ist die neoliberale Agenda nicht nur der auch als arbeitnehmernahe Herz-Jesu-Christdemokraten bespöttelten Strömung ein Dorn im Auge. Nach Ende des Parteitags meldet sich umgehend Horst Seehofer zu Wort und betont, dass mit den Christsozialen die Kopfpauschale nicht zu machen sei. Und auch die Konservativen zeigen sich irritiert vom reformbegeisterten Aufgalopp in Leipzig. Schon Blüm hatte in seiner Rede das Mantra des prozeduralen Konservatismus in einer seiner vielen Versionen intoniert: Wandel bestehe schließlich nicht nur aus Veränderung, sondern auch aus Erhalt.[233] Und bereits im Vorfeld des Parteitags wird auch von anderen, die autoritativer die Sache des Konservatismus vertreten können als Blüm (»Ich bin überrascht von mir selbst, dass ich ein Konservativer bin«), der »Furor der Reformen« aufs Korn genommen. »Die CDU war eben nie nur Interessenpartei, sondern […] ein Amalgam aus konservativen, liberalen und sozialen Elementen. Und eben dagegen verstößt die Kopfpauschale, die allein Wachstum und Wirtschaft, aber nicht mehr die Geschichte der Partei im Blick hat.« Merkel, so Alexander Gauland in seinem Artikel für die *taz* (!), verstehe aber aus lebensweltlich-mentalitätsgeschichtlichen Gründen einfach nicht das »katholisch-kollektivistische Erbe« der CDU. »Doch nur dieses Erbe sichert der Partei die strukturelle Mehrheitsfähigkeit in einer sich wandelnden Welt.«[234] Die Leipziger Alternativagenda, so lässt sich resümieren, ist zwar weit davon entfernt, für die CDU derart katastrophale Folgen zu entfalten wie die Agenda 2010 im Fall der SPD, aber sie bleibt dennoch eine Wegmarke in der Parteigeschichte, die in allen Lagern für bleibende Irritationen sorgt. Bei Konservativen und Christdemokraten, weil sie verabschiedet wurde, bei den Wirtschaftsliberalen, weil sie nicht umgesetzt wurde. Und auch Angela Merkel zieht aus der Leipziger Episode ihre Schlussfolgerungen, die sie später in ihren spezifischen Regierungsstil einfließen lassen wird: Es sollte das letzte Mal gewesen sein, dass sie sich mit einer inhaltlich klar konturierten Politik und auf diese festgelegt aus der Deckung wagen würde; ihre künftige Politik wird gekennzeichnet sein von einer inhaltlichen Offenheit, kombiniert mit einer geradezu strategisch eingesetzten Zögerlichkeit.

Vor dem Hintergrund dieser Ausführungen ließe sich der Eindruck gewinnen, dass Bernd Ulrich mit seiner eleganten Zuspitzung auf geradezu prophetische Weise Recht behalten hätte. Die CDU, so schrieb er 1998, sei bei ihrer Gründung vor allem eine *ökumenische* Partei gewesen, habe sie doch erstmals im deutschen Parteienleben Katholiken und Protestanten zusammengeführt. Davon sei aber kaum noch etwas übrig geblieben, sei doch die einstmalig *auch* konservativ-christliche Partei mittlerweile reduziert auf eine rein *ökonomische* Partei.[235] Doch obwohl sich der Befund in vielerlei Hinsicht vor allem in den folgenden Jahren bewahrheiten sollte, beschreibt er doch den christlich-konservativen Zustand der CDU um die Jahrtausendwende nicht in Gänze.

Richtig ist, dass spätestens in den frühen Jahren des neuen Jahrtausends eine ernsthafte Entfremdung zwischen der Union – und vor allem der CDU – sowie der evangelischen und insbesondere der katholischen Kirche in Deutschland zu verzeichnen war. Vornehmlich für die katholische Kirche war die Frage des Lebensschutzes von herausragender Bedeutung, und in der Vergangenheit waren es nicht zuletzt die konservativen unter ihren Würdenträgern wie etwa der Fuldaer Bischof Dyba, der in markigen Worten zur Frage des Schwangerschaftsabbruchs Stellung bezogen hatte. In den 1980er-Jahren wirkte die Kirche hier noch als eine Art politischer Vorhut der Union, indem sie auf schärfere Regelungen drang, die die Union aber, wie oben erläutert, selbst in ihrer Regierungszeit nicht liefern wollte oder nicht liefern konnte, obwohl sie sich in der stets mobilisierenden »Abtreibungsdebatte« zumindest rhetorisch gern an der Seite der Kirchen positionierte. Doch im Vorfeld der diese Debatte nachhaltig befriedenden Parlamentsentscheidung zur Fristenlösung mit Pflichtberatung 1995 gaben sich Kirchen zurückhaltend. »Leider hat hierbei die katholische Kirche in Deutschland keine rühmliche Rolle gespielt. Von der Bischofskonferenz gingen positive Signale für diese Reform aus, die Kohl ein ruhiges Gewissen verschafften«, schreibt, offensichtlich enttäuscht, der katholische Theologie Wolfgang Ockenfels, der daneben auch CDU-Mitglied ist.[236] Mögen auch Ockenfels und andere darüber enttäuscht sein, im Unterschied zu den teils militant auftretenden Kirchen in den USA gaben sich die Kirchen in Deutschland in diesem Konflikt, dessen Politisierung auch immer etwas Obszönes hat, zusehends verhaltener. Für die Abtreibungsgegner in Politik und Feuilleton bis hin zu Spaemann und Rohrmoser war die Zurückhaltung der Kirche eine Enttäuschung,[237] umgekehrt zeigten sich die Kirchen enttäuscht über die Art und Weise, wie ihre natürlichen politischen Partner aus der Union bisweilen ihre Bedenken in anderen Aspekten des Lebensschutzes beiseitewischten, etwa wenn es um Fragen der pränatalen Diagnostik, der Stammzellenforschung und der Gentechnik ging. Zwar lässt sich hier nicht von einer einheitlichen Linie sprechen, doch unter dem beständig beschworenen Druck des globalen Wettbewerbs, nicht zuletzt im Bereich der biomedizinischen Zukunftstechnologien, und den mancherorts liberaleren Regelungen sahen sich auch Unionspolitiker immer wieder genötigt, den absoluten Schutz menschlichen Lebens inklusive des Verbots seiner rein instrumentellen Nutzung, etwa im Bereich der Stammzellenforschung, zumindest stellenweise einzuschränken.

So überrascht es nicht, dass von kirchlicher Seite regelmäßig und provokativ die Frage nach der Rechtfertigung für das »C« im Namen der Unionsparteien aufgeworfen wurde. Der für seine Zuspitzungen bekannte Kardinal Meissner machte diese Frage im Wahlkampf 2002 etwa daran fest, dass Stoiber Katherina Reiche in sein »Kompetenzteam« berufen hatte. Der Grund hierfür waren nicht nur Reiches Positionen in bioethischen Fragen der Stammzellenforschung, sondern auch, dass die designierte Familienministerin ihr zweites uneheliches Kind erwartete. Sogar die Bischofskonferenz intervenierte bei der Unionsführung gegen die Personalie Reiche – bezeichnenderweise aber ohne Erfolg. Umgekehrt registrierten selbst manche ausdrücklich kirchennahen Unionsmitglieder mit zunehmender Verwunderung, wie offensiv stellenweise Kirchenvertreter gegenüber der Unionsführung auftraten und sich herausnahmen, politische Entscheidungen zu kommentieren. Auch diese Verwunderung beruhte auf Gegenseitigkeit, und der Höhepunkt des entsprechenden Zwists wurde 2009 erreicht, als die damals bereits vier Jahre regierende Kanzlerin Merkel sich gegen die Entscheidung Papst Benedikts XVI. aussprach, die Exkommunikation von Mitgliedern der reaktionären Pius-Brüderschaft, unter denen auch ein Holocaust-Leugner war, zurückzunehmen. Meisner forderte umgehend eine Entschuldigung Merkels, und Ockenfels schrieb: »Diese in der Geschichte der CDU und der deutschen Bundeskanzler einmaligen Worte verdienen es, in eine Sammlung infamer und scheinheiliger Unterstellungen aufgenommen zu werden.«[238] Doch selbst die katholische Theologin und heutige Landwirtschaftsministerin Julia Klöckner stellte sich damals nicht eindeutig auf die Seite der Kirche: »Anders als viele Parteifreunde hat sie keine Probleme mit dem Rüffel der Kanzlerin für den Papst – wenngleich sie zugibt, es handele sich dabei um ›eine Geschmacksfrage‹.«[239] Auch wenn sich an diesen Episoden eine klare »Verweltlichung« der CDU ablesen lässt, gehören praktizierende Christen, und vor allem Katholiken, nach wie vor zu den treuesten Wählermilieus der Union. Bei den Bundestagswahlen im Jahr 2009, also auf dem Höhepunkt des Zwistes zwischen Papst und Kanzlerin, erlangte sie bei den regelmäßigen Kirchgängern 62 Prozent der Stimmen.[240]

Doch die vielfältigen Aspekte des Lebensschutzes und das grundsätzliche Thema gegenseitiger Einmischungen, das ja auf eine kolossale Geschichte bis zum Investiturstreit zurückblicken kann, waren nicht die einzigen Zankäpfel zwischen Kirchen und C-Parteien. Eine Kluft tat sich zusehends auch in einem anderen Politikfeld auf, nämlich in der Asyl- und Einwanderungspolitik. Diese Kluft ist bis in die Gegenwart hinein nicht schmaler geworden, und im Unterschied zu den anderen kontroversen Themenbereichen trennt sie die Kirchen nicht von den liberalen Unionspolitikern, sondern vor allem von den konservativen Parteiflügeln, die ansonsten der Kirche oftmals am nächsten stehen. Aufgrund dieser unüblichen Konfliktlinie handelt es sich vermutlich auch um die Streitfrage, die das Verhältnis zwischen evangelischer und katholischer Kirche und C-Parteien auf die härteste Probe stellt.

Gleichwohl ist natürlich nicht ausgemacht, ob konservativere Milieus in den Kirchen in der Asylfrage selbst mit der Barmherzigkeitsposition ihrer Kirchenführer einverstanden sind. Denn zumindest erweisen sich gerade Debatten und Kampagnen im Feld der Migrationspolitik als besonders Erfolg versprechend für die CDU der Jahrtausendwende, auch wenn sie die eben angesprochene Kluft zu den Kirchen, die sich spätestens mit der Asylrechtsreform von 1992 aufgetan hatte, weiter vergrößern.

Die in diesem Zusammenhang stehende, zweifellos wichtigste Kampagne der unmittelbaren Zeit nach Kohl wurde in Bayern ersonnen, jedoch in der traditionellen Hochburg des CDU-Konservatismus umgesetzt, nämlich in Hessen, aus dessen Landesverband nicht nur Alfred Dregger, sondern auch Alexander Gauland und Björn Höcke stammen sowie der nach Antisemitismusvorwürfen zum Ärger mancher Konservativer 2003 aus der CDU-Bundestagsfraktion ausgeschlossene und seit September 2017 nun für die AfD im Bundestag sitzende Martin Hohmann. Im Jahr 1999 war Hessen allerdings entweder trotz oder wegen des konservativen CDU-Landesverbandes abgesehen von einem vierjährigen Intermezzo schon seit vierzig Jahren fest in SPD-Hand, und vor dem Hintergrund des gerade erst vollzogenen Machtwechsels im Bund deutete wenig darauf hin, dass der Herausforderer Koch dem keineswegs erfolglos regierenden Ministerpräsidenten Hans Eichel gefährlich werden könnte. Aber Koch gewann die Wahl, was einer kleinen Sensation gleichkam, und er gewann sie mit einer Unterschriftenkampagne gegen die von der Bundesregierung geplante Einführung bzw. Ausweitung der doppelten Staatsbürgerschaft, die landesweit Kontroversen auslöste. Innerhalb weniger Wochen sammelte die Hessen-

CDU nach eigenen Angaben um die 400 000 Unterschriften gegen den Doppelpass, wobei Vertreter von Gewerkschaften, Grünen, SPD, aber eben auch vor allem der evangelischen Kirche die Kampagne für ihre nur oberflächlich kaschierte Fremdenfeindlichkeit scharf kritisierten. Doch Koch ritt den Tiger des Ressentiments und hatte trotz aller Widerstände letztlich durchschlagenden Erfolg. Für die frisch geschlagene Bundes-CDU bewies der unerwartete Wahlsieg die eigene Kampagnefähigkeit und vertrieb so, wie schon erwähnt, in kürzester Zeit die düsteren Zukunftsszenarien aus dem Jahr 1998 aus den Köpfen. Von daher überrascht es nicht, dass die Parteistrategen in Bund und Ländern die Hessenkampagne als Modell in Augenschein nahmen. Zwar war auch innerhalb der Union die Strategie durchaus umstritten, doch angesichts der nach dem Machtverlust notwendig gewordenen Neuaufstellung der Partei galt die Hessenwahl bei vielen auch als »Probelauf für eine neue CDU-Strategie«, wie es der Parteienforscher Joachim Raschke seinerzeit ausdrückte.[241] Eine stärkere Betonung nationalpatriotischer Positionen, die sich – wie indirekt auch immer – auch in Form der Ab- und Ausgrenzung von Menschen mit Migrationshintergrund artikulieren, wäre dementsprechend eine realistische Option gewesen. Und selbst wenn die Bundes-CDU bekanntlich zumindest vorläufig den Leipziger Weg in Richtung Neoliberalismus einschlug, hallte Kochs Kampagne tatsächlich inhaltlich nach, allerdings mit einer kleinen, aber umso wichtigeren Akzentuierung. Denn die klassisch konservativen Topoi der Asyl- und Einwanderungspolitik der Union wurden ergänzt um die Dimension der Integration. Wenn auch viele der Unterzeichner ihre Unterschrift gegen Einwanderung und Ausländer im Allgemeinen abzugeben glaubten, verschob Kochs Kampagne genau genommen den Fokus weg von der Frage der Einwanderung – und kassierte damit implizit auch die liebgewonnene CDU-Fiktion, Deutschland sei kein Einwanderungsland – hin zur Frage, welche Voraussetzungen für gelungene Integration in einem faktischen Einwanderungsland gegeben sein müssten. Diese Verschiebung fand auch letztlich ihre offizielle Ratifizierung in Form des

Grundsatzprogramms von 2007, in dem nun von Deutschland als »Integrationsland« die Rede war.

In die gleiche Richtung wies dann auch ein 2000 formulierter Vorstoß des zu dem Zeitpunkt noch amtierenden CDU-Fraktionsvorsitzenden Merz, der in einem Essay für die *Welt* das Bekenntnis zu einer freiheitlichen deutschen Leitkultur forderte, unter der ein Überzeugungs- und Verhaltenskodex, aber auch ein gesellschaftlicher Minimalkonsens oder gar eine Art deutscher Identitätsbestimmung verstanden werden konnte. Merz schlug heftiger Gegenwind für seinen Vorstoß entgegen, und so schnell sie losgetreten und hochgekocht war, verpuffte die Leitkulturdebatte auch wieder – wenn auch nur vorläufig.

Was Merz' Version gegenüber den vielen Neuaufgüssen auszeichnet, ist die Kombination aus wirtschaftsliberaler Logik und nationalkonservativer Tönung. Denn Merz hatte tatsächlich die Fiktion des Nichteinwanderungslandes Deutschland hinter sich gelassen. Im Gegenteil: »Gleichzeitig wissen wir, dass Deutschland in den nächsten Jahren eher mehr als weniger, zumindest aber eine andere Zusammensetzung der Zuwanderung dringend braucht. [...] Deshalb brauchen wir Regeln für Einwanderung und Integration«, schrieb Merz in einer Erwiderung auf seine Kritiker, die ebenfalls in der *Welt* erschien.[242] Damit präsentiert sich der Politiker keineswegs als Nationalkonservativer, dem es um Abschottung geht, sondern als Finanzpolitiker, der um die demografischen Herausforderungen Deutschlands weiß und deshalb (und entgegen aller Bedenken eines Eibl-Eibesfeldt) bewusst eine geregelte Zuwanderung anstrebt. Doch gerade als Einwanderungsland, so ja Merz' Argumentation, bedürfe es jenes Verhaltenskodexes, um Konflikte zu verhindern. Wie wankelmütig die CDU ihrer eigenen migrationspolitischen Modernisierung gegenüberstand, lässt sich in diesen Jahren an Jürgen Rüttgers exemplifizieren. Die von ihm für den nordrhein-westfälischen Wahlkampf 2005 initiierte Plakatkampagne mit dem Motto »Kinder statt Inder« (die unter Protesten bald schon wieder beendet wurde) positionierte die Partei wieder näher an der strikt einwanderungskritischen Haltung eines Eibl-Eibesfeldt. Andererseits war es dann auch der Ministerpräsident Rüttgers, der das erste Ministerium für Integration Deutschlands schuf.

Der womöglich noch interessantere Aspekt an der Leitkulturdebatte, und dies bezieht sich auf den von Merz initiierten ersten wie auch den von Lammert 2006 und de Maizière 2017 verantworteten zweiten bzw. dritten Akt, besteht aber darin, wie sich in ihr charakteristische Stärken und Schwächen des konservativen Denkens widerspiegeln, die wir schon aus der Anatomie des Konservatismus kennen. Ganz abgesehen davon, dass der Begriff der Leitkultur an sich insofern wenig hilfreich ist, als er ja eine unaufhebbare Asymmetrie zwischen einer bestimmten Mehrheitskultur und allen anderen konstituiert, verrät ihre Forderung doch zumindest eine Sensibilität für die Multidimensionalität des politischen und gesellschaftlichen Lebens, von der jene, für welche sich die deutsche Leitkultur im Grundgesetz erschöpft, entweder nichts wissen oder nichts wissen wollen. Dabei ist ja die nicht nur exklusiv konservative, sondern auch republikanische Einsicht schwer zu leugnen, dass sich gesellschaftlicher Zusammenhalt kaum allein auf Paragraphen und Gesetzesartikel stützen kann. In der wohlwollendsten Deutung verbirgt sich hinter der wie auch immer semantisch verpackten Idee, die Merz, Lammert und de Maizière zur Diskussion stellen wollten, eine Ahnung von den schwer greifbaren Aspekten des gesellschaftlichen Zusammenlebens, die dennoch oder gerade deswegen zu seinen essenziellen Voraussetzungen gehören. Konservative haben immer wieder ein Gespür für diese rechtlich nur schwer kodifizierbaren Grundlagen des Zusammenlebens gehabt, wie etwa der ebenfalls der Münsteraner Ritter-Schule entstammende ehemalige Verfassungsrichter Ernst-Wolfgang Böckenförde, der mit seinem berühmten Diktum anmahnt, dass der freiheitliche, säkularisierte Staat von Voraussetzungen lebe, die er selbst nicht garantieren könne. Doch kann diese Sensibilität als Vorzug des konservativen Denkens gelten, so enthüllt doch die Leitkulturdebatte auch die damit einhergehende Schwäche, auf die schon mehrfach hingewiesen wurde, die hier aber deutlicher als sonst zutage tritt. In der Forderung nach einer Leitkultur manifestiert sich nämlich doch auch der mit Tragik behaftete Versuch von konservativer Seite, das zu erhalten, was am Vergehen ist, oder, genauer gesagt, die ungeschriebenen Regeln des sozialen ›know how‹ auszuformulieren und in ein explizites ›know that‹ festzuschreiben – das sich aber doch durch diesen Versuch allein schon entwertet: Wer aus dem gelebten Brauch des Händeschüttelns einen Teil des offiziellen Wertekodex der Bundesrepublik machen will, der erweist der konservativen Sache letztlich einen Bärendienst, denn die vergemeinschaftende Kraft des Brauchs entfaltet sich doch gerade aufgrund seiner Verwurzelung in der Lebenspraxis, die keiner Anleitung durch Verhaltenskataloge bedarf und durch sie gerade ihre Kraft einbüßt. Daneben wird hier ein zweiter Aspekt des konservativen Denkens offenbar, der in seiner Reaktivität wurzelt. Denn worin die Leitkultur bestehen soll, bleibt schwer zu definieren. Die oben erläuterte konservative Intuition vermittelt eine Ahnung davon, dass es jene bewahrenswerten Inhalte jenseits von Gesetzestexten gibt, ja, geben muss, aber diese Ahnung reicht nicht aus, um herauszudestillieren, worin es genau besteht, sodass die vorgeschlagenen Kompilationen den Eindruck eines zusammengewürfelten Sammelsuriums zumeist nicht vermeiden können: So stehen bei de Maizière als typisch deutsch das Bekenntnis zur Leistungsgesellschaft und zum Händeschütteln, die beide ja auch außerhalb der deutschen Kultur eine gewisse Bedeutung erlangt haben, neben dem Verweis auf die NATO als Garanten deutscher Sicherheit und das auf Demonstrationen geltende Vermummungsverbot, dessen höchst kurze deutsche Kulturgeschichte uns bekannt ist. So gilt hier ähnlich wie beim Versuch, die Leitkulturdebatte auf die Ebene von Europa und ›dem Westen‹ (dessen Rettung sich ja auch aktuell – in dem Moment, wo es ihn nicht mehr gibt – großer Popularität erfreut) zu transponieren: Das Rettens- und Bewahrenswerte ist entweder alles andere als spezifisch deutsch bzw. europäisch oder dermaßen speziell, dass es als rettungslos aufgebauscht erscheint, erhebt man es wie etwa das erwähnte Vermummungsverbot zur »normativen Natürlichkeit« des Sozialen. Abhilfe in dieser unglücklichen Oszillation zwischen Über- und Unterbestimmtheit schafft hier wie auch sonst im konservativen Denken allein die Präsenz einer spezifischen Herausforderung, die den Konservativen erst im präzisen Sinn verstehen lässt, *was* er verteidigt. Im Fall von de Maizières Wertekatalog erweist sich diese konkrete Herausforderung als der (politische) Islam, den er mahnte: »Deutschland ist nicht Burka.« Und auch Kochs Kampagne speiste sich recht eindeutig aus derselben Herausforderung, hat man schließlich doch noch nie davon gehört, dass irgendjemand die freiheitlich-demokratische Grundordnung in Gefahr sah, weil Tausende von US-Amerikanern, die auch die deutsche Staatsbürgerschaft besitzen, ihre nationalen Loyalitäten nicht sortieren könnten – im Falle junger Türken sieht dies offensichtlich anders aus, selbst wenn sie nicht gerade mit dem türkischen Präsidenten für Fotos posieren.

Der Konservatismus, so lässt sich vorläufig zusammenfassen, verschwindet auch an der Schwelle des 21. Jahrhunderts nicht aus der Politik, auch wenn die neoliberalen Überformungen hier ihren Höhepunkt erreichen. Gleichzeitig ist festzuhalten, dass sich gewisse Erosionsprozesse inhaltlicher Natur fortschreiben. Dies betrifft aber auch die Beziehung zu traditionellen Bündnispartnern wie den Kirchen.

Angesichts dieser Entwicklungen überrascht es einerseits nicht, wenn der Historiker Paul Nolte Anfang des Jahrtausends die Krise der CDU als Teil einer umfassenderen Krise des Konservatismus beschreibt – andererseits ist es ironisch, dass dieser Befund in Buchform 2004 veröffentlicht wird, also am Vorabend einer beinahe beispiellosen Ära von CDU-Wahlerfolgen unter der Ägide von Angela Merkel. Dennoch trifft Nolte mit seiner Diagnose über den Zustand des intellektuellen und politisch organisierten Konservatismus in vielerlei Hinsicht den Nagel auf den Kopf. Denn abgesehen von der Leipziger Alternativagenda, die ja in gewisser Weise nicht mehr als die Freidemokratisierung der CDU darstellte und von daher auch nicht von besonders ausgeprägter christdemokratischer Identitätsfestigkeit zeugt, zeige die Partei, so Nolte, überraschend wenig Interesse an einer stärkeren inhaltlichen Fundierung ihrer Positionen. Nolte führt dies auch auf das immer noch oder wieder gestörte Verhältnis der Union zu den intellektuellen Kreisen zurück. Anders als in den »Reformjahren« der Siebziger, als Schelsky noch auf CSU-Parteitagen auftrat und Biedenkopf und Geißler zumindest in Ansätzen den Austausch mit Wissenschaft und Intellektuellen suchten, bestehe in der CDU der Gegenwart kaum das Bedürfnis nach einem derartigen Austausch. Dieser Diagnose wird man wohl zustimmen müssen. Zwar veranstaltete die Konrad-Adenauer-Stiftung im Jahr 2000 eine Strategiekonferenz, die der Frage »Welcher Weg für die CDU?« gewidmet war, doch die Ratschläge dort kamen nicht von Spaemann, Lübbe oder anderen konservativen Intellektuellen, sondern von Meinungs- und Wahlforschern. Sicher kann man dementsprechend die Frage aufwerfen, warum gerade die CDU ihre inhaltlichen Positionierungen nicht im stärkeren Rückgriff auf den aus konservativer Sicht doch reichen Schatz an Argumentation und Überlegungen ausformuliert, der sich bei Lübbe, Marquard oder Spaemann findet,[243] andererseits weist aber Nolte zu Recht darauf hin, dass deren ›Neokonservatismus‹ zusehends verbraucht wirkte. In den Debatten, die auch hier vorgestellt wurden, »zehrte [man] von den Traditionsbeständen des deutschen Konservatismus, aber diese Nahrung ist inzwischen aufgebraucht«. Während die intellektuellen Antagonisten wie etwa Habermas auch die eigene Position in den Auseinandersetzungen weiterentwickelt hätten, intoniere der zeitgenössische Konservatismus immer noch die »Melodien der 70er Jahre«.[244] Und tatsächlich muss man festhalten, dass bei allen Veränderungen und Anpassungen in Detailfragen ein Lübbe-Buch aus dem Jahr 2004 in den Grundkoordinaten seines Konservatismus von einem Lübbe-Buch aus dem Jahr 1984 nur schwer zu unterscheiden ist. Noch immer ist hier die Rede von Regionalismus und Denkmalschutz als Kompensationen, und die beschleunigte Entwicklung der Welt wird als »Gegenwartsschrumpfung« beklagt.

Zwar mag es manche zeitgeistbedingte semantische Neuerungen geben, aber wenn Lübbe schreibt: »Der Zivilisationsprozess ist unter den Druck der Erfahrung seines abnehmenden Grenznutzens geraten«,[245] dann dokumentiert dies zwar, dass auch er sich der grassierenden Ökonomisierung der Sprache nicht entziehen kann, der Grundgedanke einer Fortschrittskritik, die dessen Schattenseiten nicht unerwähnt lassen will, ohne dabei in Zivilisationskritik und Technikfeindschaft zu verfallen, bleibt aber doch derselbe, den wir schon aus lang zurückliegenden Veröffentlichungen Lübbes kennen. Aus der relativen Stagnation des ›neokonservativen‹ Denkens erwachse jedoch keine neue Generation konservativer Denker diesseits von *Criticón* und *Junger Freiheit*, so Nolte. Insgesamt befinde sich also sowohl die Christdemokratie als auch der deutsche Konservatismus in einer ernstzunehmenden Krise: Während die CDU nicht wisse, wo sie sich inhaltlich im Parteienspektrum positionieren könne, nachdem die SPD ihr Wirtschaftskompetenz und Sozialstaatskritik als Stärke bzw. Thema entwendet habe, und die Grünen zur Partei der entschleunigenden Zivilisationskritik geworden seien, leide der intellektuelle Konservatismus an inhaltlicher Überalterung und einer generationellen Leerstelle, wo die Nachfolger des Neokonservatismus eigentlich energische Debatten über die Zukunft des Konservatismus im 21. Jahrhundert führen müssten.

Wer so lautstark und eloquent das Fehlen eines konservativen Diskurses in einer Zeit diagnostiziert, die doch eigentlich mit ihren Beschleunigungen und Unübersichtlichkeiten die besten Voraussetzungen für ihn biete, darf sich nicht wundern, wenn er umgehend selbst zur Stimme eines neuen, zeitgemäßen Konservatismus gekürt wird. Und tatsächlich gilt Nolte Mitte der 2000er-Jahre etwa der Welt als der »wohl bekannteste jüngere Theoretiker des Konservatismus in Deutschland«.[246] Diese Zuschreibung hat Nolte nach eigener Auskunft immer mit einer gewissen Verwunderung zur Kenntnis genommen, und dies auch nicht von ungefähr, ist doch der Tenor des für diese Ettikettierung vor allem ausschlaggebenden Buchs eher liberal als konservativ, wie schon der Titel belegt: *Gene-*

ration Reform. Der Eindruck des Titels bestätigt sich über weite Strecken des Buchs, denn hier ist von Umbrüchen die Rede, die umfassende Reformen erforderten, und an der Krise, die natürlich auch Nolte apostrophieren muss, sind nicht die 68er schuld, sondern eine deutsche Verschludertheit, die sich auf ihren Lorbeeren ausruht und darüber vergisst, dass man immer nur so wettbewerbsfähig ist, wie es der letzte Außenhandelsüberschuss belegt. Und so spricht sich Nolte im Unterschied zu Blüm, aber auch Gauland für die umstrittene Kopfpauschale aus, will Voucher-Systeme im Gesundheits- und Bildungsbereich einführen und entwirft die Vision einer Transformation vom Steuerstaat zum Beitragsstaat – wären doch zweckgebundene Beiträge, die nur bei tatsächlicher Leistungsinanspruchnahme anfielen, nicht nur gerechter, sondern stärkten auch Verantwortung und Mündigkeit der Bürger. Zwar spricht Nolte auch immer wieder von der Notwendigkeit einer prinzipiengeleiteten Reform, aber diese Prinzipien scheinen sich nicht unbedingt aus dem Fundus des Konservatismus zu rekrutieren, wurden doch die Voucher-Vorschläge und die Idee der Beitragsfinanzierung auf möglichst vielen Feldern nicht zuletzt auch prominent vom schon weiter oben erwähnten Milton Friedman vertreten.

Aber trotz dieser dezidiert liberalen bzw. neoliberalen Akzente versucht sich Nolte dennoch auch an einer Aufgabenbeschreibung eines modernen Konservatismus, die er an vier Themenkomplexen festmacht: Familie, Religion, Sicherheit und Massenkultur. Natürlich werden die entsprechenden Vorstellungen nur skizzenhaft entfaltet, aber die Vorschläge liefern doch zumindest die Art von Aufschlag, aus der sich eine ernsthafte Diskussion über die Agenda eines Konservatismus des 21. Jahrhunderts entwickeln könnte. Nolte spricht von der Notwendigkeit, die einer übermäßigen Individualisierung entgegenwirkenden »Bindungskräfte« der Gesellschaft zu stärken, von einer »Ethik der Behutsamkeit« im Kontext von Natur und Technik sowie einer politischen Unterstützung der »Netzwerke von Loyalitäten« und der »Tiefenstaffelung von konkreten Orten«, aus denen sich das Gefühl der Heimat speise.[247] Die letzte Aufgabe der Konservativen im Rahmen einer von Nolte so bezeichneten »Verantwortungsgesellschaft« bezieht sich auf das Verhältnis zu Kirche und Religion, das Nolte mit Verweis auf Habermas behandelt. Im Zuge der Weiterentwicklung seines Denkens habe dieser schließlich zuletzt auch eingeräumt, dass von einem linearen Fortschreiten der Säkularisierung nicht länger auszugehen sei – womit sich mancher Konservativer, wie etwa Lübbe, in seiner Haltung bestätigt sehen konnte, dass Religion als »Kontingenzbewältigungspraxis« niemals verschwinden würde. Habermas zog daraus die Schlussfolgerung, dass es in »post-säkularen« Gesellschaften der Vermittlung zwischen religiösen und nichtreligiösen Sprachspielen bedürfe, sodass auch erstere Eingang in die Willensbildung des säkularen Staats finden könnten. Während Habermas die entsprechende Übersetzungsleistung der Philosophie überantwortete, sieht Nolte hier gerade den Konservatismus in der Pflicht. Man mag darin zunächst eine konservative Zweckentfremdung des Habermas'schen Arguments sehen, aber als Habermas einst in einem Frankfurter Kolloquium zu den Modalitäten jener Übersetzung gefragt wurde, gab er zur allgemeinen Verwunderung immerhin zu Protokoll, in der Frage lohne es sich, Leo Strauss zu konsultieren – ein deutschstämmiger alt- und erzkonservativer Philosoph, der im Exil an der University of Chicago die führenden Köpfe der amerikanischen Neocons prägen sollte, die der Welt einst den zweiten Irak-Krieg bescheren würden.

Tatsächlich besteht zu Beginn des neuen Jahrtausends kein Überangebot an neuen Stimmen im Diskurs des Konservatismus, so es diesen denn noch tatsächlich gibt, treten doch auch die altvorderen Vertreter weder in internen Debatten noch in Auseinandersetzungen mit ihren einstmaligen Gegenspielern wie Habermas öffentlich wahrnehmbar in Erscheinung, der nun eher mit Evolutionsbiologen und Neurowissenschaftlern diskutiert – oder gar dem späteren Papst Benedikt XVI. Doch während Nolte angesichts dieser Situation eher ungewollt die Rolle als neuem Bannerträger des Konservatismus zufällt, ist von Udo Di Fabio zumindest nicht bekannt, dass er sich gegen seine Charakterisierung als Stimme eines modernen Konservatismus zur Wehr gesetzt hätte.

Noch bevor er erstmals breitenwirksam in Buchform publizistisch in Erscheinung tritt, findet sich der ehemalige Verfassungsrichter und Juraprofessor aus Bonn in der Leipziger Parteitagsrede Merkels erwähnt, die aus einem FAZ-Essay zur Bedeutung von Gemeinschaft zitiert. Umfassender ausgearbeitet werden diese und andere Ideen dann im 2005 veröffentlichten *Die Kultur der Freiheit*, in dem Di Fabio eine groß angelegte, wenn auch eher skizzenhafte Rekonstruktion jener Kultur unternimmt und in diesem Rahmen auch einen der wichtigeren Beiträge zum Diskurs des Konservatismus im 21. Jahrhundert leistet. Di Fabios Konservatismus ist gekennzeichnet durch eine durchaus originelle Verknüpfung traditionell-konservativer Motive mit der Systemtheorie, aus der ein in seiner Ausrichtung schillernder Gesamtentwurf hervorgeht, der sich immer wieder gegen eindeutige Kategorisierungen sträubt. Einerseits ist Di Fabio Anhänger Niklas Luhmanns, dessen Systemtheorie er in weiten Teilen übernimmt und mit der er an die alten Überlegungen des technokratischen Konservatismus anknüpfen kann: Die Systeme sollen ungestört gemäß ihrer Eigenlogik funktionieren können, und die entsprechenden Voraussetzungen hierfür zu schaffen, ist die Aufgabe des Konservativen. Doch Di Fabio weiß, dass Luhmann gerade das, was insbesondere den Konservativen immer wieder beschäftigt, nämlich der Zusammenhalt der Gesellschaft und die Gemeinschaft, von der auch im Zeitungsessay die Rede ist, mit den Mitteln der Systemtheorie nicht adäquat beschreiben kann: Warum bricht eine Gesellschaft aus Systemen mit geradezu autistischen Eigenlogiken nicht einfach auseinander? Die Antwort lautet für Di Fabio in einer Abwandlung des Böckenförde-Theorems, dass Luhmanns rationale Gesellschaft der Systeme auf »nichtrationale kulturelle Voraussetzungen« angewiesen bleibt, womit andererseits die Kultur in gut konservativer Manier in den Mittelpunkt seiner Überlegungen rückt.[248] Die Rolle der Kultur ist eine zutiefst ambivalente, denn einerseits ermöglicht sie das ruhige Funktionieren der Systeme, andererseits können von ihr auch die gefährlichsten Störungen für die Systemwelt ausgehen. Hier kommen altbekannte Motive ins Spiel, die auch im neuen Jahrtausend offensichtlich nichts von ihrer Suggestionskraft, ja, vielleicht auch von ihrer Überzeugungskraft eingebüßt haben: Es ist nämlich ein Übermaß an Gleichheit und Freiheit, das demokratisch vermittelt das Funktionieren von Staat und Wirtschaft zu beeinträchtigen droht, und die entsprechenden (Über-)Forderungen führt Di Fabio traditionsgemäß auf die 68er zurück, von denen er ebenso wie seine Vorgänger im konservativen Geiste tatsächlich glaubt oder aus strategischen Gründen behauptet, dass sie den Kampf gegen die Bürgerlichkeit und damit aber auch die Auseinandersetzung um die kulturelle Hegemonie gewonnen haben: »Fast alles, was heute an essentiellen Auffassungen über das richtige Leben umläuft, was in Medien und Literatur standardisiert, sublimiert und massenhaft verbreitet wird, geht auf derartige Ressentiments gegen die bürgerliche Lebenswelt zurück.«[249] Der Hedonismus der 68er ist zur eigentlichen Leitkultur nicht nur Deutschlands, sondern des Westens insgesamt geworden, und auch für Di Fabio ist es nicht zuletzt der Geist von 1948, der gegen den Unernst einer Post-68-Spaßgesellschaft in Stellung gebracht werden müsste, deren Auswüchse sowohl ihm als auch Nolte Sorge bereitet, immerhin war es die Zeit, in der der FDP-Chef im Guidomobil durchs Land fuhr. Aber bei aller konservativen Konventionalität, die sich in den Erläuterungen Di Fabios findet – kommt doch auch er nicht um das Lob von Tradition und Alltagsvernunft herum –, werden hier nicht nur die üblich-verdächtigen Formeln auf altbekannte Weise durchdekliniert, denn die zentrale Kategorie der »kulturellen Vitalität« gibt der entsprechenden Analyseebene doch zumindest eine etwas andere, wenn auch mehrdeutige Wendung. Mit ihr verschiebt sich nämlich die Metaphorik der Beschreibung kultureller Phänomene in den Bereich des Lebens und der Biologie. Damit sieht sich die Kulturanalyse aber unter anderem auch mit der Frage nach Leben und Überleben von Kulturen konfrontiert, die auch Di Fabio umzutreiben scheint: Kann die Kultur der Freiheit, kann der Westen als Träger dieser Kultur überleben, und was sind die Voraussetzungen hierfür? Was führt wiederum zum Gegenteil der Vitalität, also Dekadenz und Auszehrung? Für Di Fabio steht im Vordergrund, dass eine Kultur emphatisch gelebt werden muss, was die selbstbewusste Affirmation des Eigenen impliziert und auch materielle Implikationen hat, denn wenn eine Kultur überleben können soll, bedarf sie einer demografischen Entwicklung, die nicht zu ihrem biologischen Aussterben führt: »Die kinderentwöhnte Gesellschaft dagegen verliert in jeder Hinsicht ihre Vitalität.«[250] Auch diese Sorge trieb schon ältere konservative deutsche Geister um, aber während Rohrmoser noch das Elterngeld geradezu als Todesstoß der bürgerlichen Familie ächtete und in den Vätermonaten »die Erfüllung des kulturrevolutionären Programms« sah,[251] besteht für Di Fabio kein Zweifel, dass Familienförderung zwingend die Vereinbarkeit von Familie und Beruf über umfassende Betreuungsangebote beinhalten muss. Natürlich ist aber die Affirmation des Eigenen vor allem eine Frage der Kultur im eigentlichen Sinn: Die freiheitliche Kultur steht eben auch gerade für die Freiheit zur Bindung, etwa in Form der Familie mit Kindern.

Doch wenn die Diagnose zutrifft, so fragt Di Fabio, dass die westliche und womöglich vor allem die deutsche Kultur durch die hedonistische Verzärtelung im Gefolge von 1968 geschwächt ist, was passiert dann, wenn sie sich plötzlich einer vitaleren Kultur wie etwa dem Islam gegenübersieht, der dem Eigenen materiell wie auch kulturell höchst affirmativ begegnet, wie ja sowohl Geburtenraten als auch Fundamentalismus belegen? »Unser rationalisiertes Verständnis von Religion, Moral und Wertesystem gerät ins Wanken, wenn diejenigen vitaler und entschlossener scheinen, die diesen Prozess der Rationalisierung mit religiös gespeistem Fundamentalismus in Frage stellen.«[252] Aber auch wenn Di Fabio offensichtlich religiösen Fundamentalismus verurteilt, schwingt doch in den Ausführungen zur Frage des Verhältnisses der Kulturen auch eine gewisse Anerkennung mit. Umgekehrt fragt sich Di Fabio, was es über die Kultur des Westens aussagt, wenn sie nicht mehr wie in der Vergangenheit »Respekt und nicht selten Gefolgschaft« bei anderen findet und stattdessen »heute Gleichgültigkeit, zum Teil sogar fanatischen gewalttätigen Widerstand auslöst«. Was hier durchschimmert, ist aber nicht unbedingt die Motivik eines neuen Konservatismus. Bei genauerem Hinsehen entpuppt sich der Bewertungsmaßstab der kulturellen Vitalität nämlich als anschlussfähig an unterschiedliche bestehende Diskursstränge des alten konservativen Denkens. Zumindest einer dieser Stränge führt zurück zum Beginn des 20. Jahrhunderts, als sich die damals ›Jungkonservatismus‹ genannte Strömung ebenfalls um die Atrophie und die Dekadenz des Westens sorgte, der damals noch wie etwa bei Oswald Spengler Abendland hieß und dem Untergang geweiht zu sein schien. Di Fabio, so muss sofort klargestellt werden, soll hier nicht als Jungkonservativer stigmatisiert werden, und er selbst hat sich an anderer Stelle ausdrücklich von der »bizarren Idee einer konservativen Revolution« distanziert,[253] aber bemerkenswert ist doch, wie, vermittelt über die Kategorie der kulturellen Vitalität, Elemente des für den deutschen Konservatismus höchst einflussreichen Diskurses der Kulturkritik in aller seiner Mehrdeutigkeit selbst im Denken des an Luhmann und dessen soziologischer Aufklärung geschulten »vergnügten Konservativen«[254] Di Fabio noch immer nachwirken. Der Westen schwankt, so ließe sich in Anspielung auf ein neueres Buch Di Fabios formulieren,[255] weil ihm das Vertrauen in seine eigenen kulturellen Formen und Praktiken ihrer Bewahrung in einem fünfzigjährigen Prozess der Selbstkritik und -zersetzung abhandengekommen sind und er nun für die Auseinandersetzungen mit anderen, vitaleren Kulturen mental wie materiell schlecht gerüstet ist – wobei diese Diagnose ja übrigens auch schon in enigmatischerer Form in Strauß' »Bocksgesang« zu finden war. Und wie Strauß kann Di Fabio seinen Respekt vor diesen vitaleren Kulturen – in dem Falle dem Islam – nicht gänzlich verbergen, sodass man stellenweise sogar den Eindruck gewinnen kann, dass eine Art transkultureller Solidarität der Konservativen denkbar erschiene – wenn dies auch allenfalls angedeutet wird.[256] Damit findet sich aber in Di Fabios Gedankenwelt auch das paradoxe Motiv wieder, das wir schon bis zu Burkes Konservatismus zurückverfolgt haben: Hatte dieser auch die Revolution zum Hauptfeind erklärt, so hegte er doch eine unterschwellige Bewunderung für die Erhabenheit des gewaltsamen Umsturzes und eine ebenso unterschwellige Verachtung für die unfähigen Eliten des Ancien Régime, die nicht in der Lage waren, es aufrechtzuerhalten.

Abschließend stellt sich eine Frage, die uns noch einmal zu den Leitkulturdebatten zurückführt, nämlich worin genau denn das »Eigene« der Kultur der Freiheit besteht, womit ja in gewisser Weise auch wieder die Frage einer deutschen, europäischen oder gar westlichen Identität aufgeworfen ist. Doch auch wenn Di Fabios Rekonstruktion der Kultur des Westens aus dem Geist der Renaissance klüger und reichhaltiger ist als das meiste, was in den Leitkulturdebatten in dieser Hinsicht vorgetragen wurde, bleibt es dennoch bei eher allgemein gehaltenen Umrissen einer solchen Zivilisation, die sich eher dadurch definiert, was sie nicht ist, und so zeigt sich ein weiteres Mal die konservative Schwierigkeit der Identifikation des Eigenen, die laut Di Fabio aber doch gerade auch für Europa und die Europäische Union wichtig wäre. Schließlich entscheide sich an der Existenz oder Nichtexistenz von Europa als wirklicher Wertegemeinschaft und nicht als bloßer Wirtschaftsraum, wie das seinerzeit noch aktuelle Beitrittsgesuch der Türkei zu beurteilen sei. Die konstante Ablehnung des Beitritts der Türkei sollte nicht von ungefähr auch einer der wenigen Punkte sein, in denen Angela Merkel den Konservativen in ihrer Partei Genugtuung verschaffte. Ansonsten sollte mit ihrer Wahl zur Bundeskanzlerin für viele von ihnen eine Periode stetiger Unruhe beginnen, welche nach einiger Zeit zu Eruptionen von immensem Ausmaß führen würde.

6. Merkel

Noch 2007 konnte Ludwig Elm zum Abschluss seines Überblickswerks zum deutschen Konservatismus mild herablassend schreiben: »Nicht nur aus sprachlichen Gründen ist eine dem Begriff Thatcherismus entsprechende Kennzeichnung für die Politik der CDU-Vorsitzenden und Kanzlerin bisher kaum vorstellbar«,[257] und doch dauerte es nur weitere fünf Jahre, bis Ulrich Beck 2012 den Begriff des Merkelianismus – definiert als eine Art strategisch eingesetztes Zögern – in das Vokabular der Sozialwissenschaften einführte.[258] Was zwischen diesen konträren Beurteilungen passierte, wird uns noch im weiteren Verlauf des Kapitels beschäftigen, zunächst gilt es aber zu klären, warum Elm seinerzeit gute Gründe für seine skeptische Prognose hatte.

Es ist verlockend darüber zu spekulieren, wie anders die deutsche Geschichte der letzten anderthalb Dekaden verlaufen wäre, wenn Gerhard Schröder am Abend der Bundestagswahl 2005 nur ein Glas Rotwein weniger getrunken und sich dies in der traditionellen Elefantenrunde in eine weniger testosteronhaltige Ruppigkeit gegenüber einer verdutzten Angela Merkel übersetzt hätte. Denn bis zu diesem Zeitpunkt war Merkel trotz hauchdünnen Vorsprungs der Union vor der SPD spürbar angezählt, hatte sie doch mit dem knappen Sieg das scheinbar Unmögliche möglich gemacht – eben nur im Negativen. Einer Regierungskoalition, die vor allem wegen der verabschiedeten Agenda-Reformen kolossale Unbeliebtheitswerte ob des Ausverkaufs der Ideale sozialer Gerechtigkeit erreicht hatte, war es dennoch gelungen, die Union als die Partei der »sozialen Kälte« im geistigen Würgegriff eines »Heidelberger

Professors« (Paul Kirchhof, von dem das Steuerkonzept stammte) und damit weit entfernt von den Sorgen und Nöten der Menschen erscheinen zu lassen. Doch selbst ein furioses Wahlkampffinale des Führungsduos Gerhard Schröder und Joschka Fischer reichte nicht aus, um die Wahlniederlage abzuwenden, die aber derart knapp ausfiel, dass sich ihr Sieg angesichts der sicher geglaubten satten Mehrheit für die Union wie eine bittere Niederlage anfühlte. Die Verantwortung dafür trug nach Meinung vieler in der Partei die Vorsitzende, die ohne Not christdemokratischen Reformeifer in Sachen Wirtschafts- und Sozialpolitik demonstriert hatte und damit der Regierung die Vorlage für ihren Wahlkampf lieferte, nachdem sie gerade noch selbst die Hartz-Reform auf den Weg gebracht hatte. Nach Meinung nicht ganz so vieler in der Partei lag die Verantwortung aber auch bei den erstarkten Provinzfürsten der Union, die sich teils auch aus egoistischen Kalkülen nicht mit voller Kraft in den Wahlkampf eingebracht hatten und stattdessen Planspiele über die Zukunft der CDU bzw. ihre Zukunft in der CDU anstellten, sollte Merkel als Kanzlerkandidatin scheitern. Hätte sich Schröder also nicht in der Runde der Elefanten aufgeführt, als sei er unvermutet in einen Porzellanladen geraten, ist es alles andere als unwahrscheinlich, dass Merkel das parteiinterne Scherbengericht ob des Wahlergebnisses politisch nicht überlebt hätte. Nach Schröders Angriffen schlossen sich aber in gewohnter CDU-Manier sofort die Reihen hinter der Vorsitzenden, die umgehend und mit großer Signalwirkung auch als Fraktionsvorsitzende wiedergewählt wurde, wenn sie auch »unter echten Bedingungen [...] keine Mehrheit bekommen« hätte, wie die *Frankfurter Allgemeine* ein Fraktionsmitglied zitierte.[259] Und so kam es, wie es Schröder für ausgeschlossen gehalten hatte: Seine Partei begab sich als Juniorpartner in spe in Koalitionsverhandlungen mit der Union, und am 22. November 2005 wurde Angela Merkel – weiblich, evangelisch, geschieden, kinderlos, ostdeutsch, und damit rein personell in etwa das Gegenteil von Helmut Kohl und der Christdemokratie, die er repräsentierte – mit den Stimmen von Union und SPD zur Bundeskanzlerin gewählt.

Es begann eine Legislaturperiode, deren Anfang und Ende kaum unterschiedlicher hätten sein können: Galt noch Anfang 2006 die schiere Existenz einer Großen Koalition als das größte Politikum, das bei dem einen oder anderen Feuilletonisten Ausnahmezustandsassoziationen aufkommen ließ,[260] diskutierte man drei Jahre später über Untergangsszenarien des globalen Kapitalismus. Und auch für den intellektuellen und politisch organisierten Konservatismus hatte diese Verlaufskurve von der Innen- zur Weltwirtschaftspolitik nachhaltige, wenn auch gewohnt ambivalente Auswirkungen.

Die Lage für die Christdemokratie war trotz gefühlt verlorener Wahl Anfang 2006 jedoch zunächst durchaus komfortabel. Nicht nur hatte sie nach nur siebenjähriger Abstinenz die Regierungsführung im Bund wiedererlangte, auch in den Ländern war sie an nicht weniger als 13 Regierungen beteiligt. Die Frage war nun, zu welchem Zweck die wiederlangte Gestaltungsmacht eingesetzt werden sollte, und damit tat sich die Partei sichtlich schwer. An eine Abarbeitung der Beschlüsse aus dem Leipziger Programm war aus verschiedenen Gründen nicht zu denken. Wie bereits erläutert, waren die parteiinternen Verwerfungen über die anvisierte Kursumstellung in Sozial- und Wirtschaftspolitik schon vor der Wahl beträchtlich gewesen. Nach der Wahl hörte man in der CDU den Begriff »Leipzig« in etwa so gern, wie man in der SPD über die Agenda sprach. Doch die Regierungskonstellation bot der Parteiführung einen überaus eleganten Ausweg, das Leipziger Programm stillschweigend bis auf Weiteres in der Schublade verschwinden zu lassen. Denn nicht nur hatte der neue Regierungspartner ja bereits eine Vielzahl von Reformen ins Werk gesetzt, die immerhin dem Leipziger Geist entsprachen, wenn auch weder der Stufensteuersatz noch die Kopfpauschale, die man aber ohnehin längst in parteiinternen Beschlüssen entschärft hatte, Realität geworden waren. Vor dem Hintergrund dieses vor allem parteiinternen Kraftaktes hatte die SPD zu jener Zeit längst jede Lust an weitergehenden Reformen verloren, und der Union bot sich damit die Möglichkeit, alle Bestrebungen in diese Richtung mit Verweis auf eine dementsprechend dünnhäutige Sozialdemokratie zurückzuweisen. Stattdessen rejustierte man das wirtschaftspolitische Profil weitgehend geräuschlos wieder in Richtung der gewohnt christdemokratischen Koordinaten, was aber die Parteiströmungen und -organisationen von der Mittelstandsvereinigung bis zur Jungen Union unzufrieden zurückließ, die weiterhin auf eine wirtschaftsfreundlichere Profilierung der Union hofften. Dass gerade von dieser Seite umgehend die Gefahr einer Sozialdemokratisierung der Union beschworen wurde, ist daher nicht sonderlich überraschend, aber auch nicht sonderlich überzeugend, und zwar schon allein deshalb, weil seinerzeit die Sozialdemokratie ja für die Art von neoliberaler Reformpolitik stand, die auch die Mittelstandsvereinigung der CDU befürwortete.

Die Unruhe, für die die Beschlüsse von 2003 in der Partei gesorgt hatten, schwelte also weiter, obwohl die CDU doch aus der Außenperspektive eigentlich einen geradezu machiavellistischen Coup gelandet hatte, indem sie die Früchte des Wachstums eines »dynamisierten« Arbeitsmarktes erntete, ohne dass sie sich selbst dafür die Hände schmutzig machen musste. Ja, sie konnte sogar öffentlich über gewisse Nachbesserungen bei übermäßigen Härten der Agenda-Gesetze nachdenken und so den Negativnimbus der sozialen Kälte wieder abschütteln. Aus der Innenperspektive der Partei sah die Lage aber schon bald weniger rosig aus, wenn die Gründe hierfür aufseiten von Parteiführung und -basis auch keineswegs die gleichen waren.

Wie wir aus den vorigen Kapiteln wissen, hatte die Demoskopie der Christdemokratie schon Ende der 1990er-Jahre bescheinigt, dass ihre Zeit aufgrund des Schwunds ihrer Stammklientel eigentlich abgelaufen sei. Und selbst im Hinblick auf die zwischenzeitlich gewonnenen Wahlen in den Ländern schütteten die Experten der CDU Wasser in den Wein, habe sie doch vor allem von der Schwäche und Angreifbarkeit der politischen Gegner profitiert. Fielen diese Faktoren weg, so müsse sich auch die »große Volkspartei der Mitte« (die CDU über sich selbst) auf ungemütliche Zeiten an den Wahlurnen einstellen. Von einer strukturellen Mehrheit für

Schwarz-Gelb könne jedenfalls dauerhaft keine Rede mehr sein. Die Parteiführung beschloss nun, tatsächlich die Konsequenzen aus der mittelfristig prekären Lage zu ziehen, indem sie ihr neues Augenmerk auf den gesellschaftspolitischen Bereich richtete, um hier die strategische Öffnung der Christdemokratie voranzutreiben und die modern-urbanen Milieus der – weiblichen – Mittdreißiger wieder zu erreichen. Gleichzeitig war sich die Parteiführung im Klaren darüber, dass es gerade an der Basis der Partei weiterhin rumorte, und verständigte sich daher darauf, im Anschluss an einen parteiinternen Diskurs im Jahr 2007 ein neues Grundsatzprogramm zu verabschieden. Zwar war es durchaus an der Zeit, das letzte Grundsatzprogramm, das noch aus dem vorigen Jahrhundert stammte und ja schon damals nicht sonderlich originell ausgefallen war, durch ein neues zu ersetzen, doch was sich nun in dem neuen Programm (»Freiheit in Sicherheit) wiederfand, war, zugespitzt formuliert, wahrscheinlich weniger bedeutsam als der Prozess seines Zustandekommens, der der Partei aus taktisch-therapeutischen Gründen verschrieben wurde. Der diffusen Unzufriedenheit an der Basis sollten Kanäle der Artikulation geboten werden, wobei die Möglichkeit, sich endlich einmal äußern zu können, als mindestens ebenso wichtig und vielleicht wichtiger angesehen wurde als die Frage, ob und was sich davon tatsächlich auch im Programm niederschlagen würde. Der Programmdiskurs diente also auch und gerade als innerparteiliche Befriedungspraxis – und zwar bis in die Gegenwart, weist doch die aktuelle Gesamtkonstellation einer aufgewühlten Partei, die durch Artikulationsmöglichkeiten im Hinblick auf ein neues Grundsatzprogramm wieder mit sich ins Reine kommen soll, durchaus Parallelen zum Jahr 2007 auf. Und so verbrachte die neue Generalsekretärin Kramp-Karrenbauer den Sommer 2018 mit einer auch offiziell so betitelten »Zuhörtour« durch die CDU-Kreisverbände der Republik.

Die Schlussfolgerung aus der voranschreitenden Ausdünnung der Traditionsmilieus und der gleichzeitigen Transformation des Parteisystems, auf das Politologen im Übrigen schon seit der Wiedervereinigung hingewiesen hatten, bedeutete in der Lesart der Parteiführung, dass eine strategische Öffnung der Union bzw. der CDU unabdingbar war. Diese Öffnung schlug sich wahrnehmbar in den gesellschaftspolitischen Bereichen der Migrationspolitik und noch stärker in der Familienpolitik nieder – womit nun konservative Kernbestände der Christdemokratie betroffen waren. Deutschland sollte nun Integrationsland sein, und in diesem Geist wurden mit dem Beginn der Großen Koalition von der Beauftragten für Migration, Flüchtlinge und Integration über den Integrationsgipfel im Kanzleramt bis zur Islamkonferenz erstmals allerlei Ämter und Arbeitsgruppen initiiert, die Deutschland faktisch als multikulturelles Einwanderungsland bestimmten, sosehr »Multi-Kulti« weiterhin als alternatives Wolkenkuckucksheim und Ausweis gesellschaftspolitischer Unreife verlacht wurde. Gleichwohl ist es bemerkenswert, dass mit Wolfgang Schäuble ein Politiker aus einer Partei, in der immer wieder Leitkulturdebatten ausbrachen, die erste Islamkonferenz unter Beteiligung von muslimischen Verbänden, Einzelpersonen und auch (ex-)muslimischen Religionskritikern mit den Worten eröffnete: »Der Islam ist Teil Deutschlands und Teil Europas, er ist Teil unserer Gegenwart, und er ist Teil unserer Zukunft; Muslime sind in Deutschland willkommen.« Als Bundespräsident Wulff 2011 verkündete, der Islam gehöre zu Deutschland, hatten Schäuble und seine Islamkonferenz also schon den Boden dafür bereitet – und damit für ernste Irritationen im Nicht-Merkel-Lager innerhalb der Union, aber auch in den entsprechenden Wählermilieus gesorgt.

Das zweite Politikfeld, auf dem die CDU vergleichsweise entschlossen eine Reformagenda vorantrieb, gilt ebenso wie die Migrationspolitik gerade unter Konservativen als hochsensibler Bereich. Die Verantwortung für die Familienpolitik wurde im Rahmen der Großen Koalition Ursula von der Leyen übertragen, die zwar als Tochter des ehemaligen Ministerpräsidenten Albrecht buchstäblich die DNA der CDU in sich trug, als Seiteneinsteigerin in den Politikbetrieb aber über keine eigene Hausmacht verfügte. Dass sie nicht die übliche Ochsentour durch die Parteiniederungen durchgemacht hatte und als Protegé der Kanzlerin galt, schürte von Beginn an gewisse Ressentiments selbst bei denen, die der von ihr verantworteten Neuakzentuierung in der Familienpolitik durchaus offen gegenüberstanden. Diese Gruppe war aber gerade an der Parteibasis nicht unbedingt in der Mehrheit. Dabei war Ursula von der Leyen eigentlich die perfekte Wahl, um das veränderte Familienideal der Union nicht nur in konkrete Politik zu gießen, sondern auch gegenüber einer zumindest in Teilen äußerst skeptischen Partei intern zu kommunizieren. Wer hätte besser und kompetenter über mehr Kitaplätze, Ganztagsschulen und das Elterngeld als Schlüsselvoraussetzungen einer besseren Vereinbarkeit von Beruf und Familie sprechen können als die Ärztin, die auch siebenfache Mutter ist – nur Nixon konnte nach China gehen. Dabei hatte sich die CDU zu dem neuen Familienbild schon längere Zeit bekannt, allerdings ohne daraus irgendwelche konkreten Schlussfolgerungen zu ziehen, denn als die Erfurter Leitsätze angenommen wurden, in denen bereits vom Ausbau des Kinderbetreuungsangebots und einer Weiterentwicklung des Erziehungsurlaubs ebenso die Rede gewesen war wie vom Respekt für »Partnerschaften ohne die rechtlichen Bindungen einer Ehe«, befand man sich noch in der Opposition. Entgegen der immer wieder bemühten Mär einer handstreichartigen Liberalisierung der CDU von oben vollzog die Familienministerin hier also nicht im Alleingang eine 180-Grad-Kehrtwende, sondern setzte weitgehend die parteiinterne Beschlusslage um.

Diese Einschätzung wurde aber keineswegs von allen in der Union geteilt. Das Elterngeld geriet zum ersten größeren Zankapfel der familienpolitischen Agenda von der Leyens, die sich aber der rückhaltlosen Unterstützung der Kanzlerin sicher sein konnte. Nicht nur aus der CSU, auch aus den Landesverbänden hagelte es Kritik an der ursprünglich aus Schweden stammenden Idee der zwei »Vätermonate«, für die das Elterngeld an die Voraussetzung geknüpft wurde, dass die Elternzeit zwischen den Erziehungspartnern aufgeteilt wurde. Bezeichnenderweise meldeten sich vor allem männliche Stimmen zu Wort, die sowohl den vermeintlichen

Eingriff in die Erziehungsverantwortung der Eltern wie auch die grundsätzliche Zwecksetzung der Vätermonate infrage stellten: »Es geht darum, dass mehr Kinder geboren werden, und nicht, wer spült«, lies etwa der sächsische Ministerpräsident Georg Milbradt wissen.[261] Noch sehr viel lautstärker als im Falle des Elterngeldes war die innerparteiliche Opposition aber beim Thema Ausbau von frühkindlichen Betreuungsangeboten. Der Vorstoß von der Leyens galt nicht nur vielen CSU-Mitgliedern als direkter Angriff auf das christdemokratische Ideal der Kleinfamilie, an dessen Stelle nun das Ideal oder doch zumindest die Normalität außerhäuslicher Betreuung treten sollte, die geradezu dystopische Assoziationen totalitärer Verstaatlichung der Kinder heraufbeschwor. Doch auch wenn konservative Kritiker wie der Mainzer Historiker Andreas Rödder bisweilen über das Ziel hinausschossen, warfen sie auch Fragen auf, die die politische Komplexität der Thematik verdeutlichen: Aus geschlechterpolitischer Perspektive lassen sich natürlich einige Argumente sowohl für die Vätermonate als auch für den Kita-Ausbau anführen, doch gerade eine an Foucault geschulte intellektuelle Linke müsste sich doch für die damit einhergehenden Normierungseffekte interessieren. Wer sich für seine Erziehungsentscheidungen rechtfertigen muss, ist natürlich entscheidend davon abhängig, ob Kleinkinder gewöhnlich zu Hause oder in Kitas betreut werden. Zwar galt im deutschen Kontext zumindest traditionell das Rabenmuttersyndrom als vorherrschend, wonach sich zu rechtfertigen hat, wer sein Kind in fremde Obhut gibt, um sich mutmaßlich in seinem Job selbst zu verwirklichen, aber schon der Blick über die Grenze nach Frankreich zeigt, dass sich gesellschaftliche Erwartungshaltungen auch dahingehend verändern können, dass Kleinkinder spätestens ab dem ersten Lebensjahr außerhäuslich betreut werden sollen, damit die Eltern wieder ihre Beschäftigung aufnehmen können – am besten in Vollzeit. Mit Blick auf dieses Szenario befürchtet Rödder, auch in der Familienpolitik gehe es nun vor allem darum, »die Einzelnen und die Gesellschaft den Anforderungen der Wirtschaft anzupassen«,[262] wobei auch noch die Reproduktionskosten des Faktors Arbeit in Form von Kita-Gebühren oder Steuerfinanzierung nicht etwa die Wirtschaft, sondern die Gesellschaft im Allgemeinen trage. Und so kann es zwar als großer Fortschritt gewertet werden, wenn die Frauenerwerbsquote ansteigt, doch spiegelt sich darin eben auch die Realität einer schon dreißig Jahre andauernden Stagnation bei den Reallöhnen, die die *Option* des Doppelverdienerhaushalts in eine schlichte Notwendigkeit verwandelt. Nicht zuletzt werden durch das Einkommen Frauen entlohnt, die in der Kita schlecht bezahlte Erziehungsarbeit leisten, damit Eltern ihrer Beschäftigung nachgehen können. Mit anderen Worten geht es doch in der Familienpolitik auch um einen Konflikt zwischen der Institution Familie und der Struktur des Kapitalismus. Das Verdienst Rödders und anderer besteht daher nicht zuletzt darin, die konservative Skepsis bezüglich der korrosiven Effekte jener hochdynamischen Wirtschaftsstruktur auf die Familie zumindest in Ansätzen wieder nach Jahren zur Geltung zu bringen, in denen zu diesen Fragen eigentlich auch von Konservativen immer nur zu hören war, dass der globale Wettbewerb schon beim frühkindlichen Fremdsprachenunterricht einsetze.

Die Widersprüchlichkeiten und Ambivalenzen in der Familienpolitik erstrecken sich aber auch auf das laut Milbradt eigentliche Ziel der Operation, nämlich die Anhebung der traditionell niedrigen Geburtenrate gerade auch unter Akademikerinnen. Der geistig-moralische Ansatz in dieser Sache war von jeher gewesen, auf die entsprechenden Haltungen und Dispositionen einzuwirken: Elternschaft als Tugend, in der sich Pflicht, Bindung und Gemeinschaft zum konservativen Dreiklang zusammenfügen, die Familie sollte »moralisch« gestärkt werden, wie es schon in den 1980er Jahren hieß. Zwar wollte die CDU dementsprechend noch bis 1999 »Lust auf Familie« machen, aber schon in den so überschriebenen Beschlüssen des Bundesausschusses Familie war vom Wandel der Lebenswirklichkeiten die Rede, die auch eine veränderte Politik verlangten, um der grassierenden Kinderlosigkeit mit all ihren demografischen Folgen entgegenzuwirken. Als die Ermunterungsdiskurse dann tatsächlich durch materielle Anreize in Form von Elterngeld, Kita-Ausbau und Anrechnung von Erziehungszeiten für die Rentenversicherung ergänzt wurden, regten sich schon bald die konservativen Reflexe, die hier einen sowohl unmoralischen als auch wirkungslosen Materialismus am Werk sahen: Wer tatsächlich glaube, dass Eltern sich wegen zwei zusätzlicher Monate Elternzeit und ein paar anderer finanzieller Anreize entschlössen, Kinder in die Welt zu setzen, adressiere Menschen selbst in den intimsten Fragen als rationale Nutzenmaximierer. Eine solche Anreizpolitik kann man aus guten – konservativen – Gründen mit Empörung zurückweisen, aber diese klingt hohl, wenn man sich im gleichen Atemzug mit Händen und Füßen gegen die Abschaffung des Ehegattensplittings sträubt, das ja nichts anderes als einen finanziellen Anreiz zur Eheschließung darstellt. Allerdings trifft es durchaus zu, dass von den neuen familienpolitischen Anreizen kurzfristig keine nachweisbare Wirkung auf die Geburtenrate ausging, was die Kritiker als Bestätigung ihrer Haltung ansahen. Das Elterngeld wurde zu Jahresbeginn 2007 eingeführt. Die Geburtenrate in jenem Jahr war zwar vergleichsweise hoch, aber immer noch niedriger als die des Jahres 2005. Vor allem blieb sie danach aber bis zum Jahr 2013 kontinuierlich unter dem Wert von 2007. Dass Elterngeld und andere Neuerungen zunächst keine nennenswerten Effekte zeitigten, mag auch daran liegen, dass zwei Elternmonate und die vage Chance, in einem Ballungszentrum einen Kita-Platz zu ergattern, kaum ein ausreichendes Gegengewicht zur umfassenden Deregulierung der Arbeitswelt darstellen, die sich seit Mitte der 1990er-Jahre vollzogen hatte und die langfristige Festlegung auf Familie in einer umfassend prekären Welt geradezu anachronistisch erscheinen ließ.

Wie erläutert, entsprach die Liberalisierung bzw. Modernisierung der Partei, deren Umsetzung zwar in erster Linie durch die Regierung bzw. die entsprechenden Ministerien vorangetrieben wurde, fast durchweg von Parteigremien abgesegneten Programmen und geschah nicht zuletzt zugunsten einer strategischen Öffnung, die die volatilen Wählersegmente der Mitte ansprechen und

Koalitionsoptionen jenseits des alten »bürgerlichen Lagers« schaffen sollte. Konkret hieß dies natürlich, dass es in erster Linie darum gehen musste, schwarz-grüne Verbindungsmöglichkeiten auszuloten, hatten sich die Grünen doch mittlerweile zu einer zumindest teilweise neubürgerlich geprägten Partei gemausert, deren ökologischer Markenkern eigentlich ein originärer Teil der konservativen Politikagenda hätte sein können. Schon 1994 hatte der CDU-Vor- und Querdenker Geißler mit Blick auf Schwarz-Grün festgestellt: »Es ist schiere politische Dummheit, auf eine Option zu verzichten.«[263] Umgekehrt nahmen die auf die Oppositionsbank zurückverwiesenen Grünen, deren natürlicher Koalitionspartner SPD auf absehbare Zeit ohnehin in innerparteilicher Agonie gefangen sein würde, aufmerksam zur Kenntnis, was sich unter Merkels Führung nicht nur in der Migrations- und Familienpolitik, sondern auch in der ureigenen Domäne der Grünen, der Umweltpolitik tat: So nutzte die Kanzlerin den G8-Gipfel von Heiligendamm im Jahr 2007, um sich für ein globales Klimaabkommen starkzumachen, dessen Verabschiedung der erste von vielen internationalen Verhandlungserfolgen Merkels sein sollte und ihr zwischenzeitlich gar den Titel der Klimakanzlerin einbrachte. Diese CDU, so musste man zumindest in Teilen der notorisch zerflügelten Grünen anerkennen, müsste sich nur noch von der CSU lossagen, um trotz weiter bestehender Divergenzen grundsätzlich als Koalitionspartner infrage zu kommen. Doch die virtuelle Liaison zwischen Schwarz und Grün war schon bald wieder beendet, als sich die CDU in einem ironischerweise »Bewahrung der Schöpfung« betitelten Arbeitspapier für eine verlängerte Laufzeit von Atomkraftwerken aussprach und sich damit gegen den unter Rot-Grün verabschiedeten Atomausstieg wandte – was nicht die letzte Position der CDU zu diesem Thema blieb und im Übrigen den Grünen ein perfektes Wahlkampfthema lieferte, mit dem die eigene Klientel mobilisiert werden konnte. Die Grünen holten mit knapp über 10 Prozent das beste Ergebnis der Parteigeschichte, aber eine Koalition mit der Union war in weite Ferne gerückt.

Trotz dieser Maßnahme brodelte es in der Partei, war doch allgemein ersichtlich geworden, dass die verabschiedeten Reformen eine grundlegendere Tendenz abzubilden schienen, sodass es im Vorfeld des Hannoveraner Parteitags 2007 zu entschiedenem öffentlichem Widerstand kam. Die Partei, so der nicht unbedingt neue Grundtenor der Kritik, dürfe nicht die konservativen Milieus vernachlässigen und müsse sich wieder ihrer entsprechenden Grundüberzeugungen versichern. Von den diversen Wortmeldungen aus dem konservativen Spektrum soll hier nur eine herausgegriffen werden; zum einen, weil ihr bei Weitem die meiste mediale Aufmerksamkeit zuteil wurde, zum anderen, weil sie die grundsätzlichen Schwierigkeiten jedes Versuchs einer Wiederbelebung des Konservatismus noch einmal sehr gut illustriert.[264] Es handelte sich um einen Zeitungsgastbeitrag aus der Feder von Stefan Mappus, Markus Söder, Philipp Mißfelder und Hendrik Wüst. Die Fraktionsvorsitzenden im Landtag Mappus und Wüst, der CSU-Generalsekretär Söder und der mittlerweile verstorbene Vorsitzende der Jungen Union Mißfelder veröffentlichten ihren Vorschlag eines »modernen bürgerlichen Konservatismus« im Vorfeld des Parteitags in der *Frankfurter Allgemeinen*. Getrieben waren sie offensichtlich von der Sorge, dass das neue unter der Federführung des eigentlich in jede Richtung profilarmen Ronald Pofalla erarbeitete Grundsatzprogrammeine konservative Handschrift vermissen lassen würde. Doch die Dankbarkeit, mit der die Medien das Papier aufnahmen, erklärt sich nicht zuletzt aus den darin enthaltenen offenen und offensichtlichen Flanken, wie Mariam Lau pointierte: »Schon im Titel schien man sich in den Arm zu fallen. Wenn ein Konservativer versichern zu müssen glaubt, er sei auch modern und bürgerlich, denkt man schon an Weichspüler.«[265] Tatsächlich war auf den ersten Blick kaum erkennbar, inwiefern sich die Verfasser eigentlich nicht durch die aktuelle Beschlusslage und Programmatik der Union repräsentiert fühlen sollten. Und auch wenn das Lamento über die Verirrungen der 68er nicht ausdrücklich in CDU-Parteiprogrammen niedergeschrieben steht, so konnten auch diesbezüglich die entsprechenden Passagen keine neuen Akzente setzen, wie wir aus den vorigen Kapiteln wissen. Die konservativen Schlagworte von Werten, Familie, Sicherheit und Soziale Marktwirtschaft wurden abgespult, ohne jedoch sichtbare Kontrapunkte zur offiziellen Parteilinie zu setzen. Zur Familienpolitik hieß es sogar ausdrücklich: »Es gibt Nachholbedarf, und es müssen die Betreuungsangebote für Kinder zwischen einem und drei Jahren deutlich ausgebaut werden, [...] um Familie und Beruf für Eltern leichter vereinbar zu machen.«[266] Das kam einer Ratifizierung der Familienpolitik Von der Leyens gleich, die doch parteiintern als überaus umstritten galt. Das Papier ließ sich daher auf zweierlei Weise interpretieren. Zum einen konnte es als Beleg dafür erscheinen, dass die Modernisierung der CDU selbst von prominent konservativer Seite nicht mehr grundsätzlich infrage gestellt wurde, auch wenn bei näherem Hinsehen natürlich Differenzen bestehen blieben: So sprachen sich etwa die Autoren zwar nicht für eine deutsche, sondern aus christlich-abendländischen Werten gespeiste Leitkultur aus, doch selbst diese Leitkultur des ›Westens‹ war noch immer klarer konturiert als das, was im Grundsatzprogramm 2007 dann tatsächlich unter diesem Begriff aufgenommen wurde. Hier war dann letztlich nur noch vage von einer Vielfalt von Quellen die Rede, aus denen sich eine Leitkultur speise, von der sich die CDU eher unverbindlich vornahm, sie »mit Leben zu füllen«. Doch trotz bzw. gerade aufgrund dieser ja nach wie vor bestehenden Inkongruenzen überwog andererseits in der konservativen Lesart des Papiers die Enttäuschung. Nicht nur konnten sich die Autoren nur schwer entscheiden, ob Werteverfall, Entchristlichung und Individualisierung, die wortreich beklagt wurden, nun eher den 68ern oder vielleicht doch den »Busfahrern, Krankenschwestern, Polizisten und Lehrern ...« selbst anzulasten seien, von denen es hieß, dass sie »unser Land in Gang halten und nach vorne bringen«, die es aber ja eben auch sind, die sich in großer Zahl scheiden lassen und am Sonntag eher ausschlafen als in die Kirche zu gehen, wie Mariam Lau treffend anmerkte. Vor allem gelang es dem Papier aber ebenso wenig wie vielen anderen, die bis heute mit ähnlicher Zielsetzung veröffentlicht werden, das konservative Defizit der CDU wirklich dingfest zu machen. Zu den eher allgemein gehaltenen Forderungen gehörte auch ein Punkt, der seinerzeit eher nebensächlich wirkte: »Auch christliche Symbole wie das Kruzifix müssen ihren Platz im öffentlichen Raum behalten.« Mittlerweile muss man zumindest dem Mitverfasser Markus Söder attestieren, dass er in dieser Hinsicht konkreter geworden ist.

Die Krisen-Kanzlerin: Von »Too big to fail« zu »Madame Non«

Entgegen der Hoffnungen der Parteispitze stellte sich trotz der außerordentlich regen Basisbeteiligung am Programmfindungsprozess – immerhin gab es allein über 70 000 Online-Eingaben – der angestrebte Befriedungseffekt nicht ein, wie ja auch schon die soeben diskutierten Positionen belegen. Das Programm entsprach der Grundausrichtung, die die Partei abgesehen vom Leipziger Radikalismus seit den frühen Oppositionsjahren vorangetrieben hatte, und so ließen sich auch keine grundlegenden Diskrepanzen zwischen der Regierungspolitik, etwa im Bereich der Familie, und dem Grundsatzprogramm erkennen, wie auch die Beispiele in Sachen Einwanderungsland und Leitkultur belegen. Wulf Schönbohm, der Bruder des Parteikonservativen Jörg Schönbohm, gab angesichts des neuen Programms konsterniert zu Protokoll: »Ich hätte mir niemals träumen lassen, dass ich als ehemaliger Reformer in der CDU jemals in meinem politischen Leben dafür plädieren würde, ausgerechnet das konservative Profil der Union stärker hervorzuheben. Doch das ist jetzt notwendig [...]. Tut sie dies nicht, lädt sie eine neue Partei dazu ein, diese Marktlücke zu schließen. Und dann gute Nacht Union.«[267] Friedrich Merz sekundierte in einem Brief an seinen Wahlkreis, in dem er der CDU vorwarf, alles aufzugeben, »was sie über Jahrzehnte für richtig gehalten hat«.[268] Der Unmut schien nun auch für die Kanzlerin problematisch zu werden. Zwar hatte sich Merkel bis dahin gegen innerparteiliche Widersacher immer wieder behauptet, und spätestens im Jahr 2007 wurde auch klar, dass der Andenpakt de facto zerbrochen war – als der damals amtierende Ministerpräsident Günther Oettinger sich mit einer aus den Siebzigerjahren stammenden Trauerrede für seinen Amtsvorgänger und ehemaligen NS-Marinerichter Filbinger ins Aus beförderte, hielten sich Wulff, Koch oder Merz mit Unterstützung vornehm zurück.[269] Aber auch individuell machten die ehemaligen Paktler weiter Stimmung gegen die Kanzlerin, wie etwa Merz' Wahlkreisbrief belegt, und so sah es abermals aus, als kämpfte Merkel um ihr politisches Überleben – und diesmal war weit und breit kein Gerhard Schröder zu sehen, der ihr den Gefallen getan hätte, sie vor den Augen der gesamten Republik anzuraunzen.

Stattdessen kam, was ebenfalls nicht zu sehen gewesen war, zumindest für die politökonomischen Eliten und Wissenschaftler, die noch Wochen vor dem Zusammenbruch des Bankhauses Lehman Brothers im Brustton der Überzeugung oder – wie im Fall der Deutschen Bank – in bewusster Irreführung ihrer Kunden verkündeten, die Wirtschaft befände sich in glänzender Verfassung. Der Kollaps der Investmentbank war der Auslöser der globalen Finanzkrise, und mit ihr wurden die Unionsdebatten um das konservative Familienbild schlagartig in den Hintergrund gedrängt. Gleichzeitig wurde aus Angela Merkel die »Krisen-Kanzlerin«, die in zunehmend präsidialer Manier die Republik durch die Unwägbarkeiten einer Welt führte, die nach 2008 eine andere werden sollte und eigentlich nie wieder in die alte Ordnung zurückfand.

Die Chronik der Finanzkrise, die genau genommen eine Sequenz bezeichnet, an deren Anfang eine Krise der Banken steht, die dann eine Wirtschaftskrise und zuletzt in der Eurozone eine Schuldenkrise auslöste, ist wohlbekannt und soll hier nicht noch einmal in ihren teils faszinierenden, teils verstörenden Details nachgezeichnet werden. Der Fokus liegt in der Folge vielmehr auf den spezifischen Auswirkungen auf die Union und das konservative Denken. Nach dem ersten Schock über den Kollaps von Lehman

Brothers und Bear Stearns hatte der deutsche Finanzminister Peer Steinbrück noch Entwarnung signalisiert, als er sinngemäß wissen ließ, es handele sich in erster Linie um ein Problem des schlecht bzw. fehlregulierten angloamerikanischen Finanzmarktkapitalismus. Doch diese erste Lageeinschätzung erwies sich schon bald als zu optimistisch. Wie sich herausstellen sollte, hatten auch noch die provinziellsten deutschen Landesbanken ebenfalls ihr Glück an der Wall Street versucht – scheinbar sehr zur Freude der dortigen Broker: Als der New Yorker Deutsche-Bank-Händler Greg Lippmann von seinen Geschäftspartnern gefragt wurde, wer denn immer noch die ganzen Ramschhypothekenpapiere kaufe und dazu auch noch die risikoreichen Kreditausfallversicherungen für die gleichen Papiere anbiete, erwiderte er immer nur: »Dusseldorf!«[270]

Und so mussten auch deutsche Privat- und Landesbanken genau wie ihre (halb-)privaten Pendants in den USA und andernorts mit gigantischen Summen gestützt bzw. gerettet werden, erschienen doch auch sie für die deutsche Finanzarchitektur als *too big to fail*.

Die Politik der Bankenrettung war offensichtlich nicht nur für konservative Geister eine Zumutung, schließlich wurden gigantische Summen an Steuergeldern aufgewandt, um den Zusammenbruch teilweise dilettantisch und schlicht illegal zockender Banken abzuwenden. Zu diesem Zweck wurden Rettungspakete in einer Art und Weise durch den Bundestag gepeitscht, die der demokratischen Bedeutung parlamentarischer Kontrolle hohnsprach – entscheidend schien nur zu sein, dass alles pünktlich zur Öffnung der Börsen am Montagmorgen in trockenen Tüchern war. Das Verhältnis von Kapitalismus und Politik schien auf geradezu parodistische Weise den Marx'schen Einschätzungen recht zu geben: Während die jahrelang exorbitant hohen Gewinne der Banken privat eingestrichen wurden, galt für die nun anfallenden ebenfalls exorbitant hohen Verluste, dass sie sozialisiert, also von der Allgemeinheit getragen werden mussten. Der hektisch als Reparaturbetrieb des Kapitalismus agierende Staat erschien stellenweise tatsächlich nur als »ein Ausschuss, der die gemeinschaftlichen Geschäfte der Bourgeoisieklasse verwaltet«, wie es im *Kommunistischen Manifest* heißt. Doch irritierenderweise wurden gleichzeitig in gut sozialistischer Manier Banken zumindest vorübergehend (teil-)verstaatlicht, wobei es ironischerweise gerade die USA waren, die in großer Zahl sogar Zwangsverstaatlichungen vornahmen. Und als die Bankenkrise unweigerlich eine Rezession auslöste, zögerten die politischen Eliten keinen Moment, Instrumente der keynesianischen Nachfragepolitik wie die Abwrackprämie einzusetzen, die jahrzehntelang in der wirtschaftspolitischen Mottenkiste verstaubt waren.

So ließ sich im Sommer 2009 kurz vor der bevorstehenden Bundestagswahl ein zwiespältiges Zwischenfazit ziehen. Einerseits war es der Regierung gelungen, die Lage zumindest insofern zu stabilisieren, als das apokalyptische Szenario eines Zusammenbruchs des globalen Kapitalismus mit unabsehbaren Folgen nicht eingetreten war. Doch der Preis dafür war höher als die milliardenschweren Bankenrettungs- und Konjunkturpakete. Er wurde nämlich in einer weit umfassenderen Art und Weise erbracht, die nicht zuletzt Union und Konservative ins Mark traf.

So war es für das gemeine Mitglied der CDU-Mittelstandsvereinigung schlicht unvorstellbar, dass eine unionsgeführte Regierung tatsächlich eine Bank verstaatlichen würde, wie es etwa im Fall der Hypo Real Estate, aber auch der Commerzbank geschehen war. Bis Anfang 2009 wäre eine solche Maßnahme noch unter die Rubrik Kommunismus gefallen. Dagegen erschien der Bruch mit der angebotsorientierten Orthodoxie in Form der eindeutig keynesianischen Konjunkturpakete, die danach folgten, noch eher harmlos, aber mit ihnen erhärtete sich der Eindruck, dass die Bundesregierung bereit war, die ehernen Wahrheiten der Gründungsväter der Sozialen Marktwirtschaft in den Wind zu schlagen, und offensichtlich war dies nicht allein dem Einfluss des sozialdemokratischen Koalitionspartners anzulasten. Die verstörende Wirkung der Finanzkrise und des Krisenmanagements war damit noch keineswegs erschöpft, rührten doch die entsprechenden Irritationen an noch viel grundlegendere Fragen. Der politische Konservatismus hatte sich – nicht nur im deutschen Kontext – schon seit vielen Jahren mit dem Kapitalismus ausgesöhnt, auch wenn in den intellektuellen Diskursen stellenweise die alte Ambivalenz gegenüber seiner schöpferischen Zerstörungskraft aufblitzen mochte. Abgesehen von dem kurzen Leipziger Intermezzo war zwar kein Bestreben erkennbar, die Axt an die Wurzeln des Sozialstaats zu legen, gleichzeitig galt der so umhegte Kapitalismus aber nicht nur als über alle Zweifel erhabene Wachstumsmaschine, sondern fungierte auch als Projektionsfläche für die Vorstellung einer leistungsgerechten Wirtschaftsordnung, in der, bei allen Einschränkungen, grundsätzlich Einsatzwille, Disziplin und eben Leistung belohnt werden. Mit anderen Worten galt gerade seit der geistig-moralischen Wende und den flankierenden Überlegungen des Neokonservatismus der Kapitalismus auch als Tugendschule, was sich in der moralischen Überformung des Ökonomischen äußerte. Dass der moderne Kapitalismus dieser Wunschvorstellung keineswegs mehr durchgehend entsprach, hatte schon Irving Kristol Ende der 1970er-Jahre mit Blick auf den Corporate Capitalism der USA geahnt, und auch im deutschen Kontext wurden bisweilen entsprechende Sorgen geäußert, die sich hier vor allem in der ordoliberalen Warnung vor der Marktmacht großer Konzerne oder gar Monopole ausdrückten, welche die ethische Grundierung des Leistungswettbewerbs unterminierten. Aber die Wahrheit, die die Krise über die Praktiken des Finanzmarktkapitalismus der Gegenwart enthüllte, war weit verheerender, als es sich die Verfechter des leistungswettbewerblichen Ideals innerhalb und außerhalb der Union hätten ausmalen können – oder zumindest wollen: Worin genau die »Leistung« der Finanzinstrumente bestand, die mit beträchtlichen Profitmargen gekauft und verkauft wurden, konnten in vielen Fällen selbst Insider nicht plausibel erläutern. Das Geschäftsgebaren der Finanzinstitute grenzte in ebenso vielen Fällen an Betrug am Kunden, wenn es nicht eindeutig illegal war. Der größte Schock dürfte aber darin bestanden haben, dass aufgrund von Fehlregulierungen und den daraus resultierenden Anreizen ein engmaschiges Finanzgewebe entstanden war, in dem die

Streuung von Risiken gerade nicht dazu geführt hatte, das systemische Risiko zu reduzieren, sondern eine Konstellation geschaffen hatte, in der nur der falsche Dominostein fallen musste, um eine Kettenreaktion von epischem Ausmaß auszulösen. Nicht von ungefähr lautet der Untertitel des Finanzkrisen-Bestsellers *The Big Short* von Michael Lewis *Inside the Doomsday Machine*, was sich frei als »Armageddon-Maschine« übersetzen ließe. Dies bedeutete, dass jene systemrelevanten Dominosteine de facto die Grundgesetze des Kapitalismus außer Kraft gesetzt hatten, die da zumindest in ihrer orthodoxen Variante lauten: Wer den Gewinn erwirtschaftet, trägt auch das Risiko bis hin zum Marktaustritt, vulgo: Bankrott. Für die Knotenpunkte im globalen Finanzmarktnetz wie Morgan Stanley oder den Versicherungskonzern AIG galten diese Regeln nicht mehr, d. h. man konnte sie nicht bankrottgehen lassen, ohne die Implosion des gesamten Finanzsystems zu riskieren. Nicht nur implizierte dies, dass laut den herrschenden Lehren der Rational-Choice-Theorie zu erwarten war, dass rational agierende Banken geradezu aufgefordert waren, ihre Bilanzen so lange mit Risiken anzureichern, bis sie diesen wahrlich sakrosankten Status erreicht hatten. Es hieß vor allem auch, dass Staat und Gesellschaft erpressbar waren. Denn man mochte noch so viele Bankvorstände öffentlich an den Pranger stellen, im Endeffekt mussten Staat und Bürger als Ausfallbürgen für ein ethisch – und auch ökonomisch – eher zweifelhaftes Geschäftsmodell haften. Auch hier gilt natürlich, dass die Empörung auch außerhalb christdemokratischer Kontexte beträchtlich war, aber wenigstens hatte man sich in tendenziell kapitalismuskritischeren Milieus keine allzu großen Illusionen über die Finanzwelt gemacht, sodass nun auch die entsprechenden kognitiven Dissonanzen überschaubarer ausfielen. Für die christdemokratische Mentalität, die flügelübergreifend an der Vorstellung eines ethisch gehaltvollen Kapitalismus festgehalten und diese Moralisierung ja zwischenzeitlich sogar noch forciert hatte, waren die Einsichten, zu denen die Finanzkrise sie nötigte, daher besonders schmerzhaft. Im Fall des immer noch existierenden, wenn auch eher bedeutungslosen Arbeitnehmerflügels war dies nicht sonderlich überraschend, aber es galt gleichermaßen, wenn auch aus anders gelagerten Gründen, für die Ordnungspolitiker, die feststellen mussten, dass sich der Finanzkapitalismus unendlich weit von den Leitvorstellungen des ordoliberalen Vordenkers Walter Eucken entfernt hatte, der funktionierende Märkte an die Vorstellung einer Wettbewerbsordnung mit strenger Verknüpfung von Risiko und Haftung sowie der entschlossenen Bekämpfung marktbeherrschender Positionen geknüpft hatte. Und da nur die wirklich hartgesottenen Ordoliberalen in und um die Union tatsächlich bereit waren, die Gesetze des Kapitalismus, komme, was wolle, wieder in Kraft zu setzen und weitere systemrelevante Banken in den Abgrund stürzen zu lassen, musste man konsterniert mit ansehen, wie der Staat sein tatsächliches, aber auch sein symbolisches Kapital als vermeintlicher Hüter des Gemeinwohls verbrannte, um eine in weiten Teilen der Bevölkerung als zutiefst ungerecht empfundene Rettungsaktion durchzuführen. Die Ressentiments, die diese Politik erzeugte und schürte, wird man in ihrer Bedeutung nicht unterschätzen dürfen, aktivierten sie doch den latenten Unmut und das Ungerechtigkeitsgefühl, die die Agenda-Politik keineswegs nur in sozialdemokratisch geprägten Milieus hervorgerufen hatte. In Kombination mit der generösen Bankenrettung entstand nun der Eindruck, dass politische und ökonomische Eliten Politik auf dem Rücken der Nichteliten machten, und bekanntlich fühlten sich nicht wenige über die kommenden Jahre hinweg in diesem Eindruck immer wieder aufs Neue bestätigt.

Insbesondere Kanzlerin Merkel und der von ihr im Zuge der Krise kultivierte Politikstil hatten einigen Anteil daran, dass sich die Empörung sukzessive und zunächst unter der Hand immer mehr politisierte, wenn sie zunächst auch den Ruf als erfolgreiche Krisenmanagerin genoss, was zusehends zur eigentlichen Signatur ihrer Kanzlerschaft werden sollte. Aber andererseits entwickelte sich schon in jener Zeit und trotz aller Erfolge in der Krisenbekämpfung ein immer stärker ausgeprägtes Missfallen an dem Stil, in dem diese nicht nur erfolgreiche, sondern auch relativ scheuklappenfreie Politik implementiert und kommuniziert wurde. Bereits im Vorfeld der Wahlen von 2005 stach aus den vagen inhaltlichen Vorstellungen der unruhigen Post-Leipzig-Ära einzig ein politikstilistischer Erneuerungsanspruch hervor, über dessen genaue Bedeutung seinerzeit angeregt diskutiert, aber auch gerätselt wurde. Merkel hatte damals davon gesprochen, man wolle im Falle des Wahlsiegs »durchregieren«, was ein wenig nach starkem Staat klang und wenig Begeisterung für das bundesrepublikanische System der vergleichsweise stark ausgeprägten horizontalen und vertikalen Gewaltenteilung verriet. Es klang aber auch nach einem eher technokratischen Politikverständnis, das wenig Wert auf die Vermittlung seines Tuns legt. Mit der Finanzkrise und ihren scheinbar oder tatsächlich existenziellen Gegebenheiten schlug nun die Stunde der Politik als technizistisches Problemlösen, in dem sich allein aus vermeintlichen Sachgründen die Anzahl der Optionen auf eins reduzierte. Einen ersten Eindruck davon bekam die Öffentlichkeit im Zuge der Rettung der Hypo Real Estate Anfang 2009, als die Bank per Übernahmegesetz quasi verstaatlicht wurde und Merkel erstmals in ihrer Begründung auf eine Formel zurückgriff, die ihr in der Zukunft als Stigma anhängen sollte: »Wir haben das sorgfältig abgewogen. Ich halte dieses Vorgehen für alternativlos.«[271]

Doch bei aller Entrüstung über die Entpolitisierung des Politischen, die in den kommenden Jahren noch weiter auf die Spitze getrieben werden sollte, offenbart sich doch im Echo auf Merkels Politikstil auch eine eigentümliche Ambivalenz, die insbesondere die Unionswählerschaft kennzeichnete und sich in gewisser Weise auch im Wahlergebnis 2009 widerspiegelte. Einerseits verstärkte Merkels Vorgehensweise unter Verweigerung größerer Vermittlungsanstrengungen den Eindruck einer kühlen Technikerin der Macht, der das Gefühlig-rheinländisch-Christdemokratische eines Kohls weitestgehend abging. Andererseits waren es aber doch gerade die konservativeren Stimmen innerhalb und im Umfeld der Union gewesen, die just deshalb mit Kohl gehadert hatten, dem es immer wieder aufs Neue am Willen zu harten und unpopulären Entscheidungen gemangelt hatte. Die an Dezisionismus grenzende Führungsstärke, die sich nicht erklären muss, sondern sich vermeintlich aus der Autorität des Entscheidenkönnens und dem Pathos des Entscheidenmüssens legitimiert, zeigte nun einigermaßen unerwarteterweise die Bundeskanzlerin Merkel – mit dem kleinen Schönheitsfehler, dass es in der Sache um die Verstaatlichung von Banken ging, was das Ganze gewissermaßen zu einem Exempel des unkonservativen Konservatismus macht. Dennoch kam die Kanzlerin unabhängig von den Inhalten einem genuin konservativen Politikverständnis näher, als es wohl auch mancher Konservativer in der Union wahrhaben wollte. Das Wahlergebnis und seine demoskopische Nachbereitung bestätigten die Zerrissenheit der Unionsanhänger über den Kurs der Partei. Einerseits sackte die CDU so 2009 weiter ab und fuhr abermals ihr schlechtestes Ergebnis seit 1949 ein, wovon aber nicht der sozialdemokratische Koalitionspartner, sondern in erster Linie die Freidemokraten profitierten, die aus der Opposition heraus die reine Lehre der Marktwirtschaft gepredigt hatten. Andererseits blieb die Union aber trotz und möglicherweise gerade wegen Finanzkrise und Rezession stärkste Partei – und zwar offensichtlich nicht, weil die Zustimmung zu ihrer inhaltlichen Politik so stark war, sondern vor allem aufgrund der »Krisenkanzlerin«, die für nicht weniger als zwei Drittel der Unionsanhänger der entscheidende Grund gewesen war, ihre Stimme der CDU zu geben.[272]

Stellte die Finanzkrise inklusive nachfolgender Rezession schon eine beträchtliche politische Herausforderung dar, so erschien diese Phase im Nachhinein dennoch als kaum mehr als das Präludium zu einer noch tiefergehenden Krise, die sich im Herbst 2009 kurz nach der Bundestagswahl abzuzeichnen begann, als die ebenfalls soeben neu gewählte Regierung in Griechenland das Haushaltsdefizit von sechs auf knapp unter 12 Prozent nach oben korrigierte. Der Verlauf der in den darauffolgenden Monaten losbrechenden Krise der Eurozone, in deren Mittelpunkt die sogenannten GIIPS-Staaten Griechenland, Italien, Portugal, Spanien und Island sowie später auch Zypern stehen sollten, ist weitgehend bekannt, allerdings werden ihre Ursachen und Wirkungszusammenhänge bis heute in den unterschiedlichen Lagern überaus kontrovers diskutiert, was sich insbesondere auch in höchst gespaltenen konservativen Debatten niederschlägt. Stand die Regierungserklärung der Kanzlerin und ihrer nun schwarz-gelben Koalition im November 2009 noch ganz im Zeichen der Frage, wie die Wirtschaftsrezession bekämpft werden könnte, so dauerte es nur wenige Monate, bis das Thema Griechenland die öffentliche und politische Aufmerksamkeit beinahe vollständig monopolisiert hatte.

Dass die Staatsfinanzen Griechenlands in einem derart desolaten Zustand waren, war in vielerlei Hinsicht problematisch, doch für die Union handelte es sich um einen besonders pikanten Sachverhalt. Denn entgegen der Beschwichtigung der Bundesregierung, die sich den Prinzipien der »schwäbischen Hausfrau« verpflichtet meinte, saßen die eigentlich prinzipienlosen Geldhäuser unglücklicherweise nicht in den USA, sondern in Europa; und was noch schlimmer war, ihre Bilanzen waren vollgestopft mit griechischen Staatsanleihen. Dies betraf vor allem einige Großbanken in Deutschland und Frankreich, die aufgrund der riesigen Schuldenberge, die sie durch die Kreditvergabe aufgetürmt hatten, nicht nur *too big to fail*, sondern auch *too big to save* waren. Zwar waren schon Bankenrettungspakete verabschiedet worden, aber die Nachricht, dass Griechenland einem Staatsbankrott entgegentaumeln und damit erneut abgrundtiefe Löcher in die Bankbilanzen reißen könnte, ließ insbesondere in Berlin und Paris die Alarmglocken schrillen, denn eine zweite Bankenrettungsrunde gigantischen Ausmaßes war politisch kaum zu überstehen. Durch die drohenden Dominoeffekte stand so aber plötzlich das Auseinanderbrechen der Währungsunion im Raum, was nun just die christdemokratische Regierung in das überaus riskante Projekt einer europäisch koordinierten Rettung Griechenlands trieb.

Die Brisanz der ersten von vielen Rettungsmissionen im Euroraum ergab sich aus der vertrackten strategischen Lage: Banken mussten gerettet werden, die fahrlässig Großkredite an Länder vergeben hatten, im Glauben, dass die Europäische Union im Zweifelsfall die Schuldner stützen würde – auch wenn dies ausdrücklich dem No-Bailout-Artikel 125 der EU-Verträge und dem Stabilitäts- und Wachstumspakt widersprach, die ja ironischerweise vor allem auf das deutsche und gerade auch christdemokratische Bedürfnis nach Versicherungen für eine »Stabilitätskultur« innerhalb der Wirtschafts- und Währungsunion zurückgingen. Nun würde man diese Vorkehrungen umgehen müssen, was durch die Umetikettierung der Hilfskredite in bilaterale Hilfen, die Einbindung des IWF und die neu geschaffenen EFSF bzw. den European Stability Mechanism (ESM) gelang. Gleichzeitig stand nun aber die schwäbische Hausfrau vor der Herausforderung zu begründen, warum deutsche Steuergelder notwendig waren, um griechische und später, über den ESM vermittelt, portugiesische oder spanische Schulden zu finanzieren bzw. für die Schuldner zu bürgen – wobei eher beschwiegen wurde, dass das Geld mitnichten den Griechen zugutekam, sondern postwendend als Schuldendienst zurück an die Gläubigerbanken in Deutschland, Frankreich und anderswo floss.

Um diese juristisch-politischen Herausforderungen zu meistern, entschied sich die Regierung Merkel in einer in jeder Hinsicht aufgeheizten und unübersichtlichen Lage für eine Strategie, die im Wesentlichen aus zwei Komponenten bestand und ebenfalls in jeder Hinsicht weitreichende, um nicht zu sagen schwerwiegende Folgen haben sollte. Beide Komponenten lassen sich der Regierungserklärung zum ersten Griechenland-Hilfspaket vom 19. Mai 2010 entnehmen, wobei sich die erste an Merkels berühmt gewordenem Satz festmachen lässt, der in diesem Zusammenhang fiel: »Scheitert der Euro, dann scheitert Europa.« Diese existenzielle Rhetorik schien angesichts der glimpflich überstandenen Bankenkrise die richtige Tonlage, um die unpopulären Griechenlandkredite zu rechtfertigen. Auch jetzt beschwor sie faktische Notwendigkeiten, die keine alternativen Handlungsoptionen zuzulassen schienen: »Deshalb gab es zur Sicherung des gesamten Euro-Finanzsystems [...] keine vernünftige Alternative.« Zwar war dies nicht der einzige Satz, mit dem Merkel die Entscheidung begründete, aber mit ihm wurde zumindest implizit jeder weiteren Diskussion schon präventiv ein Ende gesetzt, hätte diese doch streng genommen ohnehin nur zu gleichen oder eben unvernünftigen Ergebnissen führen können. Und so verfestigte sich das schon im Kontext der Finanzkrise entstandene Bild einer Kanzlerin, die zunehmend über den Ausnahmezustand zu regieren schien, dabei aber gerade nicht als charismatische Führungspersönlichkeit auftrat, von der noch der große Theoretiker des Exzeptionalismus Carl Schmitt wie auch so viele andere in der konservativ-revolutionären Tradition geträumt hatten. Vielmehr wirkte sie wie eine Art oberste Beamtin der Abteilung für Problemlösung, unfähig oder unwillig, mit der Bevölkerung in einen Diskurs darüber einzutreten, wobei sie aber doch immerhin in der Lage schien, die »Dinge vom Ende her zu denken«, wie es anerkennend aus ihrem Umfeld und bald auch darüber hinaus hieß.

Die zweite Komponente der Strategie hatte weitreichende Auswirkungen auf die Mitgliedsnationen der EU bzw. der Eurozone. Denn die Hilfe, die die Südländer erhielten, war an Bedingungen geknüpft, die Merkel ebenfalls bereits in ihrer Regierungserklärung angedeutet hatte und über die in den folgenden Jahren unter dem euphemistischen Begriff der »Strukturreformen« erbittert gestritten werden sollte. Im Gegenzug für die Kredite mussten die Griechen in etwa die Art von Reformen durchführen, die man in den Hochzeiten des Neoliberalismus in die »Strukturellen Anpassungsprogramme« des IWF hineingeschrieben hatte: Liberalisierung und Deregulierung insbesondere der Arbeitsmärkte, Privatisierung des Staatsvermögens, Ausgabenkürzungen im Sozialstaatsbereich und im Zweifelsfall Steuererhöhungen als einnahmeseitiger Beitrag zur Konsolidierung des Staatshaushalts. Im internationalen Diskurs wurde das wirtschaftspolitische Regime jedoch zumindest von seinen Kritikern unter dem prägnanten Schlagwort der Austerität zusammengefasst. Über dieses Regime sollten die angeschlagenen GIPS-Staaten (exklusive Island), die ja als Euro-Mitgliedsländer ihre Währung nicht mehr abwerten konnten, ihre Wettbewerbsfähigkeit zurückerlangen, was sich jedoch als steiniger Weg erwies, der Arbeitslosigkeit, Armut und im Falle Griechenlands stellenweise auch humanitäre Notstände mit sich brachte – aber nur bescheidenes Wirtschaftswachstum, wirkten doch die Maßnahmen, die von der sogenannten Troika, bestehend aus EU-Kommission, EZB und IWF, überwacht wurden, eher wachstumshemmend. Doch auch diesseits des geradezu punitiven Regiments der Troika setzte sich insbesondere die deutsche Regierung für eine Verschärfung der wirtschaftspolitischen Maßnahmen in der Eurozone ein, was Merkel ebenfalls bereits in ihrer Regierungserklärung ankündigte. Und da Deutschland aufgrund seiner finanziellen Stärke unverzichtbar für die Eurorettung war und diese ja auch nicht allein in seinem Interesse lag, vermochte es viele seiner Vorstellungen durchzusetzen, sodass Fiskalpakt inklusive nationaler Schuldenbremsen, Six-Pack und Two-Pack, die allesamt der Verfeinerung fiskalpolitischer Kontroll- und Sanktionsinstrumente dienten, eine erkennbar deutsche Handschrift trugen. Dafür nahmen Merkel und die Regierung innerhalb der Eurozone einen tiefen Riss zwischen Schuldnern und Gläubigern in Kauf, die irreführenderweise mit den entsprechenden Ländern gleichgesetzt wurden, als verliefen die Interessengegensätze nicht quer zu nationalen Zugehörigkeiten, je nachdem, ob man in erster Linie Yacht-Besitzer, Rentner, steuerzahlender Arbeitnehmer, Aktieninhaber oder arbeitslos war. Schon bald schlug dem unter deutscher Federführung entstandenen Austeritätsregime massive Kritik entgegen, die erstaunlicherweise nicht nur von den Südländern kam, sondern auch aus den USA immer lauter zu vernehmen war, wo über den unnachgiebigen Kurs der Europäer und insbesondere der Deutschen gerätselt wurde. Doch warum hielt die Bundesregierung so unbeirrt an einer derart kontroversen Strategie fest?

In der Literatur zur Eurokrise wird nach wie vor darüber diskutiert, ob – vereinfacht gesagt – Interessen oder Ideen für das Kalkül der Bundesregierung ausschlaggebend waren. Dies erweist sich allerdings bei genauerem Hinsehen als falscher Gegensatz, denn tatsächlich handelt es sich um Interessen, die durch den Filter bestimmter Ideen interpretiert wurden, welche gerade in Situationen fundamentaler Unsicherheit, die die Eurozonenkrise mehrfach mit sich brachte, als basale Orientierungsmarker fungieren und die Identifikation der eigenen Interessen sowie der entsprechenden Handlungsoptionen erst ermöglichen. Sicherlich, deutsche Banken sollten gerettet, die Eurozone stabilisiert und Wiederwahlchancen gesichert werden, doch aus diesen »Interessen« ergeben sich für sich genommen noch keine eindeutigen Handlungsempfehlungen und -optionen, und in diesem Sinne trifft die Rede von der ›Alternativlosigkeit‹ des eingeschlagenen Kurses eben auch nicht zu. Zu halbwegs definierten Strategien konnten die »Interessen« Deutschlands oder individueller politischer Akteure erst unter Beigabe mehr oder weniger unbewusster ideeller und ideologischer Elemente gerinnen, die zum einen auf die Tradition des Ordoliberalismus, zum anderen aber auch auf den Neokonservatismus verweisen.[273]

Die ordoliberalen Leitideen der Eurorettung lauteten, dass Wettbewerb Regeln braucht und dies auch und insbesondere für die Ebenen der Wirtschaftspolitik im Rahmen des europäischen Standortwettbewerbs zu gelten habe. Diese Regeln, so das insbesondere von der Bundesregierung verbreitete Narrativ, waren durch die Schuldnerländer gebrochen worden, und die Schlussfolgerung daraus lautete erstens, dass es mehr und besserer Regeln bedürfe, die noch strenger durchgesetzt werden müssten, und zweitens, dass jede Hilfe in der Zwischenzeit an jene oben erwähnten strengen Bedingungen zu koppeln seien, da ansonsten eine Situation des ›moral hazard‹ entstehe: Würden die Schulden Griechenlands oder Portugals einfach gestrichen (was im Nachhinein betrachtet wahrscheinlich insgesamt sogar weniger zu Buche geschlagen wäre als die gesamte Eurorettungsaktion), hätte dies eine fatale Signalwirkung auf alle anderen Schuldnerländer gehabt, die sich nun, im Vertrauen auf die scheinbar unbedingte Solidarität der Euroländer und allen voran Deutschlands, umso verantwortungsloser verschulden würden – Udo Di Fabio sprach seinerzeit davon, dass der Euro den Südländern wie eine »goldene Kreditkarte« vorgekommen sein müsse. In diesem Argument, das heute in erster Linie der reinen Lehre neoliberaler Rational-Choice-Theorien zugeschrieben wird, aber in weniger technischer Form schon im ordoliberalen Denken der Freiburger Schule anzutreffen ist, deutet sich bereits eine moralische oder eher moralisierende Dimension an, die auf ebenjene Gedanken des Neokonservatismus zurückverweist, die wir bereits kennengelernt haben. Das Schuldenmachen galt hier von jeher als nicht nur ökonomisch problematisch, sondern auch als moralisch verwerflich, bedeutete es doch, dass man all jene ursprünglich puritanischen Werte, die einst die Tugendschule des Kapitalismus begründet hatten, zugunsten einer zutiefst lasterhaften Existenz auf Kosten anderer in den Wind schlug. Diese Argumentationslinie, die zu Zeiten der geistig-moralischen Wende noch sehr dominant war, hatte in der deutschen Christdemokratie, wenn auch nicht im deutschen Neokonservatismus, in den Hintergrund treten müssen, als die Kohl-Regierungen der 1990er-Jahre im Gefolge der Einheit neue Schuldenberge auftürmten. Und von jenen klassischen Tugenden der berühmten »schwäbischen Hausfrau« war in der Rhetorik rund um das Leipziger Programm auch immer weniger zu hören gewesen, als Kreativität und Flexibilität tendenziell an die Stelle von Fleiß und Disziplin traten. Addiert man hierzu noch die tiefen Irritationen über einen offensichtlich weitgehend entmoralisierten Finanzmarktkapitalismus, die die entsprechende Krise insbesondere im christdemokratischen Milieu hervorrufen musste, liegt es nahe, die von Schwarz-Gelb entscheidend vorangetriebene Etablierung und Verteidigung des Austeritätsregimes über die kommenden Jahre nicht ausschließlich als »rationale« Strategie der Sicherung deutscher Finanzen und an die deutsche Öffentlichkeit gerichtetes Narrativ über südeuropäische Sündenböcke zu verstehen, sondern auch als das, was Odo Marquard vermutlich als *Hyperkompensation* bezeichnet hätte: Hier wurde die Moralisierung des kapitalistischen

Standortwettbewerbs verwirklicht, die der CDU/CSU und insbesondere ihren Konservativen aufgrund der geschilderten Entwicklungen so lange verwehrt geblieben war. Und so kehrte ein, wenn nicht sogar das zentrale Element der geistig-moralischen Wende nach vielen Jahren zurück ins Zentrum christdemokratischer Politik. Allerdings wandte sich die nachholende Moralisierung, um eine weitere Formulierung Marquards abwandelnd aufzugreifen, nicht nach innen, sondern nach außen, sodass man in einer letzten Referenz auf neokonservative Motive von einer entlastenden Externalisierung sprechen könnte. Endlich ließ sich das ausleben, was man sich noch im Fall der Bankenkrise zähneknirschend versagen musste, nämlich die zur Rechenschaft zu ziehen, die mutmaßlich die ethischen Grundlagen des Kapitalismus missachteten. Der öffentliche Diskurs war durchdrungen von der moralisierenden Rede von »Hausaufgaben«, die gemacht werden müssten, damit nicht auf »Kosten der zukünftigen Generationen« gelebt werde, und schon gar nicht von »faulen Griechen«, die doch im Zweifelsfall ihre Inseln verkaufen sollten, wie die *Bild-Zeitung* in der gleichen Tonlage hinzufügte, sodass der damalige italienische Ministerpräsident Mario Monti lakonisch anmerkte, die Ökonomie werde in Deutschland scheinbar immer noch als Teilbereich der Moralphilosophie betrachtet. Allein schon die Verve, mit der all dies vorgetragen wurde, ließ darauf schließen, dass hier auch die konservative Seele der Christdemokratie auf dem Spiel stand. So musste vor allem die CDU-Parteiführung auch wegen der letztlich unvermeidlichen Schuldenschnitte für Griechenland, des zweiten und dritten Hilfspakets und der vermeintlich versteckten Vergemeinschaftung der europäischen Schulden über die mysteriösen Target-2-Bilanzen der EZB, über die Hans-Werner Sinn ein ganzes Buch schrieb und die bis heute gerade konservativen Ökonomen den Schlaf zu rauben scheinen, die »Konditionalität« der Hilfeleistungen und die eiserne Disziplin der neuen und besseren Regeln wieder und wieder hervorheben, wie um sich selbst, Partei und Anhängerschaft zu bestätigen, dass trotz aller Verunsicherung zumindest ein letztes, substanzielles Kernelement konservativer Identität intakt sei und unter allen Umständen verteidigt werden würde. Doch auch die Beschwörung der konservativen Identität konnte nicht verhindern, dass eintrat, wovor seit zwanzig Jahren in unterschiedlichen Konstellationen immer wieder gewarnt worden war: Am 14. April 2013 hielt die Alternative für Deutschland, die sich aus Protest gegen die von Merkel als alternativlos bezeichnete Eurorettungspolitik formiert hatte, ihren Gründungsparteitag im hessischen Oberursel ab, und obwohl damals nur zu vermuten war, welches Profil sich aus dem politischen Rohmaterial, das die Ex-CDU-Mitglieder Bernd Lucke, Alexander Gauland und Konrad Adam um sich versammelt hatten, formen würde, deutete schon damals vieles darauf hin, dass hier eine Partei rechts der Union geboren worden war.

Die Eurozonenkrise überschattete die gesamte schwarz-gelbe Regierungszeit unter Angela Merkel und sollte auch noch darüber hinaus bis zum Showdown von 2015 zentraler Bestandteil der Krisenpolitik Merkels sein, wobei zusehends der alte Hoffnungsträger der Union-Konservativen Schäuble als Finanzminister in den Mittelpunkt rückte. Doch wenn auch die Europapolitik zwischen 2009 und 2013 die Innenpolitik weitgehend marginalisierte und hier nur vergleichsweise wenig geschah – so wenig, dass die FDP bei den Wahlen 2013 von knapp 15 auf knapp fünf Prozent abstürzte und damit den Wiedereinzug in den Bundestag verpasste –, blieben doch insbesondere im Gedächtnis der Parteikonservativen zwei Entscheidungen haften, die in den kommenden Jahren immer wieder als Beleg für die konservative Entkernung der Union angeführt wurden.

Im Frühjahr 2010 brachte das junge CSU-Polittalent Karl-Theodor zu Guttenberg, dem man einigermaßen überraschend das Amt des Verteidigungsministers anvertraut hatte, erstmals die Idee vor, die allgemeine Wehrpflicht auszusetzen. Der Zeitpunkt war günstig gewählt, der Vorstoß kam im Rahmen einer Regierungsklausur, die der Auslotung von Sparmöglichkeiten im Bundeshaushalt gewidmet war, und das Einsparpotenzial der Wehrpflichtaussetzung wurde auf rund 20 Milliarden Euro veranschlagt. Zwar fielen die Reaktionen zunächst verhalten bis feindselig aus, doch der smarte Minister ließ nicht locker und lancierte seinen Vorschlag mit derart großem Erfolg in der Öffentlichkeit, dass der innerparteiliche Widerstand schnell zu bröckeln begann, auch wenn Altvordere wie Koch und noch Ältere wie Kohl Einspruch erhoben. Es dauerte nur etwas mehr als ein halbes Jahr, bis im Dezember 2010 die Aussetzung der allgemeinen Wehrpflicht zum 1. Juli 2011 vom Kabinett beschlossen wurde, womit die Bundeswehr mit einem Federstrich in eine Freiwilligenarmee verwandelt und der Wehrersatzdienst ersatzlos gestrichen war. Die Entscheidung erschien aus verschiedenen Gründen durchaus vertretbar, zu denen die mangelnde Wehrgerechtigkeit, hohe Kosten und eine veränderte Sicherheitslage gehörten, deren Anforderungen eine Berufsarmee eher bewältigen könnte. Aber auch wenn die Wehrpflicht nicht unbedingt die heilige Kuh war, zu der sie stelleweise später überhöht wurde, hatte sie immer zum verbindlichen Katalog der Unionspositionen gehört, warum auch der Einspruch vonseiten Kochs und Kohls, dem sich anfangs auch noch CSU-Chef Seehofer anschloss, bevor er seine Meinung änderte, keineswegs unerwartet kam. So ist es angesichts ihres Charakters als Kernbestand konservativer Vorstellungen vom Gleichgewicht von Rechten und Pflichten bzw. vom darin praktizierten »Dienst am Heimatland« doch erstaunlich, dass nicht nur eine Mehrheit der Bevölkerung, sondern auch die Unionsparteien selbst kaum etwas gegen die Abschaffung der Wehrpflicht einzuwenden hatten.

Die andere tatsächlich überaus kontroverse innenpolitische Entscheidung fiel einerseits derart schnell und würde andererseits in ihrer Umsetzung derart viele Jahre brauchen, dass sie schon allein aufgrund dessen aus konservativer Perspektive schwer zu verkraften war – selbst wenn es nicht um den Ausstieg aus der Kernenergie gegangen wäre.

Bekanntlich hatte die Union selbst auf den Super-GAU von

Tschernobyl zunächst nur mit einer groben Irreführung der Bevölkerung in Form eines Statements des damaligen Innenministers Zimmermanns reagiert, der die Folgen des Fallouts in unverantwortlicher Weise herunterspielte, um dann immerhin noch ein Bundesumweltministerium einzurichten und vom Bau von ›schnellen Brütern‹ und Wiederaufbereitungsanlagen abzusehen. Am Bekenntnis zur Atomenergie als Zukunftstechnologie war aber trotz aller ökologischen Bedenklichkeit nicht zu rütteln gewesen. Folgerichtig opponierte die Union vehement gegen den von Rot-Grün im Jahr 2000 beschlossenen Atomausstieg, und nach zwischenzeitlichen Avancen in Richtung der Grünen erneuerte spätestens das oben erwähnte Arbeitspapier »Bewahrung der Schöpfung« aus dem Jahr 2009 die alte Unionsposition, womit alle schwarz-grünen Planspiele auf Eis gelegt waren. Und so wurden im Herbst 2010 die Reststrommengen der Atomkraftwerke erhöht, was einem Ausstieg aus dem rot-grünen Ausstieg aus der Atomenergie gleichkam. Doch es dauerte nur wenige Monate, bis der gegen den erbitterten Widerstand der Opposition durchgesetzte Beschluss wieder passé war. Nach der neuerlichen Atomkatastrophe von Fukushima wurde einer verblüfften Partei- und Medienöffentlichkeit innerhalb weniger Tage nach dem Bekanntwerden des Unglücks verkündet, dass sich nun eine grundsätzliche Lageveränderung ergeben habe, die eine Überprüfung der Sicherheitsstandards deutscher Kraftwerke erforderlich mache. Bis die Ergebnisse vorlägen, würden die Meiler für drei Monate stillgelegt. Merkel sagte: »Dies ist ein Moratorium« – doch faktisch war es der erneute Einstieg in den Atomausstieg, der nun aber Energiewende hieß. Die erste unionsverantwortete Wende seit der geistig-moralischen erzürnte viele Gemüter in der Partei aus den schon genannten Gründen: Die CDU war seit ihrer rückhaltlosen Umarmung des technischen Fortschritts die Partei der Atomkraft gewesen und gerade auch dann, als dies nicht nur politische, sondern tatsächlich gewaltsame Konflikte im Rahmen von Anti-AKW- und Castor-Protesten mit sich brachte. Dass die Kernkraft nun nicht mehr die unter massivem Einsatz politischen Kapitals zu verteidigende Zukunftsenergie war, sondern plötzlich bestenfalls noch den Status der Brückentechnologie genoss, bevor sie gänzlich ausgeschlichen werden sollte, stieß nicht nur diejenigen vor den Kopf, denen gemäß der CDU-Tradition besondere Nähe zu den großen Energiekonzernen nachgesagt wurde und denen es bei der Entscheidung so auch um überaus handfeste wirtschaftliche Interessen ging. Aus konservativer Perspektive zudem mindestens genauso bedenklich waren natürlich die Modalitäten der Entscheidung, mit der innerhalb von Stunden ein gigantischer Transformationsprozess des gesamten Energiesektors beschlossen wurde, der sich über Jahrzehnte hinziehen würde und seinen Gegnern als Operation am offenen Herzen des Industriestandorts Deutschland unter gewaltigen Kosten galt – und sich schließlich als handwerklich stümperhaft erwies, wie die von den Kernkraftwerkbetreibern erfolgreich erstrittenen Kompensationszahlungen demonstrieren.

Gleichwohl muss man sich auch vergegenwärtigen, wie geradezu widersinnig das Bekenntnis zur Atomenergie gerade aus konservativer Perspektive schon immer gewesen war, was ja auch die weiter oben erwähnte skeptische Haltung Spaemanns illustriert.[274] Schließlich beinhaltet die Atomenergie genau jene unabsehbaren Langzeitrisiken, deren Betonung doch eine der großen Stärken des konservativen Denkens ist, das sich in seinen nichttechnokratischen Strömungen so vehement gegen die Hybris der Mach- und Kontrollierbarkeit großangelegter Transformationsprojekte stellt. Und wenn Merkel in ihrer Presseerklärung sagte, »[w]ir können nicht einfach zur Tagesordnung übergehen und die bisherige unbestrittene Sicherheit unserer kerntechnischen Anlagen zum Maßstab auch des künftigen Handelns machen [...]: Die unfassbaren Ereignisse in Japan lehren uns, dass etwas, was nach allen wissenschaftlichen Maßstäben für unmöglich gehalten wurde, doch möglich werden konnte«, dann entspricht dies eigentlich genau jener Mischung aus Skepsis, Demut und Vorsicht, die der Konservatismus immer gegen die naive Anmaßung des Progressismus für sich in Anspruch genommen hat. Es ist jene Art von Haltung, die etwa die konservative Einstellung zu anderen Sicherheitsrisiken wie dem Terrorismus kennzeichnet und deren prophylaktische und bisweilen ins Paranoide hineinreichende Ausrichtung womöglich das Ausbrechen der Weltfinanzkrise verhindert hätte, von der es aus wirtschaftswissenschaftlichen Kreisen schließlich auch geheißen hatte, ihr Eintreten sei so wahrscheinlich wie ein Asteroideneinschlag. Richtig ist aber auch, dass die Energiewende tatsächlich die Art von großangelegtem Transformationsprozess darstellt, der womöglich angesichts von Klimawandel und den Risiken der Kernenergie notwendig ist, aber eben auch mit der Vielzahl unabsehbarer Folgen verbunden ist, auf die Konservative gemeinhin allergisch reagieren. Und vor allem wurde sie nicht nur derart kurzfristig verkündet, sondern auch parlamentarisch durchgewinkt, dass sich sogar der damalige Bundespräsident Wulff zu einer Rüge des Prozesses veranlasst sah – bevor er das Gesetz ausfertigte.

Die Regierung Merkel hatte kontroverse Entscheidungen zu verantworten und war anderen, wie etwa der von der FDP den Wählern versprochenen Bierdeckel-Steuerreform, wiederum gänzlich aus dem Weg gegangen. Die Quittung für beides sollte zwar in erster Linie der Juniorpartner präsentiert bekommen, aber auch unter den Konservativen der Union rumorte es, sah man doch mit Sorge, wie die AfD mit ihren Positionen gezielt in die offenen Flanken von Eurorettung, – wenn auch zunächst kaum in der Öffentlichkeit wahrgenommen – Wehrdienstabschaffung und Energiewende hineinstach. Doch aus dem Rumoren wurde nicht nur deshalb selten offene Kritik, weil das den Machterhalt hätte gefährden können, sondern auch weil die personellen Alternativen mittlerweile rar gesät waren.

Die Rivalen Merkels waren aber nicht nur innerhalb der Union schwer zu finden, sondern auch beim vermeintlichen politischen Hauptgegner, den Sozialdemokraten. Merkel, die nicht nur das Geld der Deutschen, sondern auch Europa so gut wie nur möglich zusammenzuhalten schien und der man in ihrem zunehmend präsidialen Modus des Krisenmanagements eigentlich nie anmerkte, dass gerade womöglich ein Wahlkampf stattfinde, führte ihre Partei 2013 zu einem weiteren Wahlsieg; diesmal mit dem besten Ergebnis seit 1990 und nur haarscharf an der absoluten Mehrheit vorbei.

Wie oben schon angedeutet, hätten die Sondierungsgespräche nach den Wahlen 2013 beinahe mit einer faustdicken Überraschung geendet, denn mit der Energiewende war ein entscheidendes Hindernis für eine schwarz-grüne Koalition aus dem Weg geräumt worden, so dass die Gespräche zwischen den Delegationen wohl erst in letzter Minute scheiterten.

Erneut wurde also eine Koalition aus der Not geboren: Die zweite Auflage der ›GroKo‹, was sich nun als feststehender Begriff etablierte und weit weniger Aufsehen erregte als noch im Jahr 2005, sah sich bei ihrem Amtsantritt Anfang 2014 mit einer Welt konfrontiert, in der die Rede von Krisen fast sinnentleert geworden schien, waren diese doch quasi zum Normalzustand geworden: Das Panorama der Krisenlandschaften reichte vom Bürgerkrieg in Syrien, der sich seit seinem Ausbruch 2011 immer weiter intensiviert hatte, über die Besetzung der Halbinsel Krim durch von Russland unterstützte bzw. gesteuerte Kämpfer bis hin zum Ebola-Ausbruch in Westafrika, der erst nach Monaten wieder unter Kontrolle gebracht werden konnte, während derer jederzeit zu befürchten war, dass sich der Ausbruch zur Pandemie ausweiten könnte.

Die erste innenpolitische Großreform widmete sich einer Thematik, die vor allem zwischen SPD und dem »bürgerlichen Lager« schon seit Längerem kontrovers diskutiert wurde: Der Mindestlohn war von der CDU seit jeher aus Angst vor steigenden Personalkosten und der Gefahr von daraus resultierenden Arbeitsplatzverlusten bekämpft worden, wobei auch immer wieder auf das Prinzip der Tarifautonomie verwiesen wurde. Dagegen hatte die SPD darauf hingewiesen, dass der gewerkschaftliche Organisationsgrad gerade im Dienstleistungssektor äußerst niedrig und damit die Tarifautonomie ausgehebelt sei. Zudem hätten andere Länder wie die USA und

Großbritannien ebenfalls Mindestlöhne eingeführt, ohne dass der Kapitalismus zusammengebrochen sei. Richtig überzeugt zeigte sich die CDU bis zuletzt nicht, aber angesichts des Beharrens des einzig möglichen Koalitionspartners SPD wurde die Lohnuntergrenze tatsächlich zum 1. Januar 2015 eingeführt. Tatsächlich brach nach deren Einführung auch in Deutschland der Kapitalismus nicht zusammen, doch die Skeptiker wiesen darauf hin, dass die kaum wahrnehmbaren negativen Effekte auf die Arbeitsnachfrage von Arbeitgeberseite auch etwas mit der mittlerweile erstaunlich guten Konjunkturentwicklung in Deutschland zu tun hatten und sich die Lage in einer stagnierenden oder gar rezessiven Wirtschaft schnell ändern könnte. Da es hierzu aber bis dato aufgrund einer bemerkenswert robusten Wirtschaftsdynamik nicht gekommen ist, blieb dieser Einwand spekulativ. Aus konservativer Perspektive ging es ohnehin eher um das Grundsätzliche. Schon die Energiewende hatte für sie einen zu etatistischen Einschlag gehabt, sollte doch offensichtlich der gesamte Energiemarkt nicht zuletzt durch staatliche Investitionen, Anreize und auch Subventionen umgebaut werden. Dass nun auch noch der Mindestpreis für die Arbeitskraft nicht der Festsetzung durch die Tarifpartner und schon gar nicht dem freien Spiel der Marktkräfte überlassen wurde, wohingegen staatliche Stellen darüber entschieden – wenn auch im Zusammenspiel mit Tarifpartnern und Arbeitsmarktexperten –, schien zumindest den Vertretern ordnungspolitischer Prinzipien als ein dammbruchähnlicher Vorgang. Dadurch würden die marktwirtschaftlichen Grundstrukturen der Bundesrepublik weiter unterhöhlt. Der Mindestlohn nahm damit seinen Platz in der ersten Reihe der Beweisstücke für eine Sozialdemokratisierung der Union ein, und in diesem Fall lässt sich die These auch kaum bestreiten, handelte es sich doch um eine arbeitsmarktpolitische Kernforderung der SPD. Nüchtern betrachtet war der Mindestlohn aber nicht mehr als der Preis, den die Union bezahlen musste, um nicht den Weg der Minderheitsregierung oder von Neuwahlen beschreiten zu müssen und stattdessen eine extrem handlungsfähige Regierung anzuführen, die ja sogar über eine verfassungsändernde Mehrheit verfügte. Doch wenn sich konservative Politik durch Prinzipientreue auszeichnet, war es natürlich just diese kompromissgeprägte Regierungstätigkeit, die mehr an ein Puzzlespiel erinnerte als an aus Grundsätzen erwachsende Politik und Projekte wie eine geistig-moralische Wende schon überhaupt nicht mehr denkbar machte, die konservativ Gestimmte mehr und mehr an ihrer Heimat zweifeln ließ.

Die zweite bittere Pille aus konservativer Sicht trat ebenfalls noch in der ersten Hälfte der Legislaturperiode in Kraft. Es handelte sich um die Einführung einer Frauenquote in Aufsichtsräten von Unternehmen oberhalb einer bestimmten Betriebsgröße. Frauen sollten hier in Zukunft mindestens 30 Prozent der Plätze besetzen. Gegen diesen gesetzlich verordneten Eingriff in die Personalpolitik von Unternehmen hatte nicht nur eine konservative-ordnungspolitische Allianz opponiert, sondern auch Vertreterinnen dessen, was Mariam Lau als »konservativen Feminismus«[275] bezeichnet hat, nicht zuletzt aus Sorge, dass die Quotierung die Leistung erfolgreicher Frauen schmälern könnte, die Gefahr liefen als ›Quoten-Frau‹ abgestempelt zu werden. Und so hatte noch Kristina Schröder als Ministerin in der schwarz-gelben Koalition mit dem Modell der Flexi-Quote, die im Wesentlichen eine unverbindliche Selbstverpflichtung der Unternehmen war, versucht, eine bindende Regelung abzuwenden. In jene schwarz-gelben Zeiten reicht auch die Entstehungsgeschichte der gesetzlichen Quote zurück, die mitnichten auf Betreiben Merkels eingeführt, sondern ihr gewissermaßen sogar aufgenötigt wurde, allerdings nicht von der SPD, sondern von Frauen aus ihrer eigenen Partei.

Die ehemalige Familienministerin Ursula von der Leyen hatte nun in der schwarz-gelben Regierung das Arbeitsministerium übernommen. In dieser Position mit der Frauenquote befasst, war es nicht ungewöhnlich, dass sie sich zu fraktionsübergreifenden Gesprächen mit Grünen, aber auch der Frauen-Union über die als Misserfolg geltende Flexi-Quote traf, durch die sich kaum etwas in den Aufsichtsräten und den Führungsetagen der Wirtschaft im

Allgemeinen geändert hatte. Ungewöhnlich war allerdings das Ergebnis, wonach die Frauen-Union in weiten Teilen einem Gesetzesvorschlag der rot-grünen Opposition über eine verbindliche Frauenquote zustimmen würde, den sich auch Von der Leyen selbst zu eigen machte und damit einen tiefen Keil in die Unionsfraktion trieb. In dieser Situation, in der alles nach einem Frontalzusammenstoß zwischen Ministerin und zumindest Teilen von Fraktion und Parteispitze aussah, schaltete sich die Kanzlerin ein und versuchte nun ausnahmsweise einmal nicht die außenpolitischen, sondern die innerparteilichen Wogen zu glätten. Doch Von der Leyen gab sich weiterhin unnachgiebig und zog erst zurück, als Merkel ihr und den rebellischen Unions-Frauen zugestanden hatte, die gesetzliche Quote als Forderung in das CDU-Wahlprogramm 2013 aufzunehmen. Nun hätte nur noch eine Regierungsbeteiligung der FDP die Union vor der Quote retten können, doch mit dem Koalitionspartner SPD war sie quasi von Beginn an beschlossene Sache. Zwar heißt all dies nicht, dass Merkel prinzipiell gegen gesetzliche Gleichstellungsmaßnahmen zugunsten von Frauen oder Minderheiten gewesen wäre, hatte doch sie selbst noch in der geschlechterpolitischen Steinzeit 1992 als Frauenministerin einen Entwurf für ein Gleichberechtigungsgesetz eingebracht, das am Widerstand in ihrer eigenen Partei scheiterte, und immerhin als Kanzlerin später schon dem Antidiskriminierungsgesetz ihren Segen gegeben. Aber Merkels Haltung, von der man nicht vergessen darf, dass sie in einer frauenpolitischen Sozialisation im DDR-Kontext gründet, die sich ideologisch weit entfernt von ›1968‹ abspielte, war im Hinblick auf die Quote im besten Fall ambivalent, und es erscheint eher unwahrscheinlich, dass sie von sich aus die Einführung forciert hätte. Auch geschah die Übernahme der Forderung in das Wahlprogramm ja nicht aus Gleichgültigkeit gegenüber den Sensibilitäten der Konservativen bzw. den Vertreterinnen eines ›konservativen Feminismus‹, sondern um den Parteifrieden zu retten, der in der kollektiven Wertehierarchie der Union bekanntlich einen besonders prominenten Platz einnimmt, und so muss man zu dem Ergebnis gelangen, dass die Frauenquote letztlich in erster Linie das Werk Ursula von der Leyens ist, die die Partei so geschickt und entschlossen an den Rand des offenen Konflikts führte, dass der Kanzlerin keine andere Wahl blieb – und Von der Leyen klar sein musste, dass sie damit alle Ambitionen begraben konnte, einst Merkels Nachfolgerin im Kanzleramt zu werden.

Die Frauenquote wurde im März 2015 ironischerweise gegen die Stimmen der Opposition aus Linken und Grünen verabschiedet, und spätestens danach sollte sich die Aufmerksamkeit wieder auf die prekäre außenpolitische Lage richten. Die deutsche Regierung blickte mit Sorge auf den Wahlsieg der griechischen Linkspartei Syriza, die ausdrücklich angetreten war, das Joch der Austerität abzuwerfen – oder zumindest die Memorandums of Understanding mit der Troika neu zu verhandeln. Es war also abzusehen, dass die Verhandlungen in Brüssel, die schon Anfang Februar begonnen hatten, zäh und kontrovers werden würden. Gleichzeitig vertraute man auf den unbestreitbaren Einflussgewinn, den Deutschland im Zuge von Finanz- und Eurozonenkrise natürlich in erster Linie aufgrund seiner wirtschaftlichen Potenz verzeichnet hatte. Nicht nur in Leitartikeln, sondern auch in der sozialwissenschaftlichen Forschung war mittlerweile vom »zögerlichen Hegemon« Deutschland die Rede. Man stellte fest, dass die andere »deutsche Frage« neue Aktualität erlangt habe, die Frage, welche Rolle ein Deutschland – das zu klein war, um als tatsächlicher Hegemon Europa führend zu stabilisieren, aber auch zu groß, um sich einfach ins europäische Staaten-Ensemble zwischen Belgien und Dänemark einordnen zu können – sinnvollerweise im europäischen Kontext spielen könnte. Sogar der alte und wie wir wissen nicht ganz unverfängliche Diskurs über die deutsche Mittellage feierte in Herfried Münklers *Macht der Mitte* eine kleine Renaissance, und Ulrich Beck befürchtete, dass das Resultat der Eurozonenkrise kein europäisches Deutschland, sondern ein *deutsches Europa* sein werde. Die Bundesrepublik fand sich damit auf unerwartete Weise in einer politökonomisch sehr viel prominenteren Position wieder, als dies bei allem Einfluss, den sie als Wirtschaftsmacht seit den späten 1950er-Jahren besessen hatte, jemals davor der Fall gewesen wäre. Die Ambivalenz dieser Entwicklung war auf allen Seiten mit Händen zu greifen: Gerade im lateinischen Europa, das der italienische Philosoph Giorgio Agamben schon 2013 zum Widerstand gegen den teutonischen Sparfuror aufgerufen hatte, sahen Regierungen und vor allem auch weite Teile der Bevölkerung die Quasivorherrschaft Deutschlands mit Sorge, Wut und auch Ressentiment – die Merkel-Plakate mit Hakenkreuzbinde auf den Antiausteritätsdemonstrationen in Südeuropa illustrierten diese Gefühlslage recht eindeutig. Andererseits war Deutschland kein Einzelkämpfer in der Eurokrisenpolitik und galt den Vertretern ähnlicher politischer Positionen wie etwa den Niederlanden, Österreich oder auch Finnland als wichtiger Bannerträger, auf dessen Durchsetzungsfähigkeit man vertraute. So stand der Angst vor deutscher Vorherrschaft in gewisser Weise sogar die Erwartungshaltung bezüglich einer klareren Führungsbereitschaft von deutscher Seite gegenüber. Besonders hervor stach in dieser Hinsicht das Interview des damaligen polnischen Außenministers Radosław Sikorski, der Anfang 2011 sagte, deutsche Macht fürchte er heute weniger als deutsche Untätigkeit – was gerade für einen polnischen Regierungsvertreter natürlich bemerkenswert war. Und tatsächlich zeigte sich die Ambivalenz auch aufseiten der deutschen Akteure. Zwar verstieg sich CDU-Fraktionschef Volker Kauder Ende desselben Jahres zur auftrumpfenden Einsicht »Auf einmal wird in Europa Deutsch gesprochen«, was auch in seiner eigenen Partei überaus ungute Assoziationen auslöste. Aber bei aller Zufriedenheit über die »deutsche Handschrift«, die die Euro-Reformen trugen, merkte man den politischen Eliten doch auch an, dass sie den neuen außen(wirtschafts-)politischen Herausforderungen nur mit Mühe gewachsen waren und die institutionellen Erfahrungsbestände und entsprechenden Blaupausen fehlten, um mit ohnehin äußerst unübersichtlichen politischen Gemengelagen umzugehen und dabei integrativ zu führen und nicht zu beherrschen. So ist auch der merkelianistische Politikstil der Zögerlichkeit bis hin zur Untätigkeit, die ja auch Sikorski in seiner Einschätzung im Blick hatte, vermutlich nur zur Hälfte dem taktischen Kalkül und zur anderen Hälfte genuiner Überforderung geschuldet.

Die Ambivalenz zeigte sich zuletzt auch im deutschen Binnendiskurs. Denn einerseits war Merkel, insofern sie in Europa als mächtige »Madame Non« in Erscheinung trat, gerade auch unter ihren konservativeren Parteigängern wohl nicht unbedingt beliebt, aber doch respektiert. Doch ironischerweise gehörten gerade diejenigen, die tendenziell in den 1990er-Jahren noch von einer »selbstbewussten Nation« geträumt hatten, keineswegs zu den Unterstützern der Regierungspolitik. Dies hatte im Hinblick auf den außereuropäischen Kontext eine Vielzahl von Gründen, auf die hier nicht eingegangen werden kann, aber gerade im Zusammenhang der Eurozone lag dies an einer Einschätzung der Lage, die über weite Teile des rechts- bis liberalkonservativen Spektrums geteilt wurde und uns mit einer Art Kippbild nach Art der berühmten »Hasenente« konfrontiert, bei denen manche Betrachter einen Hasen, andere eine Ente ausmachen. Genauso gespalten war und ist nämlich der deutsche Diskurs in Sachen Eurokrisenpolitik: Wo das eine Lager ein disziplinarisches Sparregime erblickt, das sich aus den theoretischen Restbeständen des Ordoliberalismus und einem hyperkompensatorischen Neokonservatismus speist und das dementsprechend vor allem auf den Einfluss Deutschlands zurückgeht, sieht das andere Lager die kontinuierliche Ausnutzung Deutschlands durch die Schuldnerländer, eine schleichende Schuldenvergemeinschaftung zulasten des Hauptgläubigers, die hinter dem Rücken der deutschen Bevölkerung stattfinde, die Beugung europäischen Rechts und die kalte Enteignung deutscher Sparer durch die Niedrigzinspolitik der EZB. Auch die konservativen Stimmen, die wir bereits kennengelernt haben, neigten eher der letzteren Sichtweise zu, wobei die seltenen Wortmeldungen Hermann Lübbes zur Eurokrise im Wesentlichen noch einmal wiederholten, warum es keine Vereinigten Staaten von Europa geben könne und daher zumindest die offene Vergemeinschaftung von Schulden über Eurobonds und Ähnliches schlicht nicht möglich sei: »Solidaritätszumutungen [...] setzen Erfahrungen der Zusammengehörigkeit voraus«, und da diese aus den altbekannten Gründen nicht existierten, könne eben auch nicht sein, was nicht sein soll.[276] Ein weiteres Mal bestätigte sich hier, was schon Nolte Anfang der 2000er-Jahre an den konservativen Wortführern kritisierte, nämlich ein weitgehender Stillstand, was die eigene Theorieentwicklung angeht. Das mag man als performativ-reflexiven Konservatismus verteidigen, und tatsächlich wäre es wenig glaubwürdig, wenn sich konservative Theoretiker ständig neu erfinden würden, aber dem gehegten Anspruch, sich mit ihrem Denken bei aller Skepsis gegenüber den Tendenzen der Gegenwart doch auf der Höhe der Zeit zu bewegen, wird es doch nicht in vollem Maße gerecht. Schließlich hat sich doch auch die europäische Welt seit der Veröffentlichung von Lübbes Europabuch 1994 merklich gewandelt, wobei es paradoxerweise ja gerade die Eurokrise war, die erstmals zumindest in Ansätzen eine europäische Öffentlichkeit hatte entstehen lassen, die ja über alle Unterschiede hinweg zwischen den theoretischen Kontrahenten Lübbe und Habermas als Voraussetzung einer tatsächlich europäisierten Politik gesehen wurde.

Wesentlich öfter als Lübbe – und für manchen zu oft – hatte sich Udo Di Fabio zur Eurorettungspolitik geäußert. Dies führte kurioserweise dazu, dass gegen den damals noch aktiven Verfassungsrichter 2011 ein Befangenheitsantrag gestellt wurde, als der Zweite Senat über die Rechtmäßigkeit von Euroschutzschirm und Griechenlandhilfen entscheiden sollte und Di Fabio als Berichterstatter bestellt war. Die Beschwerdeführer um den Ökonomen Markus Kerber, der recht eindeutig der zweiten Perspektive auf das Kippbild Europa zuneigt, monierten, dass Di Fabio sich immer wieder in öffentlichen Vorträgen und Interviews zur Eurorettung geäußert hatte, was womöglich auf fehlende Distanz und ein problematisches Präjudiz zugunsten einer Vergemeinschaftung der europäischen Schulden schließen lasse. Kurios war der Antrag, den der

Zweite Senat als unbegründet zurückwies, allerdings deshalb, weil Di Fabios veröffentlichte Meinung nicht darauf schließen ließ, dass er den Rettungsmaßnahmen gegenüber große Sympathien hegte: »Die Krisenpolitik seit der ersten Griechenlandhilfe ist nur dann akzeptable Notmaßnahme, wenn sie das Prinzip einer Währungsunion, die auf Eigenverantwortung demokratischer Haushaltswirtschaften gründet, nicht durch eine allgemeine Vergemeinschaftung der Risiken isolierten Entscheidens deformiert.«[277] Dies klingt eher nach großer Skepsis gegenüber der Eurorettungspolitik, dennoch befand der gesamte Zweite Senat des Bundesverfassungsgerichts die Krisenmaßnahmen unter den gegebenen Bedingungen letztlich für rechtmäßig.

Auch in diesem Fall ist es verlockend, über eine nachholende Kompensation im Sinne Marquards zu spekulieren, denn schon bald nachdem Di Fabio im Dezember 2011 aus dem Richteramt ausgeschieden war, verschärfte sich seine ohnehin deutliche Skepsis noch einmal merklich. Es gab aber auch einen konkreten Anlass in Form der berühmt gewordenen Versicherung des EZB-Chefs Mario Draghi aus dem Jahr 2012, alles (»whatever it takes«) für den Erhalt des Euros zu tun, wobei er auf Nachfrage hinzufügte: »and believe me, it will be enough«. Es war einer der Wendepunkte in der Krise, denn mit Draghis Ansage entwich der teils spekulative Druck auf die Krisenländer schlagartig aus den internationalen Finanzmärkten, und die EZB, die mancher nun als eigentlichen Souverän der Eurozone betrachtete, hatte mit ihrer Bereitschaft, die Krisenländer indirekt durch im Zweifelsfall unbegrenzte Anleihekäufe zu stützen, den politischen Akteuren der Eurozone eine bitter benötigte Atempause verschafft.

Diese vorsichtig ausgedrückt unorthodoxe Politik, die das Mandat der EZB bis ans Limit ausreizte und umgehend zu weiteren Klagen führte, wurde schon bald die Hauptzielscheibe von Di Fabios Kritik. Denn nicht nur ging es hier um die uns wohlbekannten Zusammenhänge von Schulden, Disziplin und Tugend, die durch eine als geldpolitische Feuerwehr agierende EZB aufgeweicht würden, auch Di Fabios an Niklas Luhmann geschulte Sichtweise auf das reibungslose Funktionieren der Systeme wurde durch sie herausgefordert, stellte sie doch die Art von »unzulässiger Grenzüberschreitung«[278] zwischen politischer und ökonomischer Sphäre dar, die die Funktionsfähigkeit des Gesamtsystems zu unterminieren drohte. Obwohl also Deutschland einerseits mit tätiger Mithilfe der EZB und unter weitgehender Wahrung dessen, was im Lichte ordoliberaler und neokonservativer Ideen als Eigeninteressen identifiziert worden war, die Währungsunion vor dem Auseinanderbrechen bewahrt hatte, erschien der Bogen aus konservativer Sicht dennoch als bis zum Zerreißen angespannt.

Mit Alexis Tsipras und Yanis Varoufakis als neuem griechischen Führungsduo, das mit dem Mandat einer Konfrontationsstrategie gewählt worden war, drohte nun ein neuer Dammbruch. Die EZB-Nothilfe war Ende Februar ein weiteres Mal verlängert worden, aber in der Frage einer Umschuldung für Griechenland gab es keine Fortschritte, vor allem deshalb, weil sich die Deutschen zu keinen umfassenderen Kompromissen bewegen ließen. So stand im Sommer ein weiteres Mal der »Grexit« im Raum. Doch der deutsche Finanzminister blieb hart und schien – zumindest nach außen – für die Treue gegenüber seinen Prinzipien selbst das Ausscheiden Griechenlands aus der EU hinnehmen zu wollen. Und tatsächlich lenkte die griechische Regierung zuletzt ein und akzeptierte die Bedingungen der Troika weitestgehend, obwohl die eigene Bevölkerung zuvor in einem Referendum dagegen votiert hatte. Dieser Sieg war aus der Binnenperspektive bitter notwendig, dokumentierte er doch, dass der deutsche Konservatismus trotz EZB-Politik gewillt war, nicht nur »deutsche Interessen«, sondern auch die bekannten Grundsätze der individuellen Haftung für Schulden und das Bekenntnis zur Tugend des Sparens durchzusetzen; zumindest, wenn es nicht um deutsche Banken oder den Bundeshaushalt ging, konnte doch dieser mit der berühmten ›schwarzen Null‹ nur glänzen, weil die vielgescholtene Niedrigzinspolitik der EZB den Zinsendienst an den Staatsschulden massiv reduzierte und die Eurokrise paradiesische Ausgabebedingungen für deutsche Staatsanleihen erzeugte: Anleger waren schließlich sogar bereit, einen kleinen Aufschlag dafür zu bezahlen, dass sie Deutschland Geld leihen dürften.

Mit Blick auf die USA und ihre Stellung in der Welt hat man von den frühen 1990er-Jahren als einem »unipolaren Moment« gesprochen, in dem die Vereinigten Staaten tatsächlich die einzig verbliebene Supermacht waren, nachdem die Sowjetunion zusammengebrochen und China noch weit davon entfernt war, den USA ökonomisch und politisch das Wasser reichen zu können. Analog dazu ließe sich mit Blick auf Deutschlands Stellung in Europa der Sommer 2015 als »hegemonialer Moment« bezeichnen, in dem manche hofften, Deutschland würde tatsächlich zu einem Hegemon im positiven Sinne heranreifen, und andere angesichts der Machtdemonstration gegenüber Griechenland fürchteten, Deutschland werde nun Europa tatsächlich dominieren. Beide Einschätzungen erwiesen sich als falsch und die Rede vom hegemonialen Moment nur als Momentaufnahme.

Der September 2015 ist mittlerweile eine feststehende Referenz im politischen Diskurs, und obwohl eher zu bezweifeln ist, dass sie sich als ebenso langlebig erweist wie etwa der Mai 1968, steht doch fest, dass sich die Geschichte der letzten Jahre und die Entwicklung des deutschen Konservatismus über jenen Zeitraum nicht ohne den 5. September 2015 verstehen lassen. Auch hier gilt, wie im Fall von Finanz- und vor allem Eurokrise, dass die Chronik der Ereignisse wohlbekannt ist, ihre Bewertung und die Analyse der dahinterliegenden Ursachen aber nicht unterschiedlicher ausfallen könnten. Im Fall der ›Flüchtlingskrise‹ ist nicht nur bereits die Bezeichnung als »Krise« kontrovers, sondern auch die elementaren Zusammenhänge sind umstritten: Während Kritiker in der Regel monieren, die Regierung bzw. die Kanzlerin höchstpersönlich (Seehofer gab später zu Protokoll, sich beim Anruf Merkels im Funkloch befunden zu haben) habe die Grenzen für den unkontrollierten Zustrom von Flüchtlingen *geöffnet*, weist die Gegenseite darauf hin, dass die Grenzen ebenso offen waren, wie sie es im Schengen-Raum seit Jahren gewesen seien, und die Kanzlerin lediglich darauf verzichtet hatte, sie zu *schließen* – was jedoch wiederum die durchaus legale Aussetzung der Dublin-Regeln implizierte. Fakt ist aber zweifellos, dass sich aus diesem tätigen Unterlassen eine Dynamik ergab, die dazu führte, dass mehrere hunderttausend Migranten und Geflüchtete nach Deutschland kamen, wobei zumindest in den ersten Wochen keine lückenlose Kontrolle darüber gegeben war, wer genau die Grenze überschritt, um vermeintlich einen Asylantrag zu stellen. Bekanntlich war die unmittelbare Reaktion in weiten Teilen der Bevölkerung eine überaus positive. Schnell war die Rede von einer Willkommenskultur, die in erster Linie von der Zivilgesellschaft getragen und von den Medien größtenteils gefeiert wurde, während die staatlichen Stellen eher unvorbereitet wirkten, was in der Folge auch immer zum Anlass für Kritik genommen wurde, war doch die dramatische Flüchtlingssituation im Nahen Osten, in der Türkei und auf der Balkanroute seit längerer Zeit bekannt. Doch es schien, als haben nicht nur die deutsche Öffentlichkeit, sondern auch die politischen Apparate in den Monaten zuvor derart gebannt auf das Drama um Griechenland gestarrt, dass die kognitiven bzw. organisatorischen Kapazitäten einfach nicht ausreichten, um sich auf eine krisenhafte Zuspitzung in einem anderen Bereich einzustellen.

Bekanntlich kippte die positive Stimmung unter dem Eindruck der Ereignisse der Kölner Silvesternacht, und zwar nicht nur aufgrund der massenhaften sexuellen Nötigung durch Migranten, nach der sich viele nun in ihren Sorgen, Ängsten und Vorurteilen bestätigt sahen, sondern auch, weil zunächst der fatale Eindruck entstand, überregionale Medien hätten versucht, die Ereignisse in ihrer Berichterstattung zu verharmlosen oder gar gänzlich zu ignorieren. So war der innerdeutsche Diskurs spätestens ab Januar 2016 durchzogen von Konflikten, deren Intensität zwar beträchtlich, aber auch nicht unbedingt ein völliges Novum war, denn auch die Auseinandersetzungen in der Migrationspolitik Anfang der

1990er-Jahre waren alles andere als ausschließlich auf Grundlage des »zwanglosen Zwangs des besseren Arguments« (Habermas) geführt worden: Als der »Asylkompromiss« beschlossen werden sollte, demonstrierten dagegen immerhin Zehntausende dermaßen militant, dass die Abgeordneten per Schiff über den Rhein zum Bundestag gebracht werden mussten.

Die Fronten des aktuellen Konflikts waren aber gleichzeitig verhärtet und unübersichtlich, fanden sich doch gerade nach der Kölner Silvesternacht plötzlich Feministinnen wie Alice Schwarzer, die auf den *auch* patriarchalisch geprägten kulturellen Hintergrund vieler der Täter hinwiesen, an der Seite von offen ausländerfeindlichen Pegida-Anhängern, die ihrerseits zutiefst antifeministische Haltungen hegten. Frauenrechte wurden wiederum plötzlich von manchen jener Konservativen zur Signatur jedweder Zivilisation erhoben, die sich gerade noch über die Frauenquote mokiert und, wie etwa Horst Seehofer, noch zwanzig Jahre zuvor dagegen gestimmt hatten, Vergewaltigung in der Ehe als Straftatbestand zu ahnden. Doch Unübersichtlichkeit prägte nicht nur die innerdeutsche Debatte: Zwar war die Entscheidung der Regierungsspitze nicht so einsam gewesen, wie es später vor allem von ihren Kritikern dargestellt wurde, aber dennoch hatte sie es versäumt, die europäischen Partner zu informieren und mit einzubinden, sieht man einmal von der offensichtlichen Ausnahme Österreichs ab. Als Merkel dann immer wieder die europäische Solidarität beschwor und für eine Verteilung der Flüchtlinge auf EU-Mitgliedsländer warb, klang dies nicht nur hohl, weil Deutschland jahrelang die Schwierigkeiten der Außengrenzstaaten des Schengen-Raumes ignoriert hatte, die gemäß Dublin-Abkommen allein für Migranten auf ihrem Boden zuständig waren, sondern auch weil es im Fall von Spanien, Italien und vor allem Griechenland genau die Ländern waren, die sich die Solidarität Deutschlands in der Eurozonenkrise teuer erkaufen mussten. Als Merkels Appelle so fast überall und vor allem auch bei den osteuropäischen Regierungen ungehört verhallten und klar war, dass der kurze Sommer der Hegemonie vorüber war, führte die Verhärtung der Fronten in der Folge zu weiterer Verwirrung, die nun wiederum insbesondere aus konservativer Perspektive massive kognitive Dissonanzen erzeugte. Eine europaweite Verteilung der Geflüchteten ließ sich schlicht nicht realisieren, und die Schließung der Balkan-Route durch Ungarn und später auch Slowenien würde nur eine Atempause gewähren, bevor der Treck andere Routen erschlösse, daher suchte die Regierung ihr Heil in einem Pakt der EU mit der Türkei, dessen Präsident sich zwar noch nicht zum Quasiautokraten von heute gewandelt hatte, aber schon damals längst nicht mehr der Reformer war, als der er einst angetreten war. Im Gegenzug für die Bereitschaft, Geflüchteten die Überfahrt nach Griechenland bzw. die Einreise in den Schengen-Raum zu verwehren, erhielt die Türkei im Rahmen des Abkommens nicht nur viele Milliarden Euro an Finanzhilfen, um die riesige Zahl von Geflüchteten auf ihrem Territorium versorgen zu können, sondern auch die Zusage, dass die seit Jahren steckengebliebenen Verhandlungen über einen EU-Beitritt beschleunigt fortgeführt werden sollten und die Visapflicht für türkische Bürgerinnen und Bürger entfallen solle. Zwar gab Erdogan den Konservativen in Deutschland und auch anderswo in Europa durch seine Reaktion auf den gescheiterten Putsch gegen ihn genug Argumente an die Hand, um den Beitritt weiter nicht wirklich in Betracht ziehen zu müssen, aber allein die Tatsache, dass eine christdemokratisch geführte Regierung offensichtlich grundsätzlich bereit gewesen war, die von Merkel selbst seinerzeit zum Mantra erhobene Ablehnung einer türkischen Vollmitgliedschaft zu kippen, hinterließ eine gewisse Fassungslosigkeit im konservativen Spektrum. Diese lässt sich auch daran bemessen, dass sich sogar der mittlerweile neunzigjährige Lübbe zu einer Stellungnahme in der *Frankfurter Allgemeinen* genötigt sah, in der er befand, dass das Asylrecht entwertet würde, »wenn man in letzter Instanz seinetwegen die europäischen Grenzen öffnet oder als wichtigsten Kontrollpartner die Türken bemüht«, um im Folgenden noch einmal darauf hinzuweisen, dass es entgegen der Beteuerungen Habermas' und anderer noch immer keine »postnationale Konstellation« gebe und daher auch – ceterum censeo – keine Vereinigten Staaten von Europa geben werde.[279] Doch der Unmut über den Türkei-Deal, der mitnichten nur im konservativen Spektrum zu verzeichnen war, bezeichnet nur die oberste Schicht einer Konfliktkonstellation, in der sich der Konservatismus zumindest in Teilen endgültig nicht nur gegen seine traditionellen Gegenspieler positionierte, die im Zuge der ›Flüchtlingskrise‹ im Namen von Willkommenskultur oder gar einer multikulturellen Gesellschaft scheinbar die Oberhand im öffentlichen Diskurs gewonnen hatten, sondern auch gegen seinen nominellen politischen Repräsentanten, die Christdemokratie. Der Backlash dagegen war die politische Kraft, die einer noch Mitte 2015 siechenden AfD nachhaltig neues Leben einhauchte und die CSU vor das Dilemma stellte, wie sie sich zu einer Schwesterpartei verhalten sollte, deren Vorsitzende sich plötzlich irritierend enthusiastischer Unterstützung aus grünen Milieus erfreute und geradezu trotzig und in scheinbar anmaßenden Worten an ihrer Politik festhielt: »Wenn wir jetzt noch anfangen müssen, uns dafür zu entschuldigen, dass wir in Notsituationen ein freundliches Gesicht zeigen, dann ist das nicht mein Land.« Der Aufschrei über die Arroganz, die aus diesen Worten zu sprechen schien, wäre vielleicht weniger lautstark ausgefallen, hätte man gewusst, dass Merkel beim Unternehmertag der CDU 2008 auch schon dem Publikum zugerufen hatte: »Ein Deutschland ohne Familienunternehmer, das ist nicht mehr mein Deutschland.«[280]

Offensichtlich war die vermeintlich laxe Flüchtlingspolitik der Regierung für viele sich im konservativen Spektrum verortende Bürger der Schwall Wasser, der das Fass zum Überlaufen brachte, wie der nun einsetzende Siegeszug der AfD durch Landesparlamente und letztlich auch den Bundestag belegt. Doch wie ist diese Entwicklung in Hinblick auf den deutschen Konservatismus als geistesgeschichtlichen Wertfundus einzuordnen? Um eine aussagekräftige Einschätzung über die wirklichen Veränderungen im deutschen Konservatismus zu gewinnen, reicht gleichwohl der exklusive Fokus auf die parteipolitische Ebene kaum aus. Wie, gilt es vielmehr zu fragen, spiegeln sich die Entwicklungen im Lichte der Themen und Topoi, wie wir sie ursprünglich bereits im Denken Burkes angetroffen haben?

Auch wenn sich im Inventar jenes klassischen Konservatismus bekanntlich diverse Elemente befanden, um der Gesellschaft Struktur und im Zweifelsfall Hierarchie zu verleihen, war der Ankerpunkt dieser Strukturen letztlich der Staat, der als Garant für die Aufrechterhaltung der gesellschaftlichen Ordnung in der Pflicht stand. Eine zentrale Stellung nahm dabei selbstverständlich der elementare Schutz der eigenen Bevölkerung ein, zu dem im klassischen nationalstaatlichen Denken Schutz und Kontrolle der Landesgrenzen gehörten. Deren Überschreiten war nicht nur ein physischer, sondern eben auch ein rechtlicher Vorgang, womit nicht nur der »Sicherheitsstaat«, sondern auch der Rechtsstaat berührt ist. Die staatstheoretische Idealvorstellung des Konservatismus, so lässt sich etwas vereinfacht sagen, war immer schon ein Law-and-Order-Staat, der sich irgendwo auf dem Kontinuum zwischen starkem Rechtsstaat und starkem Ordnungsstaat bewegen sollte. Es ist zum Ersten die scheinbare Enttäuschung dieser an die Strukturen deutscher Staatlichkeit adressierten Grunderwartung, die die Heftigkeit der Erregungsausschläge gerade im konservativen Spektrum erklärt. Hier ging es zunächst einmal um die schiere Fassungslosigkeit darüber, dass eine nicht gerade kleine Zahl von Menschen, die ja allenfalls sehr indirekt an den Freizügigkeitsrechten der EU-Bürger teilhatten, unter teils chaotischen Bedingungen nach Deutschland eingereist waren und, was noch schlimmer war, die politischen Repräsentanten, allen voran die Kanzlerin, den Eindruck erweckten, man habe schlicht keine andere Wahl gehabt. Zwar hatte Angela Merkel damit nur ihr gewohntes Narrativ bemüht, dass die Aufnahme der Geflüchteten – diesmal allerdings moralisch gesehen – alternativlos war, aber sie suggerierte auch, dass es eben faktisch unmöglich sei, die deutschen Landesgrenzen effektiv zu kontrollieren, um sich umgehend mit dem Widerspruch von Vertretern von Polizei und Grenzschutz konfrontiert zu sehen.

Der Eindruck eines überforderten oder gar machtlosen Rechts- und Sicherheitsstaates schien sich dann durch die Übergriffe der Silvesternacht, die ja auch nicht auf Köln beschränkt waren, noch zu bestärken, wobei diese Ereignisse in manchen Milieus ohnehin auf einen fruchtbaren Boden fielen, der durch jahrelang geschürte Angst vor Kapitalverbrechen bereitet worden war. Diese Stimmungslage griff CSU-Chef Seehofer auf, wenn er von einer »Herrschaft des Unrechts« in Deutschland sprach, was in vielerlei Hinsicht bemerkenswert war, nicht zuletzt, weil die CSU als Teil der Regierung an dieser Unrechtsherrschaft ja aktiv partizipierte. Seehofer und die CSU waren es auch, die Di Fabio ins Spiel brachten, in diesem Fall jedoch nicht als Gesellschaftsanalytiker, sondern als Jurist, indem er gemeinsam mit dem ebenfalls pensionierten Verfassungsrichter Hans-Jürgen Papier von der bayerischen Landesregierung beauftragt wurde, ein Gutachten über die Rechtmäßigkeit der Flüchtlingspolitik der Regierung zu erstellen. Seehofer behielt sich vor, je nach Befund des Gutachtens sogar vor das Bundesverfassungsgericht zu ziehen, was für einen CSU-Politiker natürlich grundsätzlich nichts Ungewöhnliches ist, wenn man etwa an Peter Gauweilers häufige Besuche in Karlsruhe denkt, doch wirkte es wie ein aus Verzweiflung überreizter Bluff. Und tatsächlich: Obwohl Di Fabio aufs Härteste mit den Entscheidungen des Herbsts 2015 ins Gericht ging, da es auch hier gewissermaßen zu »unzulässigen Grenzüberschreitungen« nicht systemtheoretischer, sondern geografischer Natur gekommen war, die auch verfassungsrechtlich bedenklich seien, und Papier immerhin von einem »historisch negativ bedeutsamen Politikversagen« sprach, verzichtete das Land Bayern in Person des Ministerpräsidenten dann doch auf eine Klage und tat später so, als hätte die Drohung niemals im Raum gestanden. Aber auch nachdem Seehofer zurückgezogen hatte, schwelte der (rechts-) konservative Vorwurf der Demontage des Rechtsstaates durch die Flüchtlingspolitik auch in intellektuellen Milieus weiter. Im Laufe der Zeit weitete er sich zu einem von allen Fundamentalkritikern der Flüchtlingspolitik angewandten Seriositätsmantel zur Artikulation vermeintlicher verfassungsrechtlicher Besorgnis aus, wo sich eigentlich banales Ressentiment Ausdruck verschaffte. Dies wurde auch in der karg betitelten »Erklärung 2018« deutlich, wo von »illegaler Masseneinwanderung« die Rede war, die Deutschland »beschädigt« – was die Frage aufwirft, ob die Unterzeichner an legaler Masseneinwanderung überhaupt nichts auszusetzen gehabt hätten. Auch Alexander Dobrindt ließ es sich nicht nehmen, gegen eine »Anti-Abschiebe-Industrie« zu poltern, die das reibungslose Funktionieren des Rechtsstaats beeinträchtige, und schien darüber zu vergessen, dass es die Signatur des Rechtsstaates ist, den Rechtsunterworfenen Widerspruchsmöglichkeiten gegen staatliche Verwaltungsakte zu gewähren, die sich ja im Fall der Abschiebebescheide vonseiten des Bundesamtes für Migration und Flüchtlinge in einer Vielzahl von Fällen als fehlerhaft bzw. ungerechtfertigt erwiesen hatten. Und auch die letzte, schon eingangs erwähnte Konfrontation der Unionsparteien über die Zurückweisung bestimmter Kategorien von Asylsuchenden an der Grenze nahm ja zumindest vordergründig die Form einer Auseinandersetzung über die grundsätzliche Frage der Durchsetzung geltenden Rechts an, war doch die faktische Zahl betroffener Asylsuchender verschwindend gering.

Der spezifisch konservative Unmut über die Defizite staatlichen Handelns, der sich an der Flüchtlingspolitik entzündete und ja noch abseits der neurechten Verschwörungstheorien über eine bewusste »Umvolkung« durch die politischen Eliten liegt, speist sich aber auch aus tieferen Quellen als nur der nüchtern-instrumentellen Erwartungshaltung an den Staat als rechtsbasierte Sicherheitsserviceeinrichtung. Der Staat war schon bei Burke auch eine Instanz, deren Herrschaftsanspruch sich nicht nur aus ihrer Zwangsgewalt und auch nicht durch die Legitimation qua Volk begründete, sondern eben durch die Anerkennung ihrer Autorität, die, folgt man Burke, im besten Fall eben auch von Erhabenheit umwittert war. Nun sind diese Vorstellungen natürlich durch das Säurebad der Moderne von einigen quasisakralen Beimischungen weitgehend gereinigt worden, doch wie wir wissen, bleibt die Autorität des Staates auch noch im Neokonservatismus von Gehlen bis Schelsky und Lübbe ein wichtiger Bezugspunkt, gerade wenn sie herausgefordert wird, sei es durch terroristische Gewalt oder auch nur durch Friedensdemonstrationen. Damit gewinnt aber der staatliche Umgang mit der Flüchtlingssituation eine (sozial-)psychologische Qualität, wodurch er eben nicht nur potenzielles Missmanagement ist, sondern zu Kontrollverlust und Staatsversagen wird. Der Zuzug der Hundertausenden, von denen sich manche, ja gar viele, der staatlichen Kontrolle entzogen, erschien unter dieser Prämisse als eine Verhöhnung des Staates, der mitunter hilflos wirkte, wenn Geflüchtete etwa schlicht behaupteten, keine Identitätspapiere zu besitzen, und nicht auszuschließen war, dass sie sie bewusst einfach weggeworfen hatten. Hannah Arendt schrieb einst, dass die größte Gefahr für die Autorität die Lächerlichkeit ist – und wurde hier nicht der Staat von sich scheinbar ins Fäustchen lachenden Migranten gewissermaßen der Lächerlichkeit preisgegeben? Für diejenigen, die nicht nur ein instrumentelles, sondern auch affektives Verhältnis zum Staat als Repräsentanten und Verkörperung der Nation haben, wurde hier nicht nur der Staat in seiner Autorität infrage gestellt. Das vermeintliche Ausnutzen eines überforderten Staates geriet aufgrund der Identifikation mit diesem zumindest ein Stück weit auch zur persönlichen Kränkung. Ärger und Zorn darüber richteten sich dementsprechend nicht nur gegen diejenigen, die den deutschen Staat und damit auch gleichzeitig alle rechtstreuen Bürger vorzuführen schienen, sondern natürlich auch gegen die Repräsentanten jenes Staates, die dies in einer Mischung aus Gleichgültigkeit und Inkompetenz geschehen ließen – wobei der typische Pegidist hier im Gegensatz zum Konservativen auch noch Mutwilligkeit unterstellen würde – und so als zeitgenössisches Äquivalent der unfähigen Puderperückenträger erschienen, die nicht in der Lage gewesen waren, das Ancien Régime gegen die Revolution zu verteidigen, weshalb ihnen einst die Verachtung Burkes sicher war.

Schürft man noch tiefer, trifft man im Zusammenhang mit der

Flüchtlingspolitik auf Konfliktschichten, die ihre klarste und pointierteste Darstellung aus konservativer Perspektive bemerkenswerter- und vielleicht auch bezeichnenderweise nicht etwa in einer der unzähligen Veröffentlichungen gefunden haben, die in den letzten Jahren dieser Thematik gewidmet waren, sondern in einem Buch aus dem Jahr 1969. Arnold Gehlens *Moral und Hypermoral* wurde schon zur Zeit seiner Veröffentlichung selbst innerhalb des rechtskonservativen Spektrums kontrovers aufgenommen. Während die Neue Rechte in spe in Person Armin Mohlers das Spätwerk Gehlens als »den glänzendsten und hintergründigsten Text zugleich, den der deutsche Konservatismus seit 1945 hervorgebracht hat«, bezeichnete,[281] war es selbst manchen Weggefährten wie Schelsky zu sehr von einem stellenweise bruchlos in den Zynismus übergehenden Kulturpessimismus geprägt, wobei diese Tonlagenverschärfung gegenüber früheren Werken zweifellos dem Kontext der Zeit im Jahr eins nach der »Kulturrevolution« geschuldet war.

Gehlens Ausgangspunkt ist die Frage nach den ethischen Orientierungen des menschlichen Mängelwesens, die er naturgemäß auf dem Weg der philosophischen Anthropologie zu klären versucht. Die Doppelthese, die im Mittelpunkt des Buchs steht und den Kern der Antwort erhält, lautet in ihrem ersten Teil, dass die menschliche Moral nicht »aus einem Guss« sei, sondern sich aus unterschiedlichen, nicht aufeinander reduzierbaren Quellen speise. Von diesen unterschiedlichen Quellen interessieren Gehlen insbesondere zwei, von denen im zweiten, zeitdiagnostischen Teil der These gesagt wird, dass zwischen ihnen ein fundamentaler unauflöslicher Widerspruch herrscht, aus dem die Konflikte der Gegenwart erwüchsen. Auf der einen Seite steht die Orientierung am universalistischen Kosmopolitismus, dessen Erfindung Gehlen dem weitgehend vergessenen Sokrates-Schüler Antisthenes zuschreibt, dem auch das gesamte erste Kapitel gewidmet ist. Die Gegenposition hierzu ist eine Ethik, die sich auf die partikulare Gemeinschaft und deren Staat bezieht und der bei aller vordergründigen Wertneutralität die kaum zu übersehende Sympathie des Autors gilt. Entlang dieser

Unterscheidung verläuft die Kernkonfliktlinie zwischen dem Besonderen und Allgemeinen bzw. dem Eigenen und dem Fremden, die Gehlen im Rahmen des Argumentationsgangs ausbuchstabiert. Dabei kommt er auch auf den uns bereits bekannten Eibl-Eibesfeldt zu sprechen, als es um die Aggressionsneigung der menschlichen Art geht, die ja durch ethische Orientierungen und was Gehlen »physiologische Tugenden« nennt sowohl gehemmt als auch gerade aktiviert werden kann. In der Figur des Flüchtenden prallen nun gewissermaßen die gegensätzlichen Orientierungen und physiologischen Tugenden frontal aufeinander: Auf der einen Seite steht das evolutionäre Erbe der »raumbezogenen Intoleranz« (Eibl-Eibesfeldt), die sich in der »Reizbarkeit der Völker gegen Verletzungen ihrer Territorialgrenzen« äußere.[282] Auf der anderen stehe ein ebenso tief verwurzeltes Ethos der Gegenseitigkeit, das sich aber im Lauf der Kulturgeschichte zu einem Humanitarismus tendenziell globaler Solidarität ausgeweitet habe. Die Person des Geflüchteten sei also einerseits hilfsbedürftig, andererseits aber schlicht fremd, sodass der solidarische Impuls »durch Gefühle der Feindseligkeit und Aggressivität sofort gehemmt« werde.[283] Gehlen erwähnt die Figur des Flüchtlings wohlgemerkt nur an einer einzigen Stelle, aber dennoch liefert er eine präzise Analyse der Tiefentektonik des zeitgenössischen Konflikts um Migration. Auf der einen Seite vermutet zumindest der Konservative eine Art unheiliger Allianz aus der Ethik des Humanitarismus, die sich mit dem verbindet, was Gehlen abschätzig als »Masseneudaimonismus« bezeichnet, womit genau genommen eine Art Hedonismus gemeint ist, die die (materielle) Verbesserung der Lebensbedingungen anstrebt – und zwar eben nicht nur für die wenigen, sondern für die vielen: »Nicht die bloße Abweisung von Not und Leiden, sondern das Erfüllungsglück selbst, das Wohlhaben und Wohlleben werden hier zu Sollforderungen erhoben, und für jede Beeinträchtigung solcher Forderungen finden sich zurechenbare, haftbare Instanzen, die mit Empörung gemißbilligt werden.«[284] Das ist die uns wohlbekannte Klage über das, was Gehlen auch als »Ethisierung des Massenlebenswertes« bezeichnet und was im darauffolgenden Jahrzehnt unter dem Begriff der Anspruchsinflation von konservativer wie auch neoliberaler Seite kritisiert werden würde. Doch noch viel bedenklicher, so Gehlen, ist die nun einsetzende Entgrenzung des Masseneudaimonismus durch die Verknüpfung mit dem kosmopolitischen Universalismus, durch die sich die physiologische Tugend der Reziprozität letztlich zu einer Art »Fernstenliebe« transformiert. Nietzsche, von dem der Begriff stammt, hatte diese einst der christlichen Nächstenliebe gegenübergestellt, aus Gehlens Perspektive besteht ihre bedenkliche Pointe vor allem darin, dass sie die pflichtvermittelten Partikulargemeinschaften und -institutionen aufzulösen droht, allen voran den Nationalstaat.

Auf der anderen Seite stehen jene, deren Loyalität ebenjenem Staat sowie den durch ihn garantierten Gemeinschaften gilt, und deren partikulares Pflichtverständnis ganz im Sinne Eibl-Eibesfeldts letztlich impliziert, dass die Gemeinschaft im Zweifelsfall auch gegen »Eindringlinge« verteidigt werden muss – wie natürlich auch gegen die Allianz des kosmopolitischen Masseneudaimonismus, vulgo: das Gutmenschentum. Und auch hier gilt: Wird die Erwartungshaltung enttäuscht, die im Gegenzug zur Loyalität zum »Eigenen« auch fordert, gegenüber »Fremden« ausdrücklich bevorzugt behandelt zu werden – so hilfsbedürftig sie auch sein mögen –, so richtet sich die Empörung darüber nicht nur gegen Geflüchtete und »Gutmenschen«, sondern auch auf die Repräsentanten des Staates, die diese als gerechtfertigt empfundene Erwartung enttäuscht haben. Es bedarf beinahe keiner ausdrücklichen Erwähnung, dass in diesem Konflikt das Humanitätsethos, das übrigens auch gerade durch »feminine« Elemente gekennzeichnet sei, aus Perspektive Gehlens die Oberhand gewonnen hat, insofern die »Gegengewichte, die im Staatsethos liegen, kompromittiert, verboten oder verfault sind«.[285]

Man kann darüber diskutieren, ob dieses Narrativ des Besonderen und Allgemeinen, des Eigenen und des Fremden bereits inhärent, wenn auch nur implizit xenophob ist. Was sich zumindest in der ersten Unterscheidung schließlich auch abbildet, ist eine Konfliktlinie, die schon weiter oben erwähnt wurde und die noch einmal auf eine von Burke und vielen anderen Konservativen nur unzulänglich reflektierte Spannung verweist, für die christliche Kirche und Religion grundsätzlich herrschaftsstabilisierende Wirkungen entfalten. Denn gerade in der Flüchtlingsfrage wird der theoretisch-konzeptionelle Widerstreit zwischen einem »weltlichen« und einem »geistlichen Regiment« (Martin Luther) bzw. »Imperium« und »Sacerdotium«, um die Begriffe zu benutzen, anhand derer über die Frage des Verhältnisses von Staat und Kirche über das gesamte Hochmittelalter hinweg mehr oder weniger gewalttätig gerungen wurde, auch praktisch manifest. Hier prallten die auf Staat und Nation bezogenen Orientierungen der Partikularisten, unter denen sich nicht wenige Konservative befinden, frontal auf die Kirchen in Deutschland und auch Österreich, die nach ihren nationalistischen Irrwegen des 20. Jahrhunderts nun wieder ein eindeutiges Bekenntnis zu dem von Gehlen so harsch kritisierten kosmopolitischen Humanitätsethos ablegten, sodass diesbezüglich nicht nur keine Allianz zwischen Kirchen und (Teilen des) Konservatismus, sondern ein geradezu diametraler Gegensatz zu verzeichnen ist. Schon im Frühsommer 2015 brachte die österreichische Bischofskonferenz den Konflikt auf den Punkt, als sie mit Blick auf die Flüchtlingssituation forderte, nicht nur Zäune, sondern auch Brücken zu bauen.

Ist also die Unterscheidung zwischen Partikularem und Universellem nicht inhärent politisch problematisch, so dürfte aber doch auf der Hand liegen, dass spätestens die bei Gehlen damit korrespondierende Unterscheidung des Eigenen und des Fremden sich zumindest mühelos rassistisch kodieren lässt und damit auch anschlussfähig an Diskurse ethnischer Hierarchie wird, die im deutschen Kontext spätestens mit der Sarrazin-Debatte Anfang der 2000er-Jahre bis tief in die bürgerliche Mitte hinein wieder an Bedeutung gewannen – sollten sie diese je eingebüßt haben.

Jedenfalls nimmt *Moral und Hypermoral* bereits vorweg, was unter dem Eindruck der Entwicklungen seit 2015 bei manchen Politikwissenschaftlern bereits als ein neuer *Cleavage* bezeichnet wird, worunter gesellschaftliche Konfliktlinien zu verstehen sind, die das Feld des Politischen und damit auch das der parteipolitischen Repräsentation strukturieren. Demnach tritt neben den altbekannten Gegensatz von Kapital und Arbeit oder Stadt und Land nun der Cleavage zwischen Integrationisten und Demarkationisten oder Globalisten und Nationalisten. Allerdings ist es noch zu früh für eine fundierte Einschätzung, ob sich diese Konfliktlinie tatsächlich konsolidiert, womöglich die anderen sogar überlagert oder schon in naher Zukunft wieder in den Hintergrund tritt.

Gehlens Analyse ist aber auch noch in einer letzten Hinsicht von einer geradezu unheimlichen prophetischen Qualität. Wenn er im ersten Teil der Doppelthese einen irreduziblen ethischen Pluralismus konstatiert, erklärt er damit letztlich auch die Art von Ereiferungskultur, deren Existenz auch heute diagnostiziert bzw. beklagt wird. Für den Theoretiker der Entlastung handelt es sich auch hier um einen ihrer ambivalenten Effekte, steigerten sich doch durch materielle Prosperität und die Pazifizierung der Gesellschaft keineswegs nur die Charakterzüge, die in der Wertewandelforschung der 1970er-Jahre später als »postmaterialistische Haltung« bezeichnet werden sollten, sondern gleichzeitig auch die »Bedeutung der innerartlichen Aggression«, würden doch »Verletzbarkeit und Erregungsneigung« ebenso wie »Angst und Angstbereitschaft« zunehmen.[286] Komme es vor diesem Hintergrund zu einer wie auch immer gearteten Krise, so äußere sich diese erhöhte Reizbarkeit in moralischer Hypertrophie. Die Vertreter einer bestimmten Quelle des Ethischen, also etwa des kosmopolitischen Universalismus, reagierten auf die Unübersichtlichkeit der Lage mit dem Versuch, kompensatorisch eine Vereindeutigung der moralischen Bewertung der Lage herzustellen, indem sie zur moralischen Ächtung aller anderen ethischen Orientierungen griffen, die als unhaltbar und illegitim disqualifiziert würden. Auch hier erübrigt es sich beinahe zu sagen, dass laut Gehlen im Konflikt der Ethiken der Kosmpolitismus den Sieg davonzutragen drohte, sei ihm doch auch die Unterstützung der Intellektuellenschicht sicher, deren »gesellschaftliche Positionslosigkeit« natürlich aufs Beste mit der entorteten Fernstenliebe des moralischen Universalismus korrespondiert. Es sei eben nicht zuletzt und insbesondere »der Intellektuelle der Großstadt«, dem es darum gehe, »den Staatstugenden die Wurzel ab[zu]graben, dem Behauptungswillen, der Treue zur eigenen Gründung, der wachsamen Sorgfalt und dem Willen, Grenze und Identität zu behaupten – mit einem Wort: dem Patriotismus«.[287] Es sind diese Großstadtintellektuellen, die in moralischer Herablassung den Uneinsichtigen ihre hochfliegenden Ideale aufnötigten, die sich perfiderweise aber eben nur jenes ›Kommentariat‹ leisten könnten, das den eigentlichen ethischen Konfliktlagen und den entsprechenden Ambivalenzen ja aufgrund seiner verantwortungslosen gesellschaftlichen Position enthoben sei. Und man sieht geradezu das gutmenschliche und -bürgerliche Milieu des Bio-Biedermeiers vor sich, das sich über die moralische Zurückgebliebenheit der Außenbezirke ereifert und nicht verstehen kann oder will, dass andere Milieus womöglich durch die Flüchtlingspolitik tatsächlich in harte (Verteilungs-)konflikte verwickelt werden – bis neben einer der örtlichen Kitas eine Flüchtlingsunterkunft eröffnet wird und sich die Dinge plötzlich komplizierter darstellen.

Dass die moralische Hypertrophie ausschließlich die Form der Diktatur des guten Gewissens annehme, trifft weder zu, noch folgt es zwingend aus Gehlens Analyse, sondern ist eher seiner politischen Verortung geschuldet, die sich eben keineswegs durch »Positionslosigkeit«, sondern eine äußerst feste Verwurzelung im nationalkonservativen Spektrum auszeichnet. Dass Gehlen dennoch Gespür für die heftige Dynamik moralisch aufgeladener Konflikte beweist und damit die unversöhnliche Diskurslage in der Flüchtlingsdebatte, aber auch bei anderen moralisch hochangereicherten Themen wie Feminismus und Antifeminismus in der #MeToo-Ära antizipiert, kann aber doch nicht ganz abgestritten werden. Die Wucht der konservativen Reaktion auf diese und wohl auch andere

Zumutungen erklärt sich daher nicht nur aus der Sache selbst, sondern auch aus einer Aversion gegen die vermeintliche moralische Bevormundung durch jene, die glauben, es einfach besser zu wissen – wobei der Affekt gegen Moralisierungen sich streng genommen ja auch gegen die gerade von konservativer Seite vehement betriebene Moralisierung des Ökonomischen etwa im Rahmen der Eurokrise, aber auch als ein Grundmotiv der geistig-moralischen Wende richten müsste. Die moralische Besserwisserei bringt eben nicht nur bedauernswerte Mitglieder einer konservativ gestimmten unteren Mittelklasse ohne kulturelles Kapital auf die Barrikaden, sondern auch Philosophen wie Rüdiger Safranski – der übrigens nicht nur wunderbare Bücher über die Romantik geschrieben, sondern auch einen Beitrag zu *Die selbstbewußte Nation* beigesteuert hat. »Es gibt keine Pflicht zur Fremdenfreundlichkeit«,[288] proklamiert er in einem Interview im *Spiegel* und bestätigt damit auch indirekt die Position des ethischen Pluralismus Gehlens. In der Tradition des Wertepluralismus gilt schon seit Max Weber, dass bestimmte Orientierungen nebeneinanderstehen und für gegenseitige argumentative Kritik schlicht nicht zugänglich sind. Der viel beschworene zwanglose Zwang des besseren Arguments bezüglich etwaiger Obligationen, die nicht nur gegenüber den Rechtsgenossen oder Staatsbürgerinnen, sondern womöglich der gesamten Menschheit gelten, verpufft hier also und zieht vielmehr die Feindseligkeit gegenüber den Belehrungen einer Elite nach sich, die sich offensichtlich dem eigenen Empfinden nach bereits im weltbürgerlichen Zustand befindet.

Zuletzt erklärt sich die Unversöhnlichkeit der aktuellen Auseinandersetzungen, deren Konstellation sich ja seit Anfang 2016 nicht grundlegend gewandelt hat, aber auch daraus, dass der Konservatismus, wie wir wissen, dann am streitbarsten war, wenn er durch konkrete Gegnerschaften in seinen Positionen herausgefordert wurde, und zwar nicht zuletzt, weil sie seinen Repräsentanten selbst erst dadurch vereindeutigt wurden, was sich schon in Hinblick auf 1968 zeigte. Seitdem gab es immer wieder auch lange Phasen, in denen die Gegnerschaft weit weniger klar benennbar war, was auch der Grund dafür war, dass die »Kulturrevolution« immer wieder als eine Art Allzweckwaffe in Sachen Feindbild herhalten musste, war hier doch ein Gegensatz, auf den man sich noch erstaunlich lange einigen konnte, nachdem beispielsweise mit dem Kollaps der Sowjetunion auch das Feindbild des Kommunismus weitgehend weggebrochen war. Doch im neuen Jahrtausend schien es lange Zeit, als ob der Verweis auf 1968 für das konservative Lager immer weniger seine galvanisierende Funktion erfüllen konnte, nicht zuletzt weil an der Spitze des politisch organisierten Konservatismus eine Frau stand, für deren politische Sozialisation und Ausrichtung 1968 keine nennenswerte Rolle spielte, sei es als Feindbild oder anderweitig. Erst mit den migrationspolitischen Entscheidungen und Entwicklungen seit 2015 erschien auf der gesellschaftlichen Bühne in Form von gutmenschelnden Eliten wieder ein potenter Gegner, der das rechtskonservative Spektrum in einer Art und Weise mobilisierte, wie dies seit den frühen 1990er-Jahren nicht mehr der Fall gewesen war. Bezeichnenderweise war damals ebenfalls die Migrationspolitik Anlass der Zuspitzung. Es blieb lange Zeit der AfD vorbehalten, die Verbindung zwischen zeitgenössischen Befürwortern der Willkommenskultur und dem 68er-Milieu zu konstruieren und so die zur Verfügung stehenden Feindbilder zu verknüpfen, bevor in Dobrindts Einlassungen erstmals seit langer Zeit wieder von christdemokratischer Seite das alte Schreckgespenst von 1968 bemüht wurde und AfD-analog mit der zeitgenössischen Meinungsführerschaft der politisch Korrekten in Verbindung gebracht wurde.

Mit der Gegnerschaft von Kosmopoliten, die scheinbar sowohl den materiellen Wohlstand, die innere Sicherheit wie auch die kulturelle Identität Deutschlands aufs Spiel zu setzen bereit waren und auch noch geradezu obsessiv eine »gendergerechte« Sprache einforderten, schien auch der Konservatismus wieder an Fahrt zu gewinnen: Der ehemalige *Zeit*-Feuilletonchef Ulrich Greiner veröffentlichte seine durchaus lesenswerten *Bekenntnisse eines Konservativen*,[289] und während hier noch die Form der Selbstoffenbarung suggeriert, Greiner würde der Öffentlichkeit mit aller Standfestigkeit Beichte über eine weithin verfemte Haltung ablegen, veröffentlichte der ehemalige *Cicero*-Chef Wolfram Weimer bald darauf sein durchaus nicht lesenswertes *Manifest des Konservatismus*, dessen Form ihrerseits wiederum zum Ausdruck bringen soll, dass der Konservatismus nun mit neuem Selbstbewusstsein aufzutreten bereit ist, das keinerlei Veranlassung mehr sieht, mit einem entschuldigenden Unterton aufzutreten – und damit zumindest was die Verkaufszahlen angeht großen Erfolg hat. Aber zwischen den Büchern der beiden Ehemaligen liegt eben nicht nur ein halbes Jahr, sondern auch die Bundestagswahl 2017, und spätestens mit dem schlechten Abschneiden der CDU und der jede Kritik an ihrer Politik und dem Wahlkampf zurückweisenden Kanzlerin, die dann auch noch das heiß geliebte Finanzministerium und damit den institutionellen Schlüssel zur ›schwarzen Null‹ im Koalitionspoker an die SPD verlor, kam es zu den lautstarken konservativen Aufwallungen, in die sich ja auch unser Ausgangspunkt, Dobrindts Forderung nach einer konservativen Revolution, einfügt. Als hätte nur noch die Bindekraft der politischen Macht, die durch Merkels Politik aber nun zum ersten Mal seit Jahren wieder ernsthaft in Gefahr war, die Partei und das konservative Spektrum in ihr und um sie herum zusammengehalten, entlud sich nun der offensichtlich schon länger aufgestaute Unmut mit voller Stärke. Von der Druckwelle dieser Entladung und der Konjunktur in der konservativen Publizistik aber auf eine konservative Renaissance im emphatischen Sinne zu schließen, dürfte sich allerdings als ein Fehlurteil erweisen. Denn womöglich flackert hier nur in aller Heftigkeit noch einmal auf, was sich eigentlich in seiner Substanz erschöpft hat.

Schlussbetrachtung: Die Erschöpfung des Konservatismus

Es ist natürlich kein Zufall, dass Alexander Dobrindt im Januar 2018 beinahe wortgleich eine Wende verlangte, wie sie Helmut Kohl schon 35 Jahre zuvor eingeklagt hatte, und dass die *Zeit* im März 2018 genau jene Frage zum Titelthema erhob, die sie schon 1980 Prominenten aus Politik und Kultur vorgelegt hatte: »Was ist heute konservativ?«

Der Auslöser – im Unterschied zur Ursache – des konservativen *Soul Searching* waren, wie erwähnt, das Wahlergebnis der Union, das wie beinahe alle (nämlich abgesehen von 1990 und 2013) der letzten 35 Jahre das jeweils schlechteste seit 1949 war; die eher ungünstig verlaufenen Koalitionsverhandlungen mit der SPD unter Verlust des Finanzministeriums und nicht zuletzt auch die Tatsache, dass sich die Ära Merkel langsam, aber sicher dem Ende zuneigen dürfte. Als die Details des Koalitionsvertrags an die Öffentlichkeit drangen, meldeten sich zunächst all jene zu Wort, denen noch höhere politische Weihen indirekt auch durch Merkels lange Erfolgsserie verwehrt geblieben waren: Für Roland Koch sendete die Vereinbarung mit den Sozialdemokraten das Signal, »dass die CDU fast alles mit sich machen lässt, damit es zu einer Regierung kommt«, und empfahl der Kanzlerin, schon einmal ihre Nachfolge zu regeln.[290] Friedrich Merz ließ in der *Bild-Zeitung* konsterniert ausrichten, falls die Partei den Koalitionsvertrag akzeptiere, habe sie sich »selbst aufgegeben«. Exverteidigungsminister Volker Rühe, der noch gewissermaßen zur Generation Kohl gehört, warf der Parteiführung vor, »desaströs verhandelt« zu haben, und auch der konservativer Umtriebe eher Unverdächtige Norbert Röttgen bescheinigte der CDU eine gewisse »Inhaltsleere«, die sich auch in den diversen Verhandlungen um die Regierungsbildung zu zeigen schien. Schon über die gescheiterten Jamaika-Sondierungen hatte es geheißen, dass Gelb und Grün mehr oder weniger klare inhaltliche Positionen abgesteckt hätten, wohingegen die Union bzw. ihr nichtbayerischer Teil offensichtlich mit der Rolle des Moderators zufrieden gewesen sei – ohne diese letztlich jedoch erfolgreich erfüllen zu können.

Es mehrten sich Stimmen wie die des Vorsitzenden der CDU-Mittelstandsvereinigung Carsten Linnemann, die das »Ende der CDU als Volkspartei« befürchteten oder die eine personelle Erneuerung an der Parteispitze anmahnten, wie die des Vorsitzenden der Jungen Union, Paul Ziemiak.

Doch jenseits dieser sich zumeist an der Personalie Merkel abarbeitenden Mahnungen fand eine Diskussion um das inhaltliche konservative Profil kaum statt. Inhaltliche oder gar gesetzesförmige Beiträge zur Pflege des konservativen Kerns beschränkten sich – wenn man von der ständigen Verschärfung des Asylrechts absieht, die als solche in der Öffentlichkeit allerdings kaum wahrgenommen wird – auf fast schon parodistisch wirkende Initiativen wie den Erlass des bayerischen Ministerpräsidenten Markus Söder, in öffentlichen Gebäuden Kruzifixe anzubringen – wogegen sich selbst Kirchenvertreter verwehrten.

Der Konservatismus scheint unbestimmt und heimatlos wie nie, sodass sich nicht nur die AfD an seinen brachliegenden Versatzstücken gütlich tun kann, sondern selbst der grüne Ministerpräsident Kretschmann in die Rolle einer neukonservativen Leitfigur zu schlüpfen vermag und es dafür reicht, Odo Marquards Diktum »Zukunft braucht Herkunft« zu zitieren und Anerkennung für seine Idee eines »klugen Konservatismus«[291] einzuheimsen. Signifikant ist schließlich die Erläuterung des schon erwähnten Mainzer Historikers und CDU-Mitglieds Andreas Rödder in der *Frankfurter Allgemeinen*, die konservative Haltung bestehe darin, zu wissen, dass es immer schlechter werde, ohne sich der Illusion hinzugeben, dass es früher besser war, was ein originelles Aperçu ist, jedoch auch die Grenzen der Logik und möglicherweise auch der Lebbarkeit ausreizt.[292]

Doch diese Haltlosigkeit des Konservatismus beginnt einigen auch Sorgen zu bereiten. So finden sich auch die Stimmen, die auf die Bedeutung des Konservatismus bzw. seiner christdemokratisch organisierten Form für die deutsche Demokratie hinweisen. So gab Rüdiger Safranski zu bedenken, es »muss unser Interesse sein, dem Konservatismus zu helfen, dass er seriös wird«, und beschwor gar das »Erwachen des konservativen Bewusstseins«.[293] Etwas nüchterner in der Sprache, aber in der Sache eigentlich noch dringlicher, mahnte der politische Theoretiker Jan-Werner Müller: »Auch wer selbst keineswegs konservativ ist, hat ein Interesse daran, dass die Rechte innerhalb einer pluralistischen Demokratie deutliche Konturen zeigt – und sich gleichzeitig ganz klar vom Populismus abgrenzt.«[294] Damit kehren wir zu unserer Ausgangsfrage zurück, inwiefern die Rede von einer Krise des christdemokratischen Konservatismus in Deutschland berechtigt ist und welche Auswirkungen dies gegebenenfalls für diese politisch-ideologische Strömung, aber vor allem auch für das demokratische System hat.

Tatsächlich wird man vor dem Hintergrund der hier geschilderten Entwicklungen kaum bezweifeln können, dass sich der Konservatismus in Deutschland in einem eher bedenklichen Zustand befindet. Allerdings erscheint die Rede von einer akut ausgebrochenen Krise nur bedingt angemessen, allenfalls dahingehend, dass sich möglicherweise vor unseren Augen ein Wandlungsprozess des politischen Konservatismus vollzieht, der durchaus einen Umschlagpunkt markiert, an dem sich entscheidet, ob und wie der Patient überlebt. Irreführend ist dagegen die Rede von der Krise des konservativen Patienten, insofern damit suggeriert werden soll, es sei plötzlich zu einer dramatischen Verschlechterung seines Zustands gekommen, etwa weil Merkel die Union sozialdemokratisiert und darüber hinaus mit ihrer Flüchtlingspolitik insbesondere konservative Milieus vor den Kopf gestoßen und in die Arme der AfD getrieben habe. Unser Gang durch die Geschichte des politischen Konservatismus in Deutschland hat hingegen gezeigt, dass es sich um einen weitaus länger währenden Prozess der inhaltlichen Auszehrung handelt. Schließlich begehren die Repräsentanten konservativer Parteiflügel und Wählermilieus nicht zum ersten Mal dagegen auf, dass sich ihre Positionen nur unzureichend in der Politik der Christdemokratie widerspiegeln. Man erinnere sich etwa an die hier auch erwähnte Klage eines Jürgen Todenhöfers über die seiner Ansicht nach fast vollständige Marginalisierung des konservativen Flügels in der Union, die ja nicht aus dem Jahr 2017, 2007 oder 1997 ist, sondern bereits aus dem Jahr 1987 stammt, als der nationalkonservative Hauptmann der Wehrmacht a. D. Alfred Dregger Fraktionsvorsitzender im Bundestag war. Schon damals und noch viele Male später wurde das Verschwinden des Konservatismus beklagt und vor einer Partei rechts von der Union gewarnt, die es ja tatsächlich auch schon gab und die im Fall der Republikaner zeitweise durchaus Achtungserfolge erzielen konnte. Doch wenn der Blick auf die Geschichte der letzten 35 Jahre die Zuspitzungen der Gegenwart auch zunächst relativiert, lautet die Schlussfolgerung keineswegs, dass wir es im Moment lediglich mit einem weiteren Durchlauf durch ein erprobtes Klageritual über die Auflösung des Konservatismus verbunden mit Aufrufen zu seiner Wiederbelebung zu tun haben, die in schöner Regelmäßigkeit Stürme im Wasserglas der Feuilletons auslösen und ansonsten folgenlos bleiben. Denn die letzten 35 Jahre sind auch am deutschen Konservatismus nicht spurlos vorübergegangen. Zur Charakterisierung seines aktuellen Zustands erscheint daher weniger das Bild der Krise angemessen, sondern vielmehr die Metapher der Erschöpfung. Die Diagnose der Erschöpfung hat unterschiedliche Aspekte und bedarf zudem einiger wichtiger Differenzierungen. Der zentrale Befund dabei lautet allerdings, dass sich der deutsche Konservatismus in seiner substanziellen Dimension weitgehend verbraucht hat. Dieser Prozess vollzog sich teils im Zusammenhang mit demografischen Veränderungen, die eine Öffnung bzw. Liberalisierung der

Christdemokratie schon aus rein strategischen Gründen für angezeigt erscheinen ließen, aber auch über das Verschwinden von Feindbildern wie dem real existierenden Kommunismus oder Linksterrorismus, die als negative Integrationskräfte für konservative Milieus und die Union wirkten. Von einem bewussten Projekt der Austreibung des konservativen Geistes aus Partei und Milieus zu sprechen, das mutmaßlich von den Merkels, von der Leyens, Altmeiers und Gröhes betrieben worden wäre, hieße aber eine Art von substanziell ideologischem Antrieb zu unterstellen – in diesem Fall gegen einen vermeintlich vorgestrigen Konservatismus gerichtet –, der als solcher den Protagonisten christdemokratischer Politik gerade eher fremd ist, worauf sogleich noch einmal zurückzukommen ist. Vielmehr wirkt es so, als seien dem politisch organisierten Konservatismus die inhaltlich konservativen Positionen über die Jahre und Jahrzehnte hinweg von manchen beinahe unbemerkt einfach abhandengekommen, ohne dass dieser Prozess – bis auf wenige Ausnahmen – nun ausdrücklich forciert worden wäre. Scheinbar haben gerade die Repräsentanten der Traditionspflege ihre ureigenen Bestände an traditionellen Positionen nicht ausreichend kultiviert bzw. waren bereit, sich ohne größere Widerstände von ihnen zu lösen – im Zweifelsfall, um die Erfolgschancen bei Wahlen zu erhöhen. Verbürgt ist das spätestens, seitdem die Konrad-Adenauer-Stiftung 2015 eine entsprechende Studie durchführte, nach der sich ihre Wählerschaft selbst für weniger konservativ hält als die christdemokratische Regierungspolitik bzw. die offiziellen Parteipositionen der Union, was natürlich nahelegt, es mit der konservativen Profilierung nicht unbedingt zu übertreiben. Umgekehrt belegte dieselbe Studie aber auch, dass die Unions-Mitglieder sich selbst konservativer empfinden als die offizielle Parteipolitik. Die entsprechenden Milieus, die sich ja nicht ausschließlich im garantierten Einflussbereich der Union finden, sind tatsächlich ein Stück weit politisch heimatlos und dementsprechend empfänglich für die Avancen einer AfD geworden, die sich ja zumindest vorübergehend als seriöse, aber konservativere Alternative zu Union und

FDP zu präsentieren versuchte, bevor die Entmachtung Frauke Petrys diesem Unterfangen eine Ende setzte und die unmissverständliche Radikalisierung der Partei einläutete. Doch trotz dieser Radikalisierung ist natürlich nicht ausgeschlossen, dass die Partei zumindest vorübergehend Protestwähler aus jenem Reservoir für sich rekrutieren kann, und die offensichtlichen Gefahren, die damit verbunden sind, bezeichnen einen weiteren Aspekt, der die aktuelle Situation von den letzten 35 Jahren unterscheidet, in denen das Murren konservativer Milieus innerhalb und außerhalb der Union auch schon hörbar gewesen war. Nicht nur ist die Tonlage heute schriller, auch erscheint etwa das konservative Bürgertum heute weit weniger immun gegen Rezepte und Versprechungen vom rechten Rand des politischen Spektrums, sodass womöglich sogar eine mittlerweile zutiefst entbürgerlichte Partei wie die AfD für dieses Milieu dennoch nicht prinzipiell unwählbar ist.

Die inhaltliche Erschöpfung des Konservatismus hat aber nicht nur damit zu tun, dass die Christdemokratie, von wenigen Ausnahmen abgesehen, die entsprechenden Positionen geräumt hätte. Dem parteimäßig organisierten Konservatismus fehlen auch die zivilgesellschaftlichen Verbündeten, mit denen er gemeinsam die kulturelle Hegemonie des Konservatismus als Projekt verfolgen könnte und die daneben auch als Stimme jenes in der Union zusehends heimatlos gewordenen Milieus diesseits der neurechten Diskurse und ihrer Suböffentlichkeit um die Magazine *Compact* und *Sezession* fungieren könnten. Vom Bedeutungsverlust des intellektuellen Konservatismus seit Mitte der 1990er-Jahre ist schon die Rede gewesen, sieht man einmal von der gelegentlichen Wortmeldung eines Lübbe und der großen Ausnahme des Udo Di Fabio ab, der tatsächlich eine gewisse Präsenz in den Feuilletons für sich verbuchen kann. Doch in der Landschaft der überregionalen Zeitungen – von denen natürlich mittlerweile niemand mehr sagen kann, wie wichtig sie als Leitmedien im Zeitalter des Internets noch sind – wird zwar fröhlich die Klage über die »Krise des Konservatismus« zelebriert und/oder beklagt, aber auch wenn *Frankfurter Allgemeine* und *Welt* mittlerweile wieder zumindest bisweilen einen Tonfall pflegen, der auch jene konservativen Milieus ansprechen dürfte, fehlen doch die dezidiert konservativen Stimmen und Kanäle wie etwa seinerzeit der *Rheinische Merkur* oder gar der *Bayernkurier* im Konzert der Mainstream-Medien weitgehend, ganz zu schweigen von den öffentlich-rechtlichen Nachrichtenformaten – und auch der aktuelle Schwenk der *Bild-Zeitung* weist mitnichten in Richtung einer Wiederentdeckung des Konservatismus als vielmehr in Richtung des publizistischen Rechtspopulismus. Sicherlich, publizistische Kanäle wie die viel gelesenen Kolumnen etwa eines »Don Alfonso« und den »Schwarzen Kanal« Jan Fleischhauers im *Spiegel* gibt es. Aber auch wenn beide immer mal wieder mit bewusst gesetzten rechten Tabubrüchen kokettieren, artikuliert sich hier kein seiner selbst sicherer, eingelebter Konservatismus, sondern es handelt sich vielmehr um zwei fest im Feld des liberalen Mainstreams verankerte Quotenrechte, die deshalb alle Kraft zur Aufrechterhaltung dieser Rollenbeschreibung aufzuwenden haben. Und auch der einstmals als konservativer Gegenentwurf zum *Spiegel* gestartete *Focus* macht heute vor allem noch mit Ärzte-Rankings auf sich aufmerksam.

Kommt von hier also abgesehen von wenigen Ausnahmen kein wahrnehmbarer konservativer Schub, so gilt dies ebenso für viele ehemals institutionalisierte konservative Kontexte, wie etwa die Kirchen. Auf die Spannungen zwischen kirchlichen und politisch konservativen Positionen in der Flüchtlingsfrage wurde schon ebenso hingewiesen wie auch auf die relative Entspannung manch kirchlicher Position zum Thema Schwangerschaftsabbruch. Es ist bezeichnend, dass sich mittlerweile die Verhältnisse gewissermaßen umgedreht haben: Fungierte früher insbesondere die katholische Kirche bisweilen in vielen gesellschaftspolitischen Fragen wie der Abtreibung als Vorhut der Politik und übte dementsprechend auch Druck auf die C-Parteien aus, so rügt heute in seiner Suche nach konservativem Profil der Politiker Jens Spahn die Kirchen, weil sie in der Debatte um die Reform bzw. Abschaffung des Paragraphen 219a StGB eindeutige Stellungnahmen vermissen ließen.

An Spahn lässt sich aber auch verdeutlichen, woran es dem deutschen Konservatismus als einem Korpus von prinzipiellen (Glaubens-)überzeugen oder Werthaltungen vor allem gebricht. Denn was fehlt ist die Fähigkeit, aus der Tiefe der konservativen Tradition zu schöpfen, um ehedem zum konservativen Kernbestand gehörende Positionen noch plausibel in einer Art und Weise zu erläutern, die weder formelhaft noch auswendig gelernt wirkt. Das Abstreifen des Konservatismus auf der Ebene des politischen Spitzenpersonals vollzieht sich schließlich keineswegs nur als ein bewusster Ausverkauf aus wahlstrategischen Gründen. Vielmehr gelingt in vielen oder gar in den meisten Fällen schlicht nicht mehr die Rückbindung an eine genuin konservative Ideenwelt, deren Rekonstruktion hier vor allem die Kapitel 1 und 3 gewidmet waren. Fragte man in den letzten Jahren einen per Zufall ausgewählten Unionsfunktionär oder Mandatsträger, warum es ein konservatives Kernanliegen sei, die heterosexuelle Ehe von Mann und Frau zu schützen, so konnte man sich beinahe sicher sein, als Antwort den dürren Verweis auf den Schutz von Ehe und Familie im Grundgesetz zu erhalten, als ob Habermas' Verfassungspatriotismus nun auch im konservativen Bewusstsein fröhliche Urstände feiern würde. Doch wenn nominell Konservative nichts anderes mehr gegen die Gleichstellung gleichgeschlechtlicher Partnerschaften vorzubringen haben, dürfen sie sich eben auch nicht wundern, wenn diese dann beinahe aus Versehen Realität wird – weil Merkel während eines öffentlichen Auftritts bei einer Frauenzeitschrift womöglich einen Moment vergessen hatte, die Dinge vom Ende her zu denken, und öffentlich zu Protokoll gab, einer Aufhebung der Fraktionsbindung stehe bei einer Abstimmung über dieses Thema nichts im Wege.

Aber bei aller Begeisterung für einen Verfassungspatriotismus war es natürlich Habermas, der wiederum immer betont hatte, dass die Faktizität des Rechts eben noch nicht die normative Geltung einer Norm verbürge, die sich nämlich nicht aus dem Recht allein, sondern mit Bezug auf andere, tieferliegende Begründungsschichten rechtfertigen lassen müsse. Wie wir wissen, verfügte jedenfalls in der Vergangenheit auch das konservative Denken über umfassendere normative Rahmenwerke wie den Bezug auf die Geschichte und vor allem den neuralgischen Punkt des typisch konservativen Begründungsgerüsts, die normative Natürlichkeit, die, oftmals über naturrechtliche Vorstellungen vermittelt, das aus konservativer Sicht Bewahrenswerte aus einer natürlichen oder gar gottgegebenen Ordnung des Bestehenden ableitet. Wie düster es um derartige Begründungsfiguren steht, illustriert ein weiteres Mal Jens Spahn, von dem berichtet wird, er habe auf eine Anfeindung gegen ihn aufgrund der »Widernatürlichkeit« seiner Homosexualität vonseiten eines Konservativen mit dem bemerkenswerten Hinweis reagiert: »Wenn Gott die Homosexualität nicht gewollt hätte, dann gäbe es sie auch nicht.«[295] Es bedarf eigentlich keiner Erwähnung, das gemäß dieser erschreckend einfach gestrickten Logik dasselbe auch für Schwangerschaftsabbrüche gelten würde – wie überhaupt die mindestens 2000 Jahre währende theologisch-philosophische Diskussion, wie ein Gott – falls sie existiert – angesichts der Vollkommenheit der Schöpfung Leiden und Böses dulden kann, dadurch einfach gegenstandslos würde.

Dieser mit Händen zu greifenden Verflachung des Konservatismus, die dazu führt, dass sich viele seiner politischen Repräsentanten selbst scheinbar keine tatsächlich überzeugende Erklärung über ihren eigenen Antrieb und die Verfasstheit der Welt geben können, wird in der Breite vermutlich auch nicht die aktuelle Konjunktur konservativer Veröffentlichungen à la Greiner, Weimer oder Kretschmann entscheidend entgegenwirken können. In inhaltlich-substanzieller Hinsicht hat sich der deutsche Konservatismus bei allen gelegentlichen symbolpolitischen Maßnahmen daher weitgehend erschöpft – mit einer großen Ausnahme. Die letzte intakte konservative Kernposition ist das Bekenntnis zur öffentlichen Haushaltsdisziplin, die innenpolitisch durch die ›schwarze Null‹ versinnbildlicht wird und sich auf europäischer Ebene in einem Regime niederschlägt, das der Haushaltsdisziplin die meisten anderen wirtschaftspolitischen Ziele kategorisch unterordnet. Weiter oben wurde erläutert, dass das Insistieren auf diesem Regime nicht nur »materiellen Interessen« Deutschlands geschuldet ist, sondern sich auch aus ordoliberal-neokonservativen Quellen speist, was insgesamt zu einer moralischen Überformung des Ökonomischen führt. Die Zentralität dieser Thematik wird zum einen dadurch belegt, dass Deutschland auf europäischer Ebene bereit war, sich zur Durchsetzung bestimmter Reformen sehr weit zu exponieren. Auf innenpolitischer Ebene ist schon allein das konservative Aufheulen nach dem Verlust des Finanzministeriums ein Hinweis auf die überragende Bedeutung der Haushaltsdisziplin. Die Signifikanz dieser Thematik erklärt sich schließlich nicht zuletzt dadurch, dass es weit und breit keine anderen Kandidaten für typisch konservative Positionen gibt, die in der öffentlichen Wahrnehmung mit der Union in Verbindung gebracht würden, außer eben die ›schwarze Null‹. Und kurioserweise war eine derart moralisch angereicherte Wirtschafts- und Finanzpolitik, in deren Rahmen etwa Sparen nicht nur als ökonomisch sinnvoll, sondern vor allem auch als Tugend galt, ja auch schon das zentrale Element der geistig-moralischen Wende gewesen, die von daher eben doch nicht gänzlich verpufft ist, sondern sich in bestimmten Kernaspekten sogar so weit etabliert hat, dass auch der aktuelle SPD-Finanzminister Scholz die ›schwarze Null‹ nicht infrage stellt. Dennoch: Ob sich auf dieser schmalen inhaltlichen Basis allein eine tragfähige konservative Agenda errichten lassen wird, muss man eher bezweifeln.

Wie ist auf diese weitgehende Austrocknung der substanziellen konservativen Sinnreservoire zu reagieren? Es ist letztlich diese grundsätzliche Frage und nicht der oberflächliche Zwist über Zurückweisungen an der Grenze, an der sich der Konflikt der beiden Unions-Schwesterparteien entzündet, die für jeweils unterschiedliche Strategien im Umgang mit der Misere stehen. Getrieben von der Angst des Verlusts der absoluten Mehrheit in Bayern und dem Erstarken der AfD hat sich die CSU einer Strategie der artifiziellen Resubstanzialisierung des christsozialen Konservatismus verschrieben. In Polizeigesetz und Kruzifixerlass dokumentiert sich der Versuch, traditionell konservative Positionen wieder zu besetzen und so das eigene Profil gegenüber der AfD zu schärfen. Doch wie insbesondere der unionsinterne Streit um die Asylpolitik in aller Deutlichkeit zeigt, fällt die Bilanz der Umsetzung jener Strategie bislang eher desaströs aus: Während die AfD-Umfragewerte in der Folge stabil mit aufsteigender Tendenz blieben, musste die CSU auf Landesebene weitere Einbußen hinnehmen – und Merkels bayerische Zustimmungswerte lagen gar über denen des Ministerpräsidenten Söder. Womöglich wichtiger als diese demoskopischen Wasserstandsmeldungen, die sich dann ja auch in massive Stimmeneinbußen bei den Landtagswahlen übersetzten, ist aber das Problem, das hinter jenen Zahlen steht. Es kündigt sich hier genau jene Situation an, die eingangs des Buchs als potenzielles *worst-case scenario* nur angedeutet wurde: Beim Versuch, dem Populismus mit vermeintlich klarer konservativer Kante den elektoralen Schneid abzukaufen, ist der CSU zumindest stellenweise das Grundbekenntnis zur staatstragenden Bürgerlichkeit, zu »Maß und Mitte«, abhandengekommen. Mit anderen Worten: Es wäre eine denkbare Option, dass der christ*soziale* Konservatismus bei drohendem weiteren Machtverlust nun tatsächlich in den Rechtspopulismus kollabiert.

Doch damit ist das letzte Wort zum deutschen Konservatismus noch nicht gesprochen.

Denn wie wir wissen, findet sich bereits im Denken Burkes neben der substanziell-inhaltlichen eine prozedurale Dimension, in der es, vereinfacht gesagt, darum geht, den als unvermeidlich erkannten Wandel moderierend zu gestalten und so weit zu entschleunigen, bis er harmlos geworden ist, um eine Formulierung Lord Salisburys aufzugreifen. Es ist jene Fokussierung auf diesen prozeduralen Pol des Konservatismus, die die CDU als Strategie in Reaktion auf seine Entsubstanzialisierung bewusst oder unbewusst verfolgt. Die entsprechenden Ideale sind zwar in der Merkel-Ära nicht immer beherzigt worden, denkt man etwa an die Energiewende oder auch an die Entscheidungen in der Flüchtlingspolitik, aber dennoch besteht der eigentliche »Markenkern« der CDU, die ja ohnehin nie eine Programmpartei war, mittlerweile in erster Linie darin, dass sie ein solides Management der Krisen und Verwerfungen einer scheinbar aus den Fugen geratenen Welt verbürgt. Dieses ruhige Abarbeiten der Problemberge und die Verzögerung allzu drastischer Transformationen sind zunächst einmal genauso konservativ wie etwa der Schutz des ungeborenen Lebens, und von daher könnte die CDU auch allein mit Verweis auf diese Vorstellung mit Fug und Recht das Label des Konservativen für sich in Anspruch nehmen. Aber dennoch birgt diese »Halbierung« des Konservatismus nicht nur Chancen, sie birgt auch gravierende Gefahren. Einerseits könnte es sich für die Union als durchaus sinnvoll erweisen, sich des Ballasts programmatischer Positionen geräuschlos zu entledigen und sich offensiv als Partei der weitgehend postideologischen Moderation des mehr oder weniger chaotischen Wandels, inklusive einer besonders ausgeprägten Kompetenz in Sachen Krisenmanagement, zu präsentieren. Im Kontext der Auflösung des klassischen Parteiensystems, das ja nicht nur von Alarmisten in der Politikwissenschaft diagnostiziert wird, könnten politische Organisationen, die nicht an starre Programme gebunden sind, möglicherweise strategisch im Vorteil sein. Sollte sich tatsächlich eine Partei-Bewegung wie die von Emmanuel Macrons La République en Marche!, deren inhaltliche Positionen ja durch hohe Heterogenität und auch eine gewisse Flexibilität gekennzeichnet sind, als Prototyp für eine veränderte Form der politischen Repräsentation jenseits des konventionellen Parteienwesens erweisen, dann wäre eine inhaltlich verschlankte Union, die sich ja einstmals selbst als »Sammlungsbewegung« verstanden hatte, gut aufgestellt, um ihrem Erfolg nachzueifern.

An diesem Vergleich lassen sich andererseits aber auch die Gefahren eines weitgehend – wenn auch nicht gänzlich – prozedural verengten Konservatismus festmachen. La République en Marche! gäbe es bekanntlich nicht ohne Macron, und auch der Erfolg der Bewegung, die nun eine Partei ist, hing in erster Linie an seiner Person. Schon Burke wusste, dass gewissenhaftes Problemlösen an sich noch keine Politik ist – oder zumindest keine mittelfristig erfolgreiche, fehlt dem Politikverständnis als Management doch die affektive Komponente, deren Bindekraft unverzichtbar für die Herrschaftsstabilisierung sei. Die Affektivität von Politik lässt sich heute nicht mehr unbedingt mit den gleichen Mitteln verbürgen wie zu Burkes Zeiten, aber weiterhin bedarf es zur Sicherung eines Mindestmaßes nicht nur rein rational motivierter, sondern auch emotionaler Zustimmung zu einer politischen Agenda einer charismatischen Führungsperson, die nicht zuletzt als politische Projektionsfläche dienen kann wie auch im Fall des allenthalben als »Hoffnungsträger« etikettierten Macron. Und auch wenn Merkel nicht als charismatische Führungsfigur im klassischen Sinn gelten kann, verkörperte sie doch zumindest jenen prozeduralen Konservatismus und die Fähigkeit zum Krisenmanagement über lange Zeit hinweg auf eindrückliche und durchaus zugkräftige Art und Weise: »Es war immer Merkels große Stärke, in komplizierten Verhandlungen einen Kompromiss zu finden, mit dem alle leben konnten«,[296] schreibt René Pfister im *Spiegel* und liefert damit en passant eine Kurzzusammenfassung des prozeduralen Politikverständnisses des Konservatismus.

Doch war Merkel bis jetzt trotz aller Anfeindungen über Sozialdemokratisierung und Flüchtlingspolitik, die mittlerweile auch in Buchform vorliegen,[297] bislang das ideale Zugpferd gerade für einen inhaltlich aufgeweichten politisch organisierten Konservatismus, der im schlimmsten Fall aber immerhin noch darauf verweisen konnte, dass »Madame Non« schon dafür sorgen werde, dass kein deutsches Geld verschleudert würde, so verbinden sich mit ihr doch auch mittlerweile große Probleme, und zwar sowohl für die Union und den Konservatismus wie auch für die Demokratie in Deutschland.

Für die Union als Instanz des prozeduralen Konservatismus ist Merkel mittlerweile deshalb ein Problem, weil sich ihre Ära dem Ende zuneigt. Genau genommen verbergen sich hier zwei Probleme, von denen das erste gewissermaßen darin besteht, dass es sich tatsächlich um eine *Ära* Merkel handelt. Wie politische Beobachter berichten, sind die Jahre dieser Ära weder am Konservatismus noch an Angela Merkel selbst spurlos vorübergegangen. Zwar sei sie nach der Trump-Wahl Ende 2016 als Führerin der freien Welt betitelt worden und erfahre von allen Seiten nicht zuletzt deshalb Respekt, weil sie weit länger als die meisten anderen im Geschäft ist und dementsprechend über eine Fülle an Erfahrungen und Sachwissen verfügt. »Doch wie jeder Chef, der lange im Amt ist, kann auch Merkel besonders gut erklären, was nicht geht.«[298] Mit anderen Worten ist nicht nur die eine Hälfte des deutschen Konservatismus inhaltlich erschöpft, auch Merkel als die Verkörperung der anderen, prozeduralen Hälfte ist es. Die Kanzlerin, so der Eindruck, weiß mittlerweile so viel über die Beschaffenheit, Maserung und vor allem die Dicke der politischen Bretter, dass sie immer weniger Zuversicht verbreiten kann, dass jene letztendlich erfolgreich gebohrt werden können. Sie hat es in der Vergangenheit geradezu zu einer Tugend erhoben, ihre Politik nur in Ausnahmefällen zu erläutern und ansonsten Taten sprechen zu lassen, und solange daraus die erwünschten Ergebnisse resultierten, konnte sich auch mancher mit der schmallippigen Kommunikation im Zeichen der Raute arrangieren. Doch spätestens als in der Wahrnehmung vieler die politischen Erfolge als Krisendiplomatin und Moderatorin gesellschaftlicher Konflikte ausblieben, war Merkel kein Bonus mehr für die Union – die Bundestagswahl 2017 sowie die Landtagswahlen 2018 belegen dies recht unmissverständlich. Doch wenn auch dementsprechend nicht eindeutig zu klären ist, ob die Tatsache, dass Merkel nach wie vor Bundeskanzlerin *ist*, ein Problem für die Union bedeutet, so steht doch fest, dass die Tatsache, dass Merkel irgendwann nicht mehr Bundeskanzlerin *sein wird*, zumindest ein große Herausforderung darstellt.

Dieses zweite Problem im Zusammenhang mit der Ära Merkel ergibt sich aus der Logik des weiter oben Vorgebrachten. Wenn ein immer stärker prozedural verengter Konservatismus zwingend auf eine Führungspersönlichkeit angewiesen ist, die ein Minimum an affektiver Bindung garantieren kann, ohne ins Unseriöse zu kippen, dann geht es bei der Union in der Merkel-Nachfolge ums Ganze. Es ist nicht zu früh zu prognostizieren, dass sich daran das mittel- bis langfristige Schicksal von Christdemokratie und halbiertem Konservatismus entscheiden wird. Der Häutungsprozess, den die Union über die letzten zwanzig Jahre durchlebt hat, lässt sich nicht beliebig rückgängig machen, und der Versuch wäre nichts anderes als die reflexiv gewendete Tragik des Konservatismus, der nicht nur im Hinblick auf die Gesellschaft, sondern auch mit Bezug auf sich selbst erst dann zur rettenden Bewahrung schreitet, wenn es zu spät ist – und im schlimmsten Fall eben als Rechtspopulismus im CSU-Gewand endet. Entgegen der Diagnose vom »Ende der Situationsvernunft«[299] ist hingegen der inhaltlich verschlankte Prozeduralkonservatismus in Verbindung mit dem geeigneten Spitzenpersonal zunächst ein durchaus erfolgversprechendes Modell im Kontext der Transformation oder gar Auflösung des klassischen Parteiensystems, aber ohne das geeignete Zugpferd an der Spitze steht die Union vor dem Nichts – mit unabsehbaren Folgen, die weit über das Schicksal des Konservatismus hinausreichen.

Doch selbst wenn es der Union gelingen würde, sich mit einem halbwegs charismatischen Führungspersonal in der Zukunft erfolgreich als eine Art Sammlungsbewegung des postideologischen Problemlösens zu präsentieren, hätte dies höchst problematische Folgen für die Demokratie in Deutschland. Denn schon in den vergangenen Jahren sind es ja keineswegs primär vermeintlich kontroverse Festlegungen der Union wie auch anderer Parteien gewesen, die Wählerinnen und Wähler zunächst in die politische Apathie und Wahlenthaltung und später in vielen Fällen in die Arme der AfD getrieben haben. Vielmehr war es eine Regierungspolitik, die im Modus der technokratischen Alternativlosigkeit unter allenfalls gelegentlichen Erläuterungen eben Probleme kleinarbeitete und die durch ein Parteiensystem ergänzt wurde, das doch insgesamt in der jüngeren Vergangenheit durch eine Tendenz zur Vermittlung charakterisiert war – mit der sich manche eben schwerer tun als andere. Eine Union, die ihren Konservatismus abgesehen von der ›schwarzen Null‹ und anderen kleineren Ausnahmen ausschließlich und offensiv prozedural definiert und gewissermaßen aus der Not des »Auf-Sicht-Fahrens«, von dem Merkel einst sprach, eine Tugend oder gar ein erstrebenswertes Ideal macht, wird womöglich immer noch hinreichende Wahlerfolge für sich selbst verbuchen können. Aber nicht nur wird mit diesem Politikverständnis jede Hoffnung auf eine selbstbestimmte Gestaltung einer politischen Gemeinschaft aufgegeben zugunsten der defätistischen Einsicht in die vermeintliche Notwendigkeit der ständigen Anpassung an Entwicklungen und Veränderungen, die man nicht beherrschen, sondern allenfalls erträglich machen kann. Der Traum der kollektiven politischen Autonomie, der womöglich eine Illusion, aber immerhin doch eine produktive war, würde damit von der »großen Partei der Mitte« offiziell beerdigt; die politische Welt wäre eine grundsätzlich andere.

Darüber hinaus würde aber auch die Kombination aus Ent- und Repolitisierung intensiviert, die die Bevölkerung von den etablierten Parteien, wenn nicht gar vom demokratischen System insgesamt entfremdet, wenn es nämlich allenfalls noch an den Rändern des politischen Spektrums substanzielle Positionen und Versprechen anbietet, von denen aber selbst die Wähler von AfD – oder der Linken – oft insgeheim wissen, dass sie sich vermutlich in dieser Form als uneinlösbar erweisen. Die doch gerade von konservativer Seite auch immer wieder beschworenen Sehnsüchte nach einer inhaltlich klar positionierten Politik, die der Bevölkerung einerseits reinen Wein einschenkt, aber eben auch ihre Affekte durch wie auch immer geartete Aufgaben und Projekte (des Bewahrens) anspricht, blieben so nachhaltig unerfüllt, mit der Folge, dass sich wohl immer mehr Menschen enttäuscht vom zum Management verkommenen politischen Betrieb der Demokratie abwenden.

Die Freude bei den Gegnern des Konservatismus über seine hier diagnostizierte Erschöpfung sollte also nicht zu überschwänglich ausfallen, steht doch zu befürchten, dass nach dem Konservatismus auch die Demokratie insgesamt vom Erschöpfungssyndrom befallen wird – man müsste schon bewusst die Augen verschließen, um nicht bereits die ersten Symptome zu erkennen.

Nachwort – Der Weg in die Opposition 2018–2021

Frederik Paul, ein junger Christdemokrat aus dem Wahlkreis Wedel war es, der die Misere der Union in der Aussprache mit den beiden Generalsekretären beim Deutschlandtag der Jungen Union unmittelbar nach der verlorenen Bundestagswahl 2021 am besten auf den Punkt brachte. Er habe vor der Wahl einmal im bekannten Wahl-O-Mat, der gerade für junge und Erstwähler eine wichtige Entscheidungshilfe darstellt, nachsehen wollen, wofür die Union stehe. Das Ergebnis sei niederschmetternd gewesen. Die Parteien müssen für den Wahl-O-Mat zu bestimmten Aussagen Stellung beziehen und dann liest Paul vor: »Chinesische Firmen sollten keine Aufträge für den Ausbau der Kommunikationsinfrastruktur in Deutschland erhalten.« Von Seiten der Union: Keine Position. »Ökologische Landwirtschaft soll stärker gefördert werden als konventionelle Landwirtschaft.« Keine Position. So geht das immer weiter; »seine Worte gehen im Gejohle unter, er spricht den Delegierten aus der Seele. Da ist der Vorwurf: die Union – keine Position.«[300]

Am Ende der Ära Merkel, die mit ihrem angekündigten Rückzug von der Parteispitze im Oktober 2018 begann, befand sich die Partei, wie auch der christdemokratische Konservatismus bereits in einer prekären Situation. Wie im vorhergehenden Kapitel geschildert, litt die Union schon zu diesem Zeitpunkt an einer Art halbseitigem Erschöpfungssyndrom: Inhaltlich war sie stark ausgezehrt und klammerte sich geradezu ostentativ an das vermeintlich letzte konservative Identitätsmerkmal, die Schwarze Null.[301]

Doch bekanntlich gehört zum Konservatismus neben der inhaltlichen auch immer eine prozedurale Dimension, in der es um einen konservativen Politikmodus geht, welcher sich gemeinhin an der Leitvorstellung inkrementeller, also schrittweiser Veränderung orientiert, die auf der Grundlage von Bewährtem und unter Beigabe eines gerüttelt Maß an Pragmatismus gestaltet und moderiert werden soll. Dieses Politikmodell lieferte der Union eine Blaupause für ihr charakteristisches Krisenmanagement der kleinen und gelegentlich aufreizend zögerlichen Schritte, das zur Grundlage ihres langwährenden Erfolgs an den Wahlurnen avancierte. Ja mehr noch, der Union gelang es ein Narrativ zu etablieren, dem gemäß angesichts der Krisen, die sich gewissermaßen die Klinke in die Hand geben, grundsätzlich nur noch die Politik des Auf-Sicht-Fahrens machbar und erfolgversprechend erscheint. Utopien hatte sich schon lange niemand mehr in der deutschen Politik erlaubt, doch die Union verabsolutierte die Absage an eine Politik der Visionen zu einem politischen Bilderverbot: Politik ist eben nur »das, was möglich ist«, lautete Merkels zutiefst ernüchternder Befund und dieser Realitätssinn äußerte sich in der strikten Konzentration auf die aktuelle Problemlage, die sich scheinbar bewusst den Blick über deren Tellerrand versagte. Der Charme dieser Auf- und Umwertung des krisenbedingten Troubleshooting zum Normalmodus des Politischen lag, abgesehen von der Popularität, die die Union als kompetenter Krisenmanager in der Bevölkerung genoss, vor allem im selbstentlastenden Effekt: Stimmte die Prämisse, dass Politik in der Gegenwart nur noch bedeuten kann, ad hoc das nächste Feuer zu löschen und dafür zu sorgen, dass die Dinge nicht allzu sehr aus dem Ruder laufen, dann sind programmatische Ansprüche und Prinzipien, ja vielleicht sogar schon ein inhaltlich halbwegs klar konturiertes Profil womöglich bereits zu viel Ballast – zumal in einer sich rapide transformierenden Parteienlandschaft. Die Not der programmatischen Leere wurde so zur Tugend des flexiblen und problemorientierten Pragmatismus umgedeutet. Doch wie bereits zu Ende des vorherigen Kapitels dargelegt, ist es zwar durchaus vorstellbar, auch mit einem solch prozedural verengten Konservatismus zu reüssieren, von entscheidender Bedeutung dafür, ob dies gelingt, ist allerdings das Führungspersonal, das ihn verkörpern muss. Als Angela Merkel nach den schweren Verlusten bei den bayerischen und hessischen Landtagswahlen im Oktober 2018 bekannt gab, nicht mehr die Wiederwahl als CDU-Vorsitzende anstreben zu wollen, ergab sich daraus für die Union eine recht klare Aufgabenstellung: Sie konnte eine inhaltliche Erneuerung anstreben und/oder sich an ihrer Spitze so aufstellen, dass es zum schmalen Profil des prozeduralen Konservatismus passen würde. Heute weiß man, dass ihr weder das eine noch das andere gelungen ist. Doch lag diesem Scheitern keinerlei Notwendigkeit im strengen Sinn zugrunde und im Herbst 2018 sah es zumindest aus Unionsperspektive auch noch keineswegs danach aus – im Gegenteil.

Zum einen lag dies am Auswahlprozess für die Nachfolge Merkels als Parteivorsitzender. Die Union gönnte sich hier eine für ihre Verhältnisse ungewohnte Dosis an Basisorientierung und Ergebnisoffenheit. Nach der Ankündigung Merkels hatte neben Generalsekretärin Annegret Kramp-Karrenbauer und Gesundheitsminister Jens Spahn auch Friedrich Merz seine Kandidatur erklärt, der nach seinem zwischenzeitlichen Rückzug aus der Politik nach zehnjähriger Pause einen spektakulären Wiedereinstieg an der Spitze der Partei anpeilte. Der Modus der Kandidatenkür sah vor, dass das Bewerber-Trio sich im Rahmen einer Reihe von Regionalkonferenzen der Parteibasis vorstellte und nicht nur parteiintern galt diese Wahlkampftour durch die Republik als Erfolg. Der offene und weitestgehend faire Wettbewerb um den Vorsitz in Verbindung mit der Basisnähe des Prozederes hauchte der Partei im Vorfeld des Hamburger Parteitages im Dezember 2018, auf der die endgültige Entscheidung durch die Delegierten getroffen würde, lange vermisstes Leben ein und wer die Regionalkonferenzen besuchte, erlebte sowohl auf dem Podium als auch im Publikum Unionsleute, die eine geradezu zukunftsfrohe Aufbruchstimmung ausstrahlten, als falle mit der Noch-Vorsitzenden Merkel nun endlich in absehbarer Zeit eine schwere Last von der Partei ab. Die CDU, so der Eindruck vieler Beobachter, präsentierte sich allen Unkenrufen zum Trotz erstaunlich vital und das Wagnis einer unchoreografierten Auseinandersetzung um den Vorsitz schien sich schon allein aufgrund dieser atmosphärischen Aufhellung und ganz unabhängig von ihrem Ausgang gelohnt zu haben.

Der andere Grund für einen eher optimistischen Blick in die Zukunft seitens der CDU hatte mit den Entwicklungen im Union-Binnenverhältnis zu tun. Das Jahr 2018 war bis in den Sommer hinein Schauplatz von massiven Reibereien und Scharmützeln zwischen der CDU und der bayerischen Schwesterpartei gewesen, die ihre migrationspolitischen Vorbehalte gegenüber der Regierungspolitik seit 2015 partout nicht für sich behalten wollte. Die Liste der CSU-Attacken reicht zurück bis zu Seehofers Rede von der »Herrschaft des Unrechts« 2016, die angesichts der deutschen Aufnahmepolitik von Migranten herrsche, als ob die Nicht-Abweisung der Flüchtenden seit September 2015 einen Rechtsbruch darstelle. Und das Wort ›Obergrenze‹ hätte zumindest dem Gefühl nach das Zeug zum Unwort des Jahres 2017 gehabt, jedenfalls war sie der Gegenstand eines bizarren Streits, der die Union die gesamt erste Jahreshälfte in Atem hielt. Nach einem kurzen Burgfrieden anlässlich der Bundestagswahl machten die CSU und Seehofer direkt dort weiter, wo sie vor dem Wahlkampf aufgehört hatten, letzterer nun allerdings als Dienstherr des Innenministeriums, das als migrationspolitische Schlüsselstelle zu einer Bastion der regierungsinternen Opposition umgebaut werden sollte. Seehofer erklärte umgehend und in explizitem Gegensatz zur Aussage des damaligen Bundespräsidenten Wulff, der Islam gehöre nicht zu Deutschland und kündigte zudem einen ›Masterplan Migration‹ an, der einen erbitterten Streit mit der CDU um die Zurückweisung von Migranten an der EU-Außengrenze lostrat, der im Laufe des Sommers immer weiter bis zu dem Punkt eskalierte, an dem Seehofer Merkel de facto ein Ultimatum stellte: Nur wenn es ihr gelänge, auf dem EU-Gipfel Ende Juni 2018 mit den europäischen Partnern Regelungen auszuhandeln, die den Forderungen der CSU ausreichend Rechnung trügen, könne der Streit beigelegt werden. Am 1. Juli tagten die Fraktionen von CDU und

CSU getrennt, wobei bei letzterer die Frage im Mittelpunkt stand, ob die auf dem Gipfel erzielten Ergebnisse tatsächlich »wirkungsleich« mit den Forderungen des CSU seien, wie es die Kanzlerin formuliert hatte. Und als wäre die getrennte Zusammenkunft der Fraktionen nicht schon denkwürdig genug gewesen, legte der zunehmend unberechenbar wirkende Seehofer noch eine Schippe drauf, indem er seine offensichtlich divergierende Einschätzung von Merkels Verhandlungserfolgen mit der Ankündigung seines Rücktritts als Minister untermauerte. Bezeichnenderweise ruderte Seehofer umgehend wieder zurück, aber das vielzitierte Band, dass die Unionsfamilie zusammenhält, schien nach den monatelangen Konflikten nicht nur zerschlissen, sondern auch bis zum Reißen angespannt.

Dass der schiefhängende Haussegen innerhalb der Union wieder geradegerückt wurde, lag an einer Art Damaskus-Erlebnis Markus Söders unmittelbar vor der bayerischen Landtagswahl. Söder stand als Nachfolger Seehofers als Parteivorsitzender und Ministerpräsident unter Druck, in seinem Debüt ein gutes Ergebnis abzuliefern und die Partei hatte über weite Strecken des Wahlkampfs eindeutig nach rechts geblinkt, um so der AfD das Wasser abzugraben. Söder geißelte öffentlich vermeintlichen »Asyl-Tourismus« und Landesgruppenchef Dobrindt sah eine »Anti-Abschiebe-Industrie« am Werk. Soviel sprachliche Kreativität gepaart mit Demagogie wurde dann auch belohnt: »Anti-Abschiebe-Industrie« wurde tatsächlich zum Unwort des Jahres 2018 gekürt. Die Belohnung in Sachen Wählerzustimmung fiel allerdings in den Umfragen wesentlich schmaler aus, was zur dramatischen Kehrtwende Söders kurz vor dem Wahltermin führte. Plötzlich entdeckte Söder sein Herz für die Natur und machte die AfD als den Hauptgegner der CSU aus, der mit aller Kraft bekämpft werden müsse. Die CSU kam bei den Wahlen mit einem tiefblauen Auge davon und Söder hatte sein Narrativ gefunden: Die klare Abgrenzung gegen die AfD unter gleichzeitiger Ergrünung der CSU erhob er im Stile des reuigen Sünders zur neuen Leitlinie der Partei, als sei er eine zeitlang der rechten Versuchung erlegen, habe aber gerade noch rechtzeitig das Licht einer ergrünten CSU gesehen und die Umkehr geschafft. Bemerkenswert ist hier nicht nur die Wende an sich, sondern auch mit welch gleichmütigem Wohlwollen diese Erzählung in weiten Teilen der Öffentlichkeit aufgenommen und akzeptiert wurde. Jedenfalls brachte dies augenblicklich eine erkennbare Befriedung des Union-Innenlebens mit sich, sodass man im Vorfeld des Hamburger CDU-Parteitags im Konrad-Adenauer Haus durchaus Grund hatte, einigermaßen optimistisch in die Zukunft zu blicken.

Parteiintern galt Merz vor dem Parteitag als Favorit gegenüber Kramp-Karrenbauer, aber Merz hielt eine seiner schlechteren Reden und überraschend viele derjenigen, die im ersten Wahlgang für den chancenlosen Spahn votierten, gaben ihre Stimme im zweiten und entscheidenden Wahlgang Kramp-Karrenbauer, sodass diese letztlich triumphierte. Doch bereits im Moment des Sieges zeichnete sich ab, dass die mittlerweile regelmäßig als AKK titulierte Kramp-Karrenbauer keine einfache Aufgabe an der Parteispitze vorfinden würde. Denn das Ergebnis war mit 517 zu 482 Stimmen denkbar knapp und das Merz-Lager verbreitete zudem Gerüchte, Kramp-Karrenbauer habe Paul Ziemiak nur deshalb den Posten des Generalsekretärs angeboten, damit der JU-Chef die jungen Spahn-Parteigänger im zweiten Wahlgang auf ihre Seite ziehe. Es sollte nicht die letzte eigenwillige Interpretation der Dinge sein, die im Umfeld von Merz und seinem Team Journalisten in die Notizbücher diktiert wurde. Das Ergebnis von Hamburg zeigte jedenfalls, dass die Partei trotz AKKs Zuhörtour als Generalsekretärin und der Aufbruchstimmung, die die Regionalkonferenzen verbreitet hatten, in zwei Lager gespalten war, die sich über so manches uneins schienen, zum Beispiel über die Migrationspolitik, den Umgang mit der AfD und – vor allem – die Rolle Angela Merkels.

In dieser schwierigen Lage zeigte sich zunächst, dass die Leidenschaft, die Kramp-Karrenbauer in ihre Hamburger Bewerbungsrede gelegt und die ihr letztlich den Sieg gesichert hatte, keineswegs nur aufgesetzt war: Die neue Vorsitzende startete ambitioniert in ihr neues Amt. Von ihrer Zuhörtour durch die Kreisverbände hatte sie eine ganze Reihe von Ideen mitgebracht, die in die anstehende Arbeit am neuen Parteiprogramm einfließen sollten. Eine dieser an der Basis populären Ideen, die sie schon auf den Regionalkonferenzen propagiert hatte, war die einer allgemeinen Dienstpflicht, die junge Menschen nach dem Schulabschluss ableisten sollten. Kramp-Karrenbauer begründete die Idee damit, dass damit der gesellschaftliche Zusammenhalt gefördert werde, doch selbst wenn man dies als nicht ganz unplausibel betrachtet, kommt man doch nicht umhin, hier ein lehrbuchartiges Beispiel für die Tragik des Konservatismus zu erkennen: Die Wehrpflicht war über viele Jahre für weite Teile der (männlichen) Gesellschaft ein Faktum ihrer Lebenswirklichkeit, das eine gewisse Akzeptanz genoss. Nach ihrer Suspendierung nun quasi als Ersatz eine allgemeine Dienstpflicht einzuführen, konnte nur artifiziell wirken und erschien weiten Teilen der Gesellschaft außerhalb der CDU als Irrweg. Kramp-Karrenbauer hielt noch eine Weile dem wachsenden parteiinternen Widerstand stand, aber letztlich verpuffte ihre Initiative. Aber auch abgesehen von der Dienstpflicht hatte die neue Vorsitzende auf ihrer Zuhörtour registriert, dass die Parteibasis tendenziell konservativer tickt als ihre Spitze. Sie beschloss daher, der Versöhnung der Partei mit sich selbst Priorität einzuräumen und machte einen Schritt auf die konservative Basis zu. Die Dienstpflicht war der eine Teil dieses Manövers, das bereits vor ihrer Wahl zur Vorsitzenden angekündigte »Werkstattgespräch Migration« im Konrad-Adenauer Haus, in dessen Rahmen der migrationspolitische Kurs der CDU der letzten Jahre (kritisch) diskutiert werden sollte, der andere. Das Vorhaben war von vornherein riskant, denn die Veranstaltung war offenkundig als Geste an die konservativen Merkel-Kritiker gedacht, die nun einmal endlich in einem von der Parteispitze offiziell geboteten Rahmen ihrem Unmut Luft machen können sollten. Kramp-Karrenbauer veranschlagte den kathartisch-therapeutischen Wert der Veranstaltung für die CDU so hoch, dass sie einen Konflikt mit der Kanzlerin in Kauf nahm. Merkel empfand dieses

»Werkstattgespräch« als Affront und lehnte die Einladung demonstrativ ab. Kramp-Karrenbauer aber ging es darum, dass die Flüchtlingspolitik und die Entscheidungen von 2015 für die Union nicht zu einem ähnlichen »Trauma« werden durften, wie es die Agenda 2010 für die Sozialdemokraten gewesen war. Und angesichts dieser Psychologisierung überraschte dann auch nicht der Freudsche Versprecher Kramp-Karrenbauers, als sie zu Beginn des Werkstattgesprächs das Publikum mit »Sozialdemokratinnen und Sozialdemokraten« anredete. Fraglich ist aber vor allem, ob die Rede vom Trauma notwendig und hilfreich war. Denn womöglich wäre es einen Versuch wert gewesen, sich die Flüchtlingspolitik angesichts der arbeitsmarktpolitischen Bilanz als Erfolgsgeschichte ans Revers zu heften, anstatt sich auf das tendenziell rechtskonservative Framing von Kontrollverlust und Trauma einzulassen, das sich so langfristig im kollektiven Bewusstsein der Union festsetzen konnte. Anders ist es nicht zu erklären, dass eine der ersten Reaktionen von Seiten der Union nach dem Fall Kabuls im Sommer 2021 reflexartig lautete: »2015 darf sich nicht wiederholen!«

Kramp-Karrenbauers Bereitschaft, auf das konservative Lager zuzugehen, wurde ihr von diesem gedankt, und auch wenn sich umgekehrt ihre Unterstützer im parteiinternen Ringen um den Vorsitz leise fragten, ob sie tatsächlich auf das richtige Pferd gesetzt hatten, ist Robin Alexander zuzustimmen, wenn er schreibt: »Zu Beginn des Jahres 2019 sieht es so aus: Annegret Kramp-Karrenbauer ist nicht nur die Frontfrau der Liberalen in der CDU, sie hat auch die Konservativen wieder mit der Partei versöhnt. In den Politikerrankings steht sie gleichauf mit Merkel an der Spitze. Sie ist auf dem Höhepunkt ihrer Popularität.«[302]

Erste Zweifel an Kramp-Karrenbauers Führungsfähigkeiten wurden dann über die Lager hinweg erstmals im Zusammenhang mit der Reaktion auf das Video ›Die Zerstörung der CDU‹ des Youtubers Rezo laut, das kurz vor der Europa-Wahl 2019 veröffentlicht wurde. In seinem Clip, der innerhalb kürzester Zeit hunderttausende Male angeklickt wurde, unternahm er einen Frontalangriff auf die deutsche Politik und deren unzureichende Maßnahmen zum Klimaschutz, wobei er sich vor allem an der CDU abarbeitete. Nach der Veröffentlichung konnte man den Eindruck gewinnen, dass Angela Merkel bei ihrer Einschätzung aus dem Jahre 2013, das Internet sei schließlich »für uns alle Neuland«, vor allem die eigene Parteizentrale im Sinn gehabt habe. Denn es dauerte quälend lange, bis sich das Konrad-Adenauer-Haus überhaupt zu einer Stellungsnahme aufraffen konnte, die dann allerdings umso unglücklicher ausfiel. Wirkte schon die Reaktion der eher unionsaffinen FAZ etwas hilflos, die das Video eines jungen Mannes mit blau gefärbten Haaren einem umfassenden ›Faktencheck‹ unterzog, und doch tatsächlich zu dem Ergebnis kam, dass nicht alles stimmte, was Rezo gesagt hatte, so lud Kramp-Karrenbauer in ihrem Statement geradezu zu Missverständnissen ein. Ihr Hinweis, man müsse darüber nachdenken: »Was sind Regeln aus dem analogen Bereich und welche Regeln gelten auch für den digitalen Bereich«, um »Meinungsmache vor der Wahl« zu verhindern, wurde vor allem in der leicht erregbaren Netzgemeinde als Zensur-Drohung interpretiert, erntete aber auch bei Nicht-Digital-Natives eher Stirnrunzeln als Zustimmung. Das Video der konservativen Nachwuchshoffnung Philip Amthor, das das Adenauer-Haus als Erwiderung auf Rezo produzieren ließ, aber nie veröffentlichte, liegt übrigens dem Vernehmen nach noch immer dort, wird aber unter Verschluss gehalten – und die CDU musste mit einem Minus von sechs Prozentpunkten bei der Europawahl eine weitere herbe Niederlage einstecken.

Tatsächlich war dies nicht der einzige Fehlgriff Kramp-Karrenbauers, über den sich ein aus dem Stand empörungsbereites Publikum echauffieren konnte, doch ihr Kernproblem bestand natürlich nicht in verunglückten Karnevalswitzen, sondern dem institutionellen Dualismus, der mit dem Rückzug Merkels vom Parteivorsitz geschaffen worden war. Merkel selbst war es gewesen, die die Trennung von Parteivorsitz und Kanzlerschaft mit Verweis auf das mahnende Beispiel Gerhard Schröders immer abgelehnt hatte, bis sie dem Druck der Partei nicht länger standhalten konnte. Merkel selbst war in ihrer präsidialen Regierungsführung – an der sich auch nach der Scheinrevolte der Fraktion nichts änderte, die sich 2018 Ralph Brinkhaus anstelle des Merkel-Intimus Volker Kauder zum Chef gewählt hatte – davon aber weniger beeinträchtigt als Kramp-Karrenbauer, die zwar als Kanzlerin in spe galt, aber in der Zwischenzeit doch eher dazu verdammt war, das Spiel von der Seitenlinie zu kommentieren, ohne selbst effektiv eingreifen zu können. Dann bot sich der Parteivorsitzenden aber Ende 2019 doch noch die unerwartete Möglichkeit in das operative Geschäft der Regierungspolitik einzusteigen und so der relativen Isolation des Konrad-Adenauer-Hauses zu entkommen: Als Ursula von der Leyen Präsidentin der EU-Kommission wurde, übernahm AKK kurzerhand von ihr das Verteidigungsministerium – auch wenn sie bei ihrer Wahl zur Vorsitzenden betont hatte, dass dies ein Vollzeitjob sei und sie kein Regierungsamt in der aktuellen Legislaturperiode anstrebe.

Am Ende ihres ersten Jahres als Vorsitzende musste Kramp-Karrenbauer eine eher ernüchternde Bilanz ziehen: Nach verheißungsvollem Start folgten allerlei Kommunikationspannen, die Europawahlniederlage und die Probleme, die sich aus der Unionsdoppelspitze Merkel/Kramp-Karrenbauer ergaben – lässt man einmal Söder außen vor, der zu jener Zeit noch das Büßergewand nach seinem Flirt mit dem Rechtspopulismus trug und so noch nicht die Gelegenheit gefunden hatte, zu einem weiteren Problem für die CDU zu werden. Doch vor allem hatten Union und Kramp-Karrenbauer noch immer keine überzeugende Lösung für das gefunden, was zu jener Zeit als zentrales Dilemma für die Positionierung der Christdemokratie galt: Wie konnte es gelingen, sich als konservative Kraft so zu präsentieren, dass einem weiteren Aderlass in Richtung AfD, die immer wieder für sich reklamierte, den ›wahren Konservatismus‹ zu repräsentieren, vorgebeugt würde, ohne damit wiederum vor allem die Grünen zu vergrätzen, die seinerzeit als wahrscheinlichster zukünftiger Koalitionspartner galten – und selbst zumindest in Teilen den Anspruch erhoben, einen ökologisch ausgerichteten Wertkonservatismus zu vertreten.[303] Die CSU hatte im Landtagswahlkampf des Vorjahres ein schulbuchmäßiges Negativbeispiel, wie dies nicht gelingen kann, geliefert, aber nicht alle in der CDU und vor allem in ihren östlichen Landesverbänden folgten dieser Einschätzung, was Kramp-Karrenbauer letztlich zum Verhängnis werden sollte.

Dabei war es einer jener Landesverbände, die 2019 für einen der wenigen, wenn auch überschaubaren Lichtblicke gesorgt hatte: Im September hatte Michael Kretschmer unter schwieriger Ausgangslage und nach fulminantem Wahlkampf die Wahl für die CDU gewonnen. Dass es bereits als Riesenerfolg galt, die AfD gerade mal so auf den zweiten Platz verwiesen zu haben, zeigt, wie sehr die Christdemokratie vor allem im Osten durch die Präsenz der Rechtspopulisten unter Druck geriet. Kretschmer hatte den Weg der offensiven Auseinandersetzung gewählt, diskutierte buchstäblich auf der Straße kontrovers mit Bürgerinnen und Bürgern und konnte mit dieser diskursiven Konfrontationsstrategie am Wahltag reüssieren – wobei er zweifellos von Leihstimmen profitierte, die um jeden Preis verhindern sollten, dass die AfD stärkste Partei werden würde. In anderen östlichen Landesverbänden hatte man allerdings andere Vorstellungen über den Umgang mit der AfD, auch in Thüringen. Zwar ging man hier nicht soweit, »das Soziale mit dem Nationalen versöhnen« zu wollen, wie es in einem unsäglichen Diskussionspapier hieß, das zwei Landtagsabegordnete der sachsen-anhaltinischen CDU im Sommer 2019 veröffentlicht hatten, doch auch in der thüringischen CDU waren Stimmen zu hören, die die Strategie der Abgrenzung von der AfD, die mittlerweile durch einen Nicht-Kooperationsbeschluss der Bundes-CDU sanktioniert war, in Frage stellten. Wie brüchig die vielbeschworenen Brandmauern zwischen gemäßigtem Konservatismus und Autoritarismus dann doch tatsächlich waren, zeigte in aller Deutlichkeit der Eklat im Thüringer Landtag nach den Wahlen Ende 2019. Rot-Rot-Grün unter dem amtierenden Ministerpräsidenten Bodo Ramelow hatte zwar keine absolute Mehrheit, doch im dritten Wahlgang hätte am 5. Februar im

Erfurter Parlament auch die relative Mehrheit für seine Wahl ausgereicht. Doch in diesem dritten Wahlgang trat auch Thomas Kemmerich für die FDP an und in einem parlamentarischen Bubenstück stimmte die AfD geschlossen nicht für ihren eigenen Kandidaten, sondern für Kemmerich – und mit ihr die gesamte CDU-Fraktion. Kemmerich nahm die Wahl an und damit war ein Tabu gebrochen, das bis dahin in der deutschen Politik gegolten hatte: Regierungen dürfen nicht auf der Grundlage der Unterstützung von Seiten der AfD ins Amt gelangen. Zwar trat der leicht umnachtet wirkende Kemmerich nach vierunzwanzig Stunden zurück, doch der Schaden war bereits angerichtet und im Mittelpunkt stand eine blamierte CDU-Fraktion, deren Agieren irgendwo zwischen Ahnungslosigkeit und prinzipienlosem Opportunismus einzuordnen war. Wie später berichtet wurde, hatte Fraktionschef Mohring zwar das nun eingetretene Szenario mit seiner Fraktion durchgespielt, aber auch die klare Anweisung aus Berlin, im Sinne des Nicht-Kooperationsbeschlusses keinesfalls für Kemmerich zu stimmen, so nicht weitergegeben. In der Fraktion war später wenig Schuldbewusstsein erkennbar: »Nicht für Thomas Kemmerich zu stimmen – das hätte ich den Leuten in meinem Wahlkreis nie erklären können. Er ist der bürgerliche Kandidat. Soll ich den Linken wählen?«, fasste etwa Jörg Kellner, der über ein Direktmandat für die CDU in den Landtag eingezogen war, seine Beweggründe zusammen.[304] Tatsächlich muss man feststellen, dass die Thüringer CDU eingezwängt zwischen Nicht-Kooperationsbeschlüssen gegenüber Linken und AfD in einer komplizierten Lage war; erschwerend kam hinzu, dass Fraktionschef Mohring, der seinerzeit als Hoffnungsträger der Partei galt, nicht fähig war, seine Fraktion zur Räson zu bringen und so sehenden Auges in den Eklat lief, der über die Landesgrenzen hinaus für Empörung sorgte. Nun schlug die Stunde der Bundesvorsitzenden, die zu retten versuchten, was in Erfurt zu retten war. Lindner gelang es, Kemmerich umgehend zum Rücktritt zu bewegen, Kramp-Karrenbauers Aufgabe war allerdings komplizierter. Aus Sicht der Spitze der Bundes-CDU waren Neuwahlen der beste

Weg aus der verfahrenen Situation, aber die frischgewählten Fraktionsmitglieder ließen die Bundesvorsitzende und den hilflosen Mohring mit dieser Forderung abblitzen. Das Ergebnis war ein Scherbenhaufen. Durch den Tabubruch hatte das Image der CDU nicht nur in Thüringen gelitten, konsequenterweise musste in der Folge Mohring Partei- und Fraktionsvorsitz abgeben, aber am schwerwiegendsten waren die Folgen für die Parteispitze. Kramp-Karrenbauer sah sich – nicht zu Unrecht – vom Verhalten der Erfurter Fraktion in ihrer Autorität in Frage gestellt. Schon auf dem Parteitag im November 2019 hatte sie gewissermaßen die Vertrauensfrage gestellt als sie in ihrer Rede formulierte: »Wenn Ihr der Meinung seid, dass dieses Deutschland, so wie ich es möchte, nicht das Deutschland ist, wie Ihr Euch es vorstellt, und wenn dieser Weg, den ich gemeinsam mit Euch gehen möchte, nicht der ist, den ihr für den richtigen haltet, dann lasst es uns heute aussprechen und dann lasst es uns heute auch beenden.« Die Reaktion damals war minutenlanger Applaus gewesen, aber die Autorität der Vorsitzenden war zu diesem Zeitpunkt bereits angeknackst und nach der störrischen Weigerung der Erfurter Fraktion war AKK offensichtlich der Meinung, dass sie als Vorsitzende schlicht nicht mehr über die Hebel verfügte, um eine effektive Vorsitzende für ihre Partei zu sein. Diese Entscheidung zeugte zwar von Kramp-Karrenbauers persönlicher Integrität, war sie doch auch getragen vom Bestreben, ihrer Partei dadurch einen Dienst zu erweisen, dass sie sich zurückzog, doch im Nachhinein erwies sie sich als verhängnisvoll. Gerade einmal vier Wochen nachdem Kramp-Karrenbauer verkündet hatte, ihr Amt zur Verfügung zu stellen, verhängte die Bundesregierung den ersten coronabedingten bundesweiten Lockdown und hätte Kramp-Karrenbauer über einen etwas größeren Willen zum Aussitzen verfügt, hätte sich die Partei vermutlich angesichts der krisenhaften Entwicklungen spätestens dann wieder um sie geschart. So brockte Kramp-Karrenbauer jedoch ihrer Partei und der Union insgesamt ein quälend langes Führungsvakuum ein, das als Problem den oben erwähnten Dualismus zwischen Parteivorsitz und Kanzlerschaft mühelos in den Schatten stellte. Schließlich wurde Armin Laschet erst beinahe ein Jahr später zum Nachfolger Kramp-Karrenbauers gewählt, die die Partei kommissarisch durch die turbulenten ersten Monate des Coronazäns führte und damit als *lame duck* zu einer Zeit agieren musste, in der die Partei dringend Führung benötigt hätte.

Auch ansonsten war nicht zu erkennen, dass Akteure und Gremien fähig und willens gewesen wären, das Vakuum zu füllen. Die Kanzlerin war erstens keine Parteivorsitzende mehr und hatte zweitens auch schon zuvor mit ihrem präsidialen Regierungsstil des Öfteren den Eindruck erweckt, dem profanen Parteigeschäft längst entrückt zu sein – im Vorfeld der Europawahl hatte sich sich sogar geweigert, Wahlkampfauftritte für die CDU zu absolvieren. Und auch wenn man die mitunter harsche Kritik an CDU-Kabinettsmitgliedern wie Peter Altmaier, Julia Klöckner oder Anja Karliczek nicht in Gänze teilt, wird man doch kaum behaupten können, dass sich hier jemand hervorgetan hätte – mit der großen Ausnahme von Jens Spahn, der als Bundesgesundheitsminister während der Pandemie zu den prägenden politischen Akteuren zählte. Zuletzt blieb auch die Fraktion hinter den Erwartungen zurück, die die Revolte gegen Kauder und Merkel geweckt hatte. Die größere Beinfreiheit, die von Fraktionschef Brinkhaus gewährt wurde, wurde nur selten zu klaren Akzentsetzungen genutzt. Hinter dem Leitbild des eigenständigen politischen Kraftzentrums, das die Fraktion immer schon von sich selbst hegte und dem sie in manchen Episoden der Parteigeschichte auch gerecht wurde, blieb sie in den Monaten, in denen die CDU ein solches Kraftzentrum dringend benötigt hätte, blieb sie weit zurück.

Doch das Führungsvakuum schien der Union zunächst kaum zu schaden. Im Gegenteil, die CDU konnte sich in der Frühphase der Pandemie ganz auf ihr Image als verlässliche Krisenmanagerin verlassen und schien diesem auch gerecht zu werden. Schon ganz zu Anfang gelang es ihr, ein Narrativ zu prägen, in der die Pandemie zur schwersten Krise seit der Nachkriegszeit erklärt wurde, um dementsprechend im althergebrachten CDU-Sound die Werte von Wiederaufbau und Wirtschaftswunder zu beschwören, die es nun wiederzuentdecken und hochzuhalten gelte. Wie aus dem Lehrbuch des Konservatismus wurde die Verbindung hergestellt zwischen den Unwägbarkeiten einer krisenhaften Gegenwart und den eigenen kollektiven Wurzeln, derer man sich versichern muss, um die Herausforderungen der Zukunft zu bewältigen. Eine Figur, wie wir sie nicht nur im konservativen Denken, sondern auch bereits im Diskurs der geistig-moralischen Wende kennengelernt haben. Und so stiegen etwa für Jens Spahn nicht nur die Bekannheits-, sondern auch die Beliebtheitswerte: Im Politbarometer fand sich der Gesundheitsminister seit März 2020 durchgehend unter den zehn wichtigsten Politikern wieder und war auf der Beliebtheitsskala zumindest in der Frühphase der Pandemie immer unter den Top 5. Doch es war eben nicht nur Spahn allein, der gewissermaßen von der Krise profitierte, sondern auch die Regierung insgesamt, die für ihre Politik schwindelerregend hohe Zustimmungswerte erhielt, was sich allerdings bezeichnenderweise nur in den Werten der Christdemokraten positiv niederschlug, die im Juni 2020 in den Umfragen auf beeindruckende 40 Prozent geklettert waren. Ein weiteres Mal schien sich in den Augen weiter Teile der Bevölkerung zu bestätigen, was die Union in der Dekade zuvor als ihren Markenkern etabliert hatte: Wie sehr auch die Welt aus den Fugen geraten mag, solange die Union die Geschicke des Landes (mit-)lenkt, wird jeder noch so bedrohliche Kelch weitestgehend an Deutschland vorübergehen. Allerdings hätte schon damals den Unionsstrategen klar sein müssen, dass die aktuellen Zustimmungswerte vor allem mit einer Person zu tun hatten, die keine Parteivorsitzende mehr war und auch bei der nächsten Wahl nicht antreten würde. Aber in diesem kurzen Sommer der Normalität spielte ein etwaiges Machtvakuum in der Union offensichtlich keinerlei Rolle – weder für die Partei, noch für ihre mehr oder weniger festegelegte Anhängerschaft.

Aber mit dem Herbstanbruch begann der Stern der Union als

Krisenmanagerin langsam aber sicher zu sinken. Die zweite Welle holte die Bevölkerung zurück in die pandemische Realität, die sich, für viele überraschend, jedenfalls insofern nicht geändert hatte, als es noch immer keine allgemeinverbindlichen Rezepte etwa zum Schulbetrieb unter Corona-Bedingungen gab, sodass mehr oder weniger harte Lockdowns letztlich das Mittel der Wahl blieben, für die die Akzeptanz aber in Teilen der Bevölkerung merklich abnahm. Die überwiegend zuversichtliche Stimmung des Sommers, währenddessen auch manche intelligenten Zeitgenossen ernsthaft gezweifelt hatten, ob es überhaupt eine zweite Welle geben würde, schlug um in eine allgemeine Verhärmung, die auch die politische Umgangsweise mit der Pandemie erschwerte und die Kämpfe um die richtigen Rezepte härter werden ließ. Es ist auch diesem insgesamt umwölkten Umfeld geschuldet, dass das zweite Schaulaufen für den CDU-Parteivorsitz innerhalb von zwei Jahren nicht ansatzweise den Elan und die Aufbruchstimmung versprühte, die noch den Regionalkonferenzen 2018 attestiert worden waren – nicht zuletzt deshalb, weil es statt Regionalkonferenzen nun Videokonferenzen waren, die abgehalten werden mussten. Zur Wahl stand abermals Friedrich Merz und neben ihm hatte auch der CDU-Außenpolitiker Norbert Röttgen seinen Hut in den Ring geworfen. Für viele überraschend nutzte Spahn sein gestiegenes Bekanntheits- und stellenweise auch Beliebhtheitskapital nicht für eine eigene Kandidatur, sondern ging als Junionpartner Armin Laschets ins Rennen.

Aus der Zeit dieses zweiten parteiinternen Wahlkampfs innerhalb von zwei Jahren blieb nicht viel in Erinnerung, was die inhaltliche Erneuerung der CDU angeht. Einzig Röttgen mahnte überhaupt offensiv eine solche Erneuerung an. Das Tandem Laschet/Spahn veröffentlichte zwar ein Zehn-Punkte-Positionspapier mit dem Titel ›Für ein innovatives und lebenswertes Deutschland‹, das aber keinerlei erkennbare Resonanz hervorrief, wohl auch weil es keinerlei Willen zur halbwegs kontroversen Positionierung verriet und stattdessen gewissermaßen blühende Lanschaften versprach –

unter denen nun aber eben überall Glasfaserkabelnetze verlegt werden sollten. Friedrich Merz hatte noch zu Beginn des Jahres die Losung ausgegeben, die CDU müsse die »Gutmeinenden« von der AfD zurückgewinnen und war sich sicher, dass es mit ihm an der Spitze möglich (gewesen) wäre, die AfD-Zahlen zu halbieren. Doch im Laufe des Jahres musste Merz diese Einschätzung revidieren, da die zunehmenden Radikalisierung der AfD die Vorstellung, hier fänden sich in nennenswerter Anzahl versprengte und heimatlos gewordene Christdemokraten, die zurückzugewinnen seien, immer abwegiger erscheinen ließ. Damit ging Merz aber auch eines seiner Kernargumente für sich selbst als Vorsitzender verloren, sodass er sich stattdessen auf altbekanntes Terrain zurückbegab. Dass die Corona-Krisenpolitik Bund und Länder unzählige Milliarden kosten würde, wurde schon im Frühjahr 2020 klar und regelkonform wurde so die Schuldenbremse aufgrund der krisenhaften Bedingungen ausgesetzt. Merz betonte aber bereits, dass es darum gehen müsse, sie möglichst schnell wieder greifen zu lassen, und wolle man den in Aussicht stehenden Post-Corona-Aufschwung nicht durch höhere Steuern und Abgaben abwürgen, sei klar, was zu tun sei: »Wir sollten nach der akuten Krise alle staatlichen Leistungen von Bund, Ländern und Gemeinden auf den Prüfstand stellen«, ließ er schon im Mai verlauten und hielt an dieser Agenda auch in den Herbst hinein fest. Allerdings hatte schon im Sommer Wolfgang Schäuble, der Merz im ersten Kandidatenwettkampf unterstützt hatte, deutlich gemacht, dass er von Merz' Ansage nur begrenzt beeindruckt war. »Es ist ein Satz mit allgemeiner Gültigkeit, aber mehr sagt er dann auch nicht aus, bei aller Freundschaft zu Friedrich Merz«, gab er in einem Inteview zu Protokoll, das er bezeichnenderweise gemeinsam mit Spahn der ZEIT gab und damit Gerüchte befeuerte, Spahn könne sich doch noch entschließen, gestützt auf die Fürsprache des CDU-Nestors Schäuble aus dem Tandem mit Laschet auszuscheren und selbst für den Vorsitz antreten.[305]

So blieb von diesem im Hinblick auf christdemokratische Ideen und Positionen eher blassen Wahlkampf vor allem eine Episode in Erinnerung, die sich als Menetekel im Hinblick auf die Zuspitzung der kommenden Monate erweisen sollte. Der Parteitag, auf dem der neue Vorsitzende gekürt werden sollte, hätte planungsgemäß eigentlich noch Ende 2020 stattfinden sollen, wurde dann aber mutmaßlich aus coronabedingten Gründen auf Anfang 2021 verschoben. So weit, so unspektakulär, doch Merz witterte in der Verschiebung eine strategische Entscheidung der Parteiführung zugunsten Laschets, der sich bis dahin schwer getan hatte, bei der Basis um Zustimmung für sich und Spahn zu werben. Merz behauptete, die Verschiebung solle Laschet Zeit verschaffen, um in eine bessere Ausgangsposition für den Parteitag zu kommen, und sprach sogar von einer Intrige gegen ihn; die Entscheidung über die Verlegung des Parteitags sei »der letzte Teil der Aktion ›Merz verhindern‹« gewesen. Dieser medial gut dokumentierte Wutausbruch gegen die Führungsebene der CDU brachte Merz einigermaßen erwartbar das Label ›Sauerland-Trump‹ ein, was natürlich völlig übertrieben war und den Blick darauf verdeckte, dass Merz' grundsätzliche Lesart der Situation nicht falsch war. Denn auch wenn die Verlegung des Parteitags wohl kaum als aktive Waffenhilfe für Laschet interpretiert werden konnte, stand doch außer Frage, dass große Teile des Partei-Establishments ganz im Gegensatz zur Basis der Kandidatur Merz' mit Skepsis gegenüberstanden – was sich bis zum heutigen Tag nicht geändert hat. Der Grund ist denkbar einfach: Ein Parteivorsitzender und am Ende auch noch Kanzlerkandidat Merz mag zwar von der Unionsstammwählerschaft goutiert werden, doch allein mit dieser würden beim besten Willen keine Wahlen mehr gewonnen werden. Umgekehrt machte man sich im Konrad-Adenauer-Haus keine Illusionen darüber, dass ein Vorsitzender Merz das bestmögliche Wähler-Mobilisierungsprogramm zugunsten einer seinerzeit noch anämischen SPD wäre, von den Grünen ganz zu schweigen.

Merz blieb bei seinem grundsätzlichen Vorwurf und der Strategie, sich als Liebling der Basis zu inszenieren, rüstete aber rhetorisch ab, zollte den Parteigremien den obligatorischen Respekt und sprach von einem Familienkrach, der aber keine bleibenden Spuren hinterlassen würde.

Mitte Januar 2021 fand schließlich der Wahlparteitag statt. Nach einem Achtungserfolg im ersten Wahlgang, in dem er immerhin 224 von 1001 möglichen Stimmen erhielt, schied Röttgen aus und in der Stichwahl setzte sich Laschet mit 521 Stimmen gegen Merz durch, der jedoch abermals alles andere als deklassiert wurde und 466 Stimmen auf sich vereinigte. Der Versuch zu verhindern, dass durch dieses vergleichsweise knappe Ergebnis erneut Gräben in der Partei aufgeworfen würden, scheiterte unmittelbar nach der Wahl. Röttgen und Merz sollten in eine Teamlösung eingebunden werden, doch beide lehnten ab. Röttgen war die Leitung der Grundsatzkommission der Partei verständlicherweise zu zahnlos und Merz forderte unverständlicherweise einen Kabinettsposten – den Laschet ihm kaum anbieten konnte und die Bundeskanzlerin kaum anbieten wollte. Aber Merz und Röttgen fielen nach diesen kurzen Aufwallungen zurück ins Glied und blieben auch in der Folge weitestgehend loyal gegenüber dem neuen Vorsitzenden – allerdings war diese Loyalität zunächst weniger in der Auseinandersetzung mit dem politischen Gegner als mit der Schwesterpartei gefragt.

Von Beginn an hatten sich die Bewerber um den CDU-Vorsitz den Raum mit einem Elefanten teilen müssen, der weiß-blaue Rauten trug und auf den Namen Markus Söder hörte. Die große Frage lautete von je her, ob der künftige CDU-Vorsitzende auch Kanzlerkandidat würde. Schließlich hatte es Söder die längste Zeit vermieden, sich zu den eigenen Ambitionen zu äußern und die üblichen Standardantworten zu Protokoll gegeben, dass sich die Union zu gegebener Zeit gemeinsam auf einen Kandidaten einigen werde und im Übrigen sein Platz ja ohnehin in Bayern sei. Als es dann zum Schwur kommen sollte, stellte sich heraus, dass Söder mit dem Rückenwind seines fein inszenierten Images als Corona-Hardliner an der Seite der Kanzlerin und als Vorsitzender einer vermeintlich grün-geläuterten CSU dann doch Ambitionen hatte. Nun kam es zu einem Gerangel, das in der Geschichte der Union seinesgleichen sucht, wo beim letzten Mal die Frage der Kanzlerkandidatur zwischen CDU und CSU ganz zivilisiert beim berühmten Wolfratshausener Frühstück zwischen Merkel und Stoiber geklärt worden war. Scheinbar war man auch davon ausgegangen, dass sich Söder und Laschet im Zwiegespräch friedlich einigen würden, jedenfalls hatte man im Konrad-Adenauer-Haus offensichtlich keinerlei Szenarien durchgespielt, wie die ja lang erwartete Situation im Konfliktfall aufgelöst werden könnte. Und so lief die Kandidatenkür völlig aus dem Ruder.

Nachdem Söder seine Karten auf den Tisch gelegt hatte, wurden Gespräche und Verhandlungen im kleinen Kreis geführt und am Ende traten die beiden Kontrahenten gemeinsam vor die Presse, wo Söder verkündete: »Wenn die CDU bereit wäre, mich zu unterstützen, wäre ich bereit. Wenn die CDU es nicht will, bleibt ohne Groll eine gute Zusammenarbeit.« Aber als sich am nächsten Tag CDU-Präsidium und -vorstand tatsächlich mehrheitlich für Laschet aussprachen, ohne dass formal abgestimmt wurde, vollzog Söder eine dramatische Kehrtwende. Er weigerte sich, das informelle Votum zu akzeptieren und suggerierte in einem Fernsehinterview, in den offiziellen Parteigremien der CDU würden Hinterzimmerentscheidungen getroffen, die einer modernen Partei nicht mehr angemessen seien. Schon am kommenden Tag kam es zum Showdown vor der Unionsfraktion, wo beide Kandidaten in spe auftraten und es zur harten Ausspache kam, in der vor allem Laschet einiges einstecken musste. Die Dinge schienen sich zugunsten Söders zu neigen, nachdem ein CDU-Ministerpräsident nach dem anderen sich für Söder aussprach, wenn auch bisweilen mit bemerkenswerten Begründungen: »Es geht nicht um persönliche Sympathie, Vertrauen oder Charaktereigenschaften«, ließ der sachsen-anhaltinische Ministerpräsident Rainer Haseloff wissen, sondern nur darum, wer die Wahl gewinnen könne. Dass Konservative einen ausgeprägten Willen zur Macht haben, wird niemand bestreiten, aber dass er so unverhohlen und kaum bemäntelt von bürgerlichem Feinsinn geäußert wird, ist schon ungewöhnlich, zumal schließlich Charakterfragen das ureigenste Terrain des Konservatismus darstellen: Schließlich hängt in seiner Ideenwelt gerade nicht alles von anonymen Kräften, Systemen oder der Geschichte ab, sondern vom einzelnen und von seiner Charakterbildung inklusive Sekundärtugenden. Dass Haseloff nach der gewonnenen Landtagswahl 2021 dann schnurstraks zum Rollenmodell für einen zeitgemäßen Konservatismus erhoben wurde, muss von daher überraschen.[306]

Jedenfalls spielte Söder also weiter auf Zeit und sprach sich für eine wie auch immer geartete Einbindung der Basis aus, im Wissen, dass das Momentum auf seiner Seite war. Nicht auf seiner Seite war allerdings Wolfgang Schäuble. Im Nachhinein wurde aus der CSU gestreut, Schäuble habe zugunsten Laschets interveniert, weil nur so noch eine Chance bestehe, dass Merz noch einmal einen Kabinettsposten erhalte, aber der eigentliche Grund für das Aktivwerden des Bundestagspräsidenten war ein anderer. Schäuble war hellhörig geworden, als Söder die CDU-Parteigremien als Hinterzimmer verunglimpfte und deutlich machte, wie wenig ihm im Zweifelsfall diese Institutionen parteiinterner Demokratie bedeuteten. Seine eigene Partei hatte Söder zu diesem Zeitpunkt längst eingenordet (wobei er vermutlich ›eingesüdet‹ gesagt hätte); Widerworte akzeptierte er allenfalls noch von Alexander Dobrindt, dem mächtigen Landesgruppenchef im Bundestag, sowie – gezwungenermaßen – vom Vorsitzenden des Koalitionspartners in Bayern, Hubert Aiwanger. Von innerparteilicher Vielfalt und Pluralismus war jedenfalls selbst für CSU-Verhältnisse nur noch wenig zu erkennen. Zudem war es kein Geheimnis geblieben, dass man in Bayern nicht nur nach Ungarn zu Viktor Orban, sondern auch zu den österreichischen Nachbarn und Bundeskanzler Sebastian Kurz gute Kontakte pflegte und interessiert dabei zugesehen hatte, wie sich der ehemalige Außenminister die einstmals honorig-verschlafene Österreichische Volkspartei ÖVP gefügig gemacht und zu einer ganz auf ihn zugeschnittenen Persönlichkeitspartei umfunktioniert hatte, wie sie mittlerweile etwa das ganze Parteienspektrum rechts der Mitte in Italien dominiert. Schäuble zählte eins und eins zusammen und kam zu dem Ergebnis, dass sich die CDU keinesfalls auf einen womöglich faustischen Pakt mit dem undurchsichtig-wendigen bayerischen Ministerpräsidenten einlassen sollte. Oder vielleicht hatte er einfach nur den kurz zuvor veröffentlichten SPIEGEL-Essay des Politikwissenschaftlers Joachim Behnke gelesen, der Söder schlichtweg die charakterliche Eignung zur Kanzlerschaft absprach (aber schließlich ging es ja nun laut Haseloff nicht mehr um Charakterfragen) und seinen Text mit den warnenden Worten beendete: »Der CDU könnte unter einem Kanzler Söder womöglich dasselbe Schicksal widerfahren, wie es den Republikanern unter Trump geschehen ist.« Söder glaube offensichtlich, »dass er wie ein Berserker die Führungsstrukturen der angeblichen ›Schwesterpartei‹ zerlegen kann und ihn trotzdem viele CDU-Funktionäre bei seinem Angriff auf die Kanzlerkdandidatur unterstützen würden. Söder ist nicht der Typ, der auf seinem Durchmarsch zur Macht Gefangene Macht oder Rücksichten nimmt. Eine von ihm zerschredderte CDU, nachdem er selbst an der Kandidatur gescheitert ist, ist in seinem Kalkül wohl nicht ein um jeden Preis vermeidbares Übel.«[307] Die Details der Bemühungen Schäubles und des anderen Strippenziehers, dem hessischen Ministerpräsidenten Volker Bouffier, Laschet die Kandidatur zu sichern, können hier außen vor bleiben, wichtig ist tatsächlich eher das Kalkül: Offenkundig sahen beide Altvorderen eine reale Gefahr, dass die Union letztlich gemäß dem österreichischen Vorbild zu einer Art ›Liste Söder‹ zusammenschrumpfen könnte, und waren nicht bereit, diesen möglichen Preis für den vermeintlich aussichtsreicheren Kanzlerkandidaten zu entrichten. In einem für den christdemokratischen Kontext ja nicht ganz unpassenden religiösen Register würde man sagen, dass sie nicht bereit waren, die Seele der Partei für einen Wahlsieg zu verkaufen, und auch wenn dies von manch mehr oder weniger interessierter Seite prompt als Engstirnigkeit gegeißelt wurde, durch die das Wohl der Partei über das Wohl der Union insgesamt oder gar des ganzen Landes gestellt werde, entsprach die Entscheidung tief christdemokratischen Intuitionen: Charakterfragen sind eben doch wichtig und das gleiche gilt für die *repräsentative* Demokratie – auch innerparteilich. Wer hier, wie mutmaßlich Söder, die Axt anlegen wollte, musste selbst noch von einer zu Tode erschöpften CDU Widerstand erwarten.

Als Fazit dieses endlos erscheinenden Diadochenkampfes, der eigentlich bereits mit der Ankündigung Merkels, nicht mehr für den Parteivorsitz zu kandidieren, begann, lässt sich Folgendes festhalten. Die Krisenpolitik Merkels war eine, die stoisch Probleme kleinraspelte und löste oder ihre Kosten externalisierte und es sich dabei geradezu versagte, auch nur ein wenig über den Tellerrand des aktuellen Problemkontextes hinauszublicken. Und ganz ähnlich agierte die Partei insgesamt am Ende der Ära Merkel im Hinblick auf sich selbst. Spätestens 2018 war sie gefordert, sich personell aber auch inhaltlich auf das Ende dieser Ära vorzubereiten und vorausschauend diesbezügliche Ideen und Szenarien zu entwickeln, selbst wenn sie aktuell noch vom Krisenbonus der Kanzlerin zehrte. Vor allem diejenigen, die es gut meinen mit dem Konservatismus, verweisen darauf, dass seine Leoparden-Version, die wir aus dem ersten Kapitel kennen, zu Ende gedacht das beständige vorausschauende Um- und Neujustieren der Verhältnisse bedeutet, dass sich idealerweise zu einem Präventionsregime verdichtet, in dessen Rahmen das beständige Drehen an kleinen Schrauben verhindern soll, dass jemals am großen Rad gedreht werden muss, mit all den sich daraus ergebenden intendierten und nicht-intendierten Folgen. In diesem Sinn ist festzustellen, dass die Union schlicht nicht konservativ im Hinblick auf sich selbst agiert hat: Statt vorausschauender Planungen für die Nach-Merkel-Ära lebte man in den Tag hinein und stolperte am Ende einer ganzen Reihe von mehr oder minder großen Patzern geradezu naiv in die finale Konfrontation zwischen CDU- und CSU-Vorsitzenden mit maximalem Schaden für die Christdemokratie insgesamt.

Mit dieser schweren Hypothek und einem mit heißer Nadel gestrickten und nur unzureichend an seine politischen Maße angepassten Wahlprogramm startete Laschet in einen Wahlkampf, in dem ihn trotz der nicht-idealen Voraussetzungen zunächst das Spielglück zu begünstigen schien, als die vermutete Hauptkonkurrenz von den Grünen herbe Verluste in den Zustimmungswerten aufgrund mehr oder weniger schwerwiegender Verfehlungen ihrer Spitzenkandidatin Annalena Baerbock hinnehmen musste. Es schien, als könne Laschet an seiner eigenen Legende als jemand, der selbst nach Niederlagen und in scheinbar aussichtslosen Situationen doch letztendlich die Nase vornbehält, weiterarbeiten. Jedenfalls konnte ihm ein Wahlkampf, in dem es zunächst nicht einmal annähernd um Inhaltliches, sondern Plagiate in Büchern und Nebeneinkünfte ging, nur recht sein – selbst wenn manche der vermeintlichen Plagiate, um die es ging, sich auch in von Laschet verfassten Büchern fanden. Denn auch wenn im Nachhinein immer der im Hintergrund einer gravitätischen Ansprache des Bundespräsidenten anlässlich der Flutkatastrophe im Juli 2021 pietätslos feixende Laschet als Sinnbild eines desolaten Wahlkampfs in Erinnerung bleiben wird, würde es doch viel zu kurz greifen, die Niederlage allein am Kandidaten festzumachen. Die eigentlichen Gründe lassen sich schnell zusammenfassen: Nachdem die Union die vergangenen zehn Jahre politisch von ihrem Ruf als seriöser Krisenmanager gelebt hatte, war nicht nur die oberste Krisenmanagerin nicht mehr an Bord, die letzte und weiterhin aktuelle Krise war auch nicht sonderlich gut gemanagt worden. Hatte sich die Corona-Stimmung wie beschrieben schon im Herbst 2020 eingetrübt, so sorgten politische Pannen für zunehmende Unzufriedenheit, die im Hinblick auf die Union zuletzt im Zusammenhang mit der sogenannten Masken-Affäre sogar in offene Empörung umschlug, als bekannt wurde, dass Abgeordnete sich durch dubiose Geschäfte mit Mund-Nase-Masken persönlich bereichert hatten. Die Reputation der Christdemokraten als Polit-Profis, die auch unter Druck ruhig bleiben und überlegt und integer handeln, hatte also massiv gelitten und damit konnten sie nicht mehr ihren Haupttrumpf der vergangenen Jahre ausspielen. Dies wäre womöglich nicht so schlimm gewesen, hätte die Union über ein einigermaßen erkennbares Profil verfügt, doch wie hier dargelegt, stand sie nach dem Corona-Aus der Schwarzen Null dermaßen blank dar, dass selbst der Spitzenkandidat bisweilen unsicher schien, was denn nun seine Partei eigentlich erreichen wolle: Auf Nachfrage einer Journalistin, ob er neben den zukünftigen Schwerpunkten Digitalisierung und Bürokratieabbau noch einen dritten nennen könne, ließ das Zögern Laschets tief blicken: »Joah, was machen wir noch …?« Und auch dies wäre womöglich nicht ganz so schlimm gewesen, wären dem ohnehin nicht immer sattelfest wirkenden Kandidaten nicht ständig weiß-blaue Knüppel zwischen die Beine geworfen worden. Doch der »Kanzlerkandidat der Herzen« (so CSU-Generalsekretär Markus Blume über Söder) ließ den »lieben Armin« in seinen öffentlichen Stellungsnahmen immer wieder spüren, dass er sich nach wie vor für die bessere Alternative hielt. In gewisser Weise zeigte sich hier die hässlichste Seite der von Konservativen immer wieder beschworenen Bürgerlichkeit, wie bei einem Familienfest, bei der sich die Anwesenden nicht ausstehen können, aber trotzdem den bürgerlichen Schein wahren, obwohl jedem Beobachter klar ist, dass die scheinbare Verbindlichkeit nur geheuchelt ist. Jedenfalls schien man der Loyalität der CSU gegenüber Laschet anzumerken, dass sie nur vordergründig war. Aus der Summe dieser Probleme in Verbindung mit dem unerwarteten Wiedererstarken der SPD ergab sich folgerichtig das – abermals – schlechteste Unionswahlergebnis der Geschichte, zu der im Übrigen auch das enttäuschende Ergebnis in Bayern beitrug, wo die CSU gerade einmal 31,7 Prozent der Stimmen erhielt. So musste die Union erstmals nach sechzehn Jahren an der Regierung den Gang in die Opposition antreten und man lehnt sich nicht zu weit aus dem Fenster, wenn man mutmaßt, dass die Partei in ihrer gegenwärtigen Verfassung grundsätzlich ganz gut dort aufgehoben ist, schließlich gelten Oppositionszeiten als Möglichkeit zur inhaltlichen Regeneration und personellen Neuaufstellung. Doch kann man diese Effekte auch im aktuellen Kontext erwarten und was bedeutet all dies für die Zukunft des deutschen Konservatismus?

Tatsächlich ist die Vorstellung, die Opposition könnte zu Erneuerung und letztendlich zur Stärkung einer Partei führen, ja auch keineswegs politikwissenschaftliche Folklore, wie gerade das Beispiel der Union belegt. Die 1970er Jahre gelten zurecht als eine Ära, in der die Union inhaltlich aufblühte, durch markante Persönlichkeiten wie Biedenkopf und Geißler überzeugen konnte und sich unter der Federführung Kohls auch organisatorisch von der Honorationen- in eine moderne Mitgliedspartei transformierte. Und auch für die Zeit zwischen 1998 und 2005 gilt dies, wenn auch mit einigen Abstrichen. Immerhin fällt in diese Zeit das letzte große programmatische Zucken der Union in Form des Leipziger Programms. Aber blickt man auf den aktuellen Kontext, so fallen auch augenblicklich die Probleme ins Auge, die der Union ins Haus stehen, und die Faktoren, die die anstehende Oppositionszeit von früheren Episoden unterscheiden. Beginnen wir mit den Personalfragen. Man darf hier zunächst nicht vergessen, dass die Frage des Führungspersonals auch am Ende der Ära Kohl alles andere als einfach war und dann noch weiter durch den Spendenskandal verkompliziert wurde. Nichtsdestotrotz werden jene Schwierigkeiten von den aktuellen Erschütterungen in der Führungsebene der CDU mühelos in den Schatten gestellt: Die Partei hat schließlich zwei Vorsitzende innerhalb von drei Jahren zerschlissen und der Bundesvorstand trat nach der verlorenen Bundestagswahl geschlossen zurück. Zwar werden viele seiner Mitglieder erneut gewählt werden, aber dennoch ist die Situation durchaus prekär, nicht zuletzt weil die Partei am Ende einer beispiellosen Phase steht, die hier beschrieben wurde, in der sie bereits ein langwährendes Führungsvakuum sowie kräftezehrende Machtkämpfe durchlebt hat, von denen nicht auszuschließen ist, dass sie auch nach der Wahl von Friedrich Merz zum neuen Parteivorsitzenden wiederaufflammen. Schon melden sich CDU-Ministerpräsidenten zu Wort, die vor einem erneuten Vakuum warnen, was einer mutmaßlichen Ampel-Regierung die Arbeit erleichtern würde, der Union aber in den anstehenden Landtagswahlen im Saarland, Nordrhein-Westfalen und Schleswig-Holstein, wo sie jeweils regiert, massiv schaden könnte. Doch zumindest ein kurzzeitiges Interregnum unmittelbar nach der Bundestagswahl ließ sich kaum vermeiden, da die Noch-Parteiführung unter Armin Laschet nicht über die Autorität verfügte, die Fliehkräfte, die in einer solchen Situation entfesselt werden, komplett zu bändigen. Wie überschaubar jene Autorität war, zeigte sich nicht zuletzt daran, dass man dem Stimmungsbild der Kreisvorsitzenden, das eine Mitgliederbefragung zur Ermittelung des zukünftigen Parteichefs favorisierte, nur abnicken konnte. Zweifellos gab es eine Reihe von führenden CDU-Politikern, die diesen Modus lieber vermieden hätten: Zum einen weil so Merz als mutmaßlichem Favoriten der Parteibasis von vornherein erhebliche Vorteile gegenüber seinen Mitbewerbern Norbert Röttgen und Helge Braun eingeräumt wurden und sich die Vorbehalte gegen Merz in der Parteiführung zumindest bis zu seiner Wahl nicht verflüchtigt hatten. Womöglich noch bedenklicher ist jedoch das Spaltungspotential, das in einem solchen Prozedere steckt. Schon der offene Wettkampf um den Parteivorsitz hatte ja in beiden Fällen auch Gräben innerhalb der Partei aufgeworfen; der Landesverband Baden-Württemberg hat nach einer Mitgliederbefragung über die Parteiführung bis heute nicht wieder zusammengefunden und es wird sich noch zeigen, ob es Merz gelingt, als Parteichef nach innen so integrativ zu wirken wie er es im Wahlkampf angekündigt hatte. Jedenfalls lautet die Frage, die sich mit dieser Thematik verbindet, nicht nur, ob Merz die richtige Wahl war, um die Partei zu einen und sie inhatlich und personell zu erneuern, sondern auch, was das neue Prozedere für das Verhältnis von Parteibasis- und -führung bedeutet, nämlich ob es etwa zu einer Schwächung der Parteigremien führt.

Damit kommen wir zum strategischen Umfeld, das sich ebenso in einigen wichtigen Faktoren von der Konstellation 1998 unterscheidet. Damals musste die Union zwar auf der Oppositionsbank Platz nehmen, aber sie tat dies mit einer Fraktion von 245 Abgeordneten, was einem Zweitstimmenanteil von etwa 35 Prozent (inklusive Überhangmandate) entsprach. Neben ihr saßen die dagegen geradezu zwergenhaften anderen beiden Oppositionsparteien FDP und PDS. Schon 1999 konnte die Union Morgenluft wittern: Rot-Grün lieferte schlechte politische Handwerksarbeit und zerlegte sich selbst über Lafontaine und den Kosovo-Krieg. Zudem gelangen Peter Müller im Saarland und Roland Koch in Hessen furiose und eher unerwartete Wahlsiege in den Landtagswahlen, sodass die Union trotz des Spendenskandals bereits wieder als ernstzunehmende politische Konkurrenz für die Regierung Tritt gefasst hatte. In den 20. Deutschen Bundestag werden zwar immerhin noch 197 Unions-Abgeordnete einziehen, der Zweitstimmenanteil liegt aber nur noch bei knapp unter 25 Prozent. Vor allem aber wird sich die Union in der Opposition neben der Linken auf der einen Seite und vor allem der AfD auf der anderen wiederfinden. Zudem muss sie gegen eine Regierung opponieren, die vermutlich nur schwer als Speerspitze des Ökosozialismus dämonisiert werden kann, schließlich gehört auch die FDP dazu und stellt auch noch den Finanzminister. Die Union wird also das Kunststück vollbringen müssen, die Regierung zu kritisieren, ohne ihre Politik in Bausch und Bogen verdammen zu können (das werden schon Linke und AfD tun), und sie wird deutlich machen müssen, inwiefern ihre Kritik anders gelagert ist als die der Linken und der AfD. Gerade letztere wird es aller Wahrscheinlichkeit immer wieder darauf anlegen, die Unterschiede zwischen ihren Gründen, gegen die Regierung zu votieren, und denen der Union zu verwischen; jedenfalls wird man gemäß der Gepflogenheiten der parlamentarischen Demokratie immer wieder gemeinsam mit AfD und Linken gegen die Regierung stimmen. In dieser Konstellation ein eigenständiges Profil als Oppositionspartei herauszubilden und sich dabei nicht von der AfD vor sich hertreiben zu lassen oder in anderer Form indirekt beeinflussen zu lassen, werden die nicht zu unterschätzenden Aufgaben für die Partei- und Fraktionsvorsitzenden sein. Und was Landtagswahlen als Weg zum schnellen politischen Comeback angeht, wurde ja bereits erwähnt, dass die CDU in drei Ländern den Regierungschef stellt, die also bestenfalls im Amt bestätigt werden und schlechtestensfalls gar die Wahl verlieren können. Nur in Niedersachsen könnte Bernd Althusmann einen Coup landen, wenn er die dort ebenfalls anstehenden Wahlen gegen den SPD-Ministerpräsidenten Stephan Weil gewinnt – wobei ihm allerdings keine allzu großen Chancen eingeräumt werden.

Das führt uns zum abschließenden Punkt der inhaltlichen Erneuerung beziehungsweise zu den Schwierigkeiten, die damit verknüpft sind. Weitet man nämlich ein wenig den Blick auf den europäischen Kontext, so zeigt sich, dass die Union ja mitnichten die einzige Partei der rechten Mitte ist, die mit Problemen zu kämpfen hat; diese haben sich in den letzten Jahren noch weiter verschärft, sodass die Rede von der CDU/CSU als ›letzter Volkspartei‹ nicht nur Deutschlands, sondern Europas keineswegs nur der Hybris des Konrad-Adenauer-Hauses entsprang. Tatsächlich zeichnete bereits eine 2019 veröffentlichte Studie der Konrad-Adenauer-Stiftung, wie prekär die Situation der überwiegenden Mehrzahl christdemokratischer Parteien in Europa war,[308] und auch nicht-christdemokratische Parteien der rechten Mitte stecken bekanntlich in großen Schwierigkeiten, wenn man etwa an die Gaullisten in Frankreich denkt. Eine Hypothese zur Erklärung dieser Tendenzen lautet, dass es den Mitte-Rechts-Parteien immer weniger gelingt, die hier auch immer wieder herausgearbeiteten Spannungen, die einen gemäßigten, (christdemokratischen) Liberalkonservatismus durchziehen, auszuhalten und die entsprechenden Zentrifugalkräfte in ihr Gegenteil umzuwandeln. Die Sollbruchstelle zwischen eher liberalen und eher konservativen Elementen wird laut dieser Hypothese zum neuralgischen Punkt für ein Verständnis des Niedergangs von gemäßigt konservativen Parteien, und zwar deshalb, weil hier die Fliehkräfte ansetzen, die den einen Teil der Anhängerschaft in Richtung genuin liberaler Parteien ziehen und andere in Richtung genuin rechtskonservativer Parteien wie etwa der AfD. Die Überprüfung dieser These wie auch ihrer keineswegs unkontroversen Voraussetzung, dass es sich bei der AfD oder dem französischen Rassemblement Nationale tatsächlich um Konservative handelt, liegt weit jenseits des Rahmens dieses Nachworts, doch das Schicksal der Union in den nächsten Jahren wird Anhaltspunkte und Belege in die eine oder andere Richtung liefern. Ob die Union einer solchen Zerreißprobe tatsächlich ausgesetzt sein wird und wie sie sie gegebenenfalls besteht, wird dann auch von entscheidender Bedeutung für die Frage sein, wie und von wem die konservativen Energien innerhalb der Bevölkerung aufgegriffen, kanalisiert und repräsentiert werden und welche Politik daraus hervorgeht: Eine genuin konservative oder eine, die letztlich ins Reaktionär-Autoritäre abkippt.

Berlin, Januar 2022

Anmerkungen

1 John Maynard Keynes, *Allgemeine Theorie der Beschäftigung, des Zinses und des Geldes*, Berlin 2009, S. 323.

2 Volker Weiß, *Die Autoritäre Revolte. Die Neue Rechte und der Untergang des Abendlandes*, Stuttgart 2017.

3 Per Leo, Maximilian Steinbeis und Daniel-Pascal Zorn, *Mit Rechten reden. Ein Leitfaden*, Stuttgart 2017.

4 Armin Nassehi, *Die letzte Stunde der Wahrheit. Warum rechts und links keine Gegensätze mehr sind und Gesellschaft ganz anders beschrieben werden muss*, Hamburg 2015.

5 Vgl. Richard Bourke, »War Edmund Burke ein Konservativer? Notizen zum Begriff des Konservatismus« in: *Leviathan* 44 (2016), S. 65–96, hier: S. 65. Ebenso: »Konservatismus ist kein fixes inhaltliches Programm, sondern eine politische Haltung«, Andreas Rödder, »Konservative sind die wahren Gestalter«, in: *Cicero online*, online verfügbar unter {www.cicero.de/kultur/konservative-sind-die-wahren-gestalter/49056} (letzter Zugriff 13. 11. 2018).

6 Vgl. zu dieser Unterscheidung Kurt Lenk, *Deutscher Konservatismus*, Frankfurt/M. 1989, S. 14–18.

7 Vgl. Michael Freeden, *Ideologies and Political Theory. A Conceptual Approach*, Oxford 1996.

8 Die Gründung der Zeitschrift *Le Conservateur* durch Chateaubriand in Paris im Jahre 1818 gilt als Geburtsstunde des Konservatismus als Gattungsbegriff.

9 Edmund Burke, *Über die Französische Revolution. Betrachtungen und Abhandlungen*, Berlin 1991, S. 190; die im Text zitierten Seitenzahlen beziehen sich auf diese Ausgabe.

10 »Wenn die Menschen in Massen wirken, wird Freiheit eine Macht.« Burke, *Betrachtungen*, S. 58.

11 »Die Natur des Menschen ist verwickelt. Die Gegenstände des gesellschaftlichen Lebens sind unendlich zusammengesetzt (of the greatest pos-

sible complexity): eine einfache Anordnung, eine einseitige Richtung der Kraft stimmt daher weder mit des Menschen Natur noch mit seinen Zwecken überein.« Ebd., S. 137.

12 Vgl. auch ebd., S. 96.

13 Vgl. hierzu auch die vielfältigen Verweise Burkes auf Balance und Gleichgewicht, die eine gute Verfassung wie die englische kennzeichneten.

14 Vgl. Iain Hampsher-Monk, »Editor's introduction«, in: Edmund Burke, *Revolutionary Writings: Reflections on the Revolution in France and the First Letter on a Regicide Peace*, Cambridge 2014, S. xi–xxxvii, hier: S. xxviii.

15 Edmund Burke, *The Writings and Speeches of Edmund Burke*, herausgegeben von Paul Langford et al., Bd. 2, Oxford 1981, S. 235, 232.

16 Vgl. auch: »In dieser Gemeinschaft haben alle Menschen gleiche Rechte, aber nicht alle auf gleiche Gegenstände.« Burke, *Betrachtungen*, S. 132.

17 Ders., »An Appeal from the New to the Old Whigs«, in: ders., *Further Reflections on the Revolution in France*, herausgegeben von Daniel F. Ritchie, Indianapolis 1992, S. 73–302, hier: S. 167.

18 Hampsher-Monk, »Editor's Introduction«, S. xxvi.

19 Die schon erwähnte Austarierung der englischen Verfassung lobt Burke als Arrangement, »welches unvermeidlich Mäßigung hervorbringt und Mittelwege herbeiführt, auf denen man den schmerzhaften Operationen rascher, unverdauter, unzeitiger Reformen entgeht«, Burke, *Betrachtungen*, S. 96.

20 Michael Oakeshott, »On Being Conservative«, in: Roger Scruton (Hg.), *Conservative Texts*, Basingstoke 1991, S. 243–252, hier: S. 246.

21 Vgl. Michael Oakeshott, »Rationalism in Politics«, in: Jerry Z. Muller (Hg.), *Conservatism. An Anthology of Social and Political Thought from David Hume to the Present*, Princeton 1997, S. 299–301.

22 Wie unklar die Unterscheidungen sind, zeigt sich auch an der Tatsache, dass Burke zwar ein Gegner der Französischen Revolution war, die amerikanische aber unterstützte – aus Gründen, auf die hier nicht näher eingegangen werden kann.

23 Edmund Burke, *Observations on a Late Publication Intituled the Present State of the Nation*, zitiert nach C. B. Macpherson, *Burke*, Oxford 1980, S. 27.

24 Edmund Burke, *The First Letter on a Regicide Peace*, in: ders., *Revolutionary Writings*, S. 251–334, hier: S. 306–308.

25 Karl Mannheim, *Konservatismus. Ein Beitrag zur Soziologie des Wissens*, Frankfurt/M. 1984, S. 125.

26 Burke to Unknown [1791], in: Alfred Cobban und Robert A. Smith (Hg.), *The Correspondence of Edmund Burke*, Bd. VI, Chicago 1967, S. 479–480.

27 Helmut Kohl, »Regierungserklärung vom 13. Oktober 1982«, online verfügbar unter {www.1000dokumente.de/pdf/dok_0144_koh_de.pdf} (letzter Zugriff am 13.11.2018).

28 Vgl. Peter Hoeres, »Von der ›Tendenzwende‹ zur ›geistig-moralischen‹ Wende. Konstruktion und Kritik konservativer Signaturen in den 1970er und 1980er Jahren«, in: *Vierteljahrshefte für Zeitgeschichte* 1 (2013), S. 93–119, hier: S. 105.

29 *Union in Deutschland* 33 (1980), S. 1, 2.

30 Helmut Kohl auf dem Mannheimer Parteitag 1981, in: ders., *Der Weg zur Wende. Von der Wohlfahrtsgesellschaft zur Leistungsgemeinschaft*, Husum 1983, S. 24.

31 Ebd.

32 Vgl. den Ausspruch »Was wir brauchen, ist Vertrauen der Bürger in die Zukunft unseres Landes.« Zitiert nach ebd., S.15.

33 Ebd., S. 24–25.

34 Vgl. Wolfgang Streeck, *Gekaufte Zeit. Die vertagten Krisen des demokratischen Kapitalismus*, Berlin 2014.

35 Kohl, *Weg zur Wende*, S. 27.

36 Vgl. »Wende 82: ›Strohfeuer von drei Monaten‹«, in: *Der Spiegel* 42 (1982), S. 17–26, hier: S. 23.

37 Vgl. dazu Petra Hemmelmann, *Der Kompass der CDU. Analyse der Grundsatz- und Wahlprogramme von Adenauer bis Merkel*, Wiesbaden 2017, S. 152–153.

38 Schon 1974 vermerkte Rolf Zundel in einem *Zeit*-Artikel: »Man trägt wieder konservativ«, in: *Die Zeit* vom 29. März 1974.

39 »Siebzehn Schriftsteller, Politiker und Wissenschaftler antworten auf die Frage: Was heißt hier konservativ?«, in: *Die Zeit* vom 16. Oktober 1981.

40 Strukturkonservative hängen laut Eppler vereinfacht gesagt am Status quo *qua* Status quo, wohingegen der Wertkonservative eben nur das tatsächlich Bewahrenswerte wie etwa die natürliche Umwelt verteidigt.

41 »Siebzehn Schriftsteller«.

42 Ebd.

43 »›Kein Anlaß für Jubelgesänge‹«, in: *Der Spiegel* 40 (1982), S. 28.

44 Ebd., S. 23.

45 Vgl. Philipp Wolter, *Neoliberale Denkfiguren in der Presse. Wie ein Wirtschaftskonzept die Meinungsfreiheit eroberte*, Weimar 2016.

46 »Die Wende ist perfekt«, in: *Der Spiegel* 10 (1983), S. 6–21, hier: S. 9.

47 Ebd., S. 15.

48 Vgl. etwa: »Wir führen den Staat auf den Kern seiner Aufgaben zu-

rück, damit er sie wirklich zuverlässig erfüllen kann. Ansprüche können nicht stärker wachsen als Leistungsfähigkeit und Leistungsbereitschaft der Bürger. Wer Rechte hat, der hat auch Pflichten.« Helmut Kohl, Regierungserklärung vom 4. Mai 1983. Online verfügbar unter {www.helmut-kohl.de/index.php?msg=1948} (letzter Zugriff am 14.11.2018).

49 Vgl. Andreas Wirsching, »Eine ›Ära Kohl‹? Die widersprüchliche Signatur deutscher Regierungspolitik 1982–1998«, in: *Archiv für Sozialgeschichte* 52 (2012), S. 667–684, hier: S. 673.

50 »›Die Wende wird schon praktiziert‹«, in: *Der Spiegel* 28 (1983), S. 18–21, hier: S. 19.

51 Vgl. Philipp Sanke, *Der bundesdeutsche Kinofilm der 80er Jahre: unter besonderer Berücksichtigung seines thematischen, topographischen und chronikalischen Realitätsverhältnisses*, Marburg 1994, S. 39. Online verfügbar unter {http://archiv.ub.uni-marburg.de/diss/z1995/0493/pdf/dps.pdf} (letzter Zugriff am 14.11.2018).

52 Andreas Rödder, Die Bundesrepublik Deutschland 1969–1990, München 2004, S. 82.

53 Peter Hoeres, »Vom Paradox zur Eindeutigkeit. Der 8. Mai in der westdeutschen Erinnerungskultur«, in: Bernd Heydenreich, Evelyn Brockhoff und Andreas Roedder (Hg.), *Der 8. Mai 1945 im Geschichtsbild der Deutschen und ihrer Nachbarn*, Wiesbaden 2016, S. 47–58, hier: S. 53.

54 In diesem Zusammenhang erwähnenswert sind auch die von Verteidigungsminister Wörner seinerzeit geplanten Änderungen der Bundeswehrrichtlinien, die die von Vorgänger Apel etablierte Distanz zur Wehrmacht wieder revidiert und auch gemeinsame Treffen von Bundeswehr und Wehrmachtsveteranen ermöglicht hätten. Es gehe um Disziplin, Tapferkeit und Kameradschaft als »Werte an sich«, unabhängig vom politischen Kontext. »Ewige Werte«, in: *Der Spiegel* 20 (1984), S. 51–52, hier: S. 51.

55 »›Wäre ich Deutscher, würde ich schreien‹«, in: *Der Spiegel* 2 (1987), S. 22–30, hier: S. 23.

56 Klaus Hornung, »Politik der Erneuerung«, in: ders. (Hg.), *Mut zur Wende*, Krefeld 1985, S. 9–28, hier, S. 9, 10.

57 »Die Wende ist ein Etikett auf leerer Flasche«, in: *Frankfurter Allgemeine* vom 12. September 1986.

58 Ebd.

59 »›Wäre ich Deutscher, würde ich schreien‹«, S. 22.

60 Schon 1984 schreibt der *Spiegel*: »Von geistig-moralischer Führung im Lande, was immer das sei, ist bei Kohl nichts zu spüren. Streit, Entschei-

dungsunfähigkeit, Richtungslosigkeit, Pannen sind zu Kennzeichen der Regierung geworden; und selbst Gutgläubige wenden sich enttäuscht von ihrer Partei ab.« »›Die Leute verlangen Führung‹«, in: *Der Spiegel* 41 (1984), S. 19–22, hier: S. 20.

61 Dieter Wild, »Der zögerliche Zeitgeist«, in: *Der Spiegel* 12 (1987), S. 174–175, hier: S. 174.

62 Ebd., S. 175.

63 Nikolaus Lobkowicz, »Wo bleibt die geistige Wende?«, in: Klaus Hornung (Hg.): *Mut zur Wende*, Krefeld 1985, S. 29–40, hier: S. 38.

64 Jürgen Leinemann, »Ein bißchen Adenauer und viel Wachturm«, in: *Der Spiegel* 40 (1982), S. 25–28, hier: S. 27.

65 Vgl. Paul Pierson, *Dismantling the Welfare State. Reagan, Thatcher and the Politics of Retrenchment*, Cambridge 1994.

66 Schon 1985 schreibt der jugendpolitische Sprecher der CDU-Bundestagsfraktion, »›Fördern und Fordern‹ muss die Grundlinie unserer Jugendarbeit bilden«, und nimmt damit einen der berühmt-berüchtigten Slogans der Agenda-Politik vorweg. Wolfgang Götzer, »Wer der Jugend Ziel und Orientierung gibt, gewinnt sie«, in: Klaus Hornung (Hg.): *Mut zur Wende*, Krefeld 1985, S. 177–184, hier: S. 183.

67 Johann Georg Reismüller, »Wo alles beim Alten bleibt«, in: *Frankfurter Allgemeine* vom 6. September 1984.

68 Kohl, *Weg zur Wende*, S. 15.

69 Ebd., S. 76.

70 Vgl. »CSU als ›konservative Kraft‹«, in *Die Zeit* vom 20. Dezember 1968. Vgl. auch: »Insgesamt aber zeigt die bürgerliche Rechte […] erstaunliche Gemeinsamkeiten: […] in einer gewissen Gläubigkeit gegenüber Modernität und technologischem Fortschritt und in dem Wunsch, lästige Fesseln der eigenen, bereits historisch gewordenen Tradition des Konservatismus zu überwinden.« Wilhelm Ribhegge, *Konservative Politik in Deutschland. Von der Französischen Revolution bis zur Gegenwart*, Darmstadt 1989, S. 289.

71 »›Wäre ich Deutscher, würde ich schreien‹«, S. 26.

72 Helmut Schelsky, *Systemüberwindung, Demokratisierung und Gewaltenteilung. Grundsatzkonflikte der Bundesrepublik*, München 1973, S. 22.

73 Günter Rohrmoser, *Zur geistig-ethischen Erneuerung*, Stuttgart 1979, S. 16.

74 Helmut Schelsky, *Die Arbeit tun die anderen. Klassenkampf und Priesterherrschaft der Intellektuellen*, München 1977, S. 129, 130.

75 Hermann Lübbe, *Endstation Terror. Rückblick auf lange Märsche*, Stuttgart 1978, S. 12, 16, 46.

76 Vgl. ebd., S. 116; Arnold Gehlen, *Moral und Hypermoral. Eine pluralistische Ethik*, Wiesbaden 1969, S. 117.

77 Schelsky, *Systemüberwindung*, S. 33.

78 Lübbe, *Endstation Terror*, S. 42.

79 Am weitesten wird dieser Vergleich von Rohrmoser getrieben: »Neuer Faschismus bereitet sich dann vor, wenn die in der Geschichte erreichte Kultur [...] negiert wird zugunsten einer Ermächtigung der Natur, die zur Abwechslung dann einmal nicht mehr darwinistisch, sondern libidinös interpretiert wird.« Rohrmoser, *Geistig-ethische Erneuerung*, S. 42.

80 Odo Marquard, *Philosophie des Stattdessen*, Stuttgart 2000, S. 10.

81 Odo Marquard, *Abschied vom Prinzipiellen. Philosophische Studien*, Stuttgart 1981, S. 57.

82 Vgl. etwa Schelsky, *Die Arbeit tun die anderen*, S. 13.

83 Lübbe, *Endstation Terror*, S. 52.

84 Schelsky, *Systemüberwindung*, S. 27.

85 Helmut Schelsky, »Der selbständige und der betreute Mensch«, in: ders., *Der selbständige und der betreute Mensch. Politische Schriften und Kommentare*, Stuttgart 1976, S. 13–48, hier: S. 38–39.

86 Helmut Dubiel, *Was ist Neokonservatismus?*, Frankfurt/M. 1985, S. 13.

87 Vgl. Irving Kristol, *Two Cheers for Capitalism*, New York 1978, S. 259–263.

88 Helmut Schelsky, »Die schräge Front. Jugend und Parteipolitik«, in: ders., *Der selbständige und der betreute Mensch*, S. 126–131, hier: S. 129.

89 Gehlen, *Moral und Hypermoral*, S. 61.

90 Ebd., S. 141, 61.

91 Vgl. Lübbe, *Endstation Terror*, S. 82–86, und für den internationalen Kontext Michael Crozier, Samuel Huntington und Jofi Watanuki, *The Crisis of Democracy. Report of the Governability of Democracies to the Trilateral Commission*, New York 1975.

92 Vgl. den hervorragenden Überblick in Jens Hacke, *Philosophie der Bürgerlichkeit. Die liberalkonservative Begründung der Bundesrepublik*, Göttingen 2006.

93 »Angewiesen auf die bloße Jetzt-Situation, wie das Tier, wäre es lebensunfähig. Der Mensch muss die Fähigkeit haben, die Grenze der Situation vollständig zu sprengen, sich auf Zukünftiges und Abwesendes zu richten und daraufhin zu handeln [...]. Der Mensch wird dadurch ›Prometheus‹, vorsehendes und tätiges Wesen zugleich.« Arnold Gehlen, *Der Mensch. Seine Natur und seine Stellung in der Welt*, Wiesbaden 1978, S. 50.

94 Robert Spaemann, *Zur Kritik der politischen Utopie. Zehn Kapitel politischer Philosophie*, Stuttgart 1977, S. 35.

95 Arnold Gehlen, »Fortschritte der Instinktforschung beim Menschen«, in: ders., *Gesammelte Werke*, Bd. 3: *Philosophische Anthropologie und Handlungslehre*, Frankfurt/M. 1983, S. 222–235, hier: S. 230.

96 Armin Mohler, *Tendenzwende für Fortgeschrittene*, München 1978, S. 39.

97 Gehlen, *Der Mensch*, S. 61.

98 Ebd., S. 317.

99 Gehlen, *Moral und Hypermoral*, S. 110.

100 Helmut Schelsky, »Rechtsstaat aktuell. Was verdanken wir der Baader-Meinhof-Bande?«, in: ders., *Der selbständige und der betreute Mensch*, S. 140–145, hier: S. 142; ders., »›Mehr Demagogie wagen‹. Die Illusion des starken Staates«, in: ebd., S. 145–149, hier: S. 148–149.

101 Gehlen, *Moral und Hypermoral*, S. 104.

102 Schelsky, *Systemüberwindung*, S. 67.

103 Vgl. die Beiträge in Frank Grube und Gerhard Richter (Hg.), *Die Utopie der Konservativen. Antworten auf Helmut Schelskys konservatives Manifest*, München 1974.

104 Vgl. Schelsky, *Systemüberwindung*, S. 47–82.

105 Vgl. Helmut Schelsky, »Der Mensch in der wissenschaftlichen Zivilisation«, in: ders., *Auf der Suche nach der Wirklichkeit. Gesammelte Aufsätze zur Soziologie der Bundesrepublik*, Düsseldorf, 1965, S. 449–499.

106 Ebd., S. 465.

107 Schelsky, *Systemüberwindung*, S. 57, 58.

108 Schelsky, »Der Mensch in der wissenschaftlichen Zivilisation«, S. 60.

109 Arnold Gehlen, *Studien zur Anthropologie und Soziologie*, Neuwied 1963, S. 245.

110 Vgl. etwa Arnold Gehlen, »Zu Hans Freyers Theorie des gegenwärtigen Zeitalters«, in: *Merkur* 9 (1955), S. 578–582.

111 Arnold Gehlen, »Über kulturelle Evolutionen«, in: Helmut Kuhn/Franz Wiedmann (Hg.) *Die Philosophie und die Frage nach dem Fortschritt*, München 1964, S. 207–220, hier: S. 209.

112 Mohler, *Tendenzwende für Fortgeschrittene*, S. 68.

113 Rohrmoser, *Geistig-ethische Erneuerung*, S. 10.

114 Vgl. Hermann Lübbe, *Fortschritt als Orientierungsproblem. Aufklärung in der Gegenwart*, Freiburg 1975, S. 36.

115 Hermann Lübbe, *Endstation Terror*, S. 105.

116 Ebd., S. 136.

117 Ebd., S. 151.

118 Vgl. Hartmut Rosa, *Beschleunigung. Die Veränderung der Zeitstruktur in der Moderne*, Frankfurt/M. 2005.

119 Lübbe, *Endstation Terror*, S. 154–156.

120 Odo Marquard, *Abschied vom Prinzipiellen*, S. 16.

121 Ebd., S. 84–85.

122 Ebd., S. 78–79.

123 Vgl. »Von dem Philosophen Odo Marquard stammt der Satz ›Zukunft braucht Herkunft‹. Er enthält eigentlich das ganze Programm eines klugen Konservatismus – der kein naiver Fortschrittsglaube ist.« Winfried Kretschmann, »Was ist konservativ?«, in: *Frankfurter Allgemeine* vom 29. März 2018.

124 Jürgen Habermas, »Die Kulturkritik der Neokonservativen in den USA und in der Bundesrepublik«, in: ders., *Die neue Unübersichtlichkeit*, Frankfurt/M. 1982, S. 30–58, hier: S. 40.

125 Ebd., S. 53, 62.

126 Dubiel, *Was ist Neokonservatismus*, S. 43.

127 Iring Fetscher, »Widersprüche im Neokonservativismus«, in: *Merkur* 34 (1980), S. 107–122, hier: S. 108.

128 Vgl. dazu Günter Rohrmoser, *Das Elend der Kritischen Theorie. Theodor W. Adorno, Herbert Marcuse, Jürgen Habermas*, Freiburg 1970.

129 Vgl. Habermas, »Die Kulturkritik der Neokonservativen«.

130 Hermann Lübbe, »›Neo-Konservative‹ in der Kritik. Eine Metakritik«, in: *Merkur* 37 (1983), S. 622–632, hier: S. 624–625.

131 Ebd., S. 629.

132 Dubiel, *Was ist Neokonservatismus*, S. 15.

133 Jürgen Habermas, *Legitimationsprobleme im Spätkapitalismus*, Frankfurt/M. 1973, S. 172.

134 Brief von Gehlen an Adorno vom 5. Juni 1962, zitiert nach Christian Thies, *Arnold Gehlen zur Einführung*, Hamburg 2000, S. 14.

135 Habermas, »Die Kulturkritik der Neokonservativen«, S. 53.

136 Christian Graf von Krockow, »Die Versuchung des Absoluten«, in: *Die Zeit* vom 2. September 1983.

137 Hermann Lübbe, *Fortschrittsreaktionen. Über konservative und destruktive Modernität*, Graz/Wien 1987, S. 90.

138 Vgl. zu dieser Thematik auch Iring Fetscher, Günter Rohrmoser et al., *Analysen zum Terrorismus. Ideologien und Strategien*, Köln 1981.

139 Jürgen Habermas, »Recht und Gewalt – Ein deutsches Trauma«, in: ders., *Die neue Unübersichtlichkeit*, S. 100–117, hier: S. 100.

140 Krockow, »Die Versuchung des Absoluten«.

141 Habermas, »Recht und Gewalt«, S. 112–113.

142 Ebd., S. 113.

143 Jürgen Habermas, »Ziviler Ungehorsam – Testfall für den demokratischen Rechtsstaat«, in: ders., *Die neue Unübersichtlichkeit*, S. 79–99, hier: S. 88.

144 Hermann Lübbe, *Zwischen Trend und Tradition. Überfordert uns die Gegenwart?*, Zürich 1981, S. 13.

145 Ernst Nolte, »Zwischen Geschichtslegende und Revisionismus?«, in: *Historikerstreit. Die Dokumentation der Kontroverse um die Einzigartigkeit der nationalsozialistischen Judenvernichtung*, München 1987, S. 13–35, hier: S. 15.

146 Ernst Nolte, »Vergangenheit, die nicht vergehen will«, in: *Historikerstreit*, S. 39–47, hier: S. 39.

147 Ebd., S. 45.

148 Es ließen sich unzählige Beispiele für derartige Angriffe anführen. Michael Stürmer sprach in einem Leserbrief an die *Frankurter Allgemeine* von einer Anklage, »die sich selbst ihre Belege fabriziert«, und dass bei Habermas der »Zweck die Mittel heilige«. Michael Stürmer, »Leserbrief an die ›Frankfurter Allgemeine Zeitung‹, 16. August 1986«, in: *Historikerstreit*, S. 98–100, hier: S. 99. Klaus Hildebrand monierte »fehlerhafte Zitate«, die »wütenden Rundumschläge« und die insgesamt »tendenziöse Machart« von Habermas' erstem Artikel. Klaus Hildebrand, »Zeitalter der Tyrannen«, in: *Historikerstreit*, S. 84–92, hier: S. 85.

149 Vgl. Christian Meier, »Eröffnungsrede zur 36. Versammlung deutscher Historiker in Trier, 8. Oktober 1986«, in: *Historikerstreit*, S. 204–214, hier: S. 207.

150 Uwe Backes, Eckhard Jesse und Rainer Zitelmann, »Was heißt ›Historisierung‹ des Nationalsozialismus«, in: dies. (Hg.), *Die Schatten der Vergangenheit – Impulse zur Historisierung des Nationalsozialismus*, Frankfurt/M. 1990, S. 25–57, hier: S. 41.

151 Vgl. dazu »Geographie und Mitte als historische Kategorien. Anmerkungen zu einem Aspekt des Historikerstreits«, in: *Zeitschrift für Geschichtswissenschaft* 37 (1991), S. 979–994, von Imanuel Geiss, der sich auch schon im eigentlichen Historikerstreit zu Wort gemeldet hatte.

152 Vgl. Günther Gillessen, »Der Krieg der Diktatoren. Wollte Stalin im Sommer 1941 das Deutsche Reich angreifen?«, in: *Frankfurter Allgmeine* vom 20. August 1986; Joachim Hoffmann, »Stalin wollte den Krieg«, in: *Frankfurter Allgmeine* vom 16. Oktober 1986.

153 Vgl. Richard J. Evans, *Im Schatten Hitlers? Historikerstreit und Vergangenheitsbewältigung in der Bundesrepublik*, Frankfurt/M. 1991, S. 64–70.

154 Andreas Hillgruber, »Für die Forschung gibt es kein Frageverbot«, in: *Historikerstreit*, S. 232–243.

155 Ernst Nolte, »Leserbrief an ›DIE ZEIT‹, 1. August 1986«, in: *Historikerstreit*, S. 93–95, hier: S. 94.

156 Jürgen Habermas, »Apologetische Tendenzen«, in: ders., *Eine Art Schadensabwicklung*, S. 120–136, hier: S. 133.

157 Vgl. Andreas Hillgruber, *Zweierlei Untergang. Die Zerschlagung des Deutschen Reichs und das Ende des europäischen Judentums*, München 1986.

158 Hildebrand, »Zeitalter der Tyrannen«, in: *Historikerstreit*, S. 91.

159 Übrigens verkündete auch der damalige CDU-Fraktionsvorsitzende im Bundestag Alfred Dregger im Zuge der Bitburg-Debatte, er habe am letzten Kriegstag »mit meinem Bataillon die Stadt Marklissa in Schlesien gegen Angriffe der Roten Armee verteidigt« und so eigentlich schon an der Seite der Amerikaner gekämpft, von denen man daher auch erwarten könne, dass sie den Toten in Bitburg ihre Ehre erweisen.

160 »Außer vom Streben nach Wahrheit sieht Michael Stürmer die Wissenschaften (in seinem Fall die Historie) auch von ›kollektiven, größtenteils unbewussten Bedürfnissen nach innerweltlicher Sinnstiftung‹ vorangetrieben. Da ortete ja auch Bundeskanzler Helmut Kohl 1983 die Defizite, und so nehmen die Vordenker gern ›Geistig-Moralisches‹ ins Angebot. Nicht nur informieren und analysieren wollen sie, sondern auch Werthaltungen prägen, Orientierungen geben ...« Claus Leggewie, »Der Geist denkt rechts«, in: *Die Zeit* vom 16. Oktober 1987.

161 Michael Stürmer, »Geschichte im geschichtslosen Land«, in: *Historikerstreit*, S. 36–38, hier: S. 38.

162 Zitiert nach Martin Broszat, »Wo sich die Geister scheiden«, in: *Historikerstreit*, S. 189–195, S. 194.

163 Ebd. S. 193. Vgl. hierzu auch Rohrmoser, der ebenfalls die »totale Geschichtslosigkeit« Deutschlands beklagt. Günter Rohrmoser, *Der Ernstfall. Die Krise unserer liberalen Republik*, Berlin 1994, S. 209.

164 Broszat, »Wo sich die Geister scheiden«, S. 195.

165 Lübbe, *Zwischen Trend und Tradition*, S. 17. Allerdings war es auch Lübbe gewesen, der anlässlich des 50. Jahrestages der Nazi-Machtergreifung in einer Rede im Berliner Reichstag das »kommunikative Beschweigen« der NS-Vergangenheit als das in der Nachkriegszeit »politisch nötige Medium« gerechtfertigt hatte. Hermann Lübbe, »Es ist nichts vergessen, aber einiges

ausgeheilt. Der Nationalsozialismus im Bewußtsein der deutschen Gegenwart«, in: *Frankfurter Allgemeine* vom 24. Januar 1983.

166 Claus Leggewie, *Der Geist steht rechts. Ausflüge in die Denkfabriken der Wende*, Berlin 1987, S. 152.

167 Zitiert nach ebd., S. 168.

168 Günter Rohrmoser, *Zäsur. Wandel des Bewußtseins*, München 1980.

169 Zitiert nach ebd., S. 61.

170 Günter Rohrmoser, *Das Debakel: Wo bleibt die Wende? Fragen an die CDU*, Krefeld 1984, S. 13.

171 Ebd., S. 136–137.

172 »Die CDU hat die Konservativen, die alten und die neuen, geistig und organisatorisch kastriert…«, ebd., S. 15.

173 Ebd., S. 18.

174 Vgl. dazu Daniel Rodgers, *Age of Fracture*, Cambridge 2003.

175 Armin Mohler, »Botho Strauß: Trittbrettfahrer oder Winkelried?«, in: *Criticón* 137 (1993), S. 122–124.

176 Peter Glotz, *Die deutsche Rechte. Eine Streitschrift*, Stuttgart 1989, S. 13.

177 Ebd., S. 79.

178 Franz Walter, Christian Werwath und Oliver D'Antonio, *Die CDU. Entstehung und Verfall christdemokratischer Geschlossenheit*, Baden-Baden 2011, S. 86.

179 Werner A. Perger, »Ein diskreter Beobachter«, in: *Die Zeit* vom 22. Februar 1991.

180 »›Jetzt geht es erst richtig los‹«, in: *Der Spiegel* 49 (1990), S. 6–16, hier: S. 15.

181 »Wunsch nach Wechsel«, in: *Der Spiegel* 52 (1993), S. 22–24, hier: S. 22.

182 Walter/Werwath/D'Antonio, *Die CDU*, S. 62.

183 Wie 2003 der *Spiegel* erstmals berichtete, sollen auf einem Flug von Caracas nach Santiago de Chile die Mitglieder einer Delegation der Jungen Union eine Art gegenseitigen Beistandspakt geschlossen haben. Vgl. »Der Männerbund« in: *Der Spiegel* 27/(2003), S. 38–46.

184 Kurt Biedenkopf, private Aufzeichnungen. Anstelle der CDA kämpfte der ewige Arbeitsminister Blüm am entschiedensten gegen die Kürzungen bei der Lohnfortzahlung im Krankheitsfall – letztendlich jedoch erfolglos. Heiner Geißler erinnert sich daran, wie Blüm »die hundertprozentige Lohnfortzahlung opferte, um die Rentenanpassung und die Pflegeversicherung zu retten«. Heiner Geißler, *Zeit, das Visier zu öffnen*, Köln 1998, S. 76.

185 Kurt Biedenkopf, private Aufzeichnungen; der Notiz folgt die Erläuterung »Sie sind Liberal-Sozialdemokratisch, Christlich-Sozialdemokratisch, Sozialsozialdemokratisch, Ökologisch-Sozialdemokratisch und Sozialistisch-Sozialdemokratisch.«

186 Vgl. Glotz, *Die deutsche Rechte*, S. 112–113.

187 »Die CDU hat weder 1982 die Gelegenheit zu einem Wandel ergriffen, noch hat sie die zweite noch größere Chance, die ihr die Geschichte 1989 in die Hand gespielt hat, nicht nur nicht genutzt, sondern möglicherweise verspielt.« Günter Rohrmoser, *Geistiges Vakuum – Spätfolgen der Kulturrevolution. Plädoyer für die christliche Vernunft*, Bietigheim 1997, S. 219. Vgl. auch: »Wer wird bereit sein, den Menschen die einfache wirtschaftliche Rechnung aufzumachen, daß es besser ist, heute auf 20 Prozent des Wohlstands zu verzichten, um 80 Prozent zu bewahren [...]? Niemand kann im Traum erwarten, daß unter den gegenwärtigen politischen Machtverhältnissen irgendjemand es wagen könnte, eine solche Politik zu konzipieren und durchzusetzen.« Günter Rohrmoser, *Der Ernstfall*, S. 510.

188 »›Jetzt geht es erst richtig los‹«, S. 8.

189 Ebd., S. 24.

190 Vgl. Reimut Zohlnhöfer, *Die Wirtschaftspolitik der Ära Kohl. Eine Analyse der Schlüsselentscheidungen in den Politikfeldern Finanzen, Arbeit und Entstaatlichung*, 1982–1998, Opladen 2001, S. 268.

191 Roman Herzog, »Berliner Rede 1997«. Online verfügbar unter {www.bundespraesident.de/SharedDocs/Reden/DE/Roman-Herzog/Reden/1997/04/19970426_Rede.html} (letzter Zugriff am 15. 11. 2018).

192 Ebd.

193 Rohrmoser, *Geistiges Vakuum*, S. 90, 126.

194 Vgl. Corey Robin, *The Reactionary Mind. Conservatism from Edmund Burke to Sarah Palin*, New York 2011, S. 30–31.

195 Ulrich Bröckling, *Das unternehmerische Selbst. Soziologie einer Subjektivierungsform*, Frankfurt/M. 2006.

196 Rohrmoser, *Geistiges Vakuum*, S. 91, 126.

197 Ebd., S. 168, 132, 86.

198 Vgl. hierzu exemplarisch Luc Boltanski und Ève Chiapello, *Der neue Geist des Kapitalismus*, Konstanz 2006, S. 143–144, wo es heißt: »Autonomie, Spontaneität, Mobilität, Disponibilität, Kreativität [sind] direkt der Ideenwelt der 68er entliehen.«

199 »Deutschland zuerst« lautete der Slogan auf Republikaner-Wahlplakaten aus dem Jahr 1988. Später nutzte auch die DVU die Formulierung.

200 »Dieses Land wird unregierbar«, in: *Der Spiegel* 38 (1992), S. 18–28, hier: S. 19.

201 In einer kurzen Würdigung zum 25-jährigen Jubiläum des Erscheinens spricht Iris Radisch von »Wortklumpen aus der männlichen Vorgeschichte«, Iris Radisch, »Eine merkwürdige Wiederbegegnung«, in: *Die Zeit* vom 8. Februar 2018.

202 Botho Strauß, »Anschwellender Bocksgesang«, in: Heimo Schwilk und Ulrich Schacht (Hg.), *Die selbstbewußte Nation. »Anschwellender Bocksgesang« und andere Beiträge zu einer deutschen Debatte*, Frankfurt/M./Berlin 1994, S. 19–42, hier: S. 23.

203 Ebd., S. 33.

204 Ebd., S. 25, 24.

205 Radisch, »Eine merkwürdige Wiederbegegnung«.

206 Zitiert in Heimo Schwilk und Ulrich Schacht, »Einleitung«, in: dies., *Die selbstbewußte Nation*, S. VI.

207 Tilman Krause, »Der Rechte, den die Rechten nicht brauchen können«, in: *Die Welt* vom 24. März 2018, S. 25.

208 Ulrich Schacht, »Stigma und Sorge. Deutsche Identität nach Auschwitz«, in: *Die selbstbewußte Nation*, S. 57–68, hier: S. 64.

209 Wolfgang Wippermann, *Wessen Schuld? Vom Historikerstreit zur Goldhagen-Kontroverse*, Berlin 1997, S. 26, 22.

210 »Dieses von der Zeit gepushte Buch ist ein Versuch, rituell in immer kürzer werdenden Abständen die Deutschen an ihre Verfehlungen zu erinnern. Dahinter steckt ein gewisser Nationalmasochismus. In diesem Fall hat es nicht funktioniert, weil der Autor überzogen hat.« Heimo Schwilk in: *Junge Freiheit* 20 (1996), S. 3.

211 Vgl. »Notfalls neue Wege«, in: *Der Spiegel* 47 (1992), S. 41–42, hier: S. 41.

212 »An Ersprochenem erstickt«, in: *Der Spiegel* 48 (1993), S. 19.

213 Karl-Otto Hondrich, »Grenzen gegen die Gewalt«, in: *Die Zeit* vom 28. Januar 1994.

214 Irenäus Eibl-Eibesfeldt, »Der Brand in unserem Haus«, in: *Süddeutsche Zeitung* vom 8. Mai 1993.

215 Friedbert Pflüger, *Deutschland driftet. Die Konservative Revolution entdeckt ihre Kinder*, Düsseldorf 1994, S. 18.

216 Ebd., S. 44.

217 Alexander Gauland, *Was ist Konservatismus? Streitschrift gegen die falschen deutschen Traditionen. Westliche Werte aus konservativer Sicht*, Frankfurt 1991, S. 31, 39, 35, 49, 38, 47, 55.

218 Rohrmoser, *Geistig-ethisches Vakuum*, S. 202–203.

219 Glotz, *Die deutsche Rechte*, S. 128.

220 Rohrmoser, *Der Ernstfall*, S. 202.

221 Jürgen Habermas, »Nochmals: Zur Identität der Deutschen«, in: ders., *Die nachholende Revolution*, Frankfurt/M. 1990, S. 205–224, hier: S. 217.

222 Hermann Lübbe, *Abschied vom Superstaat. Vereinige Staaten von Europa wird es nicht geben*, Berlin 1994, S. 37.

223 Ebd., S. 85.

224 Jürgen Habermas, »Grenzen des Neohistorismus«, in: ders., *Die nachholende Revolution*, S. 149–156, hier: S. 155.

225 Lübbe, *Abschied vom Superstaat*, S. 119, 115.

226 Franz Walter und Frank Bosch, »Das Ende des christdemokratischen Zeitalters? Zur Zukunft eines Erfolgsmodells«, in: Tobias Dürr und Rüdiger Soldt (Hg.), *Die CDU nach Kohl*, Frankfurt/M. 1998, S. 46–58.

227 Hans Monath, »Zeitgeistsurfing als Karrierestrategie. Wie CDU-Nachwuchspolitiker im Bundestag und in den Landtagen ihren Aufstieg betreiben«, in: Dürr/Soldt, *Die CDU nach Kohl*, S. 21–29, hier: S. 29.

228 Mariam Lau, *Die letzte Volkspartei. Angela Merkel und die Modernisierung der CDU*, München 2009.

229 Neben den neu gewählten Koch und Müller werden Eberhard Diepgen (Berlin), Bernhard Vogel (Thüringen) und Kurt Biedenkopf (Sachsen) 1999 wiedergewählt – Letztere mit absoluter Mehrheit.

230 »Erfurter Leitsätze« in: *CDU-Dokumentation* (13) 1999, S. 4.

231 Rede der Parteivorsitzenden beim Bundesparteitag in Leipzig vom 1. Dezember 2003. Online verfügbar unter {www.zeit.de/reden/deutsche_innenpolitik/200349_merkelcduparteitag/komplettansicht} (letzter Zugriff am 15. 11. 2018).

232 Severin Weiland, »Blüms letzter Kampf«, online abrufbar unter {www.spiegel.de/politik/deutschland/cdu-parteitag-bluems-letzter-kampf-a-276350.html} (letzter Zugriff am 15. 11. 2018).

233 Ebd.

234 Alexander Gauland, »Furor der Reformen«, in: *tageszeitung* vom 31. Oktober 2003.

235 Vgl. Bernd Ulrich, »Partei ohne Grund«, in: Dürr/Soldt, *Die CDU nach Kohl*, S. 58–67, hier: S. 65.

236 Wolfgang Ockenfels, *Das hohe C. Wohin treibt die CDU?*, Augsburg 2009, S. 70.

237 Vgl. zu Rohrmosers Position: *Der Ernstfall*, S. 155–170; zu Spaemann das Interview: »Wir sind erbarmungslos«, in: *Junge Freiheit* 39 (2006).

238 Ockenfels, *Das hohe C*, S. 79.

239 Lau, *Die letzte Volkspartei*, S. 178.

240 Vgl. Walter/Werwath/D'Antonio, *Die CDU*, S. 171.

241 »Unterschriften brachten Koch Wahlsieg in Hessen«, online abrufbar unter {http://www.faz.net/aktuell/politik/rueckblick-unterschriften-brachten-koch-wahlsieg-in-hessen-140326.html} (letzter Zugriff am 15. 11. 2018).

242 Friedrich Merz, »Einwanderung und Identität«, in: *Die Welt* vom 25. Oktober 2000.

243 Vgl. Jens Hacke, »Wie konservativ ist die CDU«, in: *tageszeitung* vom 4. Juli 2005.

244 Paul Nolte, *Generation Reform. Jenseits der blockierten Republik*, München 2004, S. 212, 213.

245 Hermann Lübbe, *Der Lebenssinn in der Industriegesellschaft. Über die moralische Verfassung der wissenschaftlich-technischen Zivilisation*, Berlin 2004, S. 192.

246 Matthias Kamann, »Moralist des Sozialen: Paul Nolte will den Konservatismus neu zusammensetzen«, in: *Die Welt* vom 12. Oktober 2005.

247 Nolte, *Generation Reform*, S. 228, 231.

248 Udo Di Fabio, *Die Kultur der Freiheit*, München 2005, S. 18.

249 Ebd., S. 32.

250 Ebd., S. 162.

251 Günter Rohrmoser, *Kulturrevolution in Deutschland. Philosophische Interpretationen der geistigen Situation unserer Zeit*, Gräfelfing 2008, S. 230.

252 Ebd., S. 61.

253 Udo Di Fabio, »Was ist konservativ?«, in: *Frankfurter Allgemeine* vom 25. Juli 2007.

254 Lau, *Die letzte Volkspartei*, S. 201.

255 Udo Di Fabio, *Schwankender Westen. Wie sich ein Gesellschaftsmodell neu erfinden muss*, München 2015. Auch hier lautet die Kurzformel für Di Fabios Konservatismus: Systemtheorie plus Kulturkritik, womit die antipodischen Strömungen des technokratischen und kulturkritischen Konservatismus verbunden werden: »Die Kraft des Westens liegt in der vernünftigen Autonomie sozialer Funktionssysteme und in der entschiedenen Förderung von urteilsfähigen Persönlichkeiten, die in der Lage sind, mit den großen Funktionssystemen der Gesellschaft souverän umzugehen«, S. 225. Aber eine »jahrzehntelang verfestigte Mentalität, die die Institutionen in Misskredit bringt«, droht deren Funktionsfähigkeit zu zerstören, und in ihrer »ideellen Trägheit und

dem ziellosen Hedonismus verbrauchen die westlichen Gesellschaften nicht nur natürliche Ressourcen, sondern auch psychosoziale Schätze von Alltagsvernunft und Anstand«, S. 36, 21.

256 Vgl. Di Fabio, *Kultur der Freiheit*, S. 180–181.

257 Ludwig Elm, *Der deutsche Konservatismus nach Auschwitz*, Berlin 2007, S. 285.

258 Ulrich Beck, *Das deutsche Europa. Neue Machtlandschaften in Zeiten der Krise*, Berlin 2012.

259 Ulf Schmiese, »Merkels Widersacher warten noch«, in: *Frankfurter Allgemeine* vom 25. Oktober 2005.

260 Vgl. Thomas Assheuer, »Hauptsache, durchregieren«, in: *Die Zeit* vom 15. September 2005.

261 »Elterngeld auf der Kippe«, in: *Der Spiegel* 16 (2006), S. 19.

262 Andreas Rödder, »Was heißt heute konservativ?«, in: Mike Mohring (Hg.), *Was heißt heute konservativ? Freiheit-Verantwortung-Ordnung. Bausteine für einen modernen Konservatismus*, Jena 2010, S. 37–47, hier: S. 45.

263 Stefan Reker, »Das Ende eines Tabus«, in: *Focus-Magazin* 29 (1994).

264 Vgl. zu den entsprechenden Forderungen des konservativen CDU-Flügels jener Zeit auch Mohring, *Was heißt heute konservativ?*.

265 Lau, *Die letzte Volkspartei*, S. 181–182.

266 Stefan Mappus, Markus Söder, Philipp Mißfelder und Hendrik Wüst, »Moderner bürgerlicher Konservatismus – Warum die Union wieder mehr an ihre Wurzeln denken muss«, in: *Frankfurter Allgemeine* vom 5. September 2007.

267 Zitiert in Lau, *Die letzte Volkspartei*, S. 181.

268 »Falsche Prioritäten. Merz kritisiert Merkel scharf«, in: *Wirtschaftswoche* vom 1. Juli 2008.

269 Vgl. Ralf Neukirch, »Aus für den Andenpakt«, in: *Der Spiegel* 17 (2007), S. 44–46, hier: S. 44.

270 Michael Lewis, *The Big Short: Inside the Doomsday Machine*, New York 2010, S. 52.

271 »Merkel rechtfertigt Verstaatlichungspläne für Banken«, online abrufbar unter {www.spiegel.de/politik/deutschland/hypo-real-estate-merkel-rechtfertigt-verstaatlichungsplaene-fuer-banken-a-608391.html} (letzter Zugriff am 15. 11. 2018).

272 Vgl. Ulrich Eith, »Volksparteien unter Druck. Koalitionsoptionen, Integrationsfähigkeit und Kommunikationsstrategien nach der Übergangswahl 2009«, in: Karl-Rudolf Korte (Hg.), *Die Bundestagswahl 2009. Analysen* *der Wahl-, Parteien-, Kommunikations- und Regierungsforschung*, Wiesbaden 2010, S. 117–129, hier: S. 119.

273 Vgl. hierzu auch ausführlich Thomas Biebricher, *Die politische Theorie des Neoliberalismus*, Berlin 2021.

274 Vgl. Robert Spaemann, *Grenzen. Zur ethischen Dimension des Handelns*, Stuttgart 2001, S. 448–466.

275 Lau, *Die letzte Volkspartei*, S. 49.

276 Hermann Lübbe, »Euro-Krise: Vereinigte Staaten von Europa?«, in: *Frankfurter Allgemeine Sonntagszeitung* vom 15. Oktober 2011.

277 Udo Di Fabio, »Europa in der Krise«, in: *Zeitschrift für Staats- und Europawissenschaften* 4 (2011), S. 459–464, hier: S. 464. Zwar stammt dieser Artikel aus der Zeit unmittelbar nachdem das Urteil ergangen war, aber der Tenor hatte sich gegenüber früheren Beurteilungen nicht geändert.

278 Di Fabio, *Schwankender Westen*, S. 222.

279 Hermann Lübbe, »Der verspätete Kontinent«, in: *Frankfurter Allgemeine* vom 25. Juni 2016.

280 Lau, *Die letzte Volkspartei*, S. 204.

281 Mohler, *Tendenzwende*, S. 79.

282 Gehlen, *Moral und Hypermoral*, S. 45.

283 Ebd., S. 59.

284 Ebd., S. 61.

285 Ebd., S. 148, 149.

286 Ebd., S. 43, 44.

287 Ebd., S. 92.

288 »›Es gibt keine Pflicht zur Fremdenfreundlichkeit‹«, in: *Der Spiegel* 12 (2018), S. 116–119, hier: S. 118.

289 Ulrich Greiner, *Heimatlos. Bekenntnisse eines Konservativen*, Berlin 2017.

290 »›Die CDU hat fast alles mit sich machen lassen.‹ Interview mit Roland Koch«, in: *Frankfurter Allgemeine* vom 11. Februar 2018.

291 Kretschmann, »Was ist konservativ?«. Vgl. auch Winfried Kretschmann, *Worauf wir uns verlassen wollen: Für eine neue Idee des Konservativen*, Frankfurt/M. 2018.

292 »›Ein echter Konservativer weiß, dass alles immer schlechter wird.‹ Interview mit Andreas Rödder«, in: *Frankfurter Allgemeine* vom 4. Mai 2018.

293 »›Es gibt keine Pflicht zur Fremdenfreundlichkeit‹«, S. 116.

294 Jan-Werner Müller, »Das Elend der Christdemokraten«, in: *Der Spiegel* 7 (2018), S. 118–119, hier: S. 118.

295 Zitiert in Mariam Lau, »Entlang der roten Linie«, in: *Die Zeit* vom 22. März 2018.

296 René Pfister, »Apokalypse Merkel«, in: *Der Spiegel* 23 (2018), S. 29–30.

297 Vgl. Philip Plickert (Hg.), *Merkel – eine kritische Bilanz*, München 2017. Die *taz* sprach mit Bezug auf das Buch von »Hass, sachlich hergeleitet«. Vgl. *taz* vom 19. 6. 2017.

298 Pfister, »Apokalypse Merkel«.

299 Philip Manow, »Das Ende der Situationsvernunft«, in: *Die Zeit* vom 14. Juli 2018.

300 Tobias Schrörs, Die Abrechnung der Jungen Union. FAZ, 16. 10. 2021.

301 Dies nahm bisweilen bizarre Züge an, etwa als die Union im Herbst 2019 dem Ganzen eine selbstironische Wendung geben wollte, indem sie auf einem auf Twitter verbreiteten Meme bekannte: »Wir stehen zu unserem Fetisch« – und damit die Schwarze Null meinte. Doch den PR-Experten im Konrad-Adenauer-Haus hätte eigentlich klar sein müssen, dass die nun von der Union selbst hergestellte Assoziation von Schwarzer Null und Fetisch, eine Steilvorlage für all diejenigen war, die in der Fokussierung auf ausgeglichene Haushalte tatsächlich eine Fixierung im klinisch-psychologischen Sinn sahen, die nicht mehr von irgendeiner ökonomischen Vernunft gedeckt war, sondern allenfalls vom Kalkül einer Partei, die genau weiß, dass sie nicht auch noch diesen letzten, wenn auch schmalen, inhaltlichen Ausweis des Konservatismus preisgeben darf.

302 Robin Alexander, Machtverfall. Merkels Ende und das Drama der deutschen Politik: Ein Report. Berlin: Siedler, S. 93.

303 Vgl. Kretschmann, *Worauf wir uns verlassen wollen*. Vorschläge zu einer moderat konservativen Erneuerung lieferte zu jener Zeit allerdings bereits der Historikers Andreas Rödders, der in *Konservativ 21.0* auf luzide Art und Weise den Versuch unternimmt, zeitgemäße Positionen liberalkonservativer Politik in Abgrenzung zum »illiberalen Konservatismus« der AfD zu formulieren. Die Arbeit wird Rödder zwar dadurch erleichtert, dass er den Konservatismus in erster Linie als Haltung begreift, aus der dann eben diese oder jene politische Position mehr oder weniger stringent abgeleitet wird, aber insgesamt handelt es sich bei dieser Skizze um den überzeugendsten Beitrag zum aktuellen konservativen Diskurs im bundesdeutschen Kontext, der sich jedenfalls nicht scheut, auch tatsächlich Position zu beziehen. Vgl. Andreas Rödder, *Konservativ 21.0*. Eine Agenda für Deutschland. München, 2019.

304 Vgl. die Stellungsnahmen aller 21 CDU-Fraktionsmitglieder in: https://www.zeit.de/2020/08/cdu-thueringen-fraktion-abstimmung-thomas-kemmerich?utm_referrer=https%3A%2F%2Fwww.google.com%2F.

305 https://www.wolfgang-schaeuble.de/er-hat-den-willen-zur-macht-ich-schaetze-schaeubles-rat/. Ursprünglich erschienen in DIE ZEIT vom 16.07.2020.

306 Vgl. Anne Hähning, Einer für fast alle, DIE ZEIT Nr. 24, 10.06.2021, S. 1.

307 Joachim Behnke, Wir kennen diesen Mann, in Der Spiegel vom 14.04.2021. https://www.spiegel.de/politik/deutschland/markus-soeder-ist-charakterlich-ungeeignet-kanzler-zu-werden-gastbeitrag-a-8219dc45-a3ee-4930-b126-2122b5341573

308 Vgl. Karsten Grabow, Im Sinkflug? Stand und Perspektiven christlich-demokratischer Parteien in Europa. Analysen und Argumente. Berlin: Konrad-Adenauer-Stiftung, 2019.

Danksagung

Mein Dank gilt zunächst Kurt Biedenkopf, Claus Leggewie und Paul Nolte, die sich die Zeit genommen haben, um mit mir über den deutschen Konservatismus der letzten 35 Jahre zu sprechen, und mir wertvolle Anregungen und Hinweise gaben.

Marius Kött war mir bei den Zeitungsrecherchen zur geistig-moralischen Wende sehr behilflich, und Martin Saar, der das Manuskript gegengelesen hat, danke ich für seine klugen Hinweise und Empfehlungen. Den Gesprächen mit Mark Schieritz verdanke ich einige wichtige Klärungen im Hinblick auf die hier entwickelte Zeitdiagnose.

Daneben danke ich vor allem Tilman Vogt, der als Lektor das Projekt von Beginn an mit großem Elan und überaus kompetent begleitet hat.

Zuletzt bedanke ich mich aber insbesondere bei Raphaela Stern, die mir unter nicht ganz unkomplizierten Bedingungen die Freiräume geschaffen hat, um dieses Buch zu schreiben, das ihr und unserer Tochter Lucía gewidmet ist – die auf ihre unnachahmliche Weise ebenso zu dessen Entstehung beigetragen hat.

Berlin, November 2018

Thomas Biebricher, 1974 geboren, ist Politikwissenschaftler mit dem Schwerpunkt Politische Theorie. Nach diversen Lehrstuhlvertretungen und einer Tätigkeit als Postdoktorand ist er seit 2020 Associate Professor for the History of Economic Governance am Department of Management, Philosophy and Politics der Copenhagen Business School. Zuletzt erschien von ihm »Soziale Marktwirtschaft und Ordoliberalismus zur Einführung« (Junius 2020, gemeinsam mit Ralf Ptak) sowie »Die politische Theorie des Neoliberalismus« (Suhrkamp 2021).

Erste Auflage dieser Ausgabe Berlin 2022

MSB Matthes & Seitz Berlin Verlagsgesellschaft mbH
Göhrener Str. 7, 10405 Berlin
info@matthes-seitz-berlin.de

Umschlaggestaltung: Dirk Lebahn, Berlin
Satz und Gestaltung: Gaby Michel, Hamburg
Druck und Bindung: GGP Media GmbH, Pößneck
ISBN 978-3-7518-0371-7
www.matthes-seitz-berlin.de